反大学論と大学史研究

――中野実の足跡――

中野実研究会編

東信堂

現代教育研究所合宿
左より
中野実
久田邦明
五十嵐良雄
金井和正
岡村吉夫

東京大学百年史
編集室にて

1999 年アメリカにて

『としょ』1976. 2、『瓦版』
1986. 9、それぞれ第1号

としょ

1

としょ編集責任者 中野実
(181) 三ナ市深大寺三丸二〇
0422(31)2458
1976 2-28

雑誌閲覧

アカデミズムと出版ジャーナリズム
―頭脳流出現象の底にあるもの―

アカデミズムと出版ジャーナリズムといったように同一平面上で語ることが果たして可能なのか、多少の疑問はあるにしても、両者の関係がどうなっているのかは、おおいに興味のあることである。

まして、大学の教師が、とくに教育学者がジャーナリズムをどのように捉えているのかは、非常に知りたいことであった。

論文でのべられているアカデミズムとジャーナリズムの性格を列句的にあげてみると、学歴主義や年功序列と実力主義、根気と才気、温情と薄情、共同と一匹狼、ミクロとマクロといった具合である。

筆者は、十分にジャーナリズムに目を配っている。たとえば、「ジャーナリズムで活躍する人は、アカデミズムでもリードすべき頭の持ち主である」とか、形式主義、封建主義学閥人事で充満する「アカデミズム」において満足させられない」人間がアカデミズムから流出していってしまう、と。そして、両者は「相互補足的関係」である、という。アカデミズムはジャーナリズムに権威を与え、
ジャーナリズ
いる人材を発
筆者の分析
し、副題にあ
出現象」をジ
と判断」の問
うべきであろ
「本来」アカ
き実力の所有
る、というの
本来」アカデ
所在があるの
（軍・新報道也

瓦版

NO 1　1986 9 24

まさか、江戸時代に出回った心中、敵討ち、刑死、火事などの事件を印刷し、売り歩いた瓦版を目指している訳ではないのですが、一枚刷りの印刷物で、読み易く、肩肘の張らない情報交流、意見交換などの場として、この瓦版を発行します。一項目およそ四〇〇詰原稿用紙一枚程度に纏めて、資料の紹介、研究の現状などで紙面を構成する予定です。乞う、投稿。

瓦版の発行について

近代日本教育史料研究会
〒181 東京都三鷹市下連雀六-一二-三-二〇三
中野実気付 ☎〇四二二-四八-九一〇七

福原鐐二郎関係資料について

中野実

福原については当初、教育調査会の研究の過程で、当時文部次官の地位にいたので、要調査対象として考えていたにすぎなかったが、その履歴を追ってみて俄然関心を駆り立てられた。福原は始め当然のごとく、内務省畑を歩むが、明治三〇年から専門学務局に勤務して、大正五年十月田所美治と次官を交替するまで、文部省特に専門学務局関係に在職していたためである。昭和五五年ごろのことである。この時始めて歴史的人物の遺族に手紙を書き、連絡を取るということを行った。その結果、書翰・書類などはなかったが、小冊子『福原三兄弟少年時代』、『長島町誌』の著者伊藤重信氏などを紹介された。特に、福原の長女富士氏から、福原の人となりを聞けたのが収穫であった。最近、福原の没後五〇年を記念して詩集『蘇洲詩存』が遺族の手で復刻され、別冊として福原の事蹟が簡潔に纏められた（筆者は福原満洲雄氏）。百年史の編纂も一段落したので、これまで収集した福原関係の資料整理をはじめた。

教育関係雑誌所蔵調査について

小熊伸一

現在、私は教育ジャーナリズム史研究を進めるため、戦前に刊行された教育関係雑誌の所蔵調査を行っています。これまで、教育関係雑誌の所蔵を調べるためには、国立国会図書館所蔵の『和雑誌目録』をはじめ、『学術雑誌総合目録　和文編』、各大学・公共図書館の逐次刊行物目録等が、大きな手がかりとなってきました。しかし、国会図書館所蔵の『和雑誌目録』明治新聞雑誌文庫の『雑誌目録』等の一部の目録を除けば、雑誌の所蔵状況を正確に記した目録は非常に少なく思われます。そのため、どのような雑誌がどのくらい所蔵されているのか、はっきりしません。その上、一つの雑誌が創刊号から終刊まで、すべて所蔵されている図書館は、ほとんどないのが実状です。そこで、私は埋もれている教育関係雑誌の所蔵状況を自分の目と足で確かめ、その上で、今後の教育ジャーナリズム史研究に役立てていきたいと考えています。

郡役所文書について

米田俊彦

宮城県には明治以降の膨大な県庁文書・郡役所文書がある。郡は大正一二年に法人格を失う（郡制廃止は一五年）まで、数十におよぶ町村の統合機関として機能した。郡には「郡税」なる財源がなく、事業を興す際には、必要な額を町村（各戸）に賦課して賄っていた。それだけに事業は郡民にとって切実なものに限られていたとみてよい。郡による大きな事業の一つに郡立学校の設立経営があった。実業学校・実科高女の多くは郡立であったが、中学校や高女を郡で創ることもみられた。また、郡内の町村私立学校に補助金を出すこともあり、さらに教員の講習会なども、郡教育会を援助する形で行われた。しかし、これら郡レベルでの教育事業は、郡自体が現在地方自治体として存在しない（したがって郡沿革史編纂事業が不可能）ことと、郡役所文書が残っていないことにより、ほとんど研究対象とされてこなかった。県全域の郡役所文書が保存されている宮城県はその意味で、貴重な教育資料を提供しているのである。

はしがき

本書は、故中野実の大学論にかかわる文章、および恩師・友人らによる回想・追悼文を収めたものである。

中野実は、一九五一年東京都に生まれ、七四年に立教大学文学部心理学科を卒業し、同大学院文学研究科(教育学専攻)に進学、八一年に東京大学百年史編集室の専任助手となった。その後、立教学院史編纂室嘱託を経て、九九年に東京大学助教授(東京大学史史料室勤務)に就任、二〇〇二年三月に永眠した。享年五〇歳だった。

中野の没後、大学史・教育史研究の世界で中野と親交のあった友人によって「中野実研究会」という集まりを組織し、これまで『大学史編纂と大学アーカイブズ』(野間教育研究所紀要第四五集、二〇〇三年)、『近代日本大学制度の成立』(吉川弘文館、二〇〇三年)という二冊の本を編集・刊行した。これらの本を編集する過程で、故人の遺したメモなどから、七〇年代から八〇年代前半にかけて、中野が、宇井純氏らによる自主講座「大学論」や、五十嵐良雄氏らによる「現代教育研究所」に積極的にかかわり、「反大学論」という言葉で総称できる文章を数多く記していることを知った。それは、「中野実研究会」のほとんどのメンバーにとって、意外な事実だった。それ以来、歴史上の未知の人物について調べるかのように、遺品の中から捜す、七〇年代当時の関係者や知人から話を聞く、インターネットで検索して現物あるいはコピーを入手するなどの方法を用いて、大学論にかかわる中野の文章を収集した。こうして暗中模索の中で集めた文章を読むにつけ、これを友人・知人の間で共有するだけでなく、公刊して広く大学のあり方に関心を持つ人びとに読んでほしいと願うにいたった。そこで論じられていることは、今日でも色あせないアクチュアリティーを持っていると感じられたからである。

「反大学論」を展開することと、大学史を研究することとの間には、距離があるようにも思える。しかし、現実に制度として存在するのとは異なる、もうひとつの〈大学〉、人間にとっての幸福や解放に結びつくものとしての〈大学〉を構想するための、異なったアプローチに過ぎなかったのかもしれない。本書の主題を、「反大学論と大学史研究」としたゆえんである。

本書が、一人でも多くの方の手に届くことを、遺された玲子夫人および萌さん、菜々さん、葉さんの三人の愛娘とともに願っている。

なお、当初は公刊が難しいと考えられた本書の意義をご理解いただき、刊行を快く引受けてくださった東信堂および下田勝司社長には心からの感謝の意を表したい。

二〇〇五年二月

中野実研究会

目　次／反大学論と大学史研究――中野実の足跡――

遺稿の収録にあたって

一、「第一章　「反大学」論」および「第二章　書評による教育批判論・大学批判論」所収の文章については、明らかな誤記は訂正し、編者による補記等は〔　〕に入れて挿入した。

二、第一章の「3　市販雑誌掲載の論考」には中野実のペンネーム「西雅人」名のものが含まれている。

三、「第三章　「かわら版」主要記事」所収の文章については、明らかな誤記を訂正した以外はそのまま収録した。「かわら版」は、文献として扱われる論文集として発行したものではなく、特定個人に宛てた私信という形式のもので、一般には公開されていない。よってここから史料や本文が引用されることを想定して書かれていない。また実際、持ち寄った原稿を校正することなくそのまま印刷してしまうので誤記が多い。今回、遺稿集に収録するために中野の文章を一部公開したが、収録されている史料をご利用される場合は、原典にあたっていただくことをお願いしたい。

反大学論と大学史研究——中野実の足跡——

第一部　序

座談会　中野実の人と仕事

寺﨑昌男・久田邦明・新谷恭明・米田俊彦
司会　駒込　武

駒込　中野実さんが亡くなられてから、友人・知人で「中野実研究会」という一見仰々しい名前の組織をたちあげ、これまで二冊の本を刊行してきました。三冊目となるこの本には、主に七〇年代に中野さんが執筆された文章と、回想・追悼文を収めています。教育史研究の世界で中野さんとお付き合いさせていただいた僕にとって、ここに収められた七〇年代の文章は、二重の意味で驚きでした。ひとつは、中野さんがこのように「反大学論」にかかわる文章を書いていたこと、それ自体に対する驚きです。少なくとも僕は、生前の中野さんから、七〇年代の活動について聞いたことはまったくありませんでした。しかも、たとえば、「大学のなかで、大学に向って、孤立し続ける」（二二三頁）というような鋭い緊迫感に満ちた文章は、いつも温和な中野さんのイメージと異なっていました。もうひとつの驚きは、これらの文章が今日でも色あせない説得力を備えていることです。八〇年代に大学に入学した僕は、「大学紛争」というのは、「大学解体」というような抽象的で威勢のいいスローガンが飛び交った時代と勝手にイメージしていました。実際にそうした側面もあったのかもしれません。しかし、大学における単位制度やカリキュラム編成など、ここで中野さんが論じている問題は、まさに今日の大学の日常にかかわる問題でもあります。その分厚い「日常性」に肉薄するような形で書かれた文章のアクチュアリティーに驚きました。同時に、そこで湧きあがってきた疑問は、「反大学論」を執筆していた七〇年代の中野さんと、「大学史研究者」としての中野さんがどこでどのようにつながっているのか、ということです。この座談会を通じて、複雑な屈折をはらんだ中野さんの足跡に即して、「大学とは何か」「研究とは何か」という問いをもっと深めたいと思います。また、その問いを、生前の中野さんと親交のなかった方とも共有できるような形で切り開いていきたい、と考えています。

順序としては、この本に収められた文章を読んで感じられたことをそれぞれ話してもらうところから始めていきたいと思います。まず、「中野実研究会」の事務局長として実務作業を担われると共に、この本にも詳細な解説文を寄せてくださった米田さんからお願いします。

米田　私の方からは、この解説文にかかわって、自分で書きながら分からなかったことを取り出して言いたいと思います。自主講座［宇井純氏を中心とした自主講座大学解体論］の運動を東大であれほど大々的にやった中野さんの姿に関しては本多［二朗］さんが証言しています。その中野さんが自主講座運動の中で五十嵐［良雄］さんと出会って、早い時期に自主講座から離れたように思えるのですけども、そのあたりのことがはっきりと分かりませんでした。なぜ、何がきっかけでどういう論理の転換があって離れていったのか、ということです。

それから、かなり早い時期から大学史研究に関心を持っていたということも分かってくるにつれて、大学史研究と現実の教育や大学への批判的な意識等が中野さんの中で重なりながら、教育史批判、大学史批判が深まっていったのだろうと思えるのですが、この辺に関する中野さんの論理構造がまだよく分からないという気がしました。

最後に、七〇年代の後半になって中野さん自身が行き詰まりを自分でも感じていたことを文字にしていますけれども、実際問題として研究者の世界の中に一方で入っていて、同時に現教研［現代教育研究所］の通信を意地でも出している中野さんがいます。そのあたり、自分自身で「二足のわらじ」と書いている状態がすさまじく見えるというか、どっちも手を抜いていないところで大変だったのかなと思えてきました。

とりあえず今言ったようなことが印象的には分かって来たのですけど、論理的にはまだよく分からないところも残されているので、この座談会で深まるといいと思っています。

駒込　ありがとうございました。それでは、中野さんの指導教授であり、また中野さんが大学史研究に入っていくきっかけとなられた寺﨑先生、お願いします。

寺﨑　私の役割は、彼が大学史研究をやるようになった最初の頃のきっかけの一つになったという程度だと感じています。その後はだんだんとお互いに自立、独立していき、いわゆる「教える・教えられる」という関係から遠くなったと思います。今米田さんが「意地でもやった」といいましたよね。僕はその意地の部分というのを久田さんにぜひお伺いしたい。やっぱり僕らにはどうしても分からないところがある。米田さんの解説でも、そのところはまだ不問に付されているところがあると思います。解説の最後でしょうか、「実際にはもっと奥深いところでさまざまなことがあった」と書いておられる。その「奥深いところ」というのが何だったのか、僕にも実はよくわかりません。

彼が僕のところに現われたのは、一九七二年ぐらいのことです。僕は、名前も何も知らない一人の学生として、授業後、たびたび彼の質問を受け、そして話をしました。それが最初でした。

その後、大学院を受けたわけですが、彼の様子を見ていまして、彼が一番孤独だったのはおそらく大学院に入った頃じゃなかったかと思います。彼自身がちょっと触れていますけども、大学院に入る前に猛烈に長い面接試験を受けたわけですよ。彼の面接一人だけで一時間たっぷりかかりました。彼は本当にその時にいわばぎりぎりのところまで頑張って、いろいろな質問に耐え抜きました。「耐え抜く」というのは、要するに、まともに答えたのですね。面接者と被面接者という関係の中でのまともさです。その上で、通すかどうかということは学科の中で大討論をしたわけですが、結局中野くんは入った。入ったところで、彼は、かつて面罵したかもしれない先生たちの前で勉強することになったわけです。新谷さんたちは上［博士課程］に行っていて、周りの院生はずっと若い人ばかり。そして大学史研究の専門家として、僕が目の前にいるという状態でした。他の先生たちは、かつての彼の行動を知っているので、それなりの対応をしていく。こういう中で、彼はすごく辛かったと思います。

本多さんがこのあたりのことについて、「中野くんはコンパで『ここは地の果てアルジェリア』の歌をよく歌った」（三四八頁）と書いています。「結婚前はその歌声の沈んだ暗さが何か印象的だったが、結婚後には歌声から暗さが消えていた」とも書いていますけれど、これは違うのではないかという気がします。結婚前後じゃないですよ。入学した一年目のコンパに彼は新入生の一人としていました。その時に彼が「地の果てアルジェリア」を歌った時の、「ああ、ここに孤独な男が歌っている」という印象は今でも消えませんね。その後、［立教大学教育学科の］ドクターに進んで、［東京大学百年史の］編集室の室員になったあたりからは、その暗さはガラッとなくなった気がします。入学したころは、非常に奥深いところで、「俺は今一人になった」という気持ちが深くあったのではないかと思います。

それからもう一つ、彼がやっぱりある意味で「時代の子」だったなと思うのは、言説と行動の一致を常に求めていたということです。その点は、あの時代の人たちにかなり共通した特徴じゃないかと思いますね。ですから、言説そのものはかなり雄弁に発表もしているけど、行動もそれに伴いたかったのだろうと思います。ただ、実際のステータスは、そうではなかった。ステータスはだんだん変わって行って、それこそ東大の中の人間になってしまったということがあります。ものすごい矛盾の中の五〇年、というふうに僕には思われるのですよね。

駒込　どうもありがとうございました。それでは続いて、現代教育研究所などで中野さんと共に活動された久田さん、お願いします。

久田　一九七二年頃からの付き合いなのですけれども、今になって思うのは、中野というのは研究者にふさわしいタイプだったなあ、ということです。当時はまったく思っていなかった。文章が下手だと思いましたね。自分のことはさておいてですが。それから、言うこともあまり面白くなかった。例えば、「吉本隆明研究会」を提案するわけですが、私は、吉本隆明など読みもしない。「商売上手な人だな」という感じ。中野は、それに一生懸命になるわけです。

それに、何でそんなに大学にこだわるのかとずっと思っていました。彼はやっぱり、大学に対する思いいれが強かったのでしょうね。あらためて読むとそのことを確認することができる。それで、実際に大学の現実を目の当たりにした時は、ショックだっただろうと思いますね。

ただし、今は、そういう理解を自分の至らなさだったと言いたい。五十嵐さんは、あとで私が気づくようなことを言っていた。「文章が下手というのは必ずしもマイナスとは限らない」「しぶとくある問題にこだわり続ける資質は、能率主義的な考え方からはマイナスと言えるかもしれないけども、必ずしもそうじゃない」と。大学にこだわることの大切さについても、五十嵐さんが言っていたような気がします。あとになってみると、そういう長所を中野が持っていたからこそ、研究者として成果を出せたということがあるのだと思います。これは横浜の大工の棟梁に教わったのですけれど、大工さんの場合は「不器用な人のほうがよい、不器用な方が大成する」、そういう人が「職人」として一人前になる。だから、中野の軌跡は、世間的な教育常識とはやっぱり違う。そのことを、見事なまでに教えてくれたと思います。

それから、これ［回想・追悼文集］を読んで、感心したことがたくさんあります。例えば駒込さんの「かわら版論」というのは面白い。寺﨑さんの文章は、見事な大学闘争論ですよ。新谷さんと水嶋［純作］さんの文章を読ませてもらうと、現教研の時期の説明をしなくても、すでに中野の位置が示されているという気がします。米田さんの解説には本当に脱帽です。中野が死んで仲間の皆さんが遺稿集とか追悼集を作るとおっしゃっているということを聞いた時、複雑な気持ちだった。自分のことはさておいて、「研究者というのは、イヤだね」と思いました。単純に、面倒くさがっていただけなのかもしれないのだけれども、そんなに積極的な気分じゃなかった。ただ研究者の力に、のちに脱帽するわけです。二冊の遺稿集を出版するなんて、とんでもなく面倒なことです。これは研究者の力です。権力的な力じゃない。研究者の一途な思いみたいなものです。もう一つ、これまで私は人のことを調べる立場だったわけです。ところが、今度は調べられる立場になってしまったわけです。大声で文句を言えない。今でもそういうことをやっているわけですから。それから、ここ[回想・追悼文集]で中山茂さんが、中野について、紛争の時にどんなことを考えていたのか、今どう思っているのかということを表現してほしかったと書いていますけれど(三四九頁)、そういうことをしないで死んでしまった中野に対する的確な追悼の言葉だと思います。ただ、生きている久田には、厳しい言葉ですね。

駒込　ありがとうございます。それでは、立教大学時代からの友人で、その後も、教育史研究者として中野さんとつきあってこられた新谷さんお願いします。

新谷　最初に寺﨑先生の授業に出た時について、先生は七二年といったけれど、七一年じゃないかと思います。その時の立教は男子学生が少なかったです。それは、心理[学科]も教育[学科]もどちらも同じでした。その少ない男子学生もほとんどが早稲田、慶応を落ちてきた連中でした。一浪、二浪が多い。現役というのは立教高校からあがって来た坊やした人、それに中野と僕です。みんな早稲田、慶応落ちて入ってきたのに、中野はふつうに入ってきたので、大学に対するある種の幻想を持っていたのかもしれません。僕の場合は、党派の人間として問題とすべき政治課題があって、それで授業をつぶしにいったことがありますけど、中野たちとはちがって授業の中身については問題にしませんでした。また、僕は漠然と大学院に行こうと思っていたのだけれど、彼の場合はまじめに考えていました。

学部の時に、記憶では七二年の一二月、五十嵐さんの講演会をやりました。僕は、どちらかというと立派な先生を尊敬するとか、そこにはまり込むことができない。中野は傾倒するタイプですからね。中野が五十嵐さんに傾倒していくのが見えれば見えるほど、僕は冷めていく。だから、中野が家を出て一人暮らしを始めた頃に何度か夜中に遊びに行ったりしたことがあるけれど、向こうはなんかよそよそしい感じでした。その頃はまだ仲良くないんですよ。仲良くなったのは、寺﨑先生のゼミに出て他大学からいっぱい人が来た中で、お互い知らない仲ではなかったからということ。立教以外のところではちゃんと学問して大学院へ入ってくる人が多いのに、立教の連中というのは、僕みたいにほとんど学問していない。その時はショックでした。その時に初めて中野と二人で「頑張らないかん」ということになった。それで、ドクターになって学科の紀要に論文を書いた時に、彼が一緒に批評しようと言ってきたんですよ。二人で批評をそれぞれ書いてきて、ぶつけあったりして、お互いに初めて同じ土俵に乗ったって感じでした。お互いに研究をやっているところでようやく「仲間」になったという気持ちだったと思いますね。

ただ、やっぱりどうしても彼についていけなかったのは、彼が大学史をやったこと。僕からいわせると、大学というのは大学紛争やっていた時の喧嘩相手だし、特権的な場所。「大学史なんか何でやるんだ？」と感じていた。大学史研究会に誘われても、微妙なところがあって、しぶしぶ参加した。あれはたぶん、彼が「二足のわらじ」を履いたと書いていた頃です。僕が履いたとしたら適当に歩くだろうけど、彼は「二足のわらじ」をちゃんとしっかり履こうとした。でも、「二足のわらじ」は、ぜんぜん大きさも違ったり、重さも違ったりするでしょう。そうすると、足がどこかもつれてくる。たぶん、八〇年代の初めぐらいになると、その時期が来たのではないかと思いますね。僕なら、ぴょんぴょんぴょんと適当にごまかしてやるだろうけれど、中野はそうではない。ただ、どっちがよく勉強したかというと、中野がよく勉強した。だから、勉強をちゃんとしてじっくりと成長していく人間、こいつは一番強いのではないか、そういう感じはもう東大百年史の頃には抱いていました。

「職人」としての資質

寺﨑　久田さんがさっき「職人」とおっしゃいました。回想・追悼文集の中で彼のことを「職人」だと書いているのは、僕と京大の西山［伸］さんです。これは一致しているなと僕は思った。同じ領域の中でわりに近いところで仕事をしてきた者から言うと、彼はやっぱり「職人」ですよ。もう一つ、西山さんは、みなが中野さんのことを「アーキヴィスト」といっているけど、実は「アーキヴィスト」ではなくて、「ヒストリアン」だといっています。この指摘も当たっているという気がします。

僕からみると、この本に出ている中野くんの文章は、僕の知っている彼の文章と比べたら抜群にいい文章です。本当はもっと下手ですよ。特に研究論文の文章は、僕からみたら全部直したくなるぐらい不器用。大学批判から大学史研究へという流れは、不器用な彼にとってはすごいギアチェンジだったろうと思う。中でも非常に大事なチェンジは、学術的な体裁で論文を書くということです。僕から見ると、最後まで、彼は慣れていません。米田さんの解説に出てくる岡崎［知子］さんという方の文章（四七頁）と比較すると、中野くんには社会科学的な視点がなかった。最後まで、自分、自分と大学、自分と学問、自分と世界、こういう流れで彼は見ていたと思う。外から説明する、理論の語群というのは、彼にとって、まだ非常に遠いものであったのじゃないかという気がする。大学史で彼が最後に到達した「帝国大学体制」という言葉、これは彼にしては珍しくカテゴリー的だと思う。しかし、概念が出されるだけで、そこに実質を付け加えるという作業はまだこれからという気がしますね。新谷さんは、その点ではやっぱり社会科学的な目があるんですよ。それだけに、きれいな解決・答えを出せるところがある。中野くんは出せないタイプですよ。

新谷　学部時代からものの考え方の違いなのだけれども、とにかく議論はかみ合わないですね。つまり中野は常に自分をつきつめていくのですよ。

久田　その問題は、現教研の問題とも重なります。つまり、現教研の場合それぞれに自分にこだわっていたわけです。セクトとは違いますから。そうすると、社会に通用する言葉をどうやって紡ぎだすかという問題とまず向き合うことになる。これは、批判の中身よりは、表現のスタイルにこだわるということでもあります。そこにはプラス・マイナス両方あって、安易に抽象的な論理に巻き込まれないということはあるのだけれど、もう一方では、常に言葉遣いが難しいというか、まだるこしいものになる。どこかから借りてきた過激な表現をぽんと入れちゃうこともある。

寺﨑　中野くんは、やっぱり「自分にとって世界とは何か」「自分にとって宇宙とは何か」という問いを立てていたのだと思う。それは深い問いだけれど、「世界にとって自分は何か」「宇宙にとって自分とは何か」、こういう話とは次元が違うのです。その問いは、彼はまだ出せないでいると思う。それが、「職人」と思う理由なんです。「棟梁」というところまで行かない。

新谷　彼はいつの間にか東大の中の人間になっていく。それを彼は止められないで、その流れに乗っていくことになります。それで、自身は「職人」として仕事しているだけなのだけれど、全体的な位置づけの中で考えている自分のことは、彼自身にはなかなか理解しがたいところがあったのだと思う。

米田　中野さんは、自分が学生であることにずっとこだわっていました。でも、自分が学生でなくなっていったわけですよね。学生であるところにこだわって大学を問題にしていたにもかかわらず、学生じゃなくなっている自分がいて、研究者となった時に、同じように大学を対象にしていながら、立脚点が乖離していったんじゃないか。中野さんの基本的なスタイルとして、自分にとって大学があって、だから学生であることは大事なことだと思いますけれど、やっぱり学生でなくなったということが直接的に大きかったのかなと感じます。

寺﨑　その時のスタンスの取り方は、彼はまだできていなかったような気がします。さっきの岡崎さんが書いていたこと、「学生は学生である以上、その制度の共犯関係の中で絶えず教師を教師たらしめているのだし、抑圧されているもの＝学生＝告発する主体、とストレートにいかない」(四七頁)、こういう発想は彼になかった部分だと思う。

新谷　たぶん教師になるのがいやだった。学生でいたかったのだと思う。大学院から東大百年史編集室へ、あるいはアルバイトから横滑りで助手になったけれども。非常勤講師をするのもだいぶ長いことしぶっていた。

久田　立場を変えて自分が人を教えるというのは、やりたくなかったのでしょうね。

寺﨑　岡崎さんの言葉を借りれば、教えるというのは「共犯関係」に入ることだったと思うんですよ。

米田　中野さんは、岡崎さんと議論していたのですか。

久田　だいたい和気藹々《あいあい》とした雰囲気でした。これは、現教研とか五十嵐さんのまともさだと思うのだけれど、抽象的な考え方のレベルで、ものごとをつき詰めないというところがあった。それは、健全さだと思います。人と議論する場合に、言葉でもって全人格的理解ができるわけじゃない。生活の幅より思想の幅の方がいつも狭いということです。そういうつながりだから、激論するとかいう印象はありません。

基礎研究への確信感と学問への畏敬

駒込　「職人」という話がありましたが、中野さんにおけるアーキヴィスト的な仕事へのこだわりについて、前田［一男］さんが、このように書いています。「不全感との葛藤、割り切りへの誘惑と苦悩、そして基礎研究への確信が、綯い交ぜになって中野さんから直感的に伝わってくる」(三七九頁)。非常にうまく書いてあると思うのですけれども、ここで「基礎研究への確信」と呼ばれていることが、先ほどの「職人」としての中野さんという話とどう繋がってくるのかということを考えてみたいと思います。

寺﨑　「基礎研究への確信」によって追及されたのは、僕なのです。ある時、「先生は研究していない」と彼が言い出した。「足で歩いて第一次資料を探してくることをしていない」とずっと言っていたんです。頭に来ましたね。僕のハウスクネヒト研究なんか、人と協力しながら自分でもちゃんと歩いてやったプロジェクトです。けれど、中野くんにプレゼントするときは、「こんなことしかしてなくて……」って皮肉をこめて言ってやりました。彼にとって、教育史研究とは資料収集だというのがあるわけですよね。

新谷　彼は、「二〇代の時は史料解題に専念すべきだ」みたいなことを言っていました。「それって、年取ってから、じいさんになってやることではないか。何でそんなじいさんくさいことをするんだ」と僕は思っていた。

駒込　何でそう言ったのでしょうね。

寺﨑　やっぱり出身学科が心理学科だったというのは、意外に大きいことのような気がする。実証的にやっていくという天性が、彼にはあったのではないかしら。心理学では、黙ってやっていてきちんと成果を出せばいいでしょう。基本は実験にあるということですからね。大きい言葉で説明するというのは、彼はもともと下手なのだと思います。ただ、その彼に与えられた貴重な大きな言葉は、五十嵐さんの言葉だと思う。それはまっすぐに頭にはいっていった。最も尊敬する人の言葉ですものね。

米田　中野さんは修論で枢密院の研究をして、これは今の大学史研究の中でも基本的研究として位置づくようなものとなっています。枢密院に関する公文書館の資料は、当時ようやく入手できるようになったものと思いますが……。

寺﨑　そう、元老院会議や枢密院会議記録を見ることができたのは、ようやくあの時期になってのことでした。

米田　ですよね。あの対応の早さは、他の先輩たちの研究を考えても、普通ではない。権力内部の資料を丁寧に読んでというスタイルは、寺﨑先生がアドバイスをしたのですか？

寺﨑　しました。僕は立教大学大学院で、よくない喩えですが「野犬の群れ」に囲まれた感じだった。何にも訓練を受けてない、そういう人たちが大学院のゼミの中にいる。こちらも必死です。だからもう自分の知識をどんどん輸出して、とにかくやっていた。へとへとだった。枢密院会議の資料が公文書館にあるけど、僕が見に行くには心理的・時間的な余裕がまったくなかった。それで、大学史をやりたいと言っている彼に「どういうことに関心を持っているの」と聞いたら、「単位制度」だと答える。「そういうことに関心があるのか。それじゃ大正期の教育改革は非常にそれに近い。ちょうど枢密院会議の資料が公開された、あれを見に行きなさい」と言った。そうしたら、それから彼は「職人」になったのですね。

駒込　それはすごく大事なきっかけですね。

寺﨑　はい。それから彼は、ずっと公文書館に通っている。ただし僕からみると、まだアップアップだったよね。だから修士論文はできたのだけれど、ある教授が読んで、「ものすごく誤字が多い」と言っていた。それでも、結果的には、枢密院の教育史分析に関する、日本で一番早い仕事の一つになりました。

新谷　あの修論が学会で発表したやつやね。

寺﨑　そう、教育史学会で。

新谷　そして「立教大学教育学科の」紀要に載せたやつか。

寺﨑　紀要に載せたやつです。

新谷　あれはいい論文でしょう。

寺崎　いい論文だけどね、なぜか新谷さんの東奥義塾に関する論文はぱっと［教育史学会の］学会誌に載って、中野くんの論文は、誰も推薦しなかった。というのは、あの時期、教育関係勅令の成立史研究がいっぱい出てきたものだから、普通の教育史研究者の目でみると、大学令でも出たか、ということで新鮮味がなかった。その点、東奥義塾は新鮮だったわけです。

新谷　あの中野の論文をたまたま九大のゼミで読んで、しっかりしているのに驚きましたね。今でも一級の研究です。あれで彼は歴史にはまった。

寺崎　だと思います。最初に何をやり、どこへ行くか、っていうのは大きいことですよね。

新谷　それは、本来の彼が持っていた大学批判だとかそういうものとは、ずいぶん違ったものですよね。

米田　あの論文の中に、そういうことを匂わせてないのがすごい。

新谷　一時間の面接試験をくぐって、たぶんこの場所では自分の色を一切出さないと考えたのかもしれない。

久田　私もそうだから中野もたぶんそうだろうと想像するのだけれども、学問研究を馬鹿にしてなかったと思います。学問研究というものの力っていうか、意味について、大学闘争の中では割と軽く批判されたような気がしますけれど、そんな風には考えていなかった。学問研究の意味とか、学者・研究者というものの存在について軽く見ていなかった。五十嵐さんも、研究者を自認していて、学問研究に対するある種の畏敬のおもいを持っている人でした。その点は、中野も同じように考えていたと思います。

新谷　学問の形をとりながらやたらイデオロギーをふりまく人たちっていますね。学生時代の中野は、そっちへ流れるのかなと思っていたんですよ、でも、あの修論あたりからぜんぜん違った。むしろ僕の方がそちらへ流れていった。

あれれっ、と思いました。これが学問に対する畏敬っていう問題ですよね。学術論文の表現の仕方としても実証主義に徹するというのは、寺﨑先生に習ったんですかね？

寺﨑　彼は、最後まで、僕が若いころやってきた努力を認めなかった。この野郎って思って、いずれ勝負しようと思っていたのだけれど……。

新谷　いや、傾倒していましたよ。

「現場」としての大学

駒込　宇井純さんが、自主講座大学解体論について「十分に相手を分析できなかった、あるいは切りこめなかったという力の限界であった」（三四五頁）と書かれています。つまり大学という巨大なシステムの複雑さというものを十分にわかってなかった。その上で、「中野くんはその中で一剣を研いだ」と書いてある。これは、学問に対する畏敬という問題にも重なりますが、それだけでなく学問を武器にして「敵」としての大学を知ろう、ということであるのかもしれません。僕はこの宇井さんの文章を読んだ時になるほどと思ったのですが、久田さんの話を聞くと、またそれともちょっと違うのかな、という感じがしています。

久田　昔よく言われていたように「敵」と「味方」を分けて問題は片付くものじゃない。だから「敵」の陣営に入ってスパイになるなんていうのは、まだ政治主義的で浅薄な見方なわけだ。そうじゃない。研究者の自分を含めて、どう世の中を変えていけるのか。そのためには、それぞれ持ち場を持って、着実に自分にとっての課題を問うて、一つひとつ解決していくしかない。

米田　中野さんの場合に、しばらくの間ふたつの持ち場を持っていたのではないですか。

久田　寺﨑先生の話を聞いて、改めて確認した気がします。彼にとって、現代教育研究所と五十嵐さんは、切実なものだったのだということを。面接の話などについては、断片的な形で聞いていました。だから、そこに足場っていうのがあって、通い続けていた。本人にとって極めて厳しい状況だったのでしょう。

寺﨑　そういう点から言えば、僕は、「彼がもし大学院に来たら入れたいな」と思っていた気がします。あんなの入れなくていいとか、迷惑だとは思っていなかったですね。それだけに、逆に、面接を受けて彼はどうなるかな、ということは非常に気になった。というのは、先生たちがみんな、「あれは心理学科の、暴れん坊の学生だ」と思っているわけですよ。それでみんな痛い目に遭ったりしている。でも僕は七四年の春から立教大学に来たので、わかりませんからね。彼の「被害者」じゃなかったわけです。だから、面接でわざと僕は質問してやりました。「君、二〇分程度でいいから、明治維新から今日までの近代日本の教育の歩みを、大きな節目ごとに分けて簡単に述べてください」と言ってやった。そこでうまくやれば、彼について学科の皆さんが思っている疑問点、「心理の学生が何で教育史やろうとしているのか」という一番大きな疑問点に答えられるでしょ。それを彼は見事にやりました、一生懸命。二〇分足らずくらいで、しゃべったんですよ。そんなに間違っていることはない。よほど勉強していたのだね。今でもありありと覚えています。

新谷　その質問自体、ほとんど面接時間無視していますね。

寺﨑　そりゃそうだね。もうどうなったっていいやと思ったもの、時間なんて。

駒込　さっき久田さんが、五十嵐さんの中にも、アカデミズムを批判しながらも、学問に対する畏敬のようなものがあった、それは当時としては非常に珍しい、と話されました。それは、やはり学生運動をしているような人の中では珍しい姿勢であり、また現教研という集団に特徴的なことであったということになりますか。

久田　そう。ある種の思いとして、ですけれどもね。

米田　アカデミズムを体制として批判するというのは、言っていますよね。そこで批判する「科学的な教育学」とか、要するに「学問的に」やっているものを、一旦批判の対象にしつつ、でも自分たちはそれに匹敵するだけの学問を作るのだという言い方をされていたと思うのですけれど。

久田　言葉がないから、あちこちから言葉を借りてきて言っているんですよ。そんなこと、できるわけないのにさ。そこは、全共闘の悪いところと同じだと思う。いつも前のめりになるのね。現代教育研究所の一人一人に聞いてみないとわからない、アカデミズムに代わる学問を作り出していくなんていうことを、本気で考えたのかどうか。ただ、中野はまさにそうですね。でもそれがどういう形のものになるのか、そんなことはわからなかったね。

米田　中野さんが書いた、手書きの、教育学会か何かの大会参加記が残っています。かなり冷ややかに見ている書き方で面白かったです。たぶん日本教育学会だと思います。だから、相当はすに構えて見るという習性、というかスタンスを持ちながら、それでも、アカデミズムの世界をチェックしていたのだということがわかる。

久田　米田さんの言われた「はすに構える」っていう言葉がどういう意味か、ちょっとわからない。たぶんそういう印象を与える文章だったと思いますけれど、時代が違うでしょ。だから「はすに構える」っていうのは、もしかしたら気負いの表現だったかもしれない。あるいは、現時点から見ると「はすに構える」ように見えているけれど、意外に中野は真面目な気持ちだったのかもしれない。その辺のところは、ちょっとわからないです。ただ、学問を馬鹿にはしていないですよ。馬鹿にするっていうのは、表面的に馬鹿にするんですよね。それとは違って、一生懸命馬鹿にしながら自分を立てていくわけだから、基本のところで馬鹿にしてはいないですよね。

駒込　学問は馬鹿にはしないけれど、学会におけるある種の権威主義的な雰囲気というか、人間関係は、もう体全体をもって否定していたように思います。

久田　それはもうほんとに感覚レベルまで。

駒込　僕は、こうした七〇年代の文章読んでびっくりするとともに、なるほどという感じもしました、事務の人に対する中野さんの対応、あるいは僕に対して「大学の会議を雑務と思わないでくれ、それが場合によっては人の運命を決めているかもしれないのだから」と話されたこと、そういった中野さんのちょっとした対応が、中野さんの「哲学」に深く根ざすものであることが、七〇年代の文章を読んでよくわかりました。その点で、内容は意外なものではなかった。その上で、改めて中野さんの言動を思い浮かべると、セクハラやアカハラをはじめとして、今の大学にも厳然と存在する権威主義的な人間関係を徹底的に否定する、それを自分で実践するということがあったのだろうなと思います。

ただ、疑問なのは、そこまでなぜ大学にこだわるのか、ということです。今回久田さんの文章読んではっとしたのは、「大学に関心を持つとすれば、幸せを求める人々の願いをかたちにした姿の一つとしてだろう」（三二七頁）と書かれていることです。「幸せを求める人々の願い」という言葉と、「大学」という言葉から広がる世界、その両方が僕の中では完全に切れています。「幸せを求める人々の願い」はもちろんすごく大切だと思うけれど、大学という場所とは切り離して考えていた。大学を「幸せを求める人々の願い」という言葉と結びつけて考えるのは、久田さんにも中野さんにも共通した大学への問いなのだろうと思います。

久田　それは、もう全共闘の常識でしょう。

駒込　全共闘の常識……なるほど。逆にいえば、大学というものにまだ希望を持っている、ということですね。

久田　そうそう。そういう時代だった。

駒込　たぶん僕の方が、大学ニヒリズムなのだと思います。希望なんか叶えられるところではない。どんどん仕事を迫られて忙しくなってかろうじて自分の世界を守ることができればよく、そもそも大学という制度全体を変えることとなんできるわけがない、そういう感覚を持ってしまっている。

久田　そういう発言はそのまま聞き逃せないわけです。だって、駒込さんは、中野の文章について「アクチュアルな問題提起としての意味を持ち続けている」と言っているのですから。

駒込　もちろん、そうです。だから、大学を問わなきゃいけない、差別の「現場」としての大学を変えていかなきゃいけない、と思っているのだけれど、それはどうしたらマイナス部分をより少なくできるかということであって、「幸せを求める人々の願い」という言葉までは結びついてこなかったのですよね。

久田　中野は、「制度としての大学」の問題だって言っている。ただ、私からすれば、そんなに大学が好きなら、もっとわかりやすい「もうひとつの大学」があるわけだから、そっちに行けばいいじゃないか、と思う。実際、そういう風に追悼文に書いてしまった。中野が「現場」を持ってやっていこうとしていたことについて私は承知していたつもりなのだけど、ついそう書いちゃった。

ニヒリズムって言われたけど、確かに私もそれは感じます。というのは、社会教育の世界でいうと、自由大学運動が一時期すごく関心を持たれていた。私も関心を持っていたけれども、学生に語っても、それが「もうぜんぜん通じない時代だな」って思った時期があるんですよ。「大学っていうものの社会的な位置が変わっちゃったんだ」という風に思った。それまでは学生と一緒に、上田の自由大学が誕生したところへ一緒に行って、本堂で話をするということもあったわけです。でも、もうそれは通用しない時代。ただそこで思うんだけど、人々の願いを受けとめるはずなのに、そうなってない「現場」というのはどこにもあると思うんですよ。大学が当時ちょうど槍玉に挙げられるにふさわしい位置にあったのだと思います。そういうところは、今でもある。まずいのは、全共闘とか大学闘争のその後を見ると、そのことがはっきりした形で継続されてこなかったことです。

人間関係における権力性への批判

新谷　僕たちはどちらかというと全共闘後なんだよね、七〇年の入学なので。その辺から大学がずいぶん変わっていっちゃった。よく聞くのは、六〇年安保の人たちの中には、けっこうしたたかに大学に残ってしまった人が多かった、七〇年代はドロップアウトしちゃった。中野は、珍しく残った。残って、しかも「アカデミズムの世界の」本当のど真ん中へ入った。

駒込　僕も別なところで全共闘だった人たちを知っていますが、山の中に入って家具作っているとか、そういう人が多い。中野さんはそれとはまた違う方向に進んだわけですね。

新谷　僕は、国立大学、しかも紛争が長引いた大学に着任して行ったわけです。ふと気がつくと、みんな明らかに紛争世代の同僚の中に、誰一人として紛争の時に名前が出てきた奴がいない。つまり、全部そういうことを避けてお勉強していた人たちが、大学紛争が終ったらさっと大学の教員になった。その図式の中で、実際に当時一線で闘っていた連中は全部ドロップアウトさせられて、珍しく大学に残った人間というのは常に後ろ指さされつつ生きている。

久田　アカデミズムに入った人もいます。ただ、もともとの枠組がオーソドックスなもので、時代が変わると言葉遣いをちょっとその時代の言葉遣いにあわせるっていう感じでずっと続けている人もいる。

駒込　アカデミズムの中に入った人もいるけど、その人たちは器用に転身した人たちで、中野さんのように不器用にずるずる引きずりながら、というのとは違うのでしょうね。

久田　「転身した」っていう言い方も間違ってないかもしれないけれども、もともと既成のアカデミズムの器にふさわしい人だったっていうことでしょう。中野はそうではない。

寺﨑　やっぱり久田さんの最初におっしゃったこだわりとか、あの辺が一番ポイントのような気がします。さっきの駒込さんの話じゃないけど、個人的な人格的資質みたいなものがあるでしょ。彼は、職員の人を馬鹿にするとか、下にしてこき使うというようなことはどうしてもできない。「やれ」と言われたって、できない。その点ではもう無類のやさしさだよね。だから、この文集への寄稿者を見ていても、目上の人はほとんどいないでしょ。ほとんど同輩以下でしょ。後輩たちを見る目は実に優しかったですね。時にはどなったりしたらしいけど、わけへだてというのは、彼はできなかった。思想なんてかっこいいようなものじゃない。体質だと思う。

新谷　中野が後輩の面倒見よくなったっていうのは、後のこと。学生時代は、そっと来てそっと帰っていく感じ。東大に行って百年史に入った頃から変わった。大学史の中で、あとから慕ってくる人間が出て来る、それに対するサービスですね。学生時代はぜんぜん違った。

寺﨑　もともとあったのものが、開花したっていう部分があるのだろうね。

さっきの大学に対する期待と絶望という問題に関連するのですけど、ランドールの中世大学史を訳した西洋大学史の横尾壮英さんが本格的に大学史をやろうと思ってイタリアに留学して帰ってきた。その時、自分は何で大学の歴史を書こうと思うかという文章をすぐに書いた。六六年ぐらいのことです。そこで、「人類の愚行を証明するために大学を見たいと思った」と書いています。確かに、愚行を検証するには大学ほど面白い所はないかもしれない。ある程度知識を持っている奴がやる愚行っていうのは、面白いわけですよ。でも、それほどの思いきりは、彼にはまだ無かったような気がする。

他方、帝国大学体制の研究をやろうとする時に、僕らの世代がはじめに問題にするのは、やっぱり帝国大学の国家主義的性格です。そこから入っていく。でも彼には割にそれがないのですね。彼における権力関係っていうのは人間関係における権力関係であって、政治的な意味での権力関係に対する嫌悪感や批判はあまりない気がする。この点が、戦後歴史学と彼との間にある距離だという印象を持っています。

駒込　そういう点で言えば、二冊目の本（『近代日本大学制度の成立』）の中の助手制度の論文は非常に面白いと思いながら読みました。助手制度をめぐる問題は、まさに非常に身近なところでの権力関係ですよね。そこのところに徹底的に事実としてこだわっている。でも、もう少し普通の意味での大きな権力関係、僕の研究で言えば植民地帝国大学と植民地支配の関係というようなところには、さしあたって展開しないのですよね。

寺崎　そうなんだね。その代わり、逆に僕らの世代は、政治的権力に対する批判的な目は初めからインプットされているけれど、身近なものの権力性についてはよくわからない。僕らの世代は特に旧帝大以来の先生、教授たちから教えを受けていますから、身近なものの権力性は「初めからあるもの」っていう印象だよね。ところが、われわれが四十歳近くなった頃には、もうそれがわからなくなったのですね。

思想表現のスタイル

新谷　僕がわからないことは、八四年以降、教育論や反大学論を彼の中でどのように処理したのだろう、ということ。書きたいことがあったのだろうか、僕にはわからない。その頃、大学史の方の話しか聞いてないですね。何度か二人で話した時に、僕の方からこんなことを最近しているんだ（例えば同和教育のことなど）と話すと、彼はふーんと頷いてはくれるんだけれども、何も言ってくれなかった。絶対に意見があるはずなんですよ。彼が書いたものをずっと見てみたら、言っているじゃん、というのがある。何で俺に言わないのだっていう思いがあるのね。何を考えていたのかな。

久田　「かわら版」をひとつの思想の表現として見れば、つまりメディアそのものを表現として見るとすると、中野はここでやっているわけですよね。この「かわら版」の原則は、実に明快で面白いわけですよ(三八四頁参照)。

駒込　変な原則ですよね。まず「業績」にはしない。

寺崎　僕は、「業績」にしないなんてことを申し合わせているとは、知りませんでしたね。

新谷　中野の著作集をつくるときに、あれがけっこう大変だったよね。彼の業績としてどう扱うか議論になったんですね。「引用したりするな」と言われるから、「え、そうなんだ?」って思いました。

久田　私にも、毎号しつこく送ってくるわけだよ。マイケルっていう猫の絵を表紙に載せることも、やっぱり思想の表現だよね。ワンポイントだよ。今言われたような原則は、まさにメディアを通した思想の表現って言えると思う。

駒込　そうですよね。僕も、「かわら版」には変な原則あるなと思いながら、中野さんの七〇年代の文章を読んで、この原則には意味があったのだということを発見しているわけです。単純なまとめかたになっちゃうけど、大学の権威主義や業績主義に対する抵抗。僕の文章で、書評も「かわら版」もどっちもそれ自体としては完結しないと書いたけれども、知的な対話の場を切り開こうとする点が一貫しているのだろうと思います。

新谷　「業績」にはしないのだよね。「業績」を出せっていって、猫の絵が出てきたらやっぱり困るからね。

米田　あれは中野さんが、「大学の業績審査の時に出せないように下品にしろ」って言って入れるようになりました。

駒込　下品にしろ?　それ面白いね。中野さんは、やはり不器用な人だけど、単に不器用というだけじゃなくて、中野さんなりの方法意識っていうのか、不器用でよろめきながら掴んだ方法意識がある。

久田　内容だけじゃなくてスタイルの変革を、ということが終始言われていたわけでしょ。コミュニケーションだって中身だけではない、関係だっていうことですよね。中身で議論しはじめたら、既存のアカデミズムの罠にはまっちゃう。だからアカデミズムの中に位置を置きながら、なおかつそこから距離を置く、そういう方法でしたね。

米田　中野さんは、政策文書や、昔の権力者の私家文書を、大学史研究の枠をかなり越えて探索していました。その成果を気楽に「かわら版」に載せています。資料を隠さないでオープンにしてしまうセンスは、非常に珍しい。権力者の意図みたいなものを、非常に私的な資料で明らかにしていく手法も、珍しいっていうか他にあまりない。

駒込　先ほどの話と通底しそうですね。さっきの身近な権力関係にこだわるということ。要するに、権力者もまた一人の「人」であるということ。こんなにとんでもない巨大な制度も、一人の当たり前な「人」からできている。もちろん、そこはなかなか簡単には結びつかない。人と人を足しても、制度そのものとは距離があるわけだけれど、逆にそのことを通じて「制度としての大学」が浮かび上がってくる。

米田　たとえば、矢田部［良吉］の日記から、菊池［大麓］とか外山［正一］とかとの人間関係の中に、権力構造の実は重要な部分があるということを読みとっていくということがある。あるいは、大学が権力ある人たちの意図に支えられたり作られたりしているっていうところに、日本の大学の原点みたいなものを見ようとしたのかな。学位論文にするのだということで、帝国大学体制の研究をまとめようとしていた時の最後の段階のメモ書きには、例えば伊藤博文の憲法構想の中に大学がどう描かれているのか、そこまでやんなきゃいけないということが書いてありました。主観的な意図みたいなところにこだわっていくスタイル、と言ってよいのかもしれません。

寺﨑　彼は、最後はそこまで行っただろうと思います。ただそこへ行くまでに、僕らはやっぱり考え方の方から入って価値判断しちゃう。

新谷　イデオロギーと言ってもいいかもしれませんね。

寺﨑　やっぱり中野くんは、それとは違う紡ぎ方をしていくことになったのだと思うね。先にもあげた岡崎さんの文章で、単位制度を無化する試みについて書いてある（四八頁）。価値についてのやり取りに終始してしまった苦い経験から、これではもうだめだというところで、無化という発想が出てくるのかと思いました。中野くんが僕にたびたびチャレンジしたのは、無化する試みじゃないかって気がするんです。打破するのではない。批判し乗り越えるというかたちで無化することに賭けたっていう感じがあります。しかし、というか、だからこそというか、アカデミズムの焦点をなしているディシプリン、研究そのものについての畏敬は失ってない。それが外から見ると、一見、不徹底のように見えるということなのかもしれません。

駒込　どこまでも大学という「現場」にこだわりながら、「制度」としての大学が抱えこんでしまっている問題、つまり人間関係における権力性や業績主義などを無化していく、他方で、「かわら版」のようなミニコミを通じて、新しい知的対話の可能性を地道に切り開いていく、そうした点では中野さんの姿勢は一貫していたようにも思えます。重要なことは、そうした中野さんの試みを単に論評するだけでなく、先ほどの寺﨑先生の表現を借りるならば、自分に対する「チャレンジ」として受けとめ続けることなのかもしれません。

本日は、どうもありがとうございました。

（二〇〇四年十二月十七日）

一九七〇年代の中野実

米田　俊彦

はじめに

「中野実研究会」は、大学史の編纂や大学アーカイヴズの普及にかかわった中野の遺稿を『大学史編纂と大学アーカイヴズ』（財団法人野間教育研究所、二〇〇三年三月）に、大学史研究の代表的著作を『近代日本大学制度の成立』（吉川弘文館、二〇〇三年十月）にまとめてきた。本書は遺稿集の三冊目にあたる。遺稿集の刊行は、もちろん、生前の中野実と親しく接した者として、追悼の思いを込めて故人の活動を記録して後世に残したいという思いに基づいている。しかし、それにとどまらず、中野実の言論と活動が今日の知的状況に対するアクチュアルな問題提起としての意味を持ち続けているという思いに支えられた営みでもある。

本書に収録した遺稿は、一九七〇年代の反大学論（大学解体論）と、それに基づく教育批判論、および一九八〇年代後半以後発行し続けたミニコミ誌「かわら版」に寄稿した史料紹介文である。ここでは主として、多数の反大学論・教育批判論を生み出した一九七〇年代の中野の思想活動を、主な活動の舞台となった現代教育研究所等の状況を含めて、残された記録類や当時の関係者からの聞き取りなどによって可能な限り明らかにすることにしたい。

筆者が中野と出会ったのは一九八五年、『東京大学百年史』編纂の仕事を頼まれてその編集室に行った時である。以後「かわら版」の発行、あるいは「太政類典」「公文録」の復刻出版などで中野実と研究活動をともにしてきたが、中野が一九七〇年代において反大学論に基づく活動を展開していたことはほとんど知らなかった。詳しく知ったのは中野実の死去後、遺品を見せてもらった時であった。以後、研究会のメンバーとともに著作物を探索・整理し、あるいは当時の関係者に聞き取りをするなどして、七〇年代における中野の足跡の概略程度は明らかになってきた。

中野は一九七四年三月に立教大学文学部心理学科を卒業し、七五年四月に同大学大学院文学研究科教育学専攻修士課程に入学、七七年三月に同課程を修了し、七八年四月に同専攻博士課程に入学した。七七年に修士課程を修了するにあたって執筆した修士学位論文のタイトルは「大正期における大学令制定の研究」である。そして博士課程に入ってさらに同じテーマを追及していくことになる（その研究成果は前掲『近代日本大学制度の成立』に収録した）。また、七八年四月には東京大学百年史編集室に勤務し始めた。

ところが、七〇年代半ば頃の中野は、一方で現代教育研究所の所員として反大学論とそれに基づく教育批判論をさかんに執筆していた。反大学論の中野と大学史研究・大学史編纂の中野は特定の時期を境として前後に区切れる関係にはなく、特に七〇年代の後半において、二つの中野は明白に重なっている。

中野自身は、一九八四年の「新しい世界への問いかけ」（同年十二月刊行の『不動産法律セミナー』に「現代教育研究所　中野実」として執筆）を最後に、明示的には反大学論、あるいはそれをうかがわせるような文章は残していない。では七〇年代の反大学論の中野はどこへ行ったのか。この問いを念頭におきながら、七〇年代の中野の活動の跡を追ってみることにしたい。

一、自主講座運動

一九七四年十月二十八日、公開自主講座「大学論」がスタートした。この自主講座のチラシ[1]によれば、全体テーマは「大学の存在理由を問い直そう」、主催は「公開自主講座「大学論」実行委員会」、連絡先は「東大工学部都市工学科　宇井純気付」、会場は東大工学部八号館八十二番教室、時間は午後六時から九時まで、聴講料は二〇〇円であった。講座は隔週の月曜日に開催される予定で、毎回のテーマが記載されている。テーマは、第一回目から順に「大学問題の核としての東大問題」「大学百年の歴史をかえりみる」「高度経済成長下における大学の変貌」「大学教授の人脈をさぐる」「無個性の優等生――東大生気質」「最大の公害源は誰れだ」「予算からみた大学の貧富」「学閥打倒！」「大学改革構想の欺瞞性」「東大頂点の大学序列体系を解体せよ」と印刷されている（一部に手書きで修正が加えられている）。日程やテーマの冒頭のところには「対談　宇井純、生越忠と討論」とあり、またこの両者が一ページずつ、趣旨を説明する文章を掲載している（生越忠は和光大学教授）[2]。宇井純氏の文章「自主講座　大学論開講にあたって」の全文は次の通りである（算用数字は漢数字に改めた）。

大学、この偉大なる虚構、壮大なる浪費！　外には栄光と期待の幻想、内には腐敗と沈滞の現実。権力のかざり物としてはあまりに腐臭に満ち、大国の虚栄としては金のかかりすぎる代物となった大学。しかもその成果は日本の文化的状況をおおいつくすばかりでなく、学閥社会として民衆の日常的生活にまで根を張り、この国に強い事大主義の一つの基盤となっている。

この全体系の上に君臨する東京大学。特権の上に大あぐらをかき、日本の針路を誤った数々の指導者を送り出し、その戦争責任をほとんど負うことなく生き残ったばかりか、学生の異議申立を機動隊でけり出していささかの反省も見せない巨大大学は、むしろ一九六九年以後沈滞を深める一方である。大学は決して正常化したのではなく、頽廃が正常化したというべきだろう。

私たちはこの現実にたえずメスを入れ、それを白日のもとにさらす仕事を、長い作業の第一歩としてはじめる。三〇年もつづければあるいはこの仕事はなにがしかの実を結ぶかもしれぬ。幻想をすて、現実に足をつけた作業を共に進めてゆくために、あらゆる階層のまともに考える人々に参加をよびかける。

中野の遺品中に、「大学論実行委員会名簿」と題された手書きの名簿がある。名簿に登載されている委員は六六人で、所属の記載はなく、住所を見ると東京都とその近県の人たちばかりである。「備考」欄があって、一部の人について「会計事務局」「会場設定局」「販売促進局」「大学論通信」「講義録編集」「なんでもやる局」「実委代表」「情報部」「印刷局」と記載されている。「実委代表」と記載されているのは中野であった。それ以外の「会計事務局」等と記載されている人たちはその役割分担の責任者と思われる。中野は、公開講座を支えたこの大規模な実行委員会組織のリーダーであったのである。

中野の遺品中には、この最初の公開講座を報じる新聞記事の切り抜きや、実行委員会が発行していた『大学論通信』が多数見出せる。しかし、中野がこの運動に継続してかかわったことを示す資料は見当たらない。中野自身、この運動について、直接には何も書いていない。ただ、中野とこの運動のその後との関係にかかわる五つのことをここに記しておきたい。

㈠　中野は五十嵐良雄編『続学生・単位・教師』（現代書館、一九七三年十一月）に「立教大学自主講座設置運動の軌跡」（一〇七頁～）を寄せている。一九七二年度の秋から冬にかけて立教大学文学部教育学科において自主講座設置運動（具体的には「教育原論」という科目を設置し、その担当者に五十嵐良雄氏を招くことを要求する運動）が高まった。運動は目的を果たせずに終わった。中野はその運動にかかわる記録文書を多数紹介する形で右の文章を書いた。また中野は、「自主講座・批判的継承のために」（一四四頁～）を立教大学教育研究会内螺旋編集委員会が編集発行した『螺旋』通巻一号№２（一九七三年十一月）に掲載している。右の二つの文章において、仮に学生にとってどれほど望ましい授業を自主的に開講し、かつそれを正規の科目としてカリキュラムに位置づけることができたとしても、大学やそのシステムを解体しない限りは、本質的には何も変えられないという運動の限界を指摘している。にもかかわらず、中野はなぜ七四年の東大における自主講座の中心にいたのだろうか。そのことを中野自身が説明した文章は、今のところ見当たらない。「自主講座」という形式ではなく「大学論」という内容に意味を見出したのであろうか。

なお、「自主講座・批判的継承のために」の冒頭において、中野は大学史研究をやりたい旨表明している。心理学科の四年生の時のことであった。

㈡ 中野は一九七六年七月発行の『進学ゼミナール』に「「反大学」誕生の経緯と思想――ゼロ地点に立つ大学生はこれからどこへ行くのか――」（一七四頁～）という論考を載せている。ここでは、いわゆる「大学闘争」以前の自主講座運動と反大学運動および両者の関係が取り上げられているが、一九七〇年代以降における自主講座運動は、一言触れられている程度で正面から検討されていない（自らの関与についても言及していない）。なお、この論考の要点が『現教研通信』（中野が所員をしていた現代教育研究所の通信、詳細は後述）第三十五号に掲載された「反大学からの遡及」（九七頁～）でも触れられている。これらの文章においては、中野は自主講座運動に対して批判的であるが、一方で、『現教研通信』第三十七号（一九七七年九月二十五日）の「ＮＥＩ所員会議レポート――或る日の所員会議の素描――」という記事では、中野自身から、「今後の私の課題としては、反大学のために、自主講座運動の資料集を作成したいと考えている」と報告されたことが記載されている。

(三)『現教研通信』の第三十四号(一九七五年八月、実際は一九七六年七月二十一日発行)に所長の五十嵐良雄が「自主講座運動に関する念い」と題する論考を掲載している。もともと五十嵐自身、自主講座運動の推進者であり当事者でもあったのだが、この文章では、「今、全国各地で展開されている自主講座運動は、私たちの志向した自主講座運動とは、全く異質のようである。なぜなら、そこには、念いがなく、関係も断ち切られており、共有する運動や活動も志向されず、一種の流行や風景として行われている」からであると批判している。中野はこの研究所の所員であった。中野自身の言葉ではないが、中野と五十嵐の関係の深さを考えれば、中野が自主講座運動から離れた時の思いを強くうかがわせる文章である。

(四)一九七七年二月二十一日に発行された『大学論通信』第四十一号には公開自主講座(大学論)実行委員会から東京大学創立百年事業講演会役員・顧問・評議員に宛てて二月一日付で出された「公開質問状」が添付されている。大学論の実行委員会が東大創立百年記念事業を厳しく批判していたことがわかる。やや長いが全文を引用する。

公開質問状

本年四月一二日、東京大学が創立百年をむかえるにあたり、記念式典ならびに百億円募金等の行事が進められておりますが、貴会発行の「東京大学創立記念事業後援資金募集趣意書」を読む限り、東京大学百年の歴史的評価について、私どもと基本的な見解の相違があると思います。

東大百年の歴史を顧りみる時、とりわけ「趣意書」の中の左記の二点は決しておざなりにされるべきことではないと考えます。皆さんの明解な御意見を是非お聞かせいただきたく存じます。

一、東京大学は「……学問の自由と大学の自治を確保し」とありますが、六八・九年の東大闘争を通して、学生らの根源的改革の声に「理性の府」として対応することができず、強権・弾圧をもって対処した東京大学の「学問の自由と大学の自治」とは、いったいどのようなものだったのでしょうか。皆さんがお考えの「学問の自由と大学の自治」とは如何なるものか具体的・歴史的事例をあげて御回答下さい。

二、東京大学は「国際的水準において研究教育を推進し」「一五万余の優れた人材を社会に送り出し」とありますが、なるほど東京大学は全国立大学の予算の約一〇％をしめ、数多くの研究施設・研究者をかかえ、東大出身者は政・財・官界の多くを占めるにいたっています。

しかし、亡びへの道＝近代化路線の変更が余儀なくされ、省資源がさけばれている今日、明治百年を通して、ただひたすら近代化の先頭を走り、生産至上主義を唱え膨張を続けてきた東京大学が、この「百周年」をもって、己れを反省する契機とするのではなく、さらなる近代化＝巨大化の第一歩をふみ出そうとしていることは、現実を——私たちの生活を無視したものとは言えないでしょうか。

また、全国の公害問題の現状をみれば、政・財・官界の多くの東大卒業者がいかに反民衆的「活躍」をしているかの事例は枚挙にいとまがありません。

みなさんがお考えの「国際的水準の研究教育」・「優れた人材」とは如何なるものか、具体的に御回答下さい。

これら二点についての明確な回答もなされないままに、東京大学百年の歴史を一面的に賛美し、「公教育」の序列体系における東京大学の位置を固定・強化する機能をはたす「百年記念式典」とそれにつらなる一連の記念事業が挙行されることは、私たちには納得できかねることです。

遅くとも二月末日までに、同封の封筒にて、御回答下さいますよう要望いたします。

一九七七年二月一日

公開自主講座（大学論）実行委員会

東京大学創立百年記念事業後援会役員・顧問・評議員各位

ここで批判されているのは、東大の歴史を評価する姿勢や観点であった。まさにその歴史を編纂するために設置された東京大学百年史編集室に、中野は翌七八年四月から室員として勤務することになる。

ちなみに、筆者は一九八〇年に本郷キャンパスの教育学部に進学したが、当時の学内の東大百年記念事業反対運動はかなり厳しいものであったと記憶している。

㈤ 中野が百年史編纂の仕事に従事するようになった後の一九八〇年二月二十四日、いくつかの大学で自主講座運動を担っている人たちを集めての座談会が自主講座「大学論」実行委員会の主催で開催された。ここに中野は現代教育研究所から出席している[3]。そこで中野は次のように発言している。

「人民が大学を奪取しなくちゃいけない、特権的な学生がやってちゃいけないんじゃないか」っていう論に、いつも僕たちはぶつかったわけです。しかし、その様な客観的な論理・図式があって、それに対して独自の運動をすめていくとき、〝制度としての学生〟ということに僕は問題を焦点化させたいと考えてるんです。学費を払い、授業に出、単位をとる者が〝学生〟だと思うんです。学ぶということは、人間すべてがそうなんです。だから、僕が考えているのは〝制度としての学生〟がどういう形で大学内で運動できるか、大学を解体できるか、ということなんです。そこに、さっきのような客観的な図式がでてくると一歩も進まないんです。

そもそも大学なんか人民の側にたったことなんか一度だってないんですよ。そしたらそこからは何も出てこないということになっちゃう。そうじゃなくて、〝制度としての学生〟にこだわることの中から、単位認定権や成績評価権にのっかるんじゃなく、食いつぶしていくんだっていうことです。

中野は、この座談会の後に発行された『現教研通信』第四十五号（一九八〇年五月二十日）の「メモ・ランダム」欄に短い文章を書いている。次の通りである。

二月、自主講座交流会なる会合に出席を求められた。〔中略〕ところで、その会合において私が強調したかったのは、単位認定の問題では決してなく、自主講座「運動」とはなにか、学生はどのように捉えられるか、ということであった。会合の報告の発言にもあるように、学生を、学費を払い授業に出、単位をとる者として位置づける、〈制度としての学生〉に問題を焦点化してみる、という点にあった。この〈制度としての学生〉へのこだわりは、私の大学の通過の仕方に多くの原因があるのだろう。たとえばすぐれた民衆（学生）思想論としても読める菅孝行の近著『現代史のなかの学生』に対する違和感も、同根である。〈層としての学生〉の捉え方から一歩も誤っていないのである〔「誤っていない」は誤記と思われる〕。さらに、この〈制度としての学生〉への視点は、近代日本の大学がまさに制度として創設され、展開してきたという歴史性に注目するところから生まれた、ともいえる。制度としての大学の創設は、学問・教育のすべてを官許のもの以外排除し、かつ個有の学問形成へ向かう萌芽を早期に摘むしくみをつくった。立身出世あるいは青雲の志も、制度化されてしまった。

この制度化の構造を真正面に据え、分析していかないかぎり、近代日本的大学の解放は端緒にもつかないだろう。空虚な大学の自治・自由論の跋扈を許さないためにも。

中野はこの時点までに、大学という「制度」そのものを正面から考察の対象にしない限り、問題を掘り下げる道が開かれないとの認識に立ち至っていたのだろう。そしてそういう中野からみると、自主講座運動にかかわり続ける者たちの議論はもどかしいものだったのではないだろうか。この文章からは、そのような中野のいらだちが感じられる。[4]

以上の五点のことを考え合わせると、どこかの時点で中野が自主講座運動から離れ、それを外から相対化するような位置に身を置いていたことがうかがえる。そしてそのプロセスは、中野における現代教育研究所とのかかわりと表裏の関係にあったものと思われる。次に、その現代教育研究所における中野の活動をみてみたい。

二、現代教育研究所

中野が五十嵐良雄氏と出会ったのは一九七〇年のことだったらしい。五十嵐氏によれば[5]、同氏が横浜国立大学で非常勤講師として担当していた「比較教育学」の授業に（後に中野と結婚することになる）清水玲子さんとともに聴講に来ていたという。[6]そして五十嵐氏は現代書館から「反教育シリーズ」の本を次々と刊行するとともに、その現代書館を所在地とする現代教育研究所（正式名称ＮＥＩ、略称現教研、以下「ＮＥＩ」と表記する）を設立した。中野はその所員となり、以後一〇年ほど所員として活動を続ける。

ＮＥＩが刊行したパンフレット「反教育の思想とＮＥＩの活動」[7]は、「一　「優等生」の教育論を撃つために」「二　反教育シリーズの軌跡」「三　ＮＥＩの活動の目的」から構成されているが、その「三　ＮＥＩの活動と目的」は次の通りである。

既成の教育秩序に反逆するための教育イデオロギー活動を進めるためには、現実的な基盤を必要とする。反教育シリーズのなかから、前述したＮＥＩというエスペラントを正式名称にした現代教育研究所は設立された。いかなる政治党派の下部機関でもないＮＥＩは、文字通り反権力を志向する自立した教育研究所である。七二年に設立されて以来、すべての人たちに開かれた月一回の定例研究会を開催したり、月一回発行の『現教研通信』を通して、不充分ながら持続的に教育イデオロギー活動を展開してきた。また新たに、「今日、既成の教育・学問・研究の総体にたいして根底的な異議申し立てをする作業は、外部にたいする執拗で鋭角的な批判とともに、わたしたち批判主体の側における地道で独自な思想活動の現実化を要求している」（刊行のことばより）として、内部研究資料集『現教研資料』の継続的な刊行を開始している。

その場合の基本的な立脚点は、最初のところで触れたような、現実の教育秩序の反映として存在する「優等生」たちによる、教育秩序意識を前提に捉えた教育論を転覆すべき、「劣等生」たちが己れのこととして語る「怨教」の思想である。個的な教育体験の偏向性を自覚化しえずに「教育とはすばらしいものだ」と思い込み、それを他のすべての人たちへ強制しようとする「教育幻想」家たちは、近代以後の知的体系をなんら疑うこともなくひたすら、普遍妥当的な論理を追求する。だが私たちは、私たちの「偏向」から出発する、「理性に先立つ人間の魂の本源」（ルソー）から発想して、「怨教」の思想を彼らに突き付けようと意図する。彼らはその属性からして、自己史を理念へとスライドさせてしまう、と同時に繰り返し自分の直面する問題として検証しようとしないで、安易に理念を現実と混同し理念からしか現実を視ることができないが、私たちはといえば、彼らのように現実を抽象し抽象化したレベルで思考する能力にはたけていないから、何よりもまず現実そのものを直視することから始める。彼らにとっては、あの大学・高校闘争も、反戦派教師たちの闘いも、伝習館処分とその反撃闘争も、すべて実在しないのだから。

教育の現実のなかで抑圧され、劣等感や屈辱感を強いられてきた者たちにとっては、それゆえに視ることができる現実があるはずである。賢者には賢者の世界が存在するとすれば、彼らに対して愚者には愚者の世界があるだろう、いや愚者には愚者の世界しか視えようはずがない。ならばその世界から語ればよい、そこから反逆するしかない。

このようなわれわれの教育イデオロギー活動が、アカデミズムの教育学者や「民主的」エリート教育論者たちによって罵倒され冷笑され無視されることはいささかも臆しはしない。しかし、かといって、所与の制度や彼らとまったく無縁な地点で、例えば「楽しい独学のすすめ」などを説く道を選びはしない。あくまでもしつこく、所与の制度と対決しつつ、または、既存の教育学（者）へ直接に唾をはきかける姿勢を保持して、それらとの緊張関係のなかから「反教育」の思想を創りあげていくことを構想しているのである。

すでにいくつかの大学で、学生たちによる単位粉砕・授業の告発と弾劾闘争との関わりのなかから、教育研究における自分たちの肉声を奪回していく活動が開始されている。また、全共闘運動や伝習館闘争に触発された教師たちは、それまで頭上に権威として君臨していた啓蒙的教育学者やアジテーターとしての教育理論家を批判し乗り越え、各地で各々独自な教育イデオロギー活動を進めている。彼らの成果は、あるいはガリ版刷りのビラでありパンフレットであり、あるいはタイプ印刷の小冊子である。これまで反教育シリーズの活動は、彼らによって支えられてきたのであり、これからＮＥＩの活動も彼らの存在を抜きにしては考えられないだろう。と同時にＮＥＩは、彼らの情報センターとしての役割をはたしていくであろう。もちろん、個別な活動を組織し方向づけしようとする意志や力量を、ＮＥＩがもっているわけではない。

大学紛争を経た一九七〇年代に入り、文部省・教育委員会という権力、とその路線に反対する教員組合、あるいは教員組合運動に共鳴するアカデミック教育学といういずれの体制にも組みせず、「怨教」の思想、「愚者の世界」からの「反逆」を目指す姿勢が鋭く語られている。

ＮＥＩは『現教研通信』を発行していた。定価が付いている。中野の遺品から出てきたのは第二十八号と第四十六号を除く第四十八号までで、第二十八号と第四十九号は五十嵐良雄氏から提供を受けた。発行年月日やページ数などは表の通りである。

表　『現教研通信』発行状況一覧

号	発行年月日	印刷・判・ページ	備　考
1	1972年11月25日	タイプ・B5・4頁	
2	12月23日	タイプ・B5・4頁	
3	1973年 1月21日	タイプ・B5・4頁	
4	2月17日	タイプ・B5・4頁	
5	3月17日	タイプ・B5・4頁	
6	4月21日	タイプ・B5・4頁	
7	5月26日	タイプ・B5・4頁	
8	6月16日	タイプ・B5・4頁	
9	7月21日	タイプ・B5・4頁	
10	8月18日	タイプ・B5・4頁	
11	9月22日	タイプ・B5・4頁	
12	10月20日	タイプ・B5・4頁	
13	11月17日	タイプ・B5・4頁	
14	12月15日	タイプ・B5・4頁	
15	1974年 1月17日	タイプ・B5・4頁	
16	2月16日	タイプ・B5・4頁	
!7	3月16日	タイプ・B5・4頁	
18	4月20日	タイプ・B5・4頁	
19	5月11日	タイプ・B5・4頁	
20	6月20日	タイプ・B5・4頁	
21	7月20日	タイプ・B5・4頁	
22	8月31日	謄写版・B4・4頁	
23	9月30日	謄写版・B5・8頁	
24	10月31日	謄写版・B5・6頁	
25・26	12月12日	謄写版・B5・18頁	合併号
27	1975年 1月31日	謄写版・B5・12頁	
28	2月27日	タイプ・B5・4頁	
29	3月31日	タイプ・B5・8頁	
30	4月30日	タイプ・B5・8頁	実際の発行は9月26日
31	5月31日	タイプ・B5・8頁	実際の発行は1976年1月13日
32	6月30日	タイプ・B5・8頁	実際の発行は1976年3月21日
33	7月 － 日	タイプ・B5・8頁	実際の発行は1976年5月21日
34	8月 － 日	タイプ・B5・8頁	実際の発行は1976年7月21日
35	9月 － 日	タイプ・B5・8頁	実際の発行は1976年12月27日
36	1977年 7月20日	タイプ・B5・8頁	
37	9月25日	タイプ・B5・8頁	
38	12月25日	タイプ・B5・8頁	
39	1978年12月30日	タイプ・B5・8頁	
40	1979年 3月30日	タイプ・B5・8頁	
41	7月15日	タイプ・B5・8頁	
42	9月10日	タイプ・B5・8頁	
43	10月30日	タイプ・B5・8頁	
44	1980年 1月15日	タイプ・B5・10頁	
45	5月20日	タイプ・B5・8頁	
46			現物未見
47	1981年 8月21日	タイプ・B5・8頁	
48	1982年10月30日	タイプ・B5・6頁	
49	1983年 1月30日	タイプ・B5・6頁	

第二十九号まではほぼ月刊を維持していたが、第二十九号と第三十号の間が半年開き、第三十号から第三十五号までは名目上の刊行日よりもかなり遅れての発行となり、第三十六号以後はほとんど不定期刊行のような状態になる。

『現教研通信』の創刊号（一九七二年十一月二十五日）の冒頭の文章が五十嵐良雄「定例研究会の発足を前にして」である。NEIの中心的な活動は、当初は定例研究会の開催だったようで、初期の『現教研通信』には定例研究会の報告や参加記が多く掲載されている。

中野が『現教研通信』に最初に文章を出したのは第三号（一九七三年一月二十一日）であるが、第七号（一九七三年五月二十六日）の冒頭に、「通信六号の五十嵐さんの文章中にもありました静岡大の久田さんをはじめ、明学大の岡崎さん、立大の中野さんが、NEIを荷なう中心メンバーとして新しく参加することになりました。何度かNEIの今後について話し合いを持ったり、日常の事務活動などを共にしています。」とある。そして第九号（一九七三年七月二十一日）から、文章の末尾に「（NEI所員）」という表記が登場する。第九号に文章を載せている中野にもこの表記が付されている。NEI所員でない者の文章の末尾には「（高校教諭）」「（中学教師）」などと書かれている。なお、五十嵐については、第六号（一九七三年三月十七日）以後、「所長」の肩書きが付されている。

その「所長」の肩書きが付いた五十嵐の第六号の文章「現代教育研究所（NEI）の活動に関連して」の末尾に、所員についての記載がある。

とにかく、また当分は、一文のお金にもならないだろうが、反権力の志をもち、教育イデオロギー分野での活動を目指す、新しいタイプの教育学研究者を志向し、これから四、五年間くらい歯をくいしばってやれる人。そのためには、大学卒業後も、しばらく、数年間くらい、さまざまな方法や形態をもって大学に籍を置き、他にアルバイトをやっても貰いながら、それで食いつつ、同時に体制側の日本教育学会において、少なくとも、二、三回の学会報告が行なえる程度に勉強が行なえる人が、差し当って中核的な常勤所員として活動していくことになろう。

自分でアルバイトをしてもらうと書いてあるので「常勤」は給与を払うという意味ではなく、仕事に専念するといった程度の意味の言葉であろう。「新しいタイプの教育学研究者」を志向する者が「所員」とされていたのである。

『現教研通信』第十八号（一九七四年四月二十日）の冒頭に「NEI」の名前で「NEI主催定例研究会の名称変更」という文章が掲載されている。NEIのそれまでの経緯についても書かれているので、左に引用する。

NEI主催定例研究会は、今年の一月から会場の都合で休会としていたのですが、四月二十日から再開することになりました。しかし、反教育シリーズ編集委員会、NEI間の話し合いで、NEI主催という看板を降ろすことになりました。

〔前略〕NEIは当初、五十嵐、太田、金井の三名で所員を構成しており、後の二人が実質的にやっていたのは定例研究会に関する事務が主でした。つまり、力量からいって、独自の研究活動をやっていく程のものは持っていなかったのです。中心的に定例研究会を支えていたのは、反教育シリーズ編集委員会であり、われわれNEIは手伝い程度のことしかやっていませんでした。また発足当初はNEI自身の性格もはっきりしていませんでした。われわれ所員は、定例研究会を研究活動の一環のように位置づけ活動していた訳です。しかし、昨年の四月頃から、新たに、岡崎、中野、久田の三名が所員として加わり、太田が所員でなくなってから、NEIの性格自体に若干の変化がありました。ようやく、NEI独自の研究活動らしきものが生まれ、今日に到っている訳です。

〔中略〕

NEIは定例研究会については、これまで通り、出来るだけ事務などの仕事をやってゆくつもりです。そして、NEI独自の研究活動を創り上げてゆくつもりです。

〔中略〕

さて、この間、ひとつには定例研究会の活動を捉え返そうとする中から「現教研の性格と目的」が問われた訳です。前述した事実経過の背後にはこのことについての討議があった訳で、〝反権力の自立した研究所〟という些かスローガン的な性格規定の内実を問う作業が、これまでも行なわれ、今後も更に意識的に続けられる必要があることが確認されているのです。

〔中略〕

NEIは政治組織ではなく、教育についての研究活動に携わる集団です。しかし、こんなふうに一言で表現したとしても、第一に各構成員はそれぞれ固有な問題関心と対象をもっているのだから、そんな個別性を相互に認めつつ集団性を獲得することが必要ですし、第二に、〈研究〉というコトバや、〈集団〉とか〈組織〉とかのコトバは、〈教育〉というコトバと同様にすでに死語と化しているですから、そんな中でわれわれが自己を確かめつつ進むためには第一歩から読み直す作業が必要です。従って、今のところ答えは日々の活動の現実の中にしかないようです。

だからこそ〈教育〉〈研究〉〈集団〉としてのわれわれの存在意義があるのだとも言えるでしょう。さしあたり、組織論一般、研究活動論一般というかたちで不毛な議論を進めるのではなく具体的な活動を材料に据えて、現実の活動の中から徐々に自己の姿を認めていくつもりです。

この文章によれば、一九七三年の四月以降に中野が所員となったこと、定例研究会は実質的には反教育シリーズ編集委員会がリードしていたこと、中野らが所員に加わってから現教研が独自の研究活動を担える力量をもつようになったこと[8]、所員各自が自分の課題をもちつつも研究所の具体的な活動の中から自らの方向性を見極めていくつもりであること、などのことがわかる。

中野は、右の第十八号の文章をふまえて、第二十号に「NEIの活動に関連して」(七六頁～)を寄せた。その冒頭で、「通信十八号を踏み台にして、NEIでは特にNEIの今後について討議を重ね、考えあぐねてきました。些かスローガン的な「反権力の自立した研究団体」という性格規定の内実を問う作業として、それはあるようです。」と書いている。そしてこの文章の中で、「教育「学」に代表される、と私は見るのだがその認識方法、発想の仕方といったものに対する異議申し立てをしていく、そういったこととして、現在私は「大学史」を問題関心と対象に据えている訳です。」とも書いている。この文章では、NEIの集団としての研究活動と個々の所員の研究活動との関係をどのように設定するかという問いに明確な答えを提示し得ていないが、自分の問題関心と対象が「大学史」であることを明確に宣言している。立教大学の心理学科を卒業して間もない頃であった。

『現教研通信』は第二十二号(一九七四年八月三十一日)からしばらくの間、ガリ版印刷で刊行されることになった。その事情などについて、同号に寄せた「NEIの近況など」の中で五十嵐が説明している。その説明によれば、定例研究会の主催が反教育シリーズ編集委員会に変更され、NEIはそれとは別に研究会を行うようになり、反教育シリーズ編集委員会および現代書館とNEIとの関係が明確に整理されたとのことである。そして『現教研通信』のガリ版化は「まさにNEIの主体の確立の第一歩」とも述べられている。なお、中野所員を中心に『われわれにとって吉本隆明とはなんであったか』がガリ版で刊行される予定であるとも書かれている。

『現教研通信』第二十五・二十六合併号(一九七四年十二月十二日)に五十嵐所長が「新たな年を迎えるに際して」という

文章を掲載した。そこでもＮＥＩの路線問題が取り上げられている。即ち、「このＮＥＩには路線や展望がないのか」ということが「ＮＥＩ内部においても繰り返し私への問いとして提起されている」という。そしてその問いに対して五十嵐所長は次のように明快に回答している。

〔前略〕大体、方針などというものは、てめえが、てめえの主体において、てめえの責任で打ち出したり選択したりしていくものであって、誰れかに依拠したり、教えられたりしていくものではない。極端に言えば、このＮＥＩに結集している所員であっても、ＮＥＩの方針や路線に依ったりするのではなく、てめえのやりたいことを、てめえの責任で、てめえがやって、必要に応じて、それを突き出してくれれば、いいことであって、それが基本とならない限り、共同性である方針など、第一、出てくる筈がない。〔中略〕路線だとか展望だとか方針だとかいうものは、自分が取り組む対象や、そういう対象に向って自分を衝き動かすもののなかに既に存在しているのであって、改まって問われるような性質の問題ではないのである。

この五十嵐所長の文章の後に中野の「トンネルの出口は……」（八〇頁～）が載っている。路線問題とどのような関係があるのかわからないが、所員たちの共同研究として吉本隆明を読み合わせていたことがわかる。また中野はその中で、大学ではなく家、家族に重点を置いた読み方をしていると書いている。

一九七五年四月に中野は立教大学大学院に入学するが、その入学を目前にした同年三月三十一日発行の『現教研通信』第二十九号に中野は「大学論序説」（八六頁～）を発表する（その続編は一九七六年一月十三日発行の第三十一号）。大学院での大学史の研究とＮＥＩにおける教育批判、大学批判の掘り下げとの接合を試みたようにも思われる文章であるが、その末尾では次のような迷いも表明されている(九六頁)。

さて今後の課題では体験的なものではなく具体的な素材を提示し、展開の行方を暗示しなければならないのだろうが、いまのわたしにはやっぱりそういったところで「今後の課題」をたてることに意欲的でない。各論における展開(たとえば大学史の叙述)では、まず解釈のちがい、資料評価のちがいを行なうことになるのだろうが、そのようなかたちでの展開に躊躇と疑問があるのが、ひとつの原因になっている。もうひとつはぴったりする素材がないことである。問いをより具体化するためには実際の素材をもって展開することが必要で、強要されることなのだろうが、まだ展開の媒体が、怠慢であるが、わからないからである。えらそうなことを書いている途中から「なぜ大学にまだこだわっているのか」と、自分で考え込んで支離滅裂になることがしばしばあるのである。〔後略〕

一九七五年三月にＮＥＩを離れた岡崎知子が『現教研通信』第三十三号(一九七五年七月、実際には一九七六年五月二十一日)に「ＮＥＩへの決別の辞に代えて」を寄せた。そこにはＮＥＩが発する反大学論、大学解体論への痛烈な批判が含まれていた。[9]その箇所を次に引用する。

例えば、五十嵐氏の主張する「抑圧された人々の立場に立つ」という姿勢は心情的に、あるいは、活字の世界では想い込み可能であっても、現実の関係の中で成立するはずもない。改めて言うまでもなく、学生が学生である以上、その制度の共犯関係の中で絶えず教師を教師たらしめているのだし、抑圧されているもの＝学生＝告発する主体、とストレートにいかない。

共犯関係を拒否するというカッコよさで〝告発〟する発想のスタイルは、現実の教育と対置してあるべき教育像をもってきても不毛なものと通じるものがある。

単位制度を無化する試みが、価値についてのやりとりに終始してしまった苦い経験からこれではもうだめだと思うのである。

制度としての大学を問題にするならば、社会的な生産諸関係の問題として取り扱わなければならないのだろう。が、わたし(たち)が少数の仲間と志向したのは、制度自体というよりも、学び方、発想の仕方のスタイルの変革と、秩序への同化を強いる〝日常〟の中で生き続けていくしぶとさだろうと思う。

その意味から、大学の実態をあげて批判する必要も感じない。

唯、大学に特権的にあるという「知的な領域」を、個人に根ざした自己解放への方法で他者と出会うような「学」としての自分のものに出来ればいいと思う。

この批判を中野がどのように受け止めたのか、この頃の『現教研』紙上で読み取ることはできない。ただし、前に引用した一九八〇年の座談会での発言や『現教研通信』所収の文章中で、中野自身が「制度としての学生」にこだわっていることが表明されていることからすると、この岡崎の批判は中野の中で大きな問題あるいは課題として受け止められていたことが推測される。また、統一的集団的な路線がないとはいっても、やはり一定の共通の志向性を象徴的に示す「所員」の肩書きをもったメンバーがＮＥＩの議論の核心部分を批判して去って行ったのであるから、おそらく所員会議のような場で深い議論がなされたものと思われる。

なお、右の岡崎の文章の前段では、ＮＥＩの路線問題に言及されている。「「それぞれが独自に、自分の活動を続けていく」という建前で、集団自体の問題がウヤムヤにされていくこと。にもかかわらず、NEIの構造は、〈所長―所員〉という既成の集団構造を踏襲し、これが固定化されていること」が問題として指摘されている。右の文章が掲載された第三十三号の「編集後記」において、岡崎の意向を所員会議で了承した旨の記事の後に、「小生、集団に関してはそれを物神化する地点からは遠くはなれているつもりです（もしそれがあの全共闘運動を契機にできあがったものであろうと）。政治的国家と市民社会を貫く文化革命を押し進める為に、内なる天皇制・スターリニズムが繰り返し問題にされる必要があるでしょう。ゆっくりやっていきます。」というコメントが記載されている。「【ひ】」との署名があるから久田邦明の文章と思われる。

また、岡崎は、「NEI内部では、「書くこと」を生活化すること（＝売文）が実質上の基準になり、又研究者を生業とする意志いかんにあるようだ。これに少し不満を言えば、既成の教育研究方法の批判に、自己史を総括した教育論を、というアドバルーンをあげたまま、「教育評論家」の集団になっていくのでは、という危惧を感ずる」とも述べている。岡崎は中野と共著の形で一九七四年二月十八日発行の『週刊読書人』に折原浩『東京大学――近代知性の病像――』への書評「内部からの告発として　東大闘争の中で露呈した本質を実証、論証」を書いている（この書評は本書に収録していない）。中野はこの頃活発に『進学ゼミナール』や『図書新聞』に論考・書評を載せていたから、この指摘の対象に中野も含まれていると思われる。

中野は『現教研通信』第三十五号（一九七六年十二月二十七日）から「反大学からの遡及」（九七頁〜）を連載する。シリーズの初回の文章で、中野は、「大学は人間の（共同）幻想を基礎にして成立している。」（九八頁）と指摘する。「反大学の思想」は「学問・研究の人間的基礎へ立ちかえることを試みるものであったと思う」（同前頁）とも書いている。あるいは第三十七号（一九七七年九月二十五日）に載せた三回目の文章の末尾で、「大学を生みだし、支えた意識を、もう一度意識化するところから、深く日本における大学の成立如何を問うとき、法制上の改革の意義のみに溺することなく、民衆の大学意識の変遷を、まるめ捨てさられた紙片のしわをのばすように丁寧に読み込んでいく必要がある。」（一〇四頁）と論じている。以前の「大学論序説」にみられたような迷いは読み取れない。

中野は一九七七年十二月二日付で『現教研通信番外編』をガリ版印刷で発行し、そこに「反大学の思想から」の四回目の文章（一〇四頁〜）を掲載した。この『番外編』には中野の文章だけしか掲載されておらず、通常の号にある「現教研通信」という表題も編集後記もない。まったく個人的に発行したものではないかと思われる。また、一九七七年十二月二日という日付は、第三十八号の発行日（十二月二十五日）の少し前である。第二十九号から第四十号までの『現教研通信』の合冊版に綴じ込まれているので、『現教研通信』の一部であることは確かであるが、内容は所員会議で報告したことに関してその後に考えたことを整理したような文章である。

この文章に、「大学の存在を、人間の解放にとって最も遠い位置においてみたらどうなるのであろうか」（一〇五頁）という表現が出てくる。この表現は、一九八四年になってなおＮＥＩの所員の肩書きで『不動産法律セミナー』に寄せた文章にも出てくる（「遠近法」も双方の文章に出てくる）。ガリ版の『番外編』という形式にもかかわらず、この四回目の文章は当時の中野の思想の到達点を端的に表現しているように思われる。

中野は、第三十九号から『現教研通信』の編集担当になった。[10] 前述の「通信編集だより」は、この時期の編集担当の仕事にかかわって発行されたものである。中野はこの編集担当の期間、長めの編集後記を書きながらも、本文には論考を掲載していない。後述の通り、市販雑誌や『図書新聞』にもこの時期はあまり投稿していない。この時期の中野については、項を改めて跡を確認しておきたい。

三、書評活動

一九七〇年代の半ばから後半にかけて、中野は『図書新聞』誌上に多数の書評を掲載している(二二五頁〜)。最初の掲載が一九七四年二月であるが、中野が立教大学文学部を卒業したのは同年三月である。大学卒業前から、しかも教育学の専攻ではない中野の書評がなぜ書評専門新聞に掲載されたのか、しかも頻繁に掲載されたのはなぜなのか、そういったことの事情を知るために、当時図書新聞社に勤務されていた又重勝彦氏からお話をうかがった(二〇〇三年二月二十一日)。

図書新聞社は一九七五年六月六日に倒産し、翌七六年四月一七日に別会社として再興された。又重氏は六七年の入社で、倒産後の会社にも引き続き勤務し、七九年に病気で退社された。従って又重氏は中野が活発に書評を発表していた時期に図書新聞社に在籍していたことになる。

又重氏によれば、倒産前の会社の経営は苦しく、給料がまともに支払われることもなく、原稿料を抑える関係で、あまり著名な人に執筆を頼めなかったという。また又重氏自身は、ふだんから古書店で大学の紀要を購入し、大学院生などの若い研究者の論文を読んで、これから伸びそうな人を探して原稿を頼んでいたとのことである。

『図書新聞』には現教研ができる前から五十嵐氏を含む「書評グループ」があって、書評の対象となる著書を選定したり書評者を選んだりする作業をしていたが、しだいに現教研メンバーが中心になっていったという。又重氏が挙げたメンバーの名前は、五十嵐良雄、高橋勉、名取弘文、諏訪哲二(本名岡部忠義)、あるいは久田、太田、金井、中野らの現教研所員である。書評グループのメンバーは月に一回、日曜日に会社に来て、寄贈本を並べてチェックし、「書評」「紹介」に取り上げるものを決めていったとのことである[11]。

中野が『図書新聞』に掲載した書評は一三本であるが、倒産前が六本、再興後が七本である。倒産前は一九七四年二月から七五年五月までの一年余の短期間に六本執筆しているが、再興後は、七六年に二本、七七年に二本、七八年・七九年・八一年に各一本と、執筆頻度はかなり落ちている。このことについて又重氏は、会社が再興されて給料も原稿料もきちんと出るようになったが、中野は大学院の方での論文執筆などが忙しくなって、本数が減ってきたのではないかと推測している。また八一年の書評は『常民の精神史』という本についてのものであったが、ブラジル移民についての本なので、退社後の又重氏が後任の編集者に中野を紹介したとのことである。

学部を卒業する前の学生であった中野が『図書新聞』に多数の書評を掲載していた事情は、この又重氏の説明でおおむね判明した。しかも中野が批判の対象として取り上げたのは、権力側の文献ではなく、教育学や教育運動の側の文献であった。そして書評文中には鋭いコメントが散見される。まさに現教研所員としての中野実の研究を表現したものであったといえよう。

なお、中野は謄写版印刷で一九七六年二月から七七年六月まで、『としょ』(二四七頁～)という個人雑誌を発行し、書評活動をむしろ活発に展開していた(遺品の中から発見されたのは第七号まで)。七六年二月という時期は、図書新聞社が倒産していて、再興される前の時期である。書評活動を自分で継続しようとしたのかもしれない。

この『としょ』の第四号は一九七六年七月、第五号は七七年四月の発行である。半年以上空いているが、これは立教大学大学院における修士論文の執筆と関係があると思われる。修士課程を修了し、『としょ』の刊行を再開したものの、第七号まで毎月出し続けてそれで終わってしまったようである。七七年中には『図書新聞』にも二本の書評を出している(七八年一月にも一本出しており、七七年度ということであれば三本出している)。

『図書新聞』と個人雑誌『としょ』の両方を視野に入れると、中野の書評活動は一九七四年から七七年にかけて活発に展開され、大学院の博士課程に入学し、同時に東京大学百年史編集室の室員に入った七八年以降、ほとんど書かなくなってしまったということになるだろう。

四、一般雑誌への執筆活動

中野は『公評』『創』『進学ゼミナール』『進ゼミ情報』といった一般の市販雑誌にも論説記事を執筆している（一四九頁〜）。いずれも大学論である。同一の号に二本を同時に掲載しているケースが二回あり、その場合は一方にペンネームであった「西雅人」を使っている。

五十嵐氏によれば、ＮＥＩの活動資金を得るために、久田氏とともに中野が精力的に雑誌に原稿を寄せていたということである。[12] 一度に二本もの文章を掲載している場合があること、それ以外でも頻繁にペンネームを使っていることから考えると、五十嵐氏の説明の通り、活動資金の確保のために執筆活動を展開していたことが推測される。

論述されている内容には、当時の中野の大学史研究をふまえたものも含まれる。市販雑誌であり、しかも受験生を読者とする雑誌であるが、中野は『現教研通信』で表明していた迷いや行き詰まりを感じさせないような、大学史研究に基づく大学批判、教育批判を展開している。

市販雑誌への投稿は、一九七四年に一本、七六年に三本、七七年に三本、七八年に一本である（それに加えて八四年の『不動産法律セミナー』掲載の文章がある）。書評の執筆とほぼ同様、七七年までが活発で、七八年以後はあまり書かれていない。

中野は一九七八年十二月発行の第三十九号から『現教研通信』の編集担当になっている。ＮＥＩの活動を離れたわけではないが、『現教研』にも論考を寄せていないし、七八年以降は書評もほとんど書かなくなっている。一方で中野は七八年度から立教大学大学院の博士課程に在籍し、あるいは東京大学百年史編集室の室員となっていた。ＮＥＩ所員の立場で文章を書くことに一定の距離をとらざるを得ない状況になっていたのであろう。

五、『現教研通信』の編集担当

中野は『現教研通信』の第三十九号（一九七八年十二月三十日）からその編集担当に就いた。現物を確認できる第四十九号（一九八三年一月三十日）まで担当を続けた（ただし第四十六号のみ現物を確認できない）。この間、中野は『現教研通信』には論考を寄せていないし、市販雑誌や『図書新聞』にもほとんど投稿していない。ここでは『現教研通信』の編集後記や編集のために所員に向けて出していた「通信編集だより」を手がかりに、中野の動きを追ってみたい。

まず、ＮＥＩの活動は、一九七八年に五十嵐氏が相模女子大学に就職し、その仕事に専念するようになった頃からしだいに不活発になっていったらしい。[13]ただ、五十嵐氏によれば、自らが疎遠になりながらも、久田氏と中野が一九八〇年代に入ってもＮＥＩの活動を続けていたという。[14]では、実際にはどうだったのだろうか。

第三十九号の編集後記「徒歩（編集日誌）」に、中野は「編集担当の意図のひとつは、自らの力量をたしかめたいというものです。」と書いている。編集の仕事は、単に原稿を受け取って印刷所に出すことではなく、『現教研通信』の性質を決定づけるほどの重要な意味をもつことと中野は理解していたらしい。編集作業上の連絡や報告のために発行していた所員宛の「通信編集だより」を読むと、具体的な記載内容は省略せざるを得ないが、中野がこの編集事務にいかに傾倒していたかがわかる。

中野は、第四十号（一九七九年三月三十日）から、「現教研通信」という冒頭の表題の下に「編集・中野実」の文字を入れた。最も目立つところに編集担当の名前を入れたことについて、「通信編集だより」の第十号（一九七九年十二月十七日）において、「これはかなり意識された行為といってもいい」と書いている。「売名行為の行過ぎという四囲の感触」があったようで、それに反論する形で「責任を「売名」しておくという気持ちのほうが強かった」、「名前を冒頭に記す程度の「売名行為」ではつりあわない労働量である」と強調して書いている。

あるいは第四十三号（一九七九年十月三十日）の「徒歩（編集雑記）」欄で、「これまで編集子は執筆者（所長及び所員）に対してかなり強引に、無礼に、原稿催促をしてきた。〔中略〕しかし……。欠陥は反省として踏まえながらいまだ編集子の構想（願望）が満たされていないことを最大のバネとして今後とも読者諸兄への仕掛けにたる原稿を生み出していこうと思う。」と率直な心境を吐露している。

実際、一九七九年中にはほぼ隔月に近いペースで四号を出したが、八〇年に入ると刊行の間隔が大きく開いていってしまう。自分の力量を確かめると宣言した中野にとっては、落胆せざるを得ない結果だったと思われる。

そして同時に、中野の反大学論の思索にかかわっての変化も表面化していた。

まず第四十号（一九七九年三月三十日）の「徒歩（編集日誌）」欄。次のような記載がある。


ある友人の言葉をかりて表現すると、僕は通信の編集にいささかむきになっている。そんなになぜむきになるのか、なれるのか、というのがその友人の主要な疑問らしい。編集担当の意図は先号に書いておいたが、それよりもっと手前の、初発の動機みたいなものをいえ、と要求されても、なかなか自分の胸に自然に落着く言葉は見い出せない。二足鞋に居直り始めた証明なのか、あるいは反対に、どちらか一方を選択するための踏板なのか、自分でもいまだ判然としない。

「二足鞋」の状態を公言するほどに大学史研究・大学史編纂と反大学論という二つのことへの取り組みが自分の中で

整理できなくなってきたのかもしれない。

次いで第四十四号(一九八〇年一月十五日)の「徒歩(編集雑記)」欄。

……まず最初に記しておきたいことがある。

これまで連載してきた「反大学の思想から」の打ち切りである。通信41号において、「追究は、しかし、解体されるべき大学とはなにかを逆さに辿っているのが現状である。近代日本の大学の形成・発展を問う作業は、そのまま、大学の権力構造を明らかにする」という文章によって「論文紹介・反大学の思想(2)」をくくってしまったのは、きわめて舌足らずの自己弁明的なものであった。いまあらためて補足説明を加える気はない。ただ、蛇足を覚悟していえば、以下のような心境にあったことは確かである。というのは、いまだ疑問は、大学とはなにか、にあり、わたしにとって大学とはなにか、という疑問の形式に戻ってしまっていたのである。その疑問のスタイルを支えていた基盤はすでに崩壊させられていた。にもかかわらずというか、否、それ故にか、単なる対象に関する知識の蒐集ではない、認識主体たる自己をより深く対自的に読み込むといったことに固執してきた。しかし、いつの間にか袋小路につきあたっていたのである。その疑問の形式に要求される方法の模索に、意欲的にとりくまなかった。そのなによりの証明が、さきに引用した文章といえる。ことばをかえていえば、独自な視点と独自な方法を用いて対象とかかわってこなかった結果なのかもしれない。以降、あらためて連載の内容・方法を考え、一歩から始めたいと考えている。

冒頭の「反大学の思想から」には若干の説明が必要である。論考としての「反大学の思想から」は、本書に収録した四本の文章である(第三十五号、第三十六号、第三十七号および『番外編』)。それとは別に、第三十五号に「論文紹介・反大学の思想」という文献紹介記事が出ていて、その続きとして、第四十一号に「論文紹介・反大学の思想(2)」が掲載されている。そしてそこには短い文章による説明が付されていて、末尾が「追究は、しかし、解体されるべき大学とはなにかを逆さに辿っているのが現状である。近代日本の大学の形成・発展を問う作業は、そのまま、大学の権力構造を明らかにする。」となっている。

右の文章によれば、中野は「大学とはなにか」という初期の疑問を引きずっていたことになる。そして「その疑問のスタイルを支えていた基盤はすでに崩壊させられていた」とある。基盤とは、自身がすでに学生ではないということだろうか(博士課程の大学院学生ではあったが)。しかし「袋小路につきあたっていた」という言葉は、中野の状況や心境を正直に表現したもののように読める。「独自な視点と独自な方法を用いて対象とかかわってこなかった」とあるが、中野は大学にはかかわっていた。しかしそのかかわりは、大学史研究と大学史編纂であった。深く中に入り込みながらそれを遠くから見るということが中野という一人の人間にはできなくなっていたということであろうか。あるいは、反大学論から大学史研究・大学史編纂にスライドしつつも、そこに新しい、自分なりの「独自な視点と独自な方法」を見出し得ていないことにいらだちを感じていたのであろうか。

以後、間隔が開きながらも『現教研通信』は細々と発行され続ける。中野は編集を続け、編集後記を書いているが、自らの「袋小路」に触れたような文章は見られない。また、第四十九号(一九八三年一月)の「徒歩(編集日誌)」を読む限り、これで『現教研通信』が廃刊になることをうかがわせる記載はない。むしろ「NEIの会合は最近、賑やかである」とまで書かれているし、次号の発行予定の時期も記載され、あるいは別冊の刊行企画のことも紹介されている。

組織自体が最後にどのようになったのか、現在のところわからないが、中野は一九八四年十二月の『不動産法律セミナー』に「現代教育研究所　中野実」の名前で文章を寄せている（二一九頁〜）。少なくともその頃まで、中野の意識の中にはＮＥＩが存在し、所属意識を持ち続けていたことがわかる。そしてその文章の中で、中野は、「大学のなかで、大学に向って、孤立し続ける」、あるいは「大学の存在を人間の解放にとって最も遠い位置にみる」姿勢を強調している。これがＮＥＩに約一〇年間身をおいて思想活動を行ってきた中野の到達点だったのだろう。

六、近代日本教育史料研究会と「かわら版」

中野は一九八一年四月に東京大学百年史編集室の助手となった。そして八〇年代半ばの『東京大学百年史』全一〇巻の連続刊行に向けて、編集作業の中心を担うことになる。

一九八六年九月二四日、中野は「かわら版」を発行した。Ｂ五判の紙を三段に区切り、中野自身と小熊伸一氏（当時は立教大学の大学院生）と筆者が一段ずつ、短い文章を載せた。中野の指示で、小熊氏も私も史料論を書いた。翌月から菅原亮芳氏と前田一男氏（ともに立教大学の大学院生）も加わって、毎号発行を続けた。このメンバーで近代日本教育史料研究会を構成した。

毎号、メンバー以外の方に執筆していただくようにし、執筆していただいたらその方には以後の号を送り続けるという形で読者を増やした。東大百年史資料室が作業の場となり、メンバーは毎月そこに集まって作業をした。以後メンバーが少しずつ入れ替わりつつ現在まで同じスタイルで発行が続いている。

中野は、すでに反大学論を表面には出さなくなっていたが、東京大学の史料を使って沿革史の編纂をしながら、東京大学の歴史を根底で動かしていた権力の動きを探ることに関心をもったのであろう、文部省の中枢にいた人物の個人文書の探索を始めていた。その探索活動の成果がまとまった形では発表されることはあまりなかったが、中野は「かわら版」にその成果を発表していった。中野が「かわら版」に掲載した文部省関係者の個人文書についての調査結果は、現在の時点で考えても貴重なものであり、中野が自らこれを発表することはなくなってしまったので、一九七〇年代の諸論考とともに本書に「かわら版」の主要記事を採録することにした次第である(二六四頁〜)。

そもそも「かわら版」という発行形態は、『現教研通信』や『としょ』に通じるものがあるように思われる。紙面の作り方も同じである。本書の中で駒込武氏も記しているように、研究を「業績」とみなすような発想ともっとも遠い地点で、中野は「大学」や「研究」の意味を問い続けようとしたのであろう。

おわりに

本書には一九七〇年代に中野が執筆した反大学論(大学解体論)や教育批判論、そして八〇年代後半から発行した「かわら版」に所収された、教育政策立案にかかわる発掘史料の紹介文を収録した。

筆者は、一九七〇年代における中野の思想活動について、中野自身からほとんど聞かされたことがなかった。活字として残されたものからその再現を試みたが、実際にはもっと奥深いところでさまざまなことがあったものと思われる。一九七〇年代の中野を理解するうえでなお不十分な点が残されていると思うが、本書に収録した諸著作を読むうえで、多少とも参考になれば幸いである。

1　中野の遺品。A６判の紙の両面に印刷。片面二ページ。一部手書きによる補正がなされている。

2　一九七四年十月四日の『読売新聞』に寄せた宇井純の「市民の眼前に実態さらす——問題、解決法ともに考えよう——」によれば、生越は東大紛争前まで東大助手で、「民衆の立場において、いわば下からの大学論をきずき上げて来た」人物であるという。

3　座談会の記録が自主講座「大学論」実行委員会発行の『大学論通信』第七十七号（一九八〇年三月十五日）に収録されている。

4　当時、中野は『現教研通信』の編集担当をしていた。中野は所員に宛てて編集上の連絡をするために「通信編集だより」を発行しており、それが遺品として残っている。この「通信編集だより」の第十二号（一九八〇年四月十七日）と第十三号（同年四月二十日）に、右の座談会のことやそこでの発言にかかわることが記載されている。座談会のことについては、「編集日誌」欄の二月二十四日のところに「大学論自主講座交流会へ出席。ほとんど学ぶものなし。それ以上に驚かされたは、大学論実行委員の交替のめまぐるしさであった。」ときわめて否定的なコメントが書かれているだけであるが、それ以上に注目されるのは、この「通信編集だより」の半分以上のスペースを埋めている、中野のその時点での思索内容を紹介した文章である。第十二号と第十三号に掲載されているその文章はひと続きのものである。第十三号が第十二号の三日後に発行されているのは、長い文章を二号に分けて掲載したためであろう。そのひと続きの文章は「二月は自主講座運動をどのようにとらえるかといったことに、編集子（中野のこと）の関心は集中していた。」で始まる。途中、「いまだ近代日本における大学論の再編成が一歩もふみだされていない」と述べたり、羽仁五郎の「大学論序説」が大学論を「組織論」「学問論」「政治論」の三つから構想していることを取り上げたり、維新期の大学像が「修身斉家治国平天下の学としての「大学」の制度化されたもの」であると論じたりしつつ、最後に「このように考えてくると、自主講座運動とは、学生論、学問論、変革論から追究し得るだろう。学生をどのように位置づけるか、がやはり基本的視点にならざるを得ないだろう。菅孝行の、敗戦以降の学生運動を思想史的観点から捉えようとした試みが、編集子に、なにも得るところがなかった原因は、制度として学生を位置づけられていないからであった。視点、関心を異にしながらも、二／二四の大学論自主講座交流会においてもこの点に注意を払うものは一人もいなかった。」と書いている（算用数字は漢数字に改めた）。この頃の中野がなお制度としての大学を内側から「食いつぶしていく」論理を模索していたことがうかがえるが、その模索の出口が見えているようには読めない。

5　二〇〇三年一月二十三日消印の五十嵐良雄氏からの書簡による。

6　『現教研通信』第四号（一九七三年二月十七日）に「立大　清水玲子」の名前で「私の今こだわっている事」という文章が掲載されている。

7　全六ページ。五十嵐良雄氏所蔵。最後のページに現教研の出版物が紹介されている。その中に『現教研通信』の第一号から第二十一号までの合冊本が含まれているので、このパンフレットの発行は一九七四年七月以降のことである。

8　『現教研通信』第二十七号（一九七五年一月三十一日）の「《編集部より》」という欄には岡村吉夫・武内義男が所員に加わった旨記載さ

れている。

9　岡崎は、五十嵐良雄編『続学生・単位・教師』(反教育シリーズⅦ、タイトルには「だいがくかいたい」とのルビが付いている、現代書館、一九七三年)の第二部「自主講座運動の軌跡」に「明治学院大学における闘い」という報告文を寄せている。この第二部は中野の「立教大学自主講座設置運動の軌跡」と岡崎の文章の二本の報告から成っている。自主講座運動からNEIに参加したという点で、岡崎の存在は中野にとって大きかったのではないかと思われる。

10　「通信編集だより」の第四号(一九七九年六月二十三日)によれば、中野はそれ以前に一度だけ、第十一号の編集を担当したことがある。

11　書評グループのメンバーが日曜日に集まって作業をしたこと、その際に又重氏が母親の手作りの昼食を提供したことなどは五十嵐氏の二〇〇三年二月十八日付の書簡にも記載されている。

12　二〇〇三年一月二十三日消印の五十嵐氏の書簡による。

13　二〇〇三年二月三日、中野実研究会のメンバーである柏木敦(現兵庫県立大学)、大島宏(現立教大学学院史資料センター)、油井原均(現武蔵工業大学)とともに現代書館を訪ね、当時を知る菊地泰博氏、金岩氏、村井氏からお話をうかがった。それによれば、五十嵐氏が相模女子大学に就職してその仕事に専念するようになった頃には各メンバーもそれぞれ自分の道を見つけ、少しずつNEIの活動から離れていったとのことであった。また、「反教育シリーズ」は一九八〇年代に入るとぱったりと売れなくなったという。菊地氏らからは当時のことをお話しいただいたうえに又重氏を紹介していただき、あるいは雑誌記事の出典を探す手がかりを教えていただくなど、大変にお世話になった。また、五十嵐氏自身、二〇〇三年一月二十三日の消印の書簡において、相模女子大学に就職したためにNEIの活動から離れたと述べている。

14　二〇〇三年二月十八日付の五十嵐良雄氏の書簡。

第二部　一九七〇年代の「反大学」論・教育批判論

第一章　「反大学」論

1　現代教育研究所関係

1　「子供のため」へ一言

教師と生徒との関係や、親と子供の教育における関係を考えてみると、よくいわれる言葉に「子供のためになるのだから。」、いまは潜在的になったからか、一般的になってしまったので新聞はめずらしくないものは書かないので騒がれなくなったのか、よく知らないが、一時「教育ママ」の存在がクローズアップされた。

「一生懸命勉強させて、一流の大学を卒業させて、良い会社に入れる事はすべてあんたの、おまえのためになるのだから。」、おおくの教育ママのいいたいのはこんな事であろう。こんなに顕著でないにしても自分の親も五十歩百歩である。一般的にか、安直に考えてしまうと、自分も納得してしまいそうな論理である。なぜかというとその感覚、体験が自分にもあり、またちょっとした会話——特に後輩と一緒の会話——の時にでるからである。己れの体験と現在自分の位置を瞬間的に打算をしてしまう。「あの時にこうしていればもっと現在は良くなっていた。」という形で。だから「君のために」と現在の自分の位置を悪しき見本として存在せしめ、過去の決断の不連続を連続とみなし、環境からしいられる受動的な決断をする主体の環境への全面的依存を正当化する作業を行なうのである。すなわち、瞬間の決断への個体的な関わり（位置づけ、展望）の独自性ともいってよいものを一切捨象してしまったものになっているのであり、現実生活の中での上昇志向と主体喪失の認識を外在化しているのであり、現実生活においてみたされない欲求をみたされるべきものと幻想しているのである。教育の中においての世のいかに立派な教育者たちにもある「子供のため」という思考も、現実に生きている、又、生きてきた自分の決断の不連続を連続性として見て、後代教えられる者のためにといって幻想を追っているのである。「勉強はいやなものでもやっておいた方が良かった。」「きびしくしつけてもらったほうが良い。」という思考をもって子供の前に立ち現われる。世の教師と親たちは自分の教育の原体験を後生大事にかかえこんでいる。寄り道にそれるが、世代間の問題として簡単にいってみると、後代のものは必ずや先代の残した遺物をこえていくものである。そのためにみずからがその礎になると自覚しているようなさまを見せても、そんなもので後代に残せるものは、実質的な変革をもたらさない精神的、倫理的ことわざぐらいにしかならないであろう。

自分にも――あの時もっとやっておけば、という気持ちはある。高校時代に、いや小学時代にもっと勉強していれば、何々国立大学にはいれ、奨学金がうけられ、親の経済の負担を軽減できるなど……。これはわい小な問題かもしれないが確かにある。がしかし、今現実の自分がはたして「君たちもいろいろ文句あるだろうが、基礎的なものは勉強しておいたほうがいいよ。」といまの高校生の人々にいえるかと考えてみると、なぜかいえない。いまの教育＝公教育なんてものは、どうみても無味乾燥したものにすぎないし、本来的に教育関係という流動的なものを固定化（序列化、差別体制をささえている）にしてしまっている。高校でも大学でも同じ様なものと思うので、いま自分は大学存在としてあるので、ここでの立場というか思っている事は、どんな肩書のある教授の授業を拝聴していてもつまらないものはつまらないものとして、そこから教育関係、公教育を考えていきたい。そうなると大部分の授業はつまらなく見え、必然的に足も運ばなくなり、試験前になると「いろいろ科目があったんだなあ。一つぐらい身につけておけばなあ。」と思うのではなくて、繰り返しになるが、環境のしいる規制と深くかかわりあっている自己の主体を具体的に明確にして、決断の不連続を繰り返していくより他に道はなさそうである。そして個別的な不安や重みをひきずりながらそれを抽象化し、普遍性を獲得していかなければ。

子供の一コマ一コマの真剣な生活場面を何百年もの生活者づらをしてみている世の親、教師の人々。その彼ら自身においてさえ、己れの生活場面ではいつまでたっても同じサイクルで子供と同じ真剣な決断をせまられ、右向左向しているのにもかかわらず、子供には権威者として登場しているのである。

（『現教研通信』第三号、一九七三年一月二十一日）

2　労学連続アッセンブリーアワーいろいろ

いま私の頭に浮かびあがってくる人は同志社でめぐり合った、諸々の労学の人達である。

それ故にこれは、同志社に集まった人々への私の伝言でしかないことを断っておきたい。特に三日目にあのような大胆な行動に出ざるを得なかった主催者の学友へ。もうちょっと付け加えれば、始めから、こういう気持ちを持っていたのではなく、一応、先月（六月）七日、八日、九日とそれぞれ五十嵐良雄氏・名取弘文氏・村田栄一氏の講演内容を報告し、討議されたことを整理し、総括しようなどとも思ったが、そんな事は私の手にあまるし、主催側がやるだろうという虫のいい気持ちが手伝って、私なら私が感じたことを書いた方が何かいいと思うようになったのである。

まず「講演会」の不毛さというか、むなしさみたいな感じが常にあった。不特定多数の人々の、何の前提もなく、あるのはスローガンだけで、それに対する具体的な個々人の姿が浮かびあがってこない、そういうものとしてしかない「講演会」を見たようなものであった。だからダメだとか、やらないほうがいいと言うのではない。討論の場面は、互いに相手の意識化された、自覚化されたところでのことにしかすぎないようだ。「講演会」とはせいぜい当の著者なり人物の顔を見にくるとか、雰囲気をつかむ程度にすぎないのではと思った。

私自身が学生であり、又、学生存在に固執している（現在的に）ことに依っているからだと思うが、京都なら京都の学生さんが、すごく気になるのです。

悲しいかな、同志社も我が立教大と同様のようで、美男美女の華やかな群れが校内を占有し、談笑する傍で、それこそ風景のようにしてアジテーションが行なわれている構図がここにもあった。大部分の労学アッセンブリーに参加した者はそのような学生を何かうらめしそうに、あっけらかんとして見ているのではないだろうか。敵は学生であり、あいった日常態にほかならないのだとしたら、そこら辺を、どう捉えているのだろうか。そして当日参加した人（特に学生）は、日毎どういう思いをもって大学に通っているのか、二日目に講演をなされた名取氏が、教師自身の立場性から、評価のことを語った時に言われた「理念と実践」のことと同じようなことが、我々学生の中にもあるのだということ。評価されたり、単位を取る、大学にいる事などをどう考えているのか話したかったが、「講演会」の性質か、はたまた、そういうことは人前で話すようなものではないと思いこんでいるのか、ちょびっとしかそういう提起はなかった。

しかし公教育の頂点たる大学にいる学生存在としての私そのものが、すでに「戦後民主主義教育」の当初から排除され、無視され続けてきた人々にとって二重の抑圧者としていたし、又いるということ。私が公教育の過程で持ってきた、おぼえるものとしての勉強、学習。ひいては学問もそう思い、点数により人格評価――成績の高い子＝いい子、低い子＝悪い子、友人の選別――から自己の営為を抽象化することを何の疑問ももたずに進んで行なってきたことを振りかえる中からしか、「戦後民主主義教育」を告発し、止揚していけないのでは。評価権を媒介にした教師と学生の関係や教師自身がどう生きるのか等を問わないで、技術論にはしってきた「戦後民主主義教育」を。

学生は単位にしばられたところから、それは単位を取らざるを得ない現実的規定に目をすえた上で、授業、試験、単位の根拠のなさを暴露し、形骸化へと、日常的なところからしか出発できないということは、集会に参加した多くの学生の中に自覚されたと思う。

最後に、同志社大学、龍谷大、立命館大、他大学の学生さんと、すべての参加された人々に……御元気で！

（ＮＥＩ所員）

（『現教研通信』第九号、一九七三年七月二十一日）

3　さらに深く潜行せざるを得ない――「続学生・単位・教師」について――

すでに『続学生・単位・教師』が出版されてから一ヵ月以上経過しました。教育原論自主講座設置運動を「一点講座が獲得できなかった」ところで終焉させてしまった二月からさまざまな人々から励まされ、おだてられ（？）〈続〉を編集し始めたのが七月で脱稿が九月、編集会議やら校正などを通すとなんと現在まで十ヵ月間も過ぎている。春・夏・秋・冬と今年は、自主講座運動を軸にしてきたみたいだ。

そして定例研究会で二回（九月と十一月）の〈続〉の討論会と、場所、時間を問わず多くの人々からの批評や批判を受けたが、その中でのいくつか表現できるものだけ書いてみたい。

○活字にしたことに関して

とても私にとってむずかしい問題です。「活字にした」「営利出版社から出した云々」ということではなく、表現のこととして考えてみたい。⑴まとめておく、⑵全国各地で斗かっている学友に稚拙なチョボ・チョボした立教の活動を紹介して、励まされたり批判を受けたかったの二点が執筆する大きな要因であったが、まだ何か腰が落ち着かなかった。

私はなぜ表現しようとしたのか。一年の時、生まれてはじめてビラを書き、クラスで配ったら「なぜあなたはビラで自分を表現するのか」と言われたのを憶えている。以来その質問を心の隅で考えながら三年間ビラを書き、配ってきたが、今回は「もの書き」のミニチュア版として、又銭がからんできたから深刻であった。「なぜ表現するのか」に対してまだまだ全然答えられそうにもないが、ひとつには「私にとって他者とは何か」の問いと同じようだと思っている。いまひとつは引用になってしまうが、「おれはそういう（文章を書く）やりかたで長い遺書を書いているのだ」（遠丸立、「伝統と現代」23号）という感じに似ている。

○何が顕在化したか

自主講座設置運動へもっともっと深くかかわらなければと思っていても、その念いの拡散、希薄化があったみたいだ。それは八月の定例研究会での多摩美の人からの「対教授会でつぶれたら、すぐ違うものが出来るように両方考えていかなければならない。個別、自分が何をやりたいのかが文中から読みとれない等」、又横国大の人の「教育斗争はある意味で創意と工夫が大事である。」の発言に再度気がつかされたことなのだが、私（たち）が「講座を獲得できなかった」だけで運動を終息させてしまったことを「大変まずかった」「本当に自らのものとしてあったのか」と〈続〉の中で書いていることが、それさえも風化の傾向にあったということである。

○いつもかいたものが目の前にチラチラして気になって仕方がない。

〈続〉の批評や批判を今後引きづり、背負っていかなければならいと思うとゾォーと恐ろしい感じがある。

それは〈続〉では別に思想的云々は意識しないで淡々と書き続けたのだが、ビラのマス入れ、ビラの読み返しなどを考えると、本の中にあまり自分の念いをこめられなかったという一種のはがゆさと文書＝論理の限界性（人間の自覚化された一部分にすぎない）とともにあった。

「はがゆさ」とその限界性は〈続〉の内容、思想の質に対する批判に応えていく時にも表れてくる。さまざまな念い、しまらない論理をどうやって論理、文章をもって応えていっていいのかわからない。その努力を怠ることを意味しているのではないか。

そんなことがあっていままではなるべく口上で〈続〉の討論を行なってきた。いまの私にはひとつひとつの場で人と向かい合いながら私のやったことを整理し、深めていくしか方法がないようである。

閉鎖的情況の中で、前にもでていけず、上にものぼれないといった時、私（たち）は自分の担った自主講座運動やその根幹の学生存在、大学等ほんの些細なことかもしれないことに固執し、潜行せざるを得ない。

（ＮＥＩ所員）

（『現教研通信』第十四号、一九七三年十二月十五日）

４　私の現教研にむけて

（一）　なぜ教育なのか

私はしばしばこういう質問を受けることがある。「あなたは別に教育学科でもない、教職課程をとって教育労働者になるでもないのに、なぜ教育に固執し、又できるのか」と。

教育を考えるのになぜ子供が介入してくるのか、教育学科に在籍していなければ、教育が真に己れに迫ってくるものとして現われないのだろうか。

又秋にでもなると、各大学で学園祭なるものが開催される。そこでよく教育の講演会がもたれる。多くは政治情況から持ってくるか、学園祭は大学で学生さんがやるから教育なのだ、の二つに大別されると思う。

前者は別にして、後者において、学生は大学に存在し、大学はひとつの教育機関であるから学生にとって教育は重要であるとのことだろう。しかし学生が教育を問うとは、すぐに、己れが依拠している学生存在を問うことと同値である。資本主義体制内で、自己の存在基盤を問うとはどういうことを意味するか。

小説家、評論家がなぜそれで生活、米を食っていけるのか、学者がなぜ学者として生きていけるのかを果たして問うだろうか。一切のそういった問いをぬかしたところで存在し得ている。

では学生が学生存在を問うとは、学生がラディカルなのか、観念論者なのだからだろうか。

私に対する質問と、学園祭で行なわれる教育問題の講演会の位置づけ（後者）が、同一の人物から発せられる時、明らかに私と彼（女）との教育にかかわる姿勢の相違がでてくる。私にとって教育とは十二余年間にわたる公教育の過程で、私が、個別の授業の中で、学校総体の中で、自らの肉声を発することすら忘れ、恐れ、その感性も摩滅させて来た事実である。自分はまだ、生徒、学生だから、基礎的な知識を知らないから、「学ぶ者」＝教えられる者だからと言って、押さえつけてきたのではないか。

そういった自ら受けてきた教育体験にこだわり、自己にとっての教育を再度検証する契機とは、大学の外に出ていった時に、ひょいと授業にでてみると相変らず、多くの学生が席につき、教授のしゃべるのを拝聴していた。そして教授がいつものことのように、出欠をとり、ベルがなると、相方とも一丸となって教室から出ていくパターンがあった。

私は具体的・日常的な諸関係の中で生きているのであり、その風景こそ日常性そのものであり、そこら辺を対象化していかないと、大学の外にでることが、何か自分が生きている・生きていくことから逃げていく気がしてならなかった。己れが依拠してとり結んでいる関係そのものを、自己のものとして、自己対象化することが、私自身の問いかけであり、学生存在を問うことであった。

必然的に問いとして、「なぜ授業にでなければならないのか」、「なぜ評価されるのか」がでてきた。

そのことが、現在的にある、あるがままの「教育」であり、「教育秩序」への私自身の教育への問いかけとなっていったのである。

なぜ教育なのかの問いに対する答は、私が自らの立場性・学生存在という依って立っている基盤を問う中からしか視えてこなかったし、教育が決して私にとっては一つの学問分野として成立するものではなく、私自身のこととしてある。

私の思想形成の原理としてあった。

(二)　では何をやりたいのか。

世に貴重がられている教育学者に対して、彼ら自身が何を持って教育学者としていられるのか、彼らの言う「教育」とは何んであるのかを問うことを持続的に行なっていきたい。

敗戦後、民主主義教育の旗のもと、さまざまな民主的教育論、民主的教師像がさけばれたが、当初から学生・生徒とは教育を授けられる者、客体としてしか見られず、民主的内容を教えれば民主的な人間ができるという落とし穴にすべりこんでしまったのである。

教える者としての自己を問わないし、教えられる者も自己を規制していく。そういった関係をもって秩序立てられた教育に対して、教育の最高形態はおそらく「教育」不在であり、「学校」の「真」にいきつく先は、「学校」がなくなることであると信じて、異議申し立てをしていく。

常に自分がそういった関係の中にはいりこむことにより、その意味を問い、かつ思想形成の足場としていく。

自らが生きていくことが、この資本主義社会にあっては、すでに他者への抑圧と差別を前提としているのだから、私は、大学生として存在し得ているというところからしか何もはじまらないのだと思う。

（『NEI（現代教育研究所）の性格と目的』現代教育研究所、一九七三年十二月十日）

5　日教組第二三回全国教研大会見聞録

一月十八日～二一日の四日間山形県で日教組二三回日高教二〇回全国教育研究大会が開催された。例年になく今年、山形は雪が多く白一色で美しかった。そこに数万という教師が専用列車を連ねて殺到した。

全体会場に続々集まってくる、本当に続々と。日本の教師が全員集合したかとも思えるぐらいであった（教研大会には初めての私だからかもしれないが）。全国に散在している仲間と一年振りで会った感激か、何かよくわからないが方々で大きな声をかけ合ったり、握手をしている。そしてまず目をひいたのは写真を撮っているグループが沢山いるということである。全体の雰囲気は、あの万博の時に流行した歌「コンニチワ、コンニチワ、世界の国から……」のそれと似ていた。お国（都道府県）教育実践成果の自慢と発表会の感じである。

私は「職場の民主化」分科会にいたが、その感を強めた。その顕著な例がある。発言を求める手上げ合戦に敗れていたらしい一人の教師が、終わり近くになってやっと司会者から指名された。その教師は開口一番こういった。

「私は職場のみんなから送られてここに出席できている。だからうちの学校の教育実践を報告しないでは、帰えるに帰えれない」と。

さすがに会場にいた他の教師も苦笑していたが、報告をみると五十歩百歩であった。

司会者も中途半端で「討論にはいります」と言う反面、「ほかの県での実践の報告、成果ありませんか」と聞く始末である。レポート提出者、助言者べったりといった具合なのである。話しの論点はバラバラ、報告は成果ばかり、討論にもならない（さすがに一部の教師から進行に異議が出された）。これではじまるものもはじまらない。

が、しかしである。このように報告に対する批判や意見が全くかわされないで三日間続くのだが、日教組は「職場や地域のたたかいと実践を交流する中で、民主的討議を深め、その成果と教訓を感動をもって学びました」（教研全国集会アッピールより）と書くのである。

分科会の中でこんな要旨の発言があったと記憶している。「私達は反動的校長の権力的処分に抗議し、その期間中、職員室に組合員全員一歩もはいりませんでした。しかし児童の学習権はもっとも保障されなければならないという認識から、みんなで実践にだけは力を注ぎました。一日中子供と遊び、あらためて子供のことを知った」と生き生きと語るのである。発言者がこの道十数年という教師であったりして「真面目なんだなあ、あの身体で一日中遊んでいたら疲れたろうに」と半ば同情的に思ったりしていた。

が、そう感心していられない見過せない問題がここにある。「七〇年代を国民の教育権の確立の時代へ」の呼び声とともに「国民の教育論」「子供の学習権の保障」といった論理の短絡的な結びつけから、先の教師の発言がでてくるのだろう。子供の学習権を保障する、保障しようとする教師とは何者なのか、教師とはどこにいるのかといった内在的な問いかけが、教育自身、自己にかかわる形で行なわれていないのである。教師→学生・生徒という固定化された、一方通行の関係、立場性を抜かしているところから「子供の教育を受ける権利は……国民と教師の教育の責務として代行される」(〝国民の教育権〟永井憲一著)となっていくのである。

現実的に、授業から学校から生徒を疎外させているのは教師であり、「教育」なのである。又教師の短絡的な生徒への結びつきにこそ教師自身を〝だめ〟にしているのだろう。

総じて、教研大会にいって常に感じていたのは、以上の例から考えて、今日の「教育」の荒廃は日教組、教師にも内在化しているものである、ということであった。

（ＮＥＩ所員）

(『現教研通信』第十六号、一九七四年二月十六日)

6　NEIの活動に関連して

通信十八号を踏み台にして、ＮＥＩでは特にＮＥＩの今後について討議を重ね、考えあぐねてきました。些かスローガン的な「反権力の自立した研究団体」という性格規定の内実を問う作業として、それはあるようです。

「教育についての研究活動に携わる集団」といくらか限定されはしますけれども、そのことを私に即して考えると「教育」といった語句に含まれるさまざまなことに、すべて関係するという訳ではないのです。

教育実践、教育活動といったことには、いまだ私の触手は伸びていないのです。

教育「学」といった学問分野を成立せしめている根拠があるのか、ないのか不明ですが、私の本棚にも「教育学の名著」と呼ばれる書物などが存在することを考えると、それを支えているもの、成立させているものが背後にあると考えざるを得ない。

教育「学」に代表される、と私は見るのだがその認識方法、発想の仕方といったものに対する異議申し立てをしていく、そういったこととして、現在私は「大学史」を問題関心と対象に捉えている訳です。

〝叛科学〟を連載し続けている金井君は、〝一つに科学教育についての把え返す必要性〟と〝科学と帝国主義、抑圧―被抑圧のつながりを見極める必要性〟といったものに限定しているし、久田君は〝「教育」とか「教師」とかのコトバが感覚的に嫌いな自分にとっては苦痛以外何物でもない〟といった怨をバネに教育学部で四年間を圧殺した制度と教官たちに牙をむけることにより、彼の問題関心と提唱を限定しているようです。

ＮＥＩ構成員それぞれが固有の問題関心と対象を執拗に追究するなかからＮＥＩとしての共同性（集団性）と〝性格と目的〟が鮮明に浮かびあがってくると思います。

ないないづくしのＮＥＩにとっての共同性（集団性）は現在、生活基盤を一緒にするといったことは無理だし、尚早だと考えるとすれば思想の共同性に求めるほかないようです。それには、まず第一歩として共同の作業、共同の研究がさしあたり考えられていくでしょう。

次に、これに密接不可分のこととして、〝研究活動とは何んであるのか〟〝研究活動をどのように進めていくのか〟といったことが問題になる訳です。一つ一つのことを、〝読み直す作業が必要〟（通信一八号）とただ書いても、それだけでは判らない側面が沢山でてくる。〝読み直す作業〟は何を媒介として行なっていったら自己のものになるのか。

相違を相違として確認し合うところからはじめることが重要であると考えると、その媒介は構成員が書いた文となるでしょう。それへのさらなる相互討論、相互批判の営みと〝研究活動〟とは如何なるものであるのか、と問い続けていく行為を通じてＮＥＩに〝自立した〟という形容詞があてはまっていくのではないだろうか。

もう一点、書き添えておくと、ないないづくしのNEIがこのまま倫理的に〝そこにこそNEIの良さがある〟といった美的感覚を満足させるだけでなく、現実的基盤を追究する必要があるということです。自己にとって切実なこととして、又老齢化現象に抗するためにも、しっかりとした基盤を求める訳です。

通信一八号の文に続けて書くつもりが、NEIの現状及び内部報告になってしまいました。なお近々、現教研資料二号〝危険なる言語〟（仮称）が発刊されますので、御期待下さい。

（NEI所員）

（『現教研究通信』第二十号、一九七四年六月二十日）

7　『現教研通信合冊版』と『吉本をどう捉えるか』（仮称）の宣伝文

この十月になってNEIから三種類のパンフが発行される予定である。そのうちのひとつは二一号で紹介済みの『危険な言語』の訳刊である。

ここでは残る二つのパンフを紹介するつもりで書いている。『現教研通信合冊版』と『吉本隆明をどう捉えるか』（仮称、以下の引用すべて同様）である。前書は、要するにいままで発行された現教研通信を一号から二一号までまとめたものにすぎない。別段、「思想的」な意味があるとは思っていない［いる］。しかし、いままで発行された通信をとおして読んでいただければ掛け値なしのNEIがみえてくると思う。そのことには大変、重要な意味があると思うが、実際の作業はただ一号から二一号まで揃え、まとめて表紙をのりづけするという手順を繰り返すだけである。しかし『吉本をどう捉えるか』のパンフはいかにも「思想的」な意味があるような臭いがする。その全体の評価はおのおのにまかせることにして、わたし自身にかぎって考えてみると、〝わたしにとって吉本とは何か〟ということでずいぶん悩まされたし、いやになったりしながらも、若干の自己批判も含めて、まあまあ輪郭がみえはじめたという程度には勉強になった。しかし［のできで、］いまでは〝吉本とは何か〟の自問でますます真綿で首をしめつけられている感じである。

　さて、わたしはいまどっちの作業を一生懸命にやっているかと考えてみるとどうも『吉本を……』のほうではないようである。いつも頭の中で合冊版のことを考えている。どのようにしたらきれいに製本できるか、定価はいくらにするか、どこの店におくのか、納品書、物品書の書きかたは、何を折り込むか、などなどいろいろなことに思いめぐらしているのである。それに関連して多くの人々とも関係ができた。

　『合冊版』と『吉本を……』を作る意味を同一に考えられないかもしれないが、わたしがやった作業として考えると、わたしのこめた念い、意気込みなどをひっくるめて、どちらも同じようなものであった。最初は『吉本を……』を作るのはわたしの悲願みたいなものとしてあって、『合冊版』は思いつきと、二人のK氏とM氏の冷い眼によってであった。そしてだんだんと両方の仕事が変化し始め、いまでは逆転してしまっている。

　なぜなのだろうと考えてみた。

　『合冊版』のほうは、次は、次はどうするのか、とか、またあとあとまで心配だし、いろいろ考えてしまう。その点『吉本を……』のほうは、一度試作品をつくってしまうとそこで、ひと安心少休息となってしまい、悪いことに「思想なんて一昼夜で深められたりするものではない」などと怠慢をいいことに作業をやめてしまう。しかし『合冊版』のほうは、そうではない。現実過程からつっつかれ、考え、まとめ、総括して次にいかなければならないというテンポで進んでいく。机の前に目をつぶってすわっていればいいというものではない。

　ひとつ考えられるのは、その間のわたしの心の動きがそこに関係しているのではないだろうかということである。

いやひょっとするとそのわたしの動き（精神的なもの、物理的なものを含めた）が、力点のおきかたの違いとしてあらわれたのではないだろうかと、考えられるのである。

そんな目のつけどころがちがってきたことについては次号にまわそう。これが読まれる頃には、まず『合冊版』がごく一部の書店の片隅におかれていると思います。

（『現教研通信』第二十三号、一九七四年九月三十日）

編者注　印刷、刊行された後に中野実氏の筆跡で赤字の修正が多数施されている。単純な表記の修正もあるが、文意にかかわるものもあるので、その場合は［　］内に原文を残しつつ加筆された部分に傍線を付しておいた（判読不能の場合は原文のままとした）。

8　トンネルの出口は

㈠　通信23号を読むと『現教研通信合冊版』の作成意味やその根拠などについては不十分ながらも書いたのだが、『吉本をどう捉えるか』（仮称）のことに関しては全く説明していなかった。だから小冊子がなにか突然できたような感を持たれた。しかしそうでは全然ないのであって、なんと十ヵ月余りに渡り長き日数をついやして行なってきた研究会のまとめなのである。

少しその研究会についてのべてみる。

「NEI所員会議録」でみると、研究会（正式名称は吉本研究会であったが、普段はただ研究会とか、遠丸研究会とよんでいた）は七三年十二月にはじまった。

研究会の大雑把な目的、主旨は、(イ)ＮＥＩの研究活動の内容を深める、(ロ)「吉本論」を展開するのではなく体験を感想化する、意識化する方法を研究する、ということであった。他に「位相」「次元・レベル」のことなどあった。チューターに遠丸氏にたのんで、毎月一回、原則として所員の研究活動として行なった。テキストは、遠丸著「増補・吉本隆明論」（思潮社刊）である。

これで大体の概観ができると思う。

さて毎回の研究会の内容となると所員それぞれの問題関心の相違もあって、あっちへ行ったりこっちへ行ったりで、蛇行しっぱなしであった。たとえば新日文時代の吉本の印象について語ったり、〈家〉〈家族〉のことばかり聞く者といった具合である。それぞれの体験をもとに、吉本への関心領域からアプローチしていくというので、チューターであった遠丸氏はさぞ苦労が多かったのではと思っている。

この研究会の責任者であったわたしにかぎって感想を記せばこうなる。当初は半身を寄せていたのが、今年四月以降、片足をつっこみはじめ、しまいには、首までどっぷりつかってしまった。

(二)わたしが吉本に思い入れ、つき合いはじめたのは何故なのだろう。この十ヵ月間あまり、そのことに関連していろいろなことについて考えてきた。そしてもっと手前にもどって考えると、何故吉本なのかという問いも生じ、四苦八苦してしまうのである。

吉本にわたしがかかずり合うのは、なにか、私と彼を結ぶ糸があるはずである。点と点を結ぶ線はなにか。媒介項はなにか。

たとえば共通の思想的課題を媒介にして結ばれる線もあるだろう。遠丸氏は「自分にとって大衆とはなにか」という課題を背負って吉本にくいついていったとのべている。わたしが、大学卒業後の混乱期にはじめ吉本を意識したのは、

「大学体験の総括」をしたい、わがものとしたいという想いのレベルのところであった。

しかし現実過程から起ってくる問題に身をすりへらしていたわたしは、その媒介項のかわりに〈家〉〈家族〉のことに、その重点をおいた。それはとりもなおさずわたしの生き方、生育史を検証する、対自化することであった。

もちろん大学のことを総括することも、わたしを俎にのせるものである。そういう意味では〈家〉〈家族〉でも〈大学〉でもよかったのかもしれない。現実過程からくる問題に重点をおいたということ、同時にわたしにとって大学体験がひとつの生き方の「断層」としてあるという意味で、その「断層」をよりあきらかにするためにも〈家〉〈家族〉のことをとりあげたのである。

〈家〉〈家族〉のことを媒介にして吉本とつき合い始めて、ずいぶんと影響を受けたと思っている。たとえば「マチワ書誌論」において「ジュジゥ」が故郷で迫害されることに触れてのべられているところはわたしに〈家〉を対自化させるのに役立った。いまわたしが〈家〉について考えると「無類の寛容さと、きびしさを持つ生理的関係」であると思う。わたしが家をでて、下宿している間の親の態度はそうとしか考えられなかった。

(三) 書いているうちに、いつもいやになってしまうのだが、わたしの文章はいつも自己告白的、体験開陳的になってしまう。前にも書いたことがあるのだが、「書評」といったものになると今度はまったくわたしが文章にみあたらなくなり、誰れが書いても同じようなものになってしまう。

詩作という表現形式も試みたこともあったが、想像力の貧しいことがまずあるのでダメなのだが、「抽象力」(?)「凝集力」といったことに慣れていないので中座したままなのである。

でも万の力をふりしぼって書き続けてみよう。

わたしが吉本から影響を受けたとのべたが、その影響を受けた、受けるということには、両者に「体験の同質性」があるとはいえないであろうか。

……吉本の体験というとすぐ「敗戦」とか「安保斗争」などを思い浮べるだろうが、そういう類のものではなく、もっと日常的な、「俗」なところでのものについてである。たとえば特研生時代のむかえ方などからくる彼の大学観など、体験そのものにはほとんどといっていいほど意味はないが、そのむかえ方、体験の内部へのくみこみ方に、その「同質性」といったものがあるのではと考えるのです。また、一般的にいってみても、そのことは思想形成には決定的である。

遠丸氏が思想形成のコースについて以下のように語っていることを了解するとより一層明確になるであろう。「ひとりの個人が『生活』を思想化するみちゆきを考えた場合、彼が幼少年期に偶然おかれた環境と、そこで邂逅した『大衆』の群像を、唯一無二の媒介にせざるを得ないという意味で思想形成のコースは、だれにとっても、いわば所与であり、既定であり、絶対である。」と。

これらのことを踏えてもう少し書いてみる。

吉本の思想を一言であらわすと「自立」であり、遠丸氏は「離立」という。遠丸氏がのべているところによると「知識人からも大衆からもだれからも離れて独り立っていたい」という彼の「希求」から発せられるものである。「自立」に比べて、その距離感を強張〔調〕するというところに、両者の思想的経路の違いがあらわれてくる。

「大衆」を媒介にして線が結ばれたことを考えると、遠丸氏が「離立」をさけぶ時、彼の幼少年期の環境がなにほど悲惨であったかをものがたるものである。

吉本はどうか。

さて、ここから吉本についてはじめて語ってみよう。

㈣　夜があけた。朝。

現在あまたの吉本論が雑誌に発表され、単行本もすでに八冊をかぞえる状況である。わたしは全然、はりあう気はないし、いや相手にもしてくれないだろうから、そして研究会の主旨も〝恥しい〟吉本論を展開できるようになるようになることではないので、ぎれぎれの断片といったことで勘弁してもらいます。

吉本の家はある程度の財産をもっており、当時において、官制の学校の他に熟にかよっていたことは周知のこと、そして吉本はそこで「黄金時代」と彼自身がいう生活をし、学問のあらゆる分野について、教えられ、学んでいった。

「亜インテリゲンチャ」の家の三男坊として生まれた吉本は、その者からみえるものを提示し続けた。「知識人の原罪」をとくとくと論じ、サルトルによりかかる。みずからの脆弱性をそれでかくすような者、第三世界（?）を持ちだして、世界を再構成しようとする者などとは隔絶している。

〈断念〉をともなった〈大衆の原像〉とか〈自立〉が、それでもなお悲惨さ、みじめさといった臭いがないのは、彼が存在してきたなかから形成されてきたものを、粉飾することなく、問うている。いや、わたしがそう見るだけなのかもしれない。

「徹底的に自分につきあっていく」ことにより、思想を志す時、欠損部分をうめる、補うことによってではなく、そのことを掘り下げていくことしかないのだ。

特別研究生時代、家から通学し、詩作にふけっていたのを、ささえていたのは、吉本家の財政基盤によるものである。その二年間を経て、吉本が日本で学者、研究者になれるための要因が「経済的基盤」であるというとき、その時代の制約を超えて、学者、研究者の世界をたしかに狙撃している。

「吉本を通過しなかったらダメ」と大言壮語をしながらも、最近やっとこさっとこ入口にたどりつき、わたしのはいり口がみつかりそうである。このトンネルを通過するのは、いつか。

㈤　以上、わたしにそって、研究会について少しかいてみました。そして『吉本をどう捉えるのか』は、来年、発刊の予定である。

内容は、それぞれの吉本とのかかわりがどこにあるかを中心にして構成する。

又特別読物として、研究会の最後に問題になった「思想創出」について、主体の側によせて遠丸氏との対談を予定している。

特別附録は、吉本が'68〜'69年の大学斗争に折りにふれて書かれた大学、学問研究、大学人、学生についての断片を中心にして、まとめたものである。

（註）

「現代の眼」七四、十一月号の特集・「自立とはなんであったか」はおもしろい。べったり者から、受けつけない者までいりまじって「自立」について論じられている。

そのなかで遠丸氏は「自立」について「試行」を引きあいにだしてのべている。「『試行』という個人雑誌の編集方針、運営方式のなかだけに、過不足なく集中的に表現されている」と。

こういうところからながめる、視点をもっていたのは彼だけであった。

遠丸氏も「方向感覚」（同人誌）を発行し続けているからだけなのだろうか。『試行』にそれだけの意味、意義をみることができるのは。

（『現教研通信』第二十五・二十六号、一九七四年十二月十二日）

9　大学論序説

Ⅰ　はじめに——なぜ大学なのか
Ⅱ　大学論とはなにか
Ⅲ　なにをどう問題にするのか
Ⅳ　今後の課題(次回)

Ⅰ　はじめに　なぜ大学なのか

教育学研究の分野で大学がその研究対象として認識されはじめたのは、敗戦後の一時期を除くと六〇年代日本帝国主義が高度経済成長を続けていた、そのなかでの大学の機能的社会的役割の検討をその契機としてである。

いわゆる大学の大衆化現象がこの時期からはじまる。

そして現在においては、六八年六九年の学園闘争によりその存在意義そのものが問われたのを受けとめ、少数の良心的部分によりトータルな視点をもって問題にされてきている。

研究分野では公教育体制の頂点にある高等教育機関としての大学、高級中級専門技術者養成機関としてのそれ、最後に学問・研究を継承し、発展させるものとしてのそれと、大体、大学を三つの側面に分けて、それぞれの知識蒐集を着実にして豊富化している。

また改革については大学自体がその構造、機能を柔軟化させ、大学の自治＝教授会自治の公開性、カリキュラム作成過程への学生参加といった具合に大学みずからが学生を巻き込みつつ「欠落」を治癒し、あらたな存在価値を付与しようとしている。

わたしが大学にはいった時期は大学がその大衆化の極限に達した頃でありながら、学内的には旧態依然として大学＝学問・研究の府、大学の自治＝教授会の自治、一本槍の教授達がその多数をしめていた。

しかしここ数年のあいだに表面的、現象的には学内の構造、機能の柔軟化が前記のように顕著である。

たとえば六九年当時、R大学法学部当局は教授会の公開、自主講座への単位認定など、一連の進歩的機構改革に着手した。

当局の論理はほぼ次のように粗描できる。

〝「学び問う」者として学生と教授とのあいだにはなんら差異はない。学生も大学構成者であり、その権利と責任を保持する。それ由、学生の大学管理機構への参加は当然である。しかし「学び問う」者としては差異はないが「プロとしての専門研究者ないしは教育者」として「知的リーダーシップ」を持つのは教授である。だから講座の最終責任者はR大学法学部の教授とする。

学生を抱き込み、参加させることにより、より本質的な大学の問題をかくすのは当局の常套手段であるのだが。

すなわち「知的リーダーシップ」の「知」のあり方を全く問わない姿勢がそれである。学生の「知的欲求」をそのままに、その側面においてのみ自主講座を認める。「学の批判」から「批判の学」へ、というように常に自分たちの土俵を設定し、近代的な「知」のあり方が学問の教育の秩序意識を形成していることについては不問に付す。

しかし次のような姿勢が貴重な萌芽ではなかったのか。

「『学生参加のカリキュラムを！』ではなく教育秩序の前提、基盤であり固定化している教え—教えられる関係、評価—被評価関係を形骸化していくものであったと思う。それは同時に、我々自身の教育観、思考方法、批判主体として己れが問われるということである。」(反教育シリーズxii 続学生・単位・教師　P九八)

ホットな意識で大学へと、昇りつめてきた者にとって大学のイメージは自由な時に、自由な本が読める、「学問の蘊奥を攻究」するところといった単純、素朴な思い込みであった。

しかし機構的、制度的束縛から大学幻想がひとつひとつ自分の馬鹿さ加減をみせつけられていくようにはがれていった。講義ではひからびた知識を「文化的遺産の継承、学問・研究の基礎」といわれ無理矢理に暗記させられる。そして試験による評価、単位付与といった管理、選別はまだ夢をもって、すべてを切りすて悶々としていた受験時を思いださせていうにいわれぬ憎悪を蓄積させていった。

それでも大学になにしにきたのか、大学とはなにかの問いを大学関係の書物を読みあさっていた日々はそれなりの期待をもって過ごした。しかしそれも哲学の講義と同じで、「愛知」とか「無知の知」といった言葉の妖しさが卑しさとなっていくように、身すぎ世すぎのなかで解答をもとめ苦悶することを決して救うものではなかった。

また現実問題を解決、指摘さえできない学問とはなにかという問いに対して、多くの書物、教授たちの返答は勘どころがちがうものであり、なににもまして大学については、どたん場で単位、評価権と管理機構に逃げこむ教授の姿こそ、その正体として暴露した。

大学へと集約されるように歩んできた二十数年の歴史は学問にも教育にもたぶらかされてきた道程であった。

〝だました男が悪いのか、それともだまされた女が悪いのか〟と口遊み権力と秩序意識にあぐらをかき続けている者に対しては執拗な批判を展開していきたい。

わたしが大学に固執し、その体験を反芻するのは、たぶらかされてきたことの対象化、自覚化であり、生きざまとしてあるからである。そんなわたしにとって大学とはなにかと考えてみると、敵役としてあるといってもいいだろう。

II　大学論とはなにか

大学の歴史的、社会的規定へ自己を投企し意味づけることではなく、現実過程の大学への鋭角的な関係から、主体を対自化し自覚化していくことが、まずその作業のはじめになるだろう。大学三階層論、知的リーダーシップ論が大学を管理し、支配する者にとって有効であり適切であるほど、わたしたちにとって大学とはなにか、学問とはなにかという問いを深めて一人ひとりの個有の認識、方法をあみだしていく必要がある。

対象に関する知識蒐集ではなく、認識主体をより深く対自的に読み込んでいく過程こそわたしにとっての大学論である。

それは思想としては、「自己確認の過程」として、「思考を変えた自らのプロセスへの解明」である。既成の〈学〉としての大学論、大学(史)研究があたかも大学の現実を理解し、改革する手助けになるという幻想に真正面から衝突するだろう。

大学の教授が大学についてあれや、これや述べているのがひたすら天上の国へのつきせぬ恋心の告白として、いい気なものだと読み手は感じさせるのはみずからの変節への自覚化がないからである。いやそんなものはないのかもしれないが。

大学の教授・研究者が大衆の秩序意識にのり、決してそれと対決することなく、ひたすら学問・研究を意味づけし生活過程を捨象していき、大学の職階制をのぼり社会的プレステイジを得ていく過程は決して大学論の対象にならないのが、彼らの発想であり研究のあり方である。

彼らが啓蒙化していくのは必然であり、それ由彼らは自分の言動が啓蒙とさえ意識できずにいる。大衆の願望をかってに拡大再生産するくらいが関の山である。

ちょっと考えればあきらかなように大学の学部を卒業し大学院にいき助手、講師となっていく過程に大衆の生活的色彩がどこにあるというのか。彼らは学部時代にはキチッと単位を取り、教育学の基礎知識をひたすら蒐集し、教授の研究方法、態度を身につけ大学院にはいる。そのあいだ親をたぶらかして親のスネをしゃぶりつくす者ではないのか。

自己にとって最も重要であり、不可避な課題を追求していたら、闇に葬りさられる。

しかし、自己にとって不可避な問いを、生の軌跡を意識化し自覚化することからしかその人間に固有の核はつくられない。

大学教授・研究者の現実と論との距離感の喪失はあたかもみずからが大学、学問、研究を守る番犬としてふるまわせる。それは大学立法法案成立の際に、大学人が反応し「大学を守れ！」のスローガンにあらわれたように大学がつぶれると学問、研究が沈滞するといった認識である。

他方、「大学を守れ！」とはいわないまでも大学の機能的側面から大学の犯罪性を論じる者の改革案のいきつくさきは「教習所型」「劇場型」大学構想である。その発想のいきつくところは役に立つ学問、選別的機能をなくす教育であり、プラグマチックな発想からぬけでられないだろう。

わたしにとって大学論が二十数年におよぶいや今後ともそのために消費される時間に指摘するほどの意味があるかどうかなどは眼中にない。

状況対応的に、華麗に、器用にその流行を先取りするうまさは見事であるが、彼は決して何ものにも触れ得ないであろう。

〈教育〉にも、〈思想〉にも〈大衆〉にも。

III なにをどう問題にするのか

以前、わたしは次のような文章を書いた。

「また小学校から高校まで教師の下を通りすぎる者でしかなかったわたしにとって教師とはなんでも知っている博学の徒であり、人生の師ともいうべき者として存在していた。」たとえば現在でも教師になる者の多くが自己の教師体験――あんな先生に教えられる子供がかわいそう、○○時代に人間形成のうえで影響を受けたあの先生のようになりたい――を大切にそのままに後生大事にかかえ込んでいるのを聞き、また読むとわたしと彼らとは教室で生徒としてのあり方が違っていたのではと思う。

学級委員とか、生徒会とか、自治会とかに興味もなく、また全く縁のなかったわたしにはそういったところに出たり、委員になったりする者はきまって成績の良い生徒であり、それもコツコツタイプではなく勉強しなくて試験のできる（いまになってわかるのだが彼らは当時わたしがあこがれていた「徹夜」というものを毎日やっていながら、そんなことは□〔一字欠〕気にもださなかったのでわたしはそう本当に思っていたのだが）ひとくせもふたくせもあるタイプの者であった。およそわたしとは人種が違う人間として映っていた。クラスのなかでも彼らは輝やける学校の星として振るまい教師からも生徒からも一目おかれる存在であった。

必然的に彼らは教師の影響圏内におり、○○役員になったり、教師との密接な関係から強烈な印象を受け得るのである。

しかし教師の大気圏外にいれば、教師との関係は授業の時だけであり、教師は黒板の前に立つものであり、固有名詞をもたぬものであった。

教師とのそういった関係は教師を無視する方向にではなく、ますます神聖にして犯すべからざる者と絶対化されていった。こうした教室における生徒としてのあり方のちがいは、教師から教え込まされる知識、学問観、知の体系etcの学習の仕方にもちがいとしてあらわれる。

教科書通りに基礎知識とか、歴史的事件を暗記することを疑わず、常に真理、事実は外にあり、わたしの考えや疑問は「主観的」とか認識不足と片付けられる。

そういったもろもろの既成の概念、思い込みが崩壊したのは大学での教授への弾劾、告発をひとつの契機にしている。彼らが教壇からおりてきたとき、彼らに「なんで出席をとるのだ」と声を出したとき、はじめてわたしはいままで教えこまされ着せられてきた衣を破りすてて自分の総体を再度捉え返すことを行ないはじめた。

大学とはなにか、教育とはなにか、学問とはなにか、歴史とはなにかと無限の連鎖反応をそのことはひきおこした。

さてここまでのべたところでわたしが「なにをどう問題にするか」について整理してみたい。

「なにを」は対象を明確にしろということである。大学のなにを問題にするのか。ひとつの手順を踏まなければならないと思う。

大学のあり方といった時に、それは経済的社会的政治的配慮により決定されるかもしれない。が、大学がいわゆる学問・研究といった幻想を核としているかぎり「知」のあり方、知的体系を問題にしないかぎりその解体は無理だと考える。それは次のような言葉にもうかがわれる。「現実社会のなかで大衆がみずからの胸の中に圧殺してしまった願望が、吐息となって結晶して、この大学という名の〈天国〉を人工的につくりあげている」と。

そして現在の知的体系を前提にしてその時の秩序や制度は形成され維持されている。

教育という営みが人間の諸能力を全面的に開花させるものであるということを前提にして、今日の教育制度、教育方法が成立している。大学が学問・研究の府であるなどと誰れがこねくりまわしてつくったものであるのか、またどういう願望、契機によるのかもわからない、こういったものを前提にして大学はその社会的、政治的存在理由を確固としたものにしてきたのである。

「どう」とは方法のことである。どのように知のあり方を問題にしていくのか。

わたしは教師志願者の動機にふれながら、彼らと(わたしには優等生というダブル・イメージがある)クラス、学校においての生徒としての体様のちがいをのべた。わたしはここで彼らのそのあり方を批判するつもりはない。彼らの現実認識の仕方、現実の総括の仕方を問題にしたいと思っている。〇〇役員、委員になったのが人徳とか、教師にたのまれたといったようにするやり方である。

それは大学教授・研究者(広義には知識人)がしめすところに典型的にあらわれるものである。

大学教授が「独学のすすめ」を書いたりするなどはその神経さえ疑われるものである。

固有の五感と自己形成史をもつ、その生の軌跡を基礎に据えて、現実過程を総括していくことなしには、どこからか理論や主義を借りてきて現実に自分をそれにあてはめ、こま切れにしてしか理解できないであろう。

そして現実過程の総括とはその学問・研究・思想内容の問題と密接不可分である。

「なにをどう問題にするか」のやっと対象と掛け橋それもゆらゆらゆれる吊り橋程度のものがかけられたと思っている。もっとしっかりとした特に方法の問題は別の視点からあるかもしれない。

最後にこの文章を引用しておきたい。

「研究対象を選ぶことすら、充分な方法論の裏付けなしにはおこないえない」。

（ＮＥＩ所員）

（『現教研通信』第二十九号、一九七五年三月三十一日）

10　大学論序説

Ⅰ　はじめに―なぜ大学なのか
Ⅱ　大学論とはなにか
Ⅲ　なにをどう問題にするのか（以上二九号）
Ⅳ　今後の課題（本号）

Ⅳ　今後の課題

すでにのべてきたことだが、全共闘圧殺以後の、「正常化」された大学は、腐敗菌を底に充満させながらも「新しい」理念、目的の模索を、学生を巻き込むようにして始めている。カリキュラム、教授会へ学生を参加させる路線はそのひとつのあらわれである。大学の日常にあって、教師はよく教えるようになり学生はよく学ぶようになっている。

教師はやさしい「教育的配慮」で学生に「思想」「学問」をかみくだいて解説し、呑込ませるようにしている。あるいは自己の研究テーマの一部を披露する。学問秩序そのものである学生の「知的欲求」をさかなですることなく、働きかけ、くすぐるのである。十年一日のごとき黄色くなったノートを、細心の注意を払ってやぶかないようにうやうやしく教壇にひろげ教えている者はもちろんいるが、現在の特徴として、教師は、「まじめ」であればあるほど、教えることに熱心である。

卒業論文がここ二〜三年間レベルアップし、学生の学ぶ態度に積極性、自主性がみられるようになった、とよく教師がいう。学生は亜インテリの権化みたいなものであるから、教師に「知的欲求」（秩序に飼い馴された学習意欲）をくすぐられて悪い気は起きない。与えられた課題をすすんで消化していく。教室にもよく通い、ノートも熱心にとる。

六八年〜七〇年の大学闘争を「総括」して政府文部省がだしている大学改造案に大学院大学構想がある。よく教える教師とよく学ぶ学生が増加している大学はその基礎を確実につくっている。大学院大学構想はいまの大学がかかえこんでいる問題を解決するものではなく、目先きをちょっと変えるだけの移項にすぎない。構想を詳細に批判することが目的ではないので避けるが、重要なことは、構想がだされてから現実がつくられたのではなく、実際の教師、学生が日々つくりだしている、という構造である。

わたし（たち）が垣間見て、体験した状況はほとんどない。知識の制度化といったものをもって存在し成立している大学はまだわたし（たち）の目の前にそびえたっている。

ここまでのべてきて、わたしはもう一度確認のために序設のはじめにもどろうと思う。

「なぜ大学なのか、大学とはなにか」

わたしは次のような言葉をよく耳にする。

〝学生生活とは数年におよぶ長い休暇であり、それは生活の真似ごと、つまり遊びによって消費するほかないものである。〟

〝大学とは自治と自由のためにあるのではない。支配階級の思想、すなわちブルジョアイデオロギーを再生産し、大卒者を送り出し社会上層の管理者、管理的な労働者を再生産している機構なのだ。〟

大学を軽くいなし関係ないようにふるまうひと、しゃべるのもいやだ、けがらわしいとするひと、わけ知り顔になるひとなどを、多量に生みだしながら大学は存在し続けた。そういったひとの流した血を吸いながら歴史のなかで生き続け、血にぬりこめられた体質を常に「正常化」させることに成功してきた。五〜六年あとになってから情況に突出した思想を骨抜きにして取り込む、というサイクルで延命してきた。

これは大学に対して屈辱、うらみを抱いているひとのだれも大学については問わない、通過していってしまう、ということに助けられてある。

大学を思想的に観念的に拒否しても、なにものもはじまらない。大学が恒常的に内在的に問われる、という風土は日本にまだないのだろうか。新聞、雑誌なども闘争が起こると取り上げ、一瞬人々の注目を喚起させるが、いつもは全く守備範囲においていない。「問題」としてしか大学がとりだされないのである。

「大学問題を考えています」というと、ものめずらしそうに観察されることがしばしばある。大学へ向けての問いを多面的に、ねちねちとやるのが必要なのではないだろうか。

さて今後の課題では体験的なものではなく具体的な素材を提示し、展開の行方を暗示しなければならないのだろうが、いまのわたしにはやっぱりそういったところで「今後の課題」をたてることに意欲的でない。各論における展開（たとえば大学史の叙述）では、まず解釈のちがい、資料評価のちがいを行なうことになるのだろうが、そのようなかたちでの展開に躊躇と疑問があるのが、ひとつの原因になっている。もうひとつはぴったりする素材がないことである。問いをより具体化するためには実際の素材をもって展開することが必要で、強要されることなのだろうが、まだ展開の媒体が、怠慢であるが、わからないからである。えらそうなことを書いている途中から「なぜ大学にまだこだわっているのか」と、自分で考え込んで支離滅裂になることがしばしばあるのである。ではどうやって大学論（本論）につなげていけばいいのか。それは、まだ抽象的な繰り返しになることを覚悟のうえでいえば、「なぜ大学なのか、大学とはなにか」をどこまでも問い続けて、掘り下げていけるようにすることである。

四月以来、わたしは大学に舞い戻っていることから、Ⅲでのべたように、現実過程を総括していく方法の試行錯誤として、いままでの自己史からの切開からではなく（全く別個にはもちろんできないが）、大学との再度のからみを展開として考えている。

（ＮＥＩ所員）

（『現教研通信』第三十一号、一九七六年一月十三日）

11　反大学からの遡及

わたしの大学体験は、大学の虚像から目覚めるというかたちで始まった。それ以来、大学をして成立せしめている理念とは、ほとんど無縁の位相に居続けてきたようだ。この感じは、大学に深くかかわればかかわるほど、たしかになっていく。

無縁の位相で高楊枝を決め込んでいるのではない。はじきだされてしまって、しかたなしにこの位相に安住しているというのではない。大学の高みへのぼることについて自覚的でありたいという念いがあるから、そのとばくちにこだわってしまっているのである。この扉を開けて、知の階梯を昇ることの意味について考えている。

無縁な位相ではなくて、大学を成立させている知の位相の根底にこだわる位相にいるといえるかもしれない。

このような位相から考えると、大学解体のイメージは実践的にせまってくる。さらに、それを一点にしぼるように構想すると、反大学の存在が浮び上がってくる。反大学の存在、といってみたが、果たして現実過程にあるかと問われると、ないとしかいえない。

しかしその基盤はある。成立する根拠はある。現実に存在しないことと、根拠がないこととの間には、雲泥のちがいがある。

大学は人間の（共同）幻想を基礎にして成立している。大学の人間的基礎は、まさに人間の意識の外化にある。社会制度としての大学を考える場合も、この点を欠落させてはいけない。わたしが考えるには、反大学の思想は人間の意識の外化をもう一度外化させる、と思っている。学問・研究の人間的基礎へ立ちかえることを試みるものであったと思う。さらに、反大学の様式は現実に存在しなくても、意識（幻想）として定立させることで、より具体的な〈人間的〉基礎を獲得する可能性があると考えている。大学が歴史のなかで所有してきたものを剥離し、深いところで拮抗関係を生みだすだろう。

さて、わたしは最近反大学についての一文を書いてみた。身の包囲の危機を感じつつある昨今の情況のなかで、その思想を繰り返し反芻しなければもたないと考えたからであった。

『反大学』誕生の経緯と思想」という仰々しい題名であるが、内容は自主講座運動から反大学（運動）への転位の軌跡をなぞったものである。わたしが考えて、前史としての自主講座運動のひとつの特徴は大学のアカデミズムに対抗してより先進的な学問を学ぼうとした点にある、と思う。結局、それは教養の枠に逆規制されて講義の代行物になったり、あるいは参加した者の初発的動機といったものを、たとえば大学の講義に対する異和を掘り下げることはできなかった。

反大学は、自主講座運動の持っていた限界――学問内容の先進性を追求することに目を奪われて、学問（研究）行為のよってたっている人間的基礎から掘りおこし、学問、大学を変革しようとしなかった点――を、まさに課題として真正面からとりあげたのである。

反大学の前史は自主講座運動であるが、その直線的な延長上に位置づけられないものであったし、あるのである。

〈拙稿は「進学ゼミナール」COD(株)中央企画センター刊)七六年七月夏季特別号に掲載。なお希望の方には頒布いたします。〉

（NEI所員）

■論文紹介・反大学の思想

（付）反大学（運動）の思想について紹介もしくは言及している雑誌論文を次にあげておきます。なおこのほかにも知っておられるものがありましたら、NEI中野宛で教えていただけたら幸いです。小冊子、パンフ類でも結構です。

〔記載順序は論文題名、著者、雑誌名、刊行年月日（号）です。（座）は座談会の略です〕

「日大反大学アッピール」（抜粋）　情況　六九年二月号

「反大学」　（座）秋田明大・佐久間順三・山本義隆・清水多吉　同右

「『反大学』創造について」　秋田明大　世界　六九年二月号

「『反大学』への一考察―〝共に学び合う者〟による学園へ―」　渡辺敏雄　朝日ジャーナル　六九年二月九日号

「反大学の思想」　福富節男・清宮誠　情況　六九年三月臨時増刊号

「『反大学』の思想（続）」　左同　情況　六九年四月号

「自主講座と反大学」　福富節男　展望　六九年四月号

「『反大学』の誕生」　福富節男　思想の科学　六九年五月号

「『反大学の構想』への序章」　飛弾次郎　思想の科学　同右

（「思想の科学」　六九年五月号は「反大学の思想」の特集号である）

「反大学の理念」　K・フンボルト　永田次郎（訳）　情況　六九年五月号

「〝大学解体〟としての反大学運動」　編集部　朝日ジャーナル　六九年五月一八日号

「反大学は学問解放の砦か」　（座）広重徹・高橋潔・滝田修・清水多吉　現代の眼　六九年七月号

「『反大学』の源流」（激動の大学・戦後の証言③）　編集部　朝日ジャーナル　六九年十月一九日号

その他にも「全共闘機関誌合同縮刷版」（全共社刊）などにも散見できるが、今回は、いまだ手に入れやすいものを中心にしたので割愛した。

（『現教研通信』第三十五号、一九七六年十二月二十七日）

12　反大学の思想から　2

大学でなにを得たか、と考えてみると入学のために費やさせられた代償に比べほんの微々たるものしかないことがわかる。

それでも強いてあげようとすれば――「思想的」な覚醒が現実化されているものに限定する――謄写版の獲得である。別名ガリ版と呼号される手工的印刷機である。

これは本当に役立っている。少し大袈裟にいえば、現在のぼくの中途半端な存在のあり様に重いかかわりと意味をもっている。

謄写版の存在を大学ではじめて知る、というのはめずらしい軌跡に属するだろう。小学・中学・高校の過程で一度ぐらいは目に触れるなり見様見真似でつかった体験が必ずあるはずである、と思われるかもしれない。教師が配布する学級通信や試験問題等は謄写版で印刷されていたのにちがいないのだから、と。活字でない印刷物の存在は、具体的に一つ一つ掲げて指摘されれば知っていた。しかし、それがロウ原紙をヤスリ板にあてて鉄筆で書き、ロウを脱落させてすかしを作り、そのすかしを通してインクをにじみ出させて印刷するもの、すなわち謄写版によるということは知らなかった。ただ印刷は鮮明でないし読みづらいものとしてしか考えていなかった。まして他人の手を煩わすことなく自分一人で幾百枚も印刷できるなどとは想像だにできなかった。よく学級新聞をつくった体験で謄写版の存在を知っている友人がいる。僻み半分でいわせてもらえば、こちとらは教師のお目にとまって編集に抜擢される圏内にいないので、いつも読ましていただく立場におかれて、そういう恩恵に浴しなかったのである。クラブは専ら運動部であり、社研とか文芸部といった謄写版を常用するクラブなどにはさらさら関係なかった。生の肉体的表現にしか頭になく、彼等の存在が眼中にはいらなかった。

ぼくがはじめて謄写版を与えられ、ガリ切りしたのは、ちょうど七〇年の安保粉砕闘争の渦中であった。クラス討論の資料として日米安全保障条約の抜粋を切ったのを、指の痛さとともに憶えている。それはぼくが運動と文字(ことば)をもって自己主張し始めたときと重なる。それまでのぼくは文字をもって〉世界〈に自己主張したことがなかったのである。

以降、自己主張を自覚的に考えていくに伴ないさまざまな場面で活用をした。

学校体験による謄写版に対して植えつけられた、文字が見にくく読みづらいという印象からなかなかぬけでられなかったが、それ以上に、一枚の原紙を切ることで無数の自己主張ができる驚きのほうが強かった。そして同時に厳しさと怖さも知らされた。

謄写版は一八九四年に発明されたらしい。戦前期における昂揚期が大正時代にみられ、「一種の謄写版(ガリ版)文化ともいうべきものを現出させる」と鹿野政直氏はのべている。大正期が政治・思想的にアノミックな状況であったのと符合するように、ぼくの生育史もまさにそのような状況だったのであり、解放の論理をつむぎだそうとしたときに、謄写版に出会ったのであった。

文字による交流の賛否はともかくとして、いままで一方的に交流を強いられてきた関係を、こんどはこちら側から犯し返すことができるようになったのである。

大学で得たこと、といわれてすぐにでてくるのは謄写版であるといってきた。それならなにも大学でなくても得られる。つまらないことをいうなと指摘されそうな感じである。それに対しては、その通りであると同時に否であると答えておこう。

なぜなら虚飾の塔のなかで得られるもののうち、それこそは本当にまっとうなもののひとつであるからである。

（ＮＥＩ所員）

（『現教研通信』第三十六号、一九七七年七月二十日）

13　反大学の思想から(3)

林達夫氏は「十字路に立つ大学」という論文において、大学はアカデミック・マインドつまり思考型の人間により制度化され、またそういう鋳型に向くように仕組まれている、と指摘し続けて次のように述べている。

「大学というところは、大仕掛けな、恐ろしいプロクルステースの床、といっても過言ではあるまい。制度が人を逆支配し、不具にし、圧殺している一つの生きた実例である。」と。氏は、そこで、新しい一歩を踏みだしたところでは、こういった「アカデミックなものに対する闘争」こそ必要である、と方策を提示している。論文は、この他、教室風景の描写、教師稼業の不毛さなどの的確、鋭利な表現に示唆されるところが多い。

林氏の指摘を参酌して大学の性格、あるいは理念について考えてみると、私には、大学は人間を大学化することで人間（民衆）を解放できると幻想してきた、といえる。中心は、あくまで大学にあり、それ故に大学の自治、学問研究の自由の擁護が人間の精神進歩の擁護になるという、まったく順接に思考することを可能にしている。

このような大学認識を基礎にすえると、大学の法文上の規定が非常に重きをなすことになる。知的に上昇することが重要で、分離し倒錯した認識（言語）を積み重ねることに熱心であるため、法文上の性格が大学の現実を支配するものと考えてしまうのである。

戦前の日本の大学の性格は「国家ニ須要ナル学術ノ理論及応用ヲ教授シ並其蘊奥ヲ攻究スルヲ以テ目的トシ兼テ人格ノ陶冶及国家思想ノ涵養ニ留意スヘキモノトス」と規定されていた。一九一八（大正七）年から敗戦二年目に廃止されるまで凡そ三十年間に亙りそれは支配的原理として機能した。戦後、占領政策のもとにこの規定は天皇制絶対主義教学体制の頂点にたち、軍国主義的・官僚主義的法制と、様々な冠をのせられて放逐された。

大学を国家目的への奉仕機関として位置づけたのに代り、学校教育法第五十二条にあらわれた大学の性格は「学術の中心として、広く知識を授けるとともに、深く専門の学芸を教授研究し、知的、道徳的及応用的能力を展開させることを目的とする」となった。この法令に顕現された大学理念は、旧大学令の理念との明確な訣別であり、日本における新たな大学職能観にもとづくものと評価されている。

しかし、いまわたしの文脈から読む限りにおいては、諸手をあげて受け入れることはできないだろう。人間の大学化によるわれわれの解放ではなく、大学を人間化することで人間的解放をめざす者にとっては、法文上の改革による現実変革への期待を一顧だにしないわけではないが、それ以上に民衆の大学意識の変遷と学者文化人あるいは（別項としてたてるべきだと指摘されそうだが）権力の大学観とのからみに目が向かざるを得ないのである。

林達夫氏の指摘を強烈な反語として読むにしても、あるいは、学校教育法第五十二条を新たなる大学思想論として措定するにしても、底に貫流するのは、人間の抽象的政治的解放の論でしかないだろう。

日本における大学大衆化の第一波の出発点に生まれ、あの主題の決定的に喪失した昭和十年前後の河合栄治郎編著等の学生教養全書の類の夥しい出版に関わりなく敗戦後に教育基本法・学校教育法を迎えた市井の民衆の大学意識の推移は如何なるものであったろうか。

戦前において大学の存在、いや高等学校の存在すら歩を止めて一考するに価するものではなく、「国家ニ須要ナル」は満州事変への徴用であり、学徒出陣の頃は日毎戦時労働強化であった。それが戦後になり、小金をためれば大学へ進学させることができるとして、大学の存在を意識できたのは高度経済成長下のもとであった。大学へ進学させれば、大学へ学びにいきさえすればの大学意識の相乗作用は、両者ともども幻想の解体として結果した。

いまこのようなルートを考えるとき、大学制度、大学理念の刷新とどう絡みあうのか、と考えてしまうのである。大学を生みだし、支えた意識を、もう一度意識化するところから、深く日本における大学の成立如何を問うとき、法制上の改革の意義のみに溺することなく、民衆の大学意識の変遷を、まるめ捨てさられた紙片のしわをのばすように丁寧に読み込んでいく必要がある。

（NEI所員）

（『現教研通信』第三十七号、一九七七年九月二十五日）

14　反大学の思想から(4)

過日、所員会議において、久しぶりに長大な報告をおこなった。一〇月以来の活動報告にあわせて、〈歴史・認識・方法〉と題したレジュメを提出したのである。いまからすれば、〈歴史・認識・方法〉とは、大仰な構えであったと思う。原因は久田所員にある。彼の『大正教員史の研究』の書評を目にしたことがきっかけであった。そこで指摘されている、歴史認識の喚起・問題意識の共有・対象によって規定された方法意識といったことについて論議をふっかけたのである。問題の性質からいっても結論なんぞは期待すべくもなく、また問題提起者であるわたし自身が断片化された知識をもって茫漠としたイメージしか語らないものであるから、いたずらに時間を浪費させてしまった、と反省している次第である。

直接の動機は書評にあったのだが、歴史叙述の方法、あるいは視点について頭の中に日頃、ブスブスと烟っていたこともたしかである。さらには、なかなか現実化できない、というもどかしさがつきまとい、引きずっていたことであった。歴史学の世界ではまだ胎児にすぎないけれど、たとえば著名な歴史学者が雑談の席上、歴史学の方法論としてどうしても残されている史料でものをいう以外に手がなく、だからほんとうの意味で、民衆の意識をどこでとらえたらいいのかということは、ひじょうにむずかしい、といっているのを読むと、本当にその通りだあ、と思う反面、いまさらなにをいってるの、と疑いたくなってしまうのである。あらためて問題提起をしたにすぎない、という意味からわからないこともないけれど、当然のこととしてそこからしか出発できないのではないか、とわたしなどは思ってしまうのであるが。それだからといって、底辺の民衆の、本当の民衆の歴史を、と称呼して、草の根をかきわけ、大地をかけずりまわるのも、なんとなく不自然のような気がしてならないのである。

馬脚をあらわさないうちに、途中でやめにして、もう少し身近なところに話をもどしてみよう。たとえば歴史ということなら、さしあたりは日本の大学の歴史を、反大学の視点から眺めたらどうみえてくるか、といったことがある。大学の存在を、人間の解放にとって最も遠い位置においてみたらどうなるのであろうか、といいかえてもいい。そんなことは方法として可能か、と嘲笑まじりに聞かれると口をつぐんでしまうのだが、鶴見俊輔氏が、みずからの生きている場所から自分の価値基準をたてて、ある種の遠近法をつくって過去を集約することはできる、らくがきする小学生のほうが、ルーベンスよりも偉大に見えるという遠近法（価値基準にもとづく遠近法）をたてることはあり得る、人の生きているところには、それぞれの人にそのような特有の遠近法がある、とのべているのを聞くと、まんざら不可能でもないな、と思ったりしてしまう。自分の価値基準はどこにあるか、と考えると、いわゆる制度化された知の体系とはおよそ縁遠く、個別の〈よみ・かきのしかた〉の確立にある、としかいえない。制度化された、というのは単に確立されたもの、人間の意志的・能動的な所産・行為の結果ということにとどまらず〈つくられた＝擬制的〉なものでありながらリアルな「力」――物理的な力にも似た強制力――と「意味」をもつものまでを含めている。その制度化の権化が大学である、といえるかもしれない。

（一九七七　十二・二　ＮＥＩ所員）

編者注　この文章は第二十九号から第四十号を集めた『現教研通信　合冊版』の冒頭に綴じ込まれていたもので、柱に「現教研通信番外編」と記載されている。手書きのガリ版印刷である（『現教研通信』第二十九～四十号はいずれも活字印刷）。一九七七年十二月二日は第三十七号（同年九月二十五日）と第三十八号（同年十二月二十五日）の間の時期にあたり、第三十七号に中野さんは「反大学の思想から(3)」を掲載していた。合冊版の発行日は不明であるが、第四十号の発行日である一九七九年三月三十日以降である。

2　立教大学関係

1　立教大学自主講座設置運動の軌跡

はじめに

一九七三年――我々はいまどこにいるのだろうか。全共闘運動の切り開いた地平をふまえて、と言われては右往左往し、新入生に昭和三十年代生まれの人がいると聞いてさらに右往左往する我々にとって、大学の日常態とは、まさに厚く、高い壁のように無言の威圧感を感じさせるものである。

せっせ、せっせと授業へ通う学生を、時には恨めしそうに、時にはいやらしい奴と思いながら眺め、立教大学構内の通称、四丁目でアジテーションをしている人の声も異和感を持って、聞こえてくる。

こんな我々の日常的行為の中にこそ権力の介入を許すものがあるのだし、教師と学生の関係の仕方に支配―被支配の従属関係は貫徹されているのに、そこに関わっている我々自身の関係意識がなぜ問いとして発っせられないのか。あたり前のことをあたり前としてかたづけないで、前提を問うところから我々は出発した。

そんな我々にとって、授業とは自分に関係のない、無味乾燥した知識の伝達と、生きている一人一人の教師、学生がいることとは全く関わりのないものとしてあったが、そんなこととはおかまいないしに、教授は「教育学」を教えていると思っているのであった。

学生である私にとって大学とは「大学卒の肩書きを取るためだ」「社会へ出る出航期間をのばすためだ」とも言いきれない、割りきれないものとしてあった。

現実的に単位認定権・成績評価権によってしばられている私にとって「教育」とは常に教えられるということと同じ

であった。

いま小学校・中学校・高校のことを思いだしても、試験・成績のことばかりである。そのことは私に試験が出来る子=良い子、できない子=悪い子という、点数によって、人間を評価することを憶えさせた。大学でも同じようなものであった。授業の時に、出欠点検や評価をなぜするのか、根拠は、評価とは何かを問うと、教師は、「評価とはいま自分が学問的にどのくらいの段階にいるのかを知る目安であり、自己評価のためであり、決して人格評価ではなく、理解度(?)である」と答える。こんな嘘っぱちを誰れが信じるのであろうか。

常に〝教えられる者〟としてあった私には、教師とは〝教える者〟であることは疑う余地もなかった。教え—教えられる関係(主体—客体)の固定化を踏襲していく中で、タテマエの世界の論理と学問幻想、教育幻想を確実に持ってきたし人間的感性や、自らの肉声を発することすら、忘れてきた。

そういった自己の教育体験と、教育観こそまずもって私にとっては不可避の問いとしてあり、このことを、日々、平隠に日常的に流れている授業や、既制の学問体系、カリキュラム体制に対して異議申し立てをする過程で明らかにしていき、意識を変革していかなければならないものだと思い始めていった。

なぜ教師が学生を評価できるのか、出欠が評価とどう関係があるのか、なぜA・B・C(優・良・可)と細分化するのか。その根拠などいままで疑問に思ったこともなく信じこまされてきたことに対して、自ら問いを発していく中で、わかってきたのは、評価権・単位認定権を持っているから教師は教師であるということだった。教師のその権力性由に、学生は授業に出席するのだし、彼らこそが授業を握っていられるし、教育総体、大学総体が安全にかつ、強固に存在していられるのである。だから大学とは、学問の府とか真理を探究するとか言われているが——私もそうと信じて、大学まで来てしまったのだが——大学の本質は、どうやらそんなものではなく、中味よりも形式、何単位か修得し、卒業のレッテルがもらえる(取る)ところのようであるとわかってきた。

我々はそのことを前提としてカリキュラムの中に我々自身の足と頭を使って、講座設置運動を始めていった。

本稿は七二年一〇月のカリキュラム体制への公開質問状から、自主講座設置までの運動の軌跡を当時だされたピラをおりまぜて、紹介していこうとするものである。

いま我々は正常化された大学の日常の中でその日常態を支えている教育観・学問観を根底から変革していく闘いしか我々自身の思想を創りながら、二〇教年の教えの怨みを晴す方法はないのではなかろうかと思っている。

(1)　カリキュラムを検討しよう

学生にとってカリキュラムとはどういうものなのだろうか。毎年、儀式のようにして、学期始めに行なわれるガイダンスであまたのいかめしい名前の講義やゼミの時間割が示され、教授達は担当科目の内容を誇らしげに、威厳をもって語る。そして「学生が勉強をしやすいように」とか「学問をするための基礎的なものから」というように、きちんと各学年ごとに受講できる科目が決められている。全てが、学生のためである。しかし毎年提出されてくるカリキュラムを検討し、決定するのは、教授会であり、教授達だけである。学生はただ決まったものから、選択していくだけで、それがどういう過程で作成されるのか、非常勤講師は誰れによって、どのようにして決められるのか前年間の反省をどうやっているのか(やっているとするなら)等一切明らかにされない。

まして、なぜ一年次に「教育学概説」を学ばなければならないか、他の講義はなぜ受講できないのかというような疑問を学生は別に持つわけでもなく、教授も別に語ろうとしない。

学生の学習意欲とか、個々の学生の課題意識とは一切関係なく、作成され、提示されてくるカリキュラムとは、何んであるのか。教授は常日頃から、「学生諸君と共に勉強して、授業の質を高めていこう」と語っているのだが、実際はカリキュラム作成段階でさえ、学生に明らかにしないというのはどういうことなのであるのか。学生こそ学習主体者であるという認識のもとで、我々自身が「学問」、「教育」へ関わる主体として、教授会へカリキュラムについて疑問を投げかけていった。

公開質問状

教育学科カリキュラム検討委員会（準）

我々は四月（七二年）ガイダンスに向けての公開質問状で、カリキュラムの理念、学生の位置等を問うた。だがガイダンスに於て、なされたことは、もっぱら単位のとり方でしかなかった。

質問状に対する教授の回答、二度の学科集会に於ても抽象的論議に終止し、何の課題も解決されていない。

我々にとって重要なのは、単なる知識の教授や単位をそろえるための授業ではなく、現実社会に生きる我々自身の位置の明確化と、課題の発見・探究の場としての大学である。

学習主体者である学生不在のカリキュラム、個々人の課題意織とは無関係に、相互連関性、必然性の不明確な形で、学科目が並べられているにすぎない。

そして授業といえば、主語が欠落し、教育現実と一切かかわらない抽象的「教育学」。

一〇人でも一〇〇人でも同じ様になされる授業に教師と学生が実在している意味はどこにあるだろうか。現状を変革しうる方策すら見い出しえない学問とは何であろうか。

このようなカリキュラムが学生の全く知らないところで一方的に画策されることがどうして許されようか。

今、七三年度カリキュラム編成の時期に際して、以下のことを要求する。早急に文章化し、学内に掲示するとともに、全学科生に郵送し、それに基き、草案段階での説明会を開催することを要求する。
一　本年度カリキュラムの反省
二　来年度のカリキュラム草案の提示
○いかなる理念に基き編成するのか
○本年度カリキュラムとの関連
○細目として
・各教科の内容
・教科間の相互連関性
・科目をおく根拠

（七二・一〇・五）
カリキュラム検討委（準）

メニューを選ぶ自由から創造する自由へ
——カリキュラムを検討しよう——

教師になろうとする人間、これほど恐しい人種はない。自分が何をしたいかを知らず、常に他人（児童、生徒、学生）に何をさせるかと考えている人間である。虚偽だらけの平淡なサラリーマンを軽蔑し、もっと人間的なふれ合いを、と教職を考えているのである。これほど自分無視の、他人無視思考もあるまい。「先生」という権威、権力をかさにきて、カッコイイ言葉を並べたて、子供をがんじがらめの規律の中へとじこめていくだけである。

与えられたカリキュラム、授業をただ黙って聞く、その忍従の美徳がいつのまにかお上からの指導要領、教科書を忠実にたれ流しをする小役人になってしまうのを恐れよう。所与の条件の中で精一ぱいがんばるのも、一つの方法である。だけど出席点検、単位によってしか学生をつなぎとめておけない様な授業に、無為な期待はもうやめよう。

主語の欠落した「学問」が科学的、客観的な装いの中で、何を為しえてきたのか。生味の人間がいるということ〈主体〉を欠落させたところに「教育関係」は成立しない。己れ自身の世界観、人生観、社会認識や歴史意識を持たずに、どうして生徒に国語を、社会を、はては倫理、道徳までも教えることができようか。今僕らに必要なのは、生徒に何をどう教えるかではなく、その前提である僕ら自身がどう生き、どのように飯を食っていくか、どう現実に立ち向かっていくのかであり、その課題設定と追求のための方法論の確立ではないだろうか。

自らの生は自らが決定し、単位、出席制度の奴隷の位置からはい出し、僕らのニード（need）に基くメニューを創り出そうではないか。与えられたメニューで丸々太るのではなく、偏食もまたよきかな。それは食べる僕たち自身が決めることなのだから。

学習主体者は、あくまでも僕たち自身なのだということを再認識しよう。

一学期来の数々の提起の不十分性を反省しつつ、それらのまとめとして具体的に結集させるべく、まずカリキュラム総点検を訴える。

（七二・一一・五）

カリ検討委（準）

カリキュラム闘争の更なる深化の為に

疎外された大学、教育を我々の手に取戻し単位制という桎梏を内部から打ちこわしていこう。もはや、無内容な教授達に何かを期待するのはやめよう。無内容な遊びの「学問」を徹底的に茶化し、大衆の前に暴露し、授業を粉砕しよう。学の批判から批判の学へ。

我々は余りにも無知であり、勉強せねばならぬ。我々が問うた「教育」への根本的な問いを、自らのものとして受けとめ、課題を自ら、解決していこう。この過程の上で、障害となってくる全てのものを打倒し、この闘いの中で、自ら主体を鍛え形成していこう。

他者との共同性の獲得を！

お話し合いで何も解決しないし、彼らが、所詮対処療法的にしか問題を捉えられず、彼らと同意しあえるなんてもう思わないのだ。

幻想は破られてきたのだ。あの立大闘争で何も変わらなかった連中に何が期待できるのか。

我々自身も彼らと同じように、無内容なのだ。

自らを変革の対象としていかない限り、同じ穴のムジナなのだ。

我々自身の教育論を！最も底辺の問題を常に視、告発にさらし、連帯を勝ちとっていこう。このような営みをぬきにして安易に教師となることはできないのであります。

カリキュラムの外でなく、内に闘いの拠点を、日常の中に非日常を！

〈講座獲得〉

課題意識の触発、教育を根本的に問うていく作業が必要であるし、我々の運動の質の継承も含めて、五十嵐講座を獲得しよう。

僕らが諸々の事を言ってきたけれども、このままだと不平不満をいったにすぎず、僕らがいなくなると何も残らなくなる。教育共闘の二の舞をしてはならない。

カリキュラムの中に我々の思想性をこめて、講座をぶちこもう。カリキュラムに楔を打ちこもう。その講座においては、教えるもの―教えられる者ではなく、共に学ぶ、出合いの場になっていくだろう。常に触発されていないと、人間はダメになるし、一年生が期待をもって大学へ入学してくるのに、それに答えるものがないから遊び人になったり、ニヒッたり、サークルの中で不満を解消さしたりしてしまう。自らの頭で考え、自らの足で歩く。

学びたいものを学ぶ、そんな大学にしていこう。その第一歩である。

〈自主ゼミに単位を〉

自主ゼミがカリキュラム体系の外にあるかぎり、あくまでも、余暇の善用にすぎず、カリキュラムそのものはいくら無内容でも流れていくのです。なぜ自主ゼミをやるのかというと、現行カリキュラム内の授業では、授業がつまんないのは、自分の課題とあわなかったり、期待がはずれたりしたりしているからです。

自ら設定した課題を追究していく。それこそが、自分にとっての本当の学問であろう。

そういうものを積極的に保障していくものが、大学とかカリキュラムであるはずである。

そのもの（カリキュラム内の授業）がいくら教授達から重要であると言われても本人にその気がなかったり、必然がなかったら、やはり、その人にとっても無意味だと思うのです。

自主ゼミに単位をかぶせることによって、カリキュラム体系自体へ、アイクチをつきつけ、実質的に単位制度を空洞化させていく。それだけの緊張関係があると思うのです。

（七二・一一・二一）

(2)「教育原論」自主講座設置へ

教授会は我々に一切回答を出さなかった。「なぜ質問状を出したのか」も、授業中顔をあわせていながらも聞こうとしなかった。ついに我々のほうから、教育学科の学科長である細谷俊夫教授をつかまえて追究すると、「また教授会で公開質問状について話し合っていない。カリキュラムについても、まだである」といったもので、説明会すら開催する意志もなかったし、結局うやむやにされてしまった。その過程で段々にわかったことは、カリキュラムとは結局、学生を無視するもの、学生の個々一人一人のものを上から押えつけるものであり、いわゆる「学問体系」を学問幻想とともに、学生一人一人に植えつけてくるものである。また学校とはそれを受け入れる者を前提としている。

そういったカリキュラム体制に対して、教授たちが常日頃口に出して言っている「学生諸君と共に手をたずさえて、授業の質を高めていこう」ということを逆手にとって、我々自身の足と頭を使って、カリキュラム体制へ、自分達の講座をぶち込む運動を始めた。

そのために、一九七〇年前期に行なわれていた横浜国大教育共闘の自主講座が、正規のカリキュラム（比較教育学）へ発展した時、学生側から教官として迎えられた五十嵐良雄氏を、より多くの学生に講座設置運動への結集を呼びかける意味においても再度（七二年春、一度総演会を行なった）呼んで、講演会を開催することを計画していった。

五十嵐良雄氏自主講座に向けて（その１）

五十嵐良雄氏講演会にむけてのビラより

私が、十何年間、学校という中でいろいろな体験をし、その一つ一つが知らないうちに自分のものでなくなってしまっている。自分自身のものとして追ってこず、自分のこととして感じることができず、それでも「良い子」としてくらしてこれたけれど、自分の生きている生活の中で、自分の想いを、自分の言葉を流れてしまわないように大切にして、自分なりに表現していくことを、人々の関係の中で学んでいったとき、これだけはもう誰にもゆずらないと思うし、そうしてやっと私が、ちゃんと私として生きていけるのではないかと思うし、私が人間として生きていく最初の一歩だと思っている。

私は五十嵐氏の、自らの生きているあり様の足場に眼をすえて、そこから自分自身の思考、自分自身の生活を創り出していかなければならないとする考え方、生き方に、自分のやらなければいけない一歩として、大きく影響をうけたと思っている。知識の切り売りしかやろうとしない教授ばかりの授業をうけていて、本当に自分が感じていること、考えていることをもとに、本当の自分のもの、自分の学問をつくり出していくために、何をどう考えればよいのか、それを氏は氏の言葉で語ろうとしている。氏と考えが合おうと合うまいと自分のことばで表現し、自分の生きざまをさらけてしか在ろうとしない氏の生き方に会うとき、そこにはじめて教育のはじまりがあるのではないかと思うし、そこからしか何もはじまらないと思う。

そういうことを考えて、「出合うこと」の始まりになるのではないかと思い、氏の自主講座を設置することを提起したいと思う。

（七二・一二・八）

五十嵐良雄氏自主情座に向けて（その2）

私が五十嵐氏を知るようになってから、彼の著書を読んだりすると、その中には日常、自分が抱いていた問題をリアルに触発する論が展開されていたのである。

今まで、僕の中に培われ、揺らぎ出していた学問観、大学観、教授像、教育観、人生観――つまりは僕の世界とでもいうものが今度は、鮮やかにくずれだしたように思った。

小・中・高と活字となってしまった知識を覚えさせられ（僕は片田舎に育ったのだが）、その豊かな自然から、何々学校という囲いの中に閉じこめられ、ちょっと外に出れば昆虫にしても、草花に、目にあまるほどなのに、僕は教科書に載っているものより他には、あまりにも周りにある虫や草花を知らなすぎた。なんと笑止千万なことだ。

上の学校へ行けば、今度こそは、なにかしら立派な人間に人格形成され、何か本当に自分のやりたいことが、見つかるのではないか、いつまでも教科書の機械的暗記ではなくて、より自由な本当の学問ができるのではないかと、やってきた大学においても、根本的に何ら小・中・高と変らない授業を行なっており、問題意識を触発されたこともなかった。しかし反面において、大学とはそんなものさと変な諦念を抱きつつ、次の授業には何かあるのではなかろうかと空しく、期待し、僕の中途半端な関わりが悪いのであって、面白くなくても、強引に知識を詰めこんでいかない自分が悪いのだと自分を責めたりした。

しかしそうではないのだ。

他人との関係の中でしか、自分は変わらないし、一人観念の世界をさまよってもあまり意味はないのだ。とかくマージャン、サロン風クラブにうつつを抜かすか、ニヒリスチックに陥るかが、我々大学生の現実であり僕もその御多分にもれない一人なのだが、しかし一方ではやはり、僕自身の根底に沈殿している、どう生きるか、何が一番やりたいのかを払拭しきれない自分がいつも口を開けるのだ。

そして日常行なわれている授業のほとんどが少しもこの課題（というよりモヤモヤかもしれないが）を払拭してくれなければ、触れもしないのである。

何故に授業が僕自身の疑問を触発しないのかは、教授との対応で、それが実は教授の学問への姿勢、生き方にあるのだということ、そして、それが一般的に現在の学問の在り方を象徴的に物語っているのだということがわかった。ところが五十嵐氏の学問はまさに氏の実在過程から汲みあげられたものであり、その問いは氏の情念から発せられたものである。すなわち氏自身の生き方、現実との関わりの中に、その学問は深く根ざしているのである。

それは悪しき科学・理性・論理主義の中で教育されてきた我々への人間的営みの出発点である感性回復への覚醒剤となりうるのであろう。と同時に、この世界で何が確実なことかを知らしめてくれよう。学生存在としてのまさに生への関りである。授業―大学―教授―学問に疑いを抱いている諸君、自分の生き方を模索している諸君、この自主講座に参加して幻想存在であるかもしれない君自身を自分をみつめる一つの契機としようではないか!!　（七二・一二・八）

五十嵐講座設置委員会（準）

七三年度カリキュラムに五十嵐講座をブチこもう!

我々は一定程度の幻想をもって大学に入学してきた。また「教育」という事を真剣に考え、学問しようとしてきた。現代社会に生きる我々に最も大切なことは、現代の時代の課題を把え、我々の位置の明確化、探究のための場としての大学であろう。

だがしかし、実際の授業は「主語」の欠落した学問、すでに誰かによって明らかにされたものをさも権威あるかのようにおしゃべりしているのにすぎない。実際に生きている生活現実や教育現場と何ら関わりのない、観念の世界での虚構であり、中味の人間はどこにもいない。

最も大切なことは、何をどう教えるかでなく、まさに自分自身がどう生き、どのようにメシを食べていくのか、現実にどうたち向かっているのかということである。己れの自立である。その為には、五十嵐氏の言うように、本当に己れにとってかけがえのない〈教育〉とは「教育学」の文献を読むことからではなく、己れの教育体験、小学校以来、十数年間の学校教育体験を自覚化し、意識化することからしか始まらないのではないだろうか。その中にこそ〈教育〉が存在するのではないか。その意味での〝教育原論〟である。

そこでは「教える者」—「教えられる者」の固定化ではなく、まさに具体的な関係の中で、生き様をぶつけ合う事が、教育の始まりである。共に同時代に生きる同志として、問題を追究していく。そのような出合いの場を、創出していこう。

〈その1〉——なぜカリキュラムの中にプチこむか

日常の中に我々の闘いの拠点を!!

授業の場に、そのようなものを期待するのは無理なのかもしれないし、教室だけが、学問、教育の場ではないことは確かである。だれもが「教師」であり、「教育」の素材は、関係の中にこそあるのだということは確認しておける。三里塚の闘いに学ぶことの方が「戦後日本の農村の崩壊」という本を読むよりも、よほど中味があるし、現実変革の一つのプロセスとなるであろう。

我々は大学の学生であるという事にこだわり続けたい。三里塚の闘いへ、はせさんじたとしても、我々は三里塚の生活者ではなかった。代執行のあと、日常へ回帰せざるをえなかった。単位を取って卒業をしたいということが、どうしても否定できなかった。回帰できる日常がある、非日常の闘いはほんとうの闘いではない。日常の中に、闘いをつくらねばならない、僕らの日常が、カリキュラム、授業によってからめとられているのだから、カリキュラムを、授業を、我々の手にとりもどすことが必要なのだ。日常の中に非日常の異物をぶちこみ、カリキュラム体系を蝕んでいこう。

〈その2〉関係の変革へ

自主講座、自主ゼミをなぜやるかというと、現実の授業の中で満たされないからであり、それは、我々自身の課題と教授の課題があわないからである。我々自身の課題は我々自身で追求していかねばならない。だが自主ゼミがいくら勝手になされようと、カリキュラム体系、現行学問、教育体系自体は何ら痛くも痒くもない。悪い授業の補完物となってしまうかもしれない。

故に、カリキュラム学問体系自体に楔をうちこみ、我々の存在証明としての講座を七首としてつきつけようではないか。

カリキュラム、授業等は、我々の課題に基づいて、講座等が設定されるべきだし、学習主体者である我々自身が学びたいものを学んでいく、それをカリキュラムとして制度的に保障していくべきであろう。それはすなわち六九年、立大闘争の中で問われたことであろう。

学ぶ主体不在のカリキュラムが告発されたのがあの関争の発端であったのだから。

我々の学びたい要求を教授会にのませ、七三年度、四単位としてかちとり、現在の学問体系によるカリキュラムとの緊張関係をもたせよう。

（七二・一二・八）

そして、五十嵐氏の講演会の中で我々は、自分達の存在そのものとしての学生に固執することこそすなわち、十余年間にわたる公教育体制のもとで、常に教えられる者としてあり、常に評価され続けてきた者として、カリキュラムとは何んであり、授業とは、評価とは、一切のそういった自分が受けてきた教育体験から、「教育」を問い直すことこそがまさに、現在的情況においても、またすでに明らかにされた既制の学問体系——主語を欠落させ、対象に対する情報の量だけで、対象に関わる主体と、そのものへの認識作業を一切しない学問——に拮抗するためにも、重要なことであるとわかってきた。そしてまだ生徒だから、学生だからといって、成績、評価、カリキュラムに対してただ黙々として消化していくことを通じて、自らの感性とともに、主体を欠落させた学問体系を踏襲していくようになるということもわかってきた。

我々は、自主ゼミ・読書会などのように、カリキュラムの補完物になってしまうのではなく、そういったものを出現させるカリキュラムの中に、講座を設置し、単位を付与させることによって、カリキュラム体制への緊張関係を作ることから、単位・評価の無内容、権力性を暴露し、我々自身の日常の中の闘いの拠点をつくっていこうとした。

七二年末、二百名近い学友たちとの討論のなかから、我々は百数十名の署名をもって、次のような請願書を正式文書として、教授会に提出していった。

請願書

教育学科・講座設置委員会

「大学において、我々（学生）こそが学ぶ主体である」ということは自明の理ともいえよう。我々、学習主体の課題に基づいてカリキュラム＝講座が設置されるべきであろうし我々自身が学ぶべきだと信ずるものを学んでいく、それをカリキュラムとして制度的に保障していくべきであろう。

そこで、我々は今年度、春冬の二度にわたって行なわれた、五十嵐良雄氏の講演会の中で、氏が繰り返し述べてきたことを想起したい。それらは「私が教育という時、それは教育基本法や、学校教育法のなかにあるのではなく、私たち自身の個別的、具体的な教育体験そのものの中にあるのだという事、したがってそれは決して書かれた本の中にあるのではなく、私たち自身の個別的、具体的な学校体験や大学体験そのものの中にあるのだということ」であった。

我々、教育を学ぶ者にとって「大学体験そのもの」の再検討の原点は授業・単位・評価であり、これらは総じて「カリキュラム」として我々を規定しているものである。更にいえば、我々はこれらのすべての問題の集約を、日常の「授業」の中に発見できるであろう。

例えば「何故心理学が必要であるか」という問いこそが「授業」を成り立たしめているものであるにもかかわらず、淡々と「心理学的測定法」の技術や「既に明らかにされた心理学説」等が易々諸々と語られ、又「なにゆえに、子供たちに、社会や国語等を教材として教え込まなければならないのか」「教師が一人の人間として、何をもって、社会や国語を教えていくのか」ということが、何ら問題にされず「教案の作り方」に集約されるような「いかに子供たちに能率よく教え込むか」という教育技術のみが問題にされている「教材研究」の類ばかりである。もとより、我々は、教育技術をないがしろにするものではないが、それが我々の問いを無視するの謂であってはならないと考える。

それらに対する我々の問題把握の第一歩は今年度〝教育評価〟を媒体として、「大学の現実の授業の中でこそ〝教育関係〟そのものを追求していこう」と開始されたにも拘らず、教授の病気により、我々の評価に対する問いは未だに明確にされてはいない（しかも教授の不手際により、受講生を全く無視し、一方的に講義を打ち切り問題が顕在化した事実は記憶に新しい）。

素朴な我々の「つまらない」と言う多くの授業の中にこそ、そのじつ、根の深い問題が内在しているのではないだろうか。

このように、大学の現行「授業」の中では「教育そのもの」を問う行為がなされておらず更には、同和教育・障害者教育そして、伝習館高校・立川二中問題など、文、全国の教育現場からの問いかけに何らかかわりのない「日常化」された「授業」が行われているにすぎない。とりわけ教職につく者にとっては避けることのできないこれら現実の諸問題からの逆照射的観点から「我々にとって」の「教育」をとらえていくことが必要であると考える。その意味において、我々は〝教育原論〟の必要性を痛切に感じる。

以上述べてきたことから明らかのように、現在のこの教育現実の中に生きている我々にとって、教育の問題は抽象的・観念的な、思弁の世界で考えられるというものではない。つまり、常に現実的に現実過程のなかで、自らの教育体験の中で、個別的・具体的な仕方でおのれにかかわるものとして、考えていかなくてはならない問題であるということである。

ところで、問題を個別的・具体的に、自分の教育体験のなかでより深く考えていくためには、同時に、また国際的視野から眺めていく必要があろう。つまり教育の問題なり、教育そのものなり、教師そのものなりが、原理的に国際的規模で、あるいはまた、国際的な教育文化に関する運動の中で、どのように考えられ、どのように総括されているのかということを、我々は同時に知らなければならないということである。

例えば、戦後世界の民主的教育を求めて、展開された国際的な教育、教員運動の中で、総括された、『民主主義教育の原則憲章』において、民主的教育の原則がどのように明記されているのか。あるいは教師のあるべき姿と、教師の拠って立つ原理・原則を示すものとして、国際教育組織が総括した『世界教員憲章』や、『世界教員職能綱領』などにおいて、どのような教師像が定着させられているか。

例えば、こういったような、国際的視野に立って戦後世界の教育及び、教師に関する国際的な基本文書などを手がかりに、そこから、教育及び教師の原理的な問題に光を与えていくことは、特にこんにちの「教育原論」にとって、最も重要なことであろう。

さて、既に御存知のことと思うが、戦後、そのための教育研究書として我々が眼にしうる唯一のものは、五十嵐良雄著『国際教育論序設』(現代評論社刊)である。同氏は、又『教育そのものへの問い』(亜紀書房刊)という著書において原理的な教育・教師論を展開しているが、一九六三以来、世界各国を歩き、特にインドにおいて、〝アジア教育専門家会議〟(Asia educational expert meeting)の仕事をして、ＩＬＯ・ユネスコ合同会議の「教師の地位に関する勧告草案」作成に従事している。また一方、一九六五年の、アルジェリアにおいて開催された。〝世界教員会議〟(The World conference for Teachers)に同会議顧問として参加し、教育における中ソ論争に加わり、その体験に基づいた全般的な国際教育の動向について、詳しく書いている。(『現代教育科学』誌参照)

例えば、このように、その研究においてもまたその体験においても、国際的視野を身につけた、戦後のすぐれた教育学研究者として殺々の『教育原論』の担当講師として、是非その講座を担当されるにふさわしい人であると、我々は確信し、是非、その講座を受け持って欲しいと切望している。既に、横浜国大教育学部教育学科においては『国際教育論序説』を高く評価し、一九七〇年度前期には、比較教育学担当の非常勤講師として、迎えている。また現在は、神奈川歯科大学、日本女子衛生短期大学において教育社会学及び教育史を担当しており、すぐれた教育実践力を有している。

以上のことをふまえた上で、早急に来年度カリキュラム原案についての説明が行なわれることも含め、我々は具体的に教育学科カリキュラムに『教育原論』(五十嵐良雄氏担当)通年四単位の講座が設置されるよう要望いたします。

尚同時一二月二〇日現在、我々の趣旨に賛同し五十嵐講座設置を要望する署名が、既に百余名に到っているということを申しそえておきます。

一九七二年一二月二〇日

立教大学部教育学科教授会殿

発起人代表　徳田秀信　須崎康先　佐野千代子　三枝元信　菱田真

講座設置委

わしらの教育原論（五十嵐講座）をカリキュラムにブチコムために――内部討論にむけて

○確認しておきたいこと

まず大学における「学ぶ主体」はわしらであること。したがってわしらがわしら自身の主体性にもとづいて「何を学ぶべきか」「何から学ぶか」ということを今、この「立大の中」で追求して行かんがために、教育原理講座を、わしらのものにしていこうとしていること。カリキュラムに入るからといって、わしらの手もとから手離すのではない。

わしらはもともと「大学」における「教育」が〈教育〉の全てであるとは考えない。わしらの隣にいる人と関係していくこと、その中にこそ〈教育〉が存在するとも言える。大学教授が「知識」をベラベラしゃべるのを暗記しても、そのこととは全く関わりなく、わしらは飯を食い生きているのだ。教授も自分の生活と何の関わりもないところで「学問」のおしゃべりをして生きていくことしか知らない。「大学」の授業がくだらないことはもうわかっているし、「単位」の認定の仕方、「評価」の仕方の出鱈目さもしかりである。どこが、なぜくだらないのか、ということを踏まえて、単位や評価があろうが、あるまいが「突」のある「関係」を作っていこうと考えている。

しかし「教育原論」が設置されて、五十嵐氏が立大にやってきても、戦後の民主主義教育と言われても、戦前から全く変革されていない、わしらと教師の関係、「教える者」と「教えられる者」との関係は続くのである。教育原理の講座が、カリキュラムの中にプチコマレルやいなや五十嵐氏とわしらの関係は、他の「おしゃべり」をつづける教授とわしらの関係と現象的には同じになるのである。しかしそこでは、わしらの課題が質的な面で他の「おしゃべり」の学問、既制の学問観へ拮抗していくと同時に、わしらと五十嵐氏との関係をも追求していくことにちがいないであろう。「制度」の中で「制度」に取りこまれないようにして、なおかつ〈教育関係〉をつくり出していくべく、自らの主体性によって〈場〉を確保しようではないか。

教育学科教授会は、カリキュラム作成の特殊性（時間がかかる、まず科目を検討し、それから適当な人材を探す。慎重に検討しなければならない問題である等）について説明してくることが予想される。しかし、わしらはそういう経過を経なければならないということも全く知らないし、実際にそういう経過をたどってカリキュラムが作成されるということも知らない。

昨年（七二年）暮れに、「まだカリキュラムの原案は出来ていないのですか」と念を押したところ「まだできておりません」と答えたはずの細谷学科長が、昨日は「カリキュラムの原案については七月頃から検討してきた」と告げた。このデタラメぶりに注目せよ！

わしらはカリキュラムの決定のための事務的な処理について教授会と話し合うのではなく、あくまでも五十嵐講座をわしらのものとするために話し合いに応じるのである。百名以上の学生が学びたいとまじめに思っている〈講座〉を獲得していくことは、上から与えられたカリキュラムにそった講座を何百名の学生が履習するという事より以上に重大なことであるだろう。

（七三・一・二四）

講座設置委・内部討論資料

五十嵐講座のフラクションに向けて

先日来の、教授諸氏との「おしゃべり」やその「おしゃべり」に対するわしらの対応の仕方の意志一致にはわたしゃもう飽きてしまった。わたしは教授と「おしゃべり」をする機械ではない。また実力行使といって、バリやストをする機械でもない。今までの教授との「おしゃべり」の中で、もう「おしゃべり」を続けていっても、何も現実は変らないであろうし、のみならず、わしら自身も何ものも得られないのではないかという事が、解りかけてきた。「何ものも……」というのは、現実的に「講座」であろうことは言うまでもないが、もっとわしら相互の「営為」や「関係」そのものでありたいと考える。

今、個々の人間が持っている主観（過去の授業やその他の生活の中で一つ一つ積み重ねてきた怨念）が個々の立場において、充分に「自覚化できているのであろうか。今までの授業がつまらないという事は、いやほどわかっている。しかしそれ以上に、より深いところで考えていないことに気がついた。「何故、五十嵐氏をこそよぶのか」ということが不明確であり、どうやらそのあたりに原因がありそうである。五十嵐講座を、と行動しはじめたのは確かに思いつきであったろう。その思いつきを思いつき以上のものにしていくために、今わしらに必要なことは、所謂「大学管理体制粉砕」「教育の帝国主義的……」というスローガンを叫ぶのではなく、過去自分が大学にあって、何をこそ不合理であると、くだらないと思ったのか、どこが我慢できないと感じたのか、そういう事を意織化して、ぶつけ合っていくことではないか。（五十嵐講座は思いつきなんよ……といってひらき直るのはもうよそう）そうした上で、それこそ内実のある闘いにしていけると思う。「内実」をもって闘っていかないかぎり、勝っても負けても、わしらとは関係のないことにしか思えない。内容が無くても、闘争から闘争へは移っていけるのだ。しかしわしらは「内実」をもってこそ、闘争から次の闘争へ移っていくのだというところに、こだわっていきたい。わたしが今、頭に思いつくことは反「大学」であり、反「教育」であり、反「制度」である。わたしはわたしなりに、それらのことをわたしの確かな体験から自覚化していく。

そしていま、個々の人間が「何もの」をこそもって、共に動こうとしているのか、少しずつでも確かめていこうではないか。

（七三・二・五）

講座設置委内部討論資料

なぜ五十嵐講座か

一、現状への不満、疑問

○生活現実と全く無関係の「教育」「学問」
○生き方にかかわらない観念的・抽象的「教育学」
○主体の欠落した思考、主語のないおしゃべり
○単位・評価制度の桎梏・与えられるカリキュラム
○教育現実・底辺を切りすててきた教育・学問

二、なぜ五十嵐良雄氏か

○学としての、既に明らかにされた概念の詮索の学問ではなく、体験にこだわる中から、己れにとって確かな思想を。
○彼自身の実践——伝習館闘争、横国大闘争への関わり、現代教育研究所運動、評価・単位への独自なアプローチ。
○彼の人間的魅力——バイタリティと持続力、生活と学との結合。
○単位制度〈教える者—教えられる者〉の矛盾の止揚へ向けての模索、関係の変革からの闘い。
○教育そのものへの問い。

三、なぜカリキュラムへプチコムのか

○自主ゼミ・自主講座（カリキュラム外の）の限界。余暇の善用だけなのか。一方では厳然としたカリキュラム体系は無傷で流れている本質的矛盾を隠蔽する役目。カリキュラムの補完物↓疎外の原因そのものを変革していかねばならぬ。

○学習主体者は我等〈学生〉である。授業料を払っているのも我等である。
○学びたいものを学ぶ。それをカリキュラムとして保障させていくべきである。
○カリキュラムが一方的に作られ、与えられることを受けるところに、何の自由な創造性があろうか。ここにこそ「教える者」―「教えられる者」の教育関係の固定化と生きた教育を疎外する源があるのではないか。学問の主導権を我々の手に奪還せよ！
○自由で自主的な相互教育を、公教育の中でどう保障させていくか。権力の許容する範囲で自由にやるのではなく、保障させていく（のまれることの危機をはらみつつ）闘いを通じて、我々が変り、教師が変り、教育そのものを変えていく。
○ただ拒否をしていても現実の力は強かった（学園闘争）。我々はカリキュラムに学生の意見を反映させていただくのではない。
「参加」して共犯関係に陥ることと訣別する。我々は我々の物をつき出すことによって認めさせていく。もちろん教師と学生が共にやっていければいい事だが、そんな甘いものではない。
○日常態をこそ変革していかねばならぬ。○○闘争でなく、帰ってくる日常態こそが正念場なのであり、ここを放棄して、どんな楽しいことをやってもダメ。

講座設置委
（七三・二・二〇）

我々はどこから出発して行けばいいのだろうか

「教育の帝国主義的再編……」云々といったところからは、何も始まらないということは、もうよく知っているのだが……。そう言っているうちにまたもや教育学科のカリキュラムが、我々の全く知らない「どこか」でつくり上げられようとしている。そして、我々の「声」は、またもや闇に葬り去られようとしている。

その「声」とは、具体的には昨年一二月一〇日、文学部教育学科教授会に提出された我々の「請願書」で、それに基づく百二十余名の署名をもって結集したものであるという事実を、先ずもってここに報告しておきたい。

去る一月二四日、我々「五十嵐講座設置委員会」発起人と、教育学科長細谷俊夫氏と文学部教務委員草谷晴夫氏との間でそのための第一回の会合が行なわれたが、その中で、またもや、我々の「請願書」が全く無視されるに到ったことが明らかにされた。

学科長細谷氏の言い分は、「一二月になって急に請願書が出されてきても、その頃には既にカリキュラムの原案が出てきている段階であったため、来年度のカリキュラムに教育原論を入れることは、事実上、不可能である。また、五十嵐氏の専門は比較教育学であるにもかかわらず、何故、教育原論の講座としたのか理解に苦しむ。しかし、比較教育学の講義としての要望であるならば、将来において、そういう種類の講座を設置するよう考えてもいい」という内容のものであった。

しかし、昨年度来、我々が再三、再四、「カリキュラムの草案の段階＝カリキュラムの内容を変更しうる段階で、講座の設置理由を含む、カリキュラムの説明会を開いて欲しい」と要望してきたにもかかわらず、いつも、我々が提案する段階になると、内容の変更が不可能な状態になってしまっているということは、一体、どういうことなのか。

これは、日頃、「学生諸君と共に、教育学科をつくり上げていきたい」と口にしている学科長らが、相変らず学生を無視しているとしか言いようがない事実を示している。また、「比較教育学ならば講座として、その設置を考えてみようとか、何故、教育原輪の講座を考えてきたのか、その理由がわからない」とか言うのは、彼らのその場しのぎの、お喋べりに過ぎないものであろう。

以上のことを踏まえて、再度、我々が確認しておきたいことは、具体的に、これほど学生の「声」が結集しているにもかかわらず、それを無視して、我々と全く関係のないところでつくったカリキュラムを、再びまた押しつけてこようとする〃教育学科教授会〃を、我々が、告発し、弾劾し、糾弾していくことである。

また、そのようなカリキュラムを我々は認めることができないという具体的な意志表示をしていくことである。具体的に百二十余名の学習主体の重みをもって、みずからの頭と手をもって設置していこうとする〃五十嵐講座〃と、我々の全くあずかり知らぬところで勝手に設置されようとしている〃近代教育史〃（西洋教育）なる講座と、我々はいずれを葬り去る立場にあるのだろうか。

我々は、我々の学習意欲を基礎とした学習主体者としての重みをもって、飽くまでも、〃五十嵐講座〃の設置を獲得していきたいと思う。

（七三・一・二九）

(3)　「教育原論」自主講座とは

教育原論（五十嵐良雄氏担当）の設置運動は、一点講座が獲得できなかったということにおいてのみ、終焉させてしまったことは、我々自身に再度、五十嵐講座とは何んであり、何をもって設置しようとしたのか、総じて自主講座とは学生にとってどういうことを意味をするのかを、あきらかにすることを要求してきた。

我々は常に学生存在に固執しながら、認識を出発させていった。そしてそのことは、まず学生とは現実的に何をもって存在しているのかという問いから出発してきた。教室授業の場が抽象的空間でないと同様に、学生とは、大学設置基準にも書かれているように、単位取得、そして評価を受けなければならない者でしかないということである。単位、評価をもって、学生と教師の関係は成立しているし、その単位、評価によって、学生自身こそが、学生―教師、教える者と教えられる者の構造を受け入れて、成立させていっているのである。小・中・高校と自分が常に教えられる者としてあった。そういった教育体験を還して、我々があたりまえのこととして受け入れてきたタテマエの論理に対して自らの感性をもって、大学の日常態を告発し、弾劾してきた。

カリキュラムは我々にとっては、押しつけ的な、独善的なおもいやりでしかなかったし、授業は、その学問に幻滅、つまらない、色あせた感情を植えつけてきた。

その我々にとって、今回の自主講座設置運動は、やはり常に、学生存在である、我々自身を俎の上にのせていたと思う。

四月にはいり、例年のごとく、教育学科のガイダンスが行なわれる中で、我々は新入生及び学科生の学友へきれいな(?)カッコイイ我々の履修要項「カリキュラムを疑うことから出発しよう」を配り、と再度訴えていった。

教育学科講座設置員会
「教育原論」設置発足人

教育学科の諸君へ

何にもとづいてのカリキュラムなのか!

本日の、教育学科ガイダンスに参加した全ての諸君。今我々の手にしている学校から配られた「履修要項」を再び疑うことから始めようではありませんか。

我々は昨年度来、教育学科に設置されているほとんど全ての科目が、現実の「教育」の問題に一切ふれることなく「単位認定」「成績評価」権を媒介として、教授が学生に教えるというパターンを前提として行なわれてきていることを、確実にこの目で見てきた。今あきらかにされようとしている七三年度カリキュラムにおいてもそれらは同様であるし、あくまで学生の存在を無視して(カリキュラムを作成する段階で、カリキュラム原案の説明会を行なうことすら実質的にサボタージュしてきたのではないか)作成されたものにすぎないことを確認しておきたい。

我々は「今の授業が全く現実の重みをもたない。つまらない」という単純、素朴な疑問から発して、この間自らの頭、と手をもって「教育原論」（五十嵐良雄氏担当）を設置すべく運動を展開してきた。具体的には、昨年一二月二〇日以来教育学科教授会に対して我々の「請願書」と百二〇余名の署名をもって、数回にわたる折衝を重ねてきた。しかしながらそれらの折衝の中であきらかになったことは、常に「学生諸君と共に教育学科を作り上げていきたい」とか「国民の教育要求」とかいうことを声を大にして叫ぶ「民主的」なる教授たちが、実は徹底した居直りや不誠実さをもって、我々の運動を圧殺してきた、ということである。

まず教授会は「一二月頃になって急に請願書を出されても、その頃にはカリキュラムの大すじが決まっていて、そこに新たな講座をふやすのは困難である」という内容の回答を行なってきたのだが、昨年秋以来、再三「カリキュラムの原案の段階で説明会をひらいてほしい」という要求を黙殺してきたのは彼らにほかならないし、現実的に次年度の二月、三月になってカリキュラムが変更することは、数多く目にすることではないのか、さらに彼らは「新たに非常勤講師を入れるだけのワクはない」とか「現行の大学では各々領域主義をとるのがたてまえであるから、比較教育学等という形での要望があれば検討してもよい」というものであったが、あきらかにそれらはその場しのぎの言いわけにすぎないということは、折衝に参加した全ての学友とともに確認できることである。

さらに折衝を重ねるうちに、教授会は「現行の制度の中で我々は全力を尽くしているし、従来のやり方でやっていくしかない」という基本的な見解をあきらかにしてきたのであった。我々は「カリキュラム外の場で幾多の営為がなされようとも、公教育秩序にとってはいたくもかゆくもないのでは」という観点に立って「カリキュラム体系」そのものを解体していかんがために、我々の講座をカリキュラムの中に設置しようとこころみたのであった。我々がカリキュラムを問題にする時「カリキュラムを学生参加によってよくしていく」とか「おもしろい授業をふやしていく」とかいう点にとどまるのではない。しかしながら「現在の権力の一環である大学体制を、その基底部分で支えているのは大学教授たちであり、最も中心的な教育実践の核をなしているのは授業における単位の認定や成績の評価そのものである」と断言している五十嵐氏の講座に、我々が「大学」の「授業」としてある程度の期待をいだいてしまったという点に、我々自身の主体を問うていく上で、限界があったことを見出さざるをえない。その講座の中で、いかに「教え」「教えられる」関係が撃たれ、「教育」のではなく教育の空間が形成されていったとしても、この「教育原論」という講座を「大学」の「カリキュラム」に設置していくことの意味をとらえていかないかぎり、「大学」を「学びがいのある」有意義な空間へと改革していくことによって、めぐまれた情況をさらにめぐまれた情況にしてしまうのではないかということである。

とにかく現段階では、我々の手によって「教育原論」を設置していくことはできなかったのであるし、それは我々の力量の故というよりも、教育学科教授会の居直りと不誠実の故であると断言できよう。

学費値上げ、立教百年祭をテコとしての中教審路線の実質化の尖兵たる、彼ら教育学科教授会の管理者的発想といいかげんさを、あらゆる場においてさらに追求し暴露していこうではないか。

（七三・四・一三）

教育研究会

自主講座運動について

自主購座とは私にとって何んであるのか。五十嵐講座段置とは何んであったのか。それは決して単なる学問領域のアカデミズム批判ではないし、なかったと思う。立教大学「法学部の自主講座運動」(※)の場合は「押しきせのカリキュラム、一方通行の講義形態及び授業形態、大学アカデミズムに対抗する形で」自主講座と結びつくが、そういう主体は何んであり、何を日頃考えて、なぜ学校に集まるのかという問いがでくる。

では私にとって、カリキュラム・授業・講義等がどういうものとしてあるかと考えると法学部の学生が書いているように、カリキュラムは学生を無視するものでしかないし、講義は教授の一方的な伝達でしかない。

だからカリキュラム・授業・講義等を「こうあるべきだ」、「こういうものだ」とは言う気はさらさらないのである。

すなわち、そういったものとしてある、授業、カリキュラムとは何んであり、私にとってどういう意味があるのかという問いがまずもってあるからです。カリキュラムとは学生の念いや、問題意識を無視し、押し殺すものとしてあるし、授業はその学問へ失望させるものであり、学生相互の関係を分断・敵対関係にさせるものとしてある。がそういったものが、毎年毎年、教授会の手で作成され、授業は毎週毎週同じように教授が喋って、学生が聞くというパターンが繰返されている。

そういった形で、日常不断に具体的に進行しているものを支えてしまう、しまっている私の意識、日常態こそ問題なのであり、現在的な大学の存在を受け入れるだろうし、これらが総じて社会体制を受け入れ、支え、維持していこうというようになっていくのだ。

何遍も繰り返せば、日常的な大学内にいる私にとって、それこそ日常的な、授業、評価、単位、カリキュラムとは何んであり、何が我々をもってこうも、大学から疎外させているのかということが、問題なのであり、総じて私にとって自主講座とは、私の独自の思想を築く、私そのものへの問いの出発であったと思う。カッコイイ言藤葉になってしまったのでこのくらいにしておきます。

（七三・五・二五）

※立教大学法学部は自主講座の単位が、八単位まで、教授会で、認められている。（『思想の科学』七三年五月号）

常に問われているのは、我々自身の存在なのだから

教育研内部討論資料

教育原論（五十嵐良雄氏担当）講座設置の運動の過程で、我々自身が否定すべき単位、評価に乗ってしか、カリキュラムを大学総体を形骸化、解体していけないということがあり、そのことにより否定的媒介物である、単位、評価を肯定せざるを得なくなるということから、総体的にいいカリキュラム、学生参加のカリキュラムという、めぐまれた情況へ情況へとさらに助長していくのではないか。それはとりもなおさず、大学へ流れさせ、大学の存在そのものを見えなくさせてしまうことになるのではという問いが提出された。

それは、社会学部、法学部の自主講座について、当局は「カリキュラムに学生が参加しています。自分の関心のある研究テーマを、設置できます。単位としても認められます」とぬけぬけと言う中にも読めるし、学生の知的欲求の側面に対してのみ、自主講座を許すし、与えることで安臥していられるのである。

大学側は管理的機構を隠蔽しながら、学生の声を反映し、より強化していくのである。

そこで再度、我々にとって自主講座が、法学部、社会学部のように、単に学生の知的欲求を満たすためか、めぐまれた情況を作りだすのかどうか、考えていきたい。

学生とは授業を拝聴したり、学問をするものでは決してない。学生が学生としてあるのは、本質的に、試験、評価を受け、単位を付与され、修得するという関係の中で存在しているのである。

自主講座とは、この現実的な関係の中で、そういうものを背負いながら、どうまきかえしていくのかということであったし、そして、我々自身の主体と感性の復活のために、日常的な形での、学生を管理し、抑圧してくるカリキュラム・評価・単位を撃ち、形骸化していくのだということがまず第一義的にあった。

それは、理念的な問題としてではなく、学生が学習主体者として、カリキュラムの中へ学びたいものを、創出していくことにあるのだと言うことである。

我々は具体的・日常的な諸関係の中に生きているのであり、ここらあたりを対象化していかないと、すべての運動がすぐに、政治レベルに昇っていってしまうし、同じ循環回路を操り返すだけになるのではと思う。

その歯止めは、日常的なところでの我々自身の存在、関係の仕方の総体を対象化する作業だろうし、それにより、公教育秩序を解体していくことを標榜していたのではないだろうか。

すでに在るものを在るものとして、お上から、下されるものに対しては、そのまま受け入れるという我々が常にあるのではないだろうか。

それは我々自身の意識としては、学生こそが、大学（教育）の本質的差別・選別・管理機構としての単位成績評価、出欠点検・座席指定制度から、有意性（一定程度の高給取りへのパスポート）までも支えているということである。

公教育にしても、普段の意識と、上昇志向によって維持、保護、発展してきたのであろう。

以上のべておいて、現実的に、我々がカリキュラムに講座をぶちこんでいくとはどういうことであったのか。

実際的には、教授が、単位認定権・成績評価権を所有するが由に、教える者としてあり、そういうことを前提とした上で、カリキュラムは成立しているのである。

学生が学習主体者であるということから、学びたいものを学び、呼びたい人間を呼び、講座を作り、カリキュラムに入れていく。

決して「学生参加のカリキュラムを！」ではなく、教育秩序の前提、基盤である固定化している教え―教えられる関係、評価―被評価関係を形骸化していくものであったと思う。

それは同時に、段々自身の教育観、思考方法、批判主体として己れが問われるということでもある。

現行のカリキュラムの外で、いくら数多くの自主授業、講座が行なわれていようとも、それは単に、自己の知的欲求をみたすものとしてしかなく、実質的に公教育の補完物となっていってしまう危険性があると思います。

最後に、我々が五十嵐氏を呼んだということは、彼が単位認定権、成績評価権を教育の具体的・本質的な問題とし、教育を根底から問うことをしているということにおいてであり、その五十嵐氏をカリキュラムに入れることにより、まさに彼自身が単位、評価権を所有し、自らの存在証明であるそれらを持ってあらわれる時、我々と彼との関係でいかなるものが生まれるのか。

と同時に、単位や評価に乗ってしか、我々自身の生を蘇生させる事ができないとは、どういうことであるのか等の問いが始まる、追究できる場になっていたであろう。

（七三年五月）

教育研究会

自主講座――大学――存在

自主講座運動が大学改革につながるかどうか、解体につながるか否かの論議は無意味である。僕らは「これが革命につながるのだ」といった確信の下に闘った覚えはない。もしあるとしたら、今闘っているこういう行為こそが革命だということだった。それが一体、何なのか訳はわからなかったけれども、自らの情念につき動かされて行動したし、感性が情況を鋭くとらえていた。いかなる思想性云々はえらい人はどうかしれないが、僕らにとってはみんな後付けであった。あの時、僕らは確かに生きていた。それで十分だった。

あれが誤りであったのか、方針がちがっていたかなどという論議にはあまり関心はない。個有の総括があり、やったことを背負い、今どう引きうけていくのか、という一点に於てこそ論議はせねばなるまい。法学部自主講座が単位認定権、評価権あたりが厳密でないにもかかわらず、自らの主体をきたえ、学びたいものを自ら学ぶ、それをこの大学でもやるということであり、結果的にカリキュラム体系を撃つことになっていくのかもしれないし、自由な空間の拡大になるかもしれないし、逆に抱摂され、補完物となっていくのかそれはやはり結果なのである。

かつて、我々の闘いが、抱摂されず、勝利したということが、一度たりとあったろうか。

過程であり、敗け方であり、その中でどれだけ主体が関係が、生き方が、ものの見方が変わっていったのかという個に於ける意味こそ、すぐれて重大であるのではないか。思想が思想として存在しうるにはまだまだである。継承ということは非常にむつかしい故に、恋愛でも源氏物語からくり返し、くり返し行われているのではないか。正しいか否かが問題ではなく、僕が許せないものは、やはり許せんのであり、それが運動として形成されるか否かは、その問いがいかなる普遍性・共同性をもつかである。

☆持続せる〈運動〉や〈闘い〉の中に〈自ら学ぶ〉契機があり、それ故にバリケードの自主講座運動がぎりぎりの情況の中で、緊張関係をもったすぐれて質の高いものであった。自発的な、内的必然性の運動の中にこそ〈教育〉の萌芽があった。数え―教えられるという関係を変え「ただの人」として「共に学ぶ」ものとしての、関係性の再創造が、その中にあった。

☆今、情況が後退的局面にあり、時代が閉塞している時、確かに一つの時代が挫折しているのだ。にもかかわらず、その多くの原因は自らの怠惰にあるということも否めない事実だ。ということは僕らは、いつでもやめられる位置にいたということであり、帰れる日常が、処があったということなのだ。水俣、森永の患者と向かいあってきた時、どうして逃げられようか、地域にあるとき、疲れたからやめますというようなことがどうして言えよう。

だまってでも生きていける位置にあるのだ。

☆運動が創り出しえない。層としての形成も、運動の質の継承もできえていない。我々が廃業すればそれで切れてしまうというのも事実だ。

だが、この様な時にこそ、我々の本当の主体がためされるのであり、それ故に、安易に流れることは絶対にやっちゃいけんのだ。

セクトに入れば、組織があればという形に他に転嫁してはならぬし、まして大学の制度に頼っていくということでは決してあるまい。自分のところで自分でやってきたことは、つらくても自分で総括し、自分で引きうけていく中からしか、展望もなにもない。

☆制度としての授業が、単位が「日常性」こそが、我々を圧殺し続けてきたのではなかったか。無内容な教授共の権限をうばっていくことには一つの意味があるかもしれないけれど、自らの弱さを、自主講座などに人が集まらない、持続できないということを教授の、権威や、制度としての権力(カリキュラム・単位)等によって、カバーしたり、人集めをしたりするのならば、ナンセンス以外の何ものでもない。なぜなら、くだらない授業にも学生が集まり、拘束するのは授業という単位という権力なのであり、その権力に迎合することによって自己の「私権」を拡大したり得たりする事で今の秩序が成立しているのであるから、それと同じことに、我々が陥るのは、自らの頽廃以外の何ものでもないだろう。もっとも制度を形骸化させるという点での可能性にはまだなんとも言えない。

この否定的情況を超えていくのは、微々たるものでもいい二人から三人から確かなものを作って持続していくという、実に簡単で実にしんどいことをやっていく、地道にやっていくことからしかないであろう。自らの手をよごさずして何かを得ようというのは甘いし、それをやって主体性を確立していかないが故に、すぐ組織に頼ったり、中央からの指示を待つということになっていくのです。

この退廃だけは、常につきまとうのですがゆっくりやるしかありません。

☆横浜国立大学の七〇年、一連の授業粉砕闘争のあと、それを受けて、拠点としての五十嵐講座をプチコムというのは、実に運動として多くの人とともにあったし、圧殺をはね返すための署名は、一人一人の主体が、かかっていた。それと、僕らとの質において全くちがっていたんじゃないか。我々の疎外形態を、その疎外の原因、根本をさぐるということをせず「学びたいものを学ぶ」ことを、学ばせて下さい、カリキュラムに入れて下さい、一つぐらいいいのではないですか、の程度でしかなかったろうし、それ故に当局がダメだと言えば、仕方なくポシャル、はね返して何がなんでも獲得するという情熱さえありゃしない。簡単にあきらめられた。ということは、それほど必然性がなかったということだと思います。ひどい弾圧をくらって、挫折したのとわけがちがうのだから。

☆「学びたいものを学ぶ」のは、自主ゼミでもいいし、先生がいるならば金を出しあっても呼べるのだし、どれだけ必然なものであるかにかかっているのだろう。これは、やはり大円団を描いて、我々が基本的に何をやりたいのか、どう生きたいのかという根本にもどるのです。この答えを一つ一つ出していこうではないか。大学の徹底的な無為化を進めよう。与えられたものを拒否し、プチコワセ！その新たなくり返しの中から、新しい我々の空間は可能のものとなるであろう。

（七三・五・三〇）

おわりにあたって

自主講座運動が革命にとってどういう意義があるのか、また戦略、戦術としていかに有効であるか否かの論理は我々にとってあまり意味がないと思う。

唯一、我々が十余年間にわたる教育体験の中で、うえつけられ、信じこまされてきた、教育観、学問観を告発し、弾劾する過程で、あの運動があっただろうし、単位、評価、出欠点検等の管理、制度の呪縛から、それらを徹底的に形骸化していくことだったろうし、それらを受け入れる——筑波法案、中教審答申しかり——我々自身の関係の仕方を変革していく闘いではなかったろうか。

それ由、我々の闘いは情況に乗る、乗らないというものではなく、生きていることにおいて、問い、追究していくのだということである。

付記

この草稿が出来上った時点で、友人から、自主講座設置運動について彼自身の総括文らしい手紙がおくられてきたので、ここに掲載したいと思う。

教育原論(五十嵐良雄氏担当)講座設置闘争について

私達の思想としては、カリキュラム体制の別枠で自主講座(五十嵐講座)を行なっても、それは余暇の善用にすぎず、カリキュラム体制にとっては痛くも、痒くもないという認識から出てきたと思う。その事自体は正しいけれども、だからこそ、尚更、そういったカリキュヲム体制を撃つことが主要な目的であった筈であり、カリキュラム体制を撃つということは、具体的にはそのカリキュラム体制を支えている思想、教育論等、全てを対象化するということを含むが故に、カリキュラム闘争は、大きな教育闘争、思想闘争だと思うのです。

さてこの作業こそが、肝心なのでありまして、日常のカリキュラム体制の中に自主講座(五十嵐講座)を入れたところで、又なったところで、カリキュラム体制にとっては、痛ぐも、痒くもないであろうし、現実に法学部はその典型でありましょう。カリキュラム体制の中に自主講座がある。プチコムことができるということは、当局側から言えば、包摂しきれるところはしきっていく、譲れるところまでは、どんどん進歩的に譲っていくことということであります。我々の側がもし、ただ単にカリキュラム体制の中に五十嵐講座を入れることを目差しているとしたら、これは全く、日共・民青的改良にとどまります。なぜならば、学生のカリキュラム体制や、大学そのものへの、疑問や不満のエネルギーを、自主講座の中へ流しこんでしまうという意味で、欺瞞的改良あるいは、むしろ矛盾を隠蔽するものとして犯罪的ですらあるということです。

教授がもし話しがわかる人であったならば、自主講座の一つや二つぐらい認めるでしょう。自主講座を認めることによって、学生の不満や疑問を自主講座へ、自主講座へと目玉商品的にして、学生のエネルギーを本質からそらすという機能を果たしていってしまうのである。

自主講座がカリキュラム体制を食いつぶしたり自主講座がカリキュラム体制への出撃拠点になることはあると思いますが、それは、カリキュラム体制の外に自主講座を作る時とほとんど、同様な矛盾をかかえたままであります。

民主的改良の欺瞞性と、更に本質へと別れ目は、ここら辺を意識するかどうかであります。

現実のカリキュラム体制の力は、自主講座を包摂しきれるだけの力と強さをもっています。ブルジョアが共産党や、新左翼等々を許容していられるように。

私達のなすべきことは、カリキュラムの外に自主講座を作ることでも、カリキュラムの中へ自主講座を入れてもらうことでもない筈であり、唯一、カリキュラム体制を批判し、粉砕し、カリキュラム体制の一部を自主講座にするのではなく、その体制そのものを、我々の学問観・教育観をもって作り替えていくことではないか！　それは自主講座を先に作るということではない。カリキュラム体制を撃つべく、日々研鑽することであり、その視点確立に務めることです。カリキュラム体制を日々、撃っていく闘いの連続の中から、その闘いの中では初めて、自主講座も真に位置付くのではないでしょうか。

闘いの中の、自主講座も、それが真に我々の思想形成に、栄養素になっていくためには、闘争との有機的関連を追及しないとダメでしょう。

その後の改革（革命への視点）の方向性を我々がどれだけ摑えられるかにかかっているのです。

最初に、自主講座が出くるということではなく、改革の方向性の中で、カリキュラム体制全体の批判、再検討の中から、自主講座も同時に出てくるのが、本質的だと考えます。

カリキュラム体制の中へ自主講座を入れる、〔が〕あるということは所詮、カリキュラム体制と自主講座が並立してある、又はカリキュラム体制と結合するということなのでしょう。 個別改良闘争が個別にとどまらず、如何に普遍的質を持ちえているかが、何事に於いても、問われているのであり、そのことすら明確になっていれば、自主講座を単位にという運動もそれ自体では自己完結しないでしょう。

我々が単位を取得しなければならない存在であるということはあまり言うとおかしいものでしょう。 嫌なら大学を止めればいいのであって、それが出来ないのは、やはり大学はいいとこ、有利なところだということでしょう。 我々が目差すのは、そういう大学を無くしていくことにあると思う。

単位をいかに取るかということではなく、教育、学問、研究全てが、ブルジョアの手にあり、それを批判し、我々の自己教育権を奪還し、 自主管理していくことでしょう。 それは、授業の自主管理であり、乗取りであり、徹底批判でありましょう。

それで単位が取れなかったら……云々するのは、取れなかったら、しかたがないということであり、一方では大学生というエリートにいて、そこだけは残こしていて、好きなことをやるというのでは、あんまりだということです。

それは、どこに、どちらに己れの主体を置くか、賭るかであります。

日々、生き方の問題でもあるんです。


〈七三・八・一六〉

（五十嵐良雄編『反教育シリーズⅫ　続学生・単位・教師《だいがくかいたい》』現代書館、一九七三年十一月）

2　自主講座・批判的継承のために

(1)　第一章の覚え書き

何を軸としてこの文章をかき続けていくのかを、再度ここに明らかにしていく必要に私はかられております。すでに『螺旋』一号に書いてから四ヶ月が過ぎ、その間に二つの大きなできごとがありました。その一つは、立教大学教育学科の'72年自主講座設置運動の軌跡が、『続学生・単位・教師』(反教育シリーズ)に掲載され、その二つは、私自身が「大学史研究」を行ないたいと思いはじめていることである。

『続学生・単位・教師』の中で「我々は常に学生存在に固執しながら、認識を出発させていった。そしてそのことは、まず学生とは現実的に何をもって存在しているのかという問いから出発してきた。——中略——その我々にとって今回の自主講座設置運動は、やはり常に学生存在である我々自身を俎の上にのせていたと思う。」と書いているのである。と同時に、二つ目の私自身の「大学史研究」の前提であるところの大学そのもの、学生存在そのものを問う作業なしには成立し得ないという意味からも「大学にいる学生とはいかなるものであるのか」を、自らのものとして追求していくことになったことも手伝って、さらに深いところ=別の視点からも学生存在を見つめていくようになった。当初は、学生とは「大学設置基準にも書かれているように、単位取得、そして評価を受けねばならない者」(前出)と言っておりますが、もっと根深いものとしての学生存在を追求したいということである。それは、もっと総体性の中で、全体性において捉えていくことともいえる。

以上のような明確な問題意識、つまりどこに集約していくのかといった意味をもって、「自主講座運動の批判的継承のために」の中で、いかに学生存在をとらえ、いかなる発想であったのかを明らかにしておく。ついでに断っておくと、今後いかなる方向にいくか、又試行をくり返すであろうことを明記しておきたい。

(2) 第一章

まず『情況』六月号の梅割君の論文である「道を切り拓くには手に豆をつくらなければならない」の批判からである。正直いうと、あまり現在は眼中にないのであるが、〝やる〟と言ったてまえ、やらなきゃしょうがないので。

梅割氏がここで最も言いたいことは、「自分はほんとにそのように（＝革命）生きているのかどうか自分でも確かめられ、また他者からも確かめられる課題をもっていくこと、このように発想と生き方を転換すべきでないか」ということだと思う。彼にとっては、だから「大学を頂点とする教育体制は、学歴を基準とする階層的な管理社会の秩序を確実に支えている。大学とは、支配階級の思想すなわち、ブルジョア・イデオロギーを再生産し、大卒者を送り出し、社会上層の管理者・管理的な労働者を再生産している機構なのだ」。

認識を持てば、その中でとやかくいうこと自体ナンセンスであり、「ホントに生きていない」となるのは自然である。彼は全共斗運動の「新しい質」＝大学解体＝「自己否定」と、限界性＝抑圧の機構を打ちたおす主体のとりちがいをのべて、その主体を「抑圧され、心から憎み、恩恵を受けずにいる人々」におくことにより、大学解体を行なおうと思っているのである。以上のところが私に最も関心のあるところなので、ここら辺だけに限定して述べてみようと思う。

まず、彼自身が大学をやめて、ホントに肉体労働者として働いていないとの事実を耳にすると、それはどういうことなのか、私には疑問である。もちろん、私は一人一人の人間がどのように生き、念いをもっているのかが、もっとも重要なことだと思っているのだが、この際、梅割氏が現在どういう具体的生活をいとなんでいるのかは置いておく（そうでもしないと馬鹿らしくて書けないではないか）。

「大学も学生もかわらなかった。解体もされず、否定もされなかった。今も、新入生が入り、学生がおり、卒業生がでて行く。何もかわっていない」そのことの問題性がとても不十分な形でしか語られていない。ある意味においては「一九七三年――我々はいまどこにいるのだろうか。全共斗運動の切りひらいた地平ふまえて！と言われては右往左往し、新入生に昭和三十年代生まれの人がいると聞いてさらに右往左往する我々」ということと同じような根を持っていると思われる。なにも変わらない、いつものようにいつものことがあり、いつものように処理していくことがあるといったような感じである。それから、この頃感じるのは「獏」という動物みたいな人が沢山いるということ。「獏」は夢だけを喰って生きている動物だそうで、「獏」は「獏」として生きていることには、とやかく言うつもりはないのだが、類としての「獏」であることを自覚しないで、それであたかも現実に生きているように錯覚をおこしている人がいる。現実過程の中でどう生きているのか、何を日々考えているのか無頓着というか、全然意識しないという人でもある。

梅割氏もそのような人らしく、私には彼がどこにいて、どこにいこうとしているのか、わからない。彼はなぜ大学に来たのか、どういう念いで学生時代を送っていたのか、全然わからない。そこら辺を重視しないからだろうか、「親が生活をきりつめて、せめて子供にはそんな苦しみ(学歴がなく万年平社員かせいぜい課長どまり)はさせたくないと思ってむすこを大学にやる」ことを「それがなんだ」と言い切るのは批判的にとらえるという意味ではいいのだが、その親＝他者に対するイメージを深化させずに、単なるプチブル存在として捨象する傾向にあり、それに対置するものとして「もっとも抑圧された、差別された人民」と言う時に彼の完全なる観念論者の正体を暴露し、前衛主義的うら返しの意識まるだしにする。彼のイメージにある「学歴社会から抑圧されつづけてきた人々、もっとも抑圧され差別されつづけてきた人々」とは、マルクスがさまざまな著作で書いている、「プロレタリアは無所有である」「プロレタリアは確保すべき自分のものを何ももたない」という規定なのだろうが、そこで言っているプロレタリアートという概念は、市民全体の経済的カテゴリーとしての人間の基底としてあるのであり、その経済カテゴリーとしての人間が全人間的存在ではないということであり、それを彼は、あたかも現実的人間の存在として言っているのである。そういった規定のもとで革命を担うべき人民としては最も抑圧された、もっとも差別されつづけてきた」人民とし「経済的世態性の廃絶」が革命となっていくというものである。

ここまできて少し理解できたのは、「革命」(僕自身よくわからないが)のことに関してあきらかのように、彼はさまざまな概念のちがいをゴチャゴチャにつかっているということである。

そして、もう一点のべておけば、前記の彼の大学の規定より、学生存在の犯罪性を暴露して「大学をやめよう」といっているのだが、その根拠があまりにも不十分であるということである。「学生はプチブルだから。そうではない。プチブルの息子や娘たちが学生になっているのだ。」あたり前ではないか。現在の「教育体制があるということ自体において、自明のことである。入試要項の入学金・授業料、はては受験料をみれば一目瞭然ではないか。

それよりも、金がなくても「学問」(それ自体問わなければならないが)したいと思うとき、「大学」にきてしまうということはどういうことを意味しているのか。「学問」自体、真理自体の問題のこととしてそれがあたかも□□(二文字欠落)的にあるものとし、そのための意識蓄積が学問であるようなことの構造は、いかなるところからときほぐせるのか。

「あんたは何者か？のうのうと親のスネかじって大学に行き、革命ゴッコを語っているあんたは？」とあなたが一生懸命ツバをかけ、挑発しても何ら彼らには関係ない。そういう疑問すら感じないほど感性が摩滅させられているのであるから。梅割氏はそれに対して「怒る！」のは当然であり、共感し合えるのだが、ただそれだけであって、もっと居直って現実にのべてみれば、革命ゴッコをやっていても生きていけるのが学生であり、それに対して何ら疑問を持たないところにいかに革命的言辞を並べたてても、「自己否定」しても結局は「学生さん」のところでやっているだけでだめなのではないかということである。そういったところをぬかしたところで、「大学をやめる」とはひとつの自己の倫理主義的な自己完結的な問題としてしか成り立たないし、それこそ、そこにひそむブルジョア・イデオロギーをとらえ切れないだろうし、大学そのものを支える支配的イデオロギーに対置していけないだろう。大学とは国家のある意味での顔であり、その仮面をなかなかはがせないところに、何を見いだしていくか。

大学＝教育機関というものを国家が地域性＝市民社会からうばい取る過程は、一定程度の住民の国家意識と、経済性によって貫徹されていくと思うが、一度そういった形ですい上げられたものが、市民社会における存在基盤を確保していくといった構造は、普遍的に人類史の中で貫徹されている形態であるとも言える。

大学＝教育機関内にいる学生存在とは、以上のことから、市民社会に対して、高価な労働力商品価値としてあるということがでてくるだろう。しかしもっとつきつめて学生存在を考えていけば、人間（一般的になってしまうが）が資本主義社会の労働過程にくみ込まれている中で、二重の存在としてある中で、疎外を止揚していくカギなどを見いだしていく過程にならなければ、一切学生は「学生」としてしかいないであろう。

以上、彼になげかけた問題性（位相・概念をゴチャゴチャに使っている）、どこに本質的な問題があるのかの指摘といったことをはっきりさせていないのが、私自身にもかえっているのだが、決定的にちがうのは、他のところ、他者に何かを求めるのではなく、自己にこそ固執する中から発想、生き方を構築していく。

（立教大学教育研究会内螺旋編集委員会『螺旋』通巻第一号№２、一九七三年十一月）

3　市販雑誌掲載の論考

1　マンガチックな構図

二月一日から今年の国立大学一期校の願書受付けが始まり、本格的な受験シーズンに突入した。文部省は、今春の大学入試は「定員の大幅増により、戦後最高の広い門」であり「四人に三人の七五％を超える合格率」だそうだ。その合格率の計算がおもしろい。

大学志願者数で実質定員（私立大学の水増し入学数を考慮し、全大学の入学定員を一、五五倍した学生数）を割ったものなのであるが、受験生の希望校を無視することを前提としているからである。いかにも文部省らしい計算である。教育行政レベルでは、大学進学率があがり、合格率が高くなればいいのだから、そういった計算も可能であり、誇り（?）ともなるのだろう。

が、しかしである、受験生に引き寄せて考えれば、四人に三人が合格しようが関係はないだろう。極端に言えば募集人員が志願者数より上まってもである。

なぜか。受験生にとっては自分の希望校に入学できるか、できないかが問題なのである。受験生がどこの大学でもいいと単純に考えているのなら、大学受験競争地獄などは、現在ほどにはならないであろう。特定の大学に入学したい受験生の念い、又世の親たちの「ぜひとも東京大学」とする願いの前には、いかに「広い門」と言えども、これも又毎年毎年のことだが「有名大学集中の傾向はことしもあまり変わらず、有名校の〝狭き門〟はあい変わらずだろう」（朝日新聞一・二七日付）となるのである。

では、だからといってその有名校集中がすべて受験生、世の親たちに原因があると言えるだろうか。あきらかに否である。

文部省が、大学入試は「楽だ」「大変広い門です」と宣伝する自体が現実離れしたもので、陰で臭いものに蓋をしているような感じを受けるのは私だけだろうか。有名大学集中、特に国公立大学への集中(競争率が他の私立大学に比べて低いのは、受験生が受験前に〝無理だ〟とあきらめてしまっているので数字的にはでてこないが)は、ひとえに文部省が大学間の格差をほったらかしにしていることに原因がある。

様々な差がある。学費の極端な差、国立大学と私立大学との教育研究施設の条件の差、教授が東大教官の天下りによって構成される私立大学、マスプロ教育、学生数等あげれば切りがない。

しかし正直なところ、それらは生活人にとってあまり現実的な大学進学、有名大学集中への大きな原因ではない。

学費ひとつ取り上げてみても、あきらかである。今年、私立大学は軒並み学費を値上げしており、入学金、授業料、施設費等を含め、数十万がざらである。他の諸物価の値上りにおいつかない賃金の中から、教育費を差し引いたら、目もあてられない有様だ。それでも年々大学進学者は増加しており、今後も増加の一途をたどるだろう。今回の文部省、中央教育審議会の答申でも昭和五十五年度の大学、短大入学率を四七％と試算をだしているが、実際にはそれ以上を示すことは目にみえている。このように考えると、大学進学、そして有名校集中は他にもっと重要な要因があるようだ。

そこで、大学間の格差とともに大学の進学について少したちいってここで述べてみたい。もとにもどるようだが、素朴な疑問から発してみよう。

「なぜ大学に行くのだろうか」「何故大学に行かなければならないのだろうか」とここらあたりから整理して考えていかなければ、現在の情報過多時代では目先きのことに走りがちで、本当のことが把握できないだろう。

親にしてみれば、自分が学歴のないばかりに出世できず大変苦労したので、そういう苦労を息子には味あわせたくないと、自分の体験に深く刻み込まれた学歴社会に対する屈辱が、学歴社会には向かわないで子どもたちに向いてしまい、行きたくもないし行く理由もわからない子どもたちに大学進学をぜがひでも説得するのである。

又、息子は息子で彼らなりの現実認識を持って大学を考える。「まだ働きたくない」「大学卒の資格を取るため」「さらに深く勉強したい、学問に精進したい」等大学を把え、試験に臨んでいく。父親の給料が少ない、少ないとぐちる母親がそれでも家計を切りつめて子供を大学に進学させようとするのも似たりよったりである。

受験生が恋愛、セックス、冒険、スポーツを投げ打ってまで、自分の現実生活と何んの関係もない知識を暗記し、どういう基準で如何なる理由で合否を決定するのか、全くあきらかにされない入学試験にすべてを賭けるのである。

昭和四十五年一月下旬に来日したＯＥＣＯ（経済協力開発機構）対日教育調査団が、日本の大学入試について「十八歳のある一日に、どのような成績をとるかによって、彼の人生は決まってしまう」と指摘している。これほど適切に大学入試、大学それ自体の問題を表現したものはないだろう。きわめて劇的であり、文学的であり、なおかつまぎれもない現実である。結局、大学に行くのは、教育投資論的に、高賃金が得られる会社に入社するためであり、大学卒の卒業証明、資格取得が最も切実な理由なのである。そして有名大学と呼ばれる大学が、就職条件がよいという事実からも解釈できる。その筆頭、横綱が東京大学である。それ故、簡単にどこの大学でもいいとはならない。私立大学の学生の多くが国立大学に劣等感を持ち、屈辱を受けているのもそれらの理由によるのである。ただし、その屈辱自体は、中学卒、高校卒の人々の存在の上に、前提としてあるのだが。

反面、大学の教授、特に教育学者は、それらの事柄をどのように考えているのだろうか。一部の教育学者は、大幅な私学援助、すなわち国家扶助金の増額、国公立大学の増設を要望する。又一部の教育学者は、今回の中教審答申に沿って大学を種別化、多様化することにより、教育機関として再編すること、学問、研究は大学院等学校教育体系とは別の組織、研究所を設立して行なっていくことなどをあげている。後者は筑波大学をはじめとして、今後次々に出されてくるであろう新構想大学をもって実現化していくようである。

しかし両者とも、現実の大学の大衆化と同時に、大学のさらなる特定、専門職業分野の独占化という流れに対して、誠実に、学者として抗していないようだ。

さまざまな欲求と志向を持つ学生に対して教授は旧態然と授業を行ない、試験をし、評価している。大学生には五月病と呼ばれる、時期がある。四月入学した当時はなにやら、いろいろ事務的手続きや、物珍らしさでいそがしく、それもたのしいいそがしさなのだが、動き回っているが、五月にはいって、授業がはじまり、落ち着きはじめると起こるのである。「なんだ大学といっても、別にすきな勉強ができるわけではなく、一般教養とか、専門必修科目というものを取らなければならない。授業も講義と名称がかわっただけで、高校と同じではないか」と、大学への期待が無惨にこわされてガッカリし、「なんで大学に来たのか」わからなくなってしまう状態である。それはそうである。教授は毎年同じ授業をし、自分の書いた本をテキストに使い、学生に買わせて、そこからテストをするといったように、教授自身あまり教育に対してパトスを持っておらず、専ら自分の研究(?)ばかりやりたがるのである。講義は生活のためと割切っているようでもある。カリキュラム作成も同様で別に一年一年、その年の反省を踏まえてやっている訳でもない。しかし学生は知らないので何か大変なことをやっているものと考える。それは儀式みたいなものである。生活のためである講義や、儀式に対して、ちょっとでも学生が意見を言うと防衛意識が働くのか知らないが、必死になって守ろうとして、学生を排除しにかかる。

大学の大衆化現象により、受験生がすでにさめた、白けた気持ちで入学していくとしたら、そこで待ち構えている教授が、何か悟りきった顔でいたら、これはマンガである。

近代科学はさまざま技術発展を行なってきただろうが、それ以上に失ってきたものがある。それは本当の意味での豊かさかも、人間性かもしれない。失なったものを列挙してもしかたがないであろう。しかし「科学とはなんであるのか」「暗黙のうちに前提にしている文明社会の科学そのものは何んであるのか」といった根源的、原理的な問いを問うことなくして近代科学は肥満児になってきたのである。

すべての国民に開かれた、教育の機会均等の理念に基づいた大学の理念を再度問いかえしていくことが必要であろう。「教育とは何んであるのか」「大学とは如何なるものであるのか」を真摯に問うことが教授と学生の緊張関係を創造し、又そこに期待するほか大学に関する新しい活動はないようである。

（『公評』第十一巻第四号、一九七四年三月）

2　大学への問い——文献解題

現在の「正常化」された大学にあって大学への不満を自己組織するために必要な文献解題

(1)　大学状況論

大学闘争が急進的に解体し始めた七一年から、かわって今度は大学は計画をすでに用意していたように「正常化」に動きだした。その「正常化」（講義は教授が休まないかぎり休講にならない、学生数人があつまって統一レポートなどださない、成績評価を「A」（優）にしても文句がでない状態をさす）を強力に押しすすめたのが大学当局、教授であることはもちろんのこと、学生がそれに一役買っていたことも「正常化」が短期間に成功をおさめる要因になっていた。

「正常化」された大学はよく教える教授とよく勉強する学生を輩出した。大学闘争を契機にして一方はより教えるほうにむかい、一方はより問うほうにむかった。教授、学生それぞれが、である。いま考えるのはよく教える教授とよく勉強する学生のことである。ここには大学の大衆化現象そのものがあらわれているのである。すなわち大学の大衆化現象による大学の機能の質的変更である。その質的変更とは大学の教育的機能の増大により、大学が「国民教育」の課題になったことである。大学はすでに「学問の蘊奥を攻究」するところではなく、教える者がいて教えられる者がいるという固定化された教育関係を前提にして、高等な知識をさずけるというものになったのである。それでは学問、研究の発展、継承はどこで行うか、というと大学院でやるとなる。専門教育は大学院で、という具合になる。いままでは大学の問題であったものがそのままにされて大学院へ移植されていく。

さてもう一方のほうはどうかと考えてみると、学生にとっては「なぜわたしはここ(大学)に座っているのか」という問いとしてあり、教授にとっては「なぜわたしはあなた(学生)の前に立っているのか」という問いになる。相互の存在論的対決を通して幻想としての大学へ迫る行為となるだろう。

これらを大学状況論としてみると、ひとつの方向は高度情報化社会にあって大学の大衆化現象が浸透するなかでの大学の理念、機能の問い直しである。もうひとつの方向は世界的な広がりをもって闘われた大学闘争＝全共闘運動が顕在化させた大学の存在そのものへの弾劾と、理性を基礎にして成立している学問＝研究の世界への批判を受けて(学生、教師、労働者を含め)孤立無援にその問いをときほぐそうとするものである。

それぞれを代表するものはもちろんないが、強いてあげれば次の二冊になるだろう。『これからの大学』(生越忠　朝日新聞社)と『教育を問う』(五十嵐良雄＋渡辺一衛　三一書房)である。『これからの大学』は大学の大衆化現象を歴史の必然性と認識する著者が、大学及び大学人は今後、万人に開かれた高等教育機関及び教育者に徹すべきであるとのべている。

学問、研究は「研究者の養成機関をもかねた純粋の基礎科学研究機関——科学院」で行うものとしている。『教育を問う』は七人（編者のほか、田川建三、田村正敏、滝沢克己、片桐ユズル、野見隆介）の論文集である。このなかで田川建三氏の論文『「大学」の位置』は、大学の解体は「もっとも労働者らしい労働者、しかも「大学」の存在によって抑圧され搾取されている労働者」によってしかできないとのべている。現在の大学の大衆化は擬似的なものであり、大学の解放は「すべての人間が大学へ行く」ことによって達成されるという。そして労働者・農民が学生となり学ぶ必要があるときいつでも、一生を通じて勉強するところとして大学を構想する。

以上二冊の本は現在の大学状況において根拠のある大学論を提出し、あらたな大学とあらたな大学闘争のあり方を準備している。

その他

『教育小六法』兼子仁編代　学陽書房
『戦後の大学論』寺﨑昌男編解　評論社
『日本の私立大学』大沢勝　青木書店
『私立大学の危機』有倉遼吉＋土橋寛編　時事通信社
『大学は揺れる』村松喬　毎日新聞社
『大学の可能性』永井道雄　中央公論社
『私の大学論』梅根悟　誠文堂新光社
『教育をたずねて』西村秀夫　築摩書房
『大学の実験』D・リースマン　みすず書房

『大学ゲリラの唄―落書東大闘争』岡本雅美　村尾行一　三省堂
『大学の頽廃の淵にて』折原浩　筑摩書房
『大学の探求』渡辺義晴　三一書房
『対決のなかの学問』井上正治　読書新聞社
『大学の原点』三石巌　日本評論社
『日本の教育政策』ＯＥＣＤ調査団　朝日新聞社
を参考に上げておく。

(2) 大学闘争論

学生運動は学生がやる運動なのか、学生だからできる運動なのか、すこしぼやけている。それは学生運動がなぜ革命運動と直線的に結びついてしまうのか、または結びつくのかというわからなさと同じである。

よく学生運動に参加するのは学生のハシカみたいなもので、学生なら必ずかかるものであるといわれる。このことばのうしろには、社会へ出たらどうせなにもできないくせに、という学生運動に対する見方がある。これは学生運動は学生だからできる運動である、というリアリティのある見方である。それに対して学生運動を学生がやる運動として、学生が自己の内発性、主体性に基づいて行うものとして考えられるようにならなければ、外在的な理論を振りまわし、短絡的に革命運動にはいり、結局は「政治」「革命」に勝手に利用されるだけになりかねない。

すなわち、なぜ学生運動を行うのか、という問いを不断に渡り問い続けていくことが重要なのではないだろうか。

六八～七〇年にかけての学生運動の主潮となり大学闘争をラディカルに展開してきたのは全共闘（全学共闘会議の

略）の運動と思想であろう。そしてそれは各大学で自律的に組織されていった。それの結合と主体は上部に君臨する政治党派（組織）がだす指導、方針をもとに学生の役割をきめて運動を組織するのではなく、また思考する主体を経済的土台により決定するのでもなかった。全共闘運動の原初的主調音は具体的で感性的な個人の内発性、自立性を基礎に結合した運動としてあり、世界と密着した関係にあって、それを共有している自己にむかい合いながら、自己否定し変革する（外部世界はもちろん）なかから、所与としての世界へ再度通底していこうとするものであったと思う。

常に運動に対する自己の存在論的根拠を問い、主語をもって語ることを求めたのである。

それらのことは『砦の上にわれらの世界を』（東大闘争全学共闘会議編　亜紀書房）、『叛逆のバリケード』（日本大学文理学部闘争委員会書記局編　三一書房）、『京大闘争―京大神話の崩壊』（京大新聞社・京大全共闘編　三一書房）などのドキュメントを読めば感触できるであろう。

自己否定の論理は「たかだか自己（内）倫理」の問題としてではなく、また「狭くみずからの内に閉じ込もる回路」としてでもなく、たしかに全共闘運動の衝撃力とともに、その威力は強かった。『知性の反乱』（山本義隆　前衛社）、『大学占拠の思想』（秋田明大　三一書房）などはその代表的なものである。

全共闘運動が、すなわち大学闘争が政治スケジュール的に街頭闘争にむかいはじめてから、その主潮が分裂し始めた。わたしが知る相反する方向に分かれたものは、軍事、党の建設に向かう方向と自主講座の方向である。

前者は党の建設、軍事問題から地区闘争、武闘闘争へ行き、後者は大学の日常的な関係を拒否し捨象するのではなく、そのものを変革し、解体していく方向で授業弾劾闘争から自主講座へ行く流れである。『反大学七〇年戦線』（藤本進治他　合同出版）、『学生・単位・教師』（五十嵐良雄編　現代書館）、『近代知性への反逆』（東教大自主講座委員会編　学芸書林）などがある。

＊

『全学連』中島誠　三一書房
『学生運動』鈴木博雄　福村出版
『全学連』社会問題研究会編　双葉社
『資料戦後学生運動史』（全七巻　別巻一）　三一書房編集部　三一書房
『四つの全学連』日刊労働通信社編　同上
『日大全共闘』毎日新聞社編　同上
『勝利へのスクラム』全学連中央執行委員会　新日本出版
『果てしなき進撃』東大闘争全学共闘会議　三一書房
『続・学生・単位・教師』五十嵐良雄編　現代書館

＊

『学生社会運動史』菊川忠雄　海口書店
『日本学生社会運動史』高桑末秀　青木書店
『危険の学生運動――歴史とその展望』荒井常易　明治書院
『日本の学生運動――その理論と歴史』東大学生運動研究会　新興社出版社
『日本の息子たち』わだつみ会編　三笠書房
『戦後学生運動史――日本の夜と霧のなかで』山中明　青木書店
『安保全学連』蔵田計成　三一書房

『安保闘争史』斉藤一郎　三一書房

(付)以上掲げた学生運動史は六〇年安保までのものであり、それぞれに特色のある、基本的な本である。菊川忠雄著は戦前昭和六年に中央公論社から出版された増補改訂版で昭和二十二年にだされた。

(3)　大学教師論

大学闘争において多くの大学教師が示したものは、たくみなことばの使いわけであり、他のものにより学生を排除したことであり、権力者としての態度であった。大学の教師がなぜこうも高慢で卑しいものであるのか。それはなぜなのか。

『情況』(吉本隆明　河出書房新社)で示した著者の大学教師への憎悪、糾弾はどこにそのエネルギーがあり、それはなぜか。大学教師へ投げかけたことばを拾ってみると「ことごとく人間的感性を喪った知的変質者たち」「怪奇な化けもの」「破廉恥漢」「人格崩壊者」といったものである。とれだけの形容句をみたとき、わたし(たち)は果たしてなにを連想することができるか。大学教師という像を結ぶことができるだろうか。吉本氏の大学教師への徹底した憎悪を菅谷規矩雄氏は次のようにいっている。「思想としての深さをそこにこめて、おれは教師にはならないという態度をつらぬいた」と。思想としての深さをこめるに値するほど大学教師の存在は問題なのだろうか。いまのわたしにはとうてい測り知ることができないが、その手助けに最近、大学を辞職した教師たちの背景をみてみよう。

同志社大学を辞職した鶴見俊輔氏は次のようなことばをいっている。「あの(機動隊—筆者)金属製の楯で肉をたたいてる音っていやなもんですよ。その中に立っていると、ああ、もうこれは教えられないという気持ちになったね。感じの問題だな。俺はここに残れば必ず鬱病になる。」七一年北海道大学を辞職した花崎皐平氏は「やっと世間と人間がすこしみえはじめ、これまでの自分がうすっぺらなものとして意識されはじまったところである」といい、またほかのところで「判決(北大本館封鎖解除事件裁判─筆者)と共に大学をやめ、二度と教師はすまいという気持ちを抱くようになったのは、その役割を着ることが苦しむに値いしないむなしいものに思えてきたからであった。……中略……自分は知識人だからこれだけしていればよいといった特権意識は、傲慢であるばかりか自分をそこない他人を傷つけ、その結果、生きることへのたのしさまでも失ってしまうことをあらためてさとられた。」と。紙面の都合でこれ以上載せられないのが残念であるが、少しはわかるであろう。それは人間としてのごく基本的なものの喪失である。鶴見氏の場合は「感じの問題」として自己の感性的なものがそのまま大学に居残っていけば鈍化していく、機動隊の学生に対する弾圧に慣れてしまう、といったことにある。花崎氏は自己を他者をそして生きることを喪失してしまうことにある〔を悟った〕。

大学教師の非人間性、傲慢さはどこから形成されるのか。なにによって形成されるのか。

それは個人の資質に環元される問題ではなく「知識の制度化」をもって成立している学問、研究の世界の問題であり、その世界へ昇るための階梯の非人間性によるのである。

大学教師の道は人間から遠ざかれば、遠ざかるほどに、その高みに登れるのであろう。

大学教師が啓蒙化していくのは、それゆえに必然なのだろう。

＊

『力と理性』花崎皋平　現代評論社

『わが解体』高橋和巳　河出書房新社

『私の大学闘争』滝沢克巳　三一書房

『東京大学』折原浩　三一書房

『日高六郎教育輪集』日高六郎　一ツ橋書房
『ラティックス』一号〜四号（雑誌）松下昇　ラディックス社
『教育そのものへの問い』五十嵐良雄　亜紀書房
『東大闘争・教官の発言』石田保昭　田畑書店
『大学について』矢内原忠雄　東大出版会
『学校論・大学論』勝田守一　国土社

(4) 大学の歴史、自治、改革論

まず個別的、専門的な大学の本を紹介する前に大学闘争によって提起された問題を整理している資料をあげてみよう。

『わが国の高等教育』文部省　大蔵省印刷局
『大学政策・大学問題』五十嵐顕他編　労働旬報社
『大学問題資料要覧』大学問題研究会　文久書林
『大学改革と学生参加』有倉遼吉編　成文堂

別に整理しているというわけではなく、手当り次第に集録したようなものであるが、こういった事務的に行われた仕事というのはそれなりに便利さが活用できる。便利さというより案外重要である。たとえば大学闘争時にだされたものは、個人的にも切り抜きなどをして数年ぐらい持っているが、いつかは紛失するか反対に収拾がつかなくなってしまうものである。資料選択の好味のちがいをのぞいても本箱に入れておけば役に立つものである。

大学の歴史については大学史研究が進んでいた〔ない？〕こともあって紹介する本も少ない。

『日本の大学』大久保利謙　創元社

『大学教育』寺﨑昌男　東大出版会

『望星』第二巻第六号（雑誌）　東海教育研究所

　『戦後大学史の曲り角』寺﨑昌男

『日本の大学』は上代の大学寮から大正七年の大学令までである。日本大学史を概観した唯一の本である。昭和十八年五月に出版された。『大学教育』はシリーズ「戦後日本の教育改革」の第九巻目にあたる。範囲は戦後の教育改革から二〇年間を取り扱っており、課題別にそれぞれの歴史、内容をまとめてある。

雑誌『望星』論文は六〇年前後時期を取り扱い、大衆化の構造を解明している。

日本の大学の歴史は時にフランスに範をとったり、ドイツにとったり、アメリカにとったりしてきた。圧倒的なヨーロッパの大学の影響を受けて存在し続けてきた。そこで外国の大学に関する本を一応紹介しておこう。

　『ヨーロッパの大学』島田雄次郎　至文堂

『世界の高等教育』川野辺敏・諸田和治　東洋館出版社

『大学の起源』ハッチンズ　法律文化社

『大学の起源』（上・中・下）ラシュード　横尾壮英訳　東洋館出版社

大学の自治については大学闘争を契機にして生まれた資料をまずあげる。

『資料大学の自治』大橋久利編著　三一書房

『大学の自治』法律時報臨増刊　日本評論社

『大学の自治と学生の地位』（Ⅰ、Ⅱ）伊ケ崎暁生・永井憲一編　成文堂

大学の自治、学問、研究の自由を守ることが大学人の使命のように考えられているが、この問題の質は大学の教師が大衆、社会との関係をどうみているか、いかにみられるのかに鍵はある。その他に二点揚げておく。

『大学の自治と歴史』伊ケ崎暁生　新日本出版社

『大学の自由と歴史』家永三郎　塙書房

大学の改革、再建案についてはあえて別箇に取り上げることもないとも考えられる。それはすでに紹介したもののなかで必ず語られているからである。「提言」「意見」のたぐいよりも、そちらのほうがより具体的であり、著者の改革、再建への文脈がたどりやすいからである。以上をふまえて列記すると、

『私の大学再建案』会田雄次　新潮社

『大学教育改革のための握案二〇条』高坂正顕・吉田富三　創文社

『大学・混迷から再建へ』坂田道太　新月社

『大学革新の原点』徳永清　有信堂

以上大学の歴史、自治、改革論の文献の所在と紹介を中心にまとめてみた。

大学の歴史研究はいまだ未知数であり、大学の自治は果たして守るべきなにものかであるのか、改革論はなにを意味したか、などには今回触れられなかった。

(5)　おわりに

たとえばわたし自身の大学体験に照らして考えてあきらかなことであるが、一人ひとりが閉塞している大学情況に

あって、その当事者は決して文献解題的なものを手にとることはないということである。それは大学文献解題、大学問題資料とか呼ばれるものが、大学を研究対象、ないしは問題としてしか取りあつかっていないからである。

学生は日々教授の講談へ出席を強制され、疎外された学習を強いられ、あげくに試験され、評価を受けるといった日常的で大学の基本的関係のなかに存在することを余儀無くされている。学生にとっては、大学は研究対象、一般的、抽象的な問題としては存在せず、日々具体的、敵対的に覆いかぶさって抑圧するものとしてある。

わたしがこの文献解題をつくるにあたって注意したことは、大学を外在的に問題的に捉えないということである。「大学問題」ではなく大学への主体的な問いとしてまとめていくことであった

それゆえにほかの大学関係文献解題とは分類もちがってしまった。

わたしの考えでは、大学への問いは、その契機が偶然、必然にかかわらず、自己解体をともないながら進められる思想、運動だと思う。

さて本稿の意図がうまくつたわるか、などと心配しながら、さいごに取り上げられなかったものについてのべておこう。

「学生論」であり、雑誌、自主出版の紹介は松下昇氏のほかは全く触れられなかった。学生論を取り上げなかったことは、この全体の構成に大きな穴をあけてしまった。雑誌、自主出版の紹介は、それだけで優に一冊の本がかけるぐらいにある。それは機会があれば次回にまわしてやることにしよう。

（文責・中野実）

（『創』第六巻第一号、一九七六年一月、著者は「編集部」）

3　裁判としての東京大学論――大学順列体系の頂点に君臨する怪物を告訴

(1)　「赤門」――それは夢多き若人の天国

『赤門』――藩侯の栄華を偲ぶ朱の色に、それは大時代的な壮麗さで立っている。この封建の門の名が、時代の尖端をいき、人類文化にさきがける東京帝大の別称であるとは！

だが、誇り高きこの名で呼ばれるものこそ、夢多き青年の胸に、その甘美な、或いは崇高な希望と理想とを植えつけた天国ではなかったであろうか？　誰しもが、この学問の白光に充ち輝いた殿堂に、一度は人生の憧れの火を燃やしたのではなかろうか？

世は、どんなに就職難の狂乱時代であろうとも、学問の市場価値がどんなに下落しようとも、この『学の殿堂』の扉をめがけて、いまもなお、州郡の粋を抜く秀才児の群は、ひしめき殺到する！」（『大学評価記』榛名譲著P三〜四）

・学の殿堂からエリートの殿堂へ

はじめから長い引用になってしまった。ここにあらわれている東京大学の姿は、いまとそれほど変らない。「学の殿堂」を「官僚」「エリート」の殿堂と、置きかえれば、よりピッタリするだろう。しかし、この文章は昭和八年のものである。昭和五年頃からはじまった昭和恐慌の波は、大学卒業生にも影響を与えた。法科、経済、文化系卒業生は特にひどく、軒並み就職難にあえいでいた。学生文化は、エロ・グロ・ナンセンス時代からニヒルとデカダンの傾向にうつり、学生は無気力で沈滞していた。また自殺や心中が数多く発生していた。こういった傾向は、およそ昭和十二年の日華事変勃発まで続いていく。

しかし、こういった就職難や学生の頽廃により叫ばれた学問の低落といった風潮にもかかわらず、東京大学へは「州郡の粋を抜く秀才児の群は、ひしめき殺到」していたのである。「大学はでたけれども……」は東京大学卒業生にとって、それほどのものではなかった、と考えていいだろう。

それは現在の大学の状態をみてもあきらかである。三人に二人が大学生といった大衆大学にあっては、大学卒の学歴は以前ほどの効果を持たなくなってきている。教育経済論を専攻している尾形憲氏は、中高卒で就職した場合に得られる生涯賃金と一～二年の予備校も含め、大学を出るのにかかる費用とのプラスマイナスを考慮すれば、大卒の生涯賃金はそれほどかわらないと述べている。しかし、ここで考えなければならないのは、大衆大学時代といわれているからといって、すべての大学が大衆大学になっている訳ではない。この時期にあって、大学は両極分解を起こし、いわゆる非有名校と超有名エリート校に分離し始めるだろう。

もちろん、東京大学がどちらにはいるかはあきらかである。低経済成長だからこそ、学歴無用論が叫ばれる社会だからこそ、東京大学へ集中化がはげしくなるのである。出世と安住を望むアトム化された民衆白昼一夢を基礎にして、国家からの圧倒的な保護を受けながら、東京大学は生きのびてきた。引用文にならって、いまは、夢知らぬ幼児の胸に、苦悩と資本主義社会の苛酷な現実を植えつける地獄界、といっては極端になるだろうか。

・お願いだから東大へ入って！

東京大学へ合格することは、学校（教育）の最高の成果、あるいは栄誉として、考えられている。わたしの母校は数年前にやっと東大合格者が出たそうである。入学式の時、校長が「是非君達のなかから東大合格者が出ることを期待する」とどうせ三流高校にしかはいれなかったのだから適当にやるさと考えていた生徒（わたし）たちを叱咤し、煽動していた声が耳にのこっている。また聖地巡礼よろしく東大周辺は現在も修学旅行の宿泊地として選ばれている。東京大学とはなんであるのか。大学順列体系の頂点に君臨するこの怪物は、どのように形成されてきたのか。ここでその歴史を眺めてみよう。

(2)「決して新生しなかった」東大の歴史

東京大学は明治十年、東京開成学校と東京医学校を合併して設立された。東京開成学校、東京医学校とも江戸幕府直轄の開成所、医学所を源として、維新後新政府により復興されたものである。これ以降明治十九年の帝国大学令まで、東京大学は司法省直轄の法学校（明治八年明法寮廃止により設立）、工部省の工部大学校（明治初期の日本における工業技術の教育と普及に大きな役割を果たした）を吸収していく。欧米列国による植民地化の危機意識をもとに、国内における近代化をはかるため官僚機構の確立、殖産興業といった各々の行政領域の専門技術者の養成などが急務であった。そういった国家有用の人材を養成し、供給する機関として、明治政府の強力な主導性のもとに東京大学は他の政府直轄の学校を集約して、成立したのであった。

その帰結が帝国大学令の公布であった。帝国大学令は第一条で帝国大学は「国家ノ須要ニ応ズル学術技芸ヲ教授シ及其蘊奥ヲ攷究スルヲ以テ目的トス」と規定した。国家独占による高級官僚養成機関の登場であった。と同時に、日本における大学のあり方をも、ここで規定することになった。（後にのべるが、大正七年の大学令により私立「大学」は大学として認可される。それ以前までは、専門学校の取り扱いで私立側が勝手に「大学」の名称を冠していた。さて私立大学認可は政府の大学政策（行政）になんらかの変更をもたらしたかと思うと、そうではなかった。大学は官立が基本であり、私立は補完物として機能させるというものであった。）

高級官僚養成機関としての性格を顕在化させたもののひとつに明治二十年の「文官試験試補及び見習規則」がある。これは法文系卒業生（東京大学）に限って、無試験で「試補」や「見習」に任用する、というものであった。官吏の登用を独占的に東京大学に求め、私立法律学校の卒業生には道はほとんど閉ざされていた。後に「文官任用令」「文官試験規則」

（明治二六年）が制定され、無試験ではなくなるが、試験問題作成、試験官がすべて東京大学の法学部の教授であったため、法科卒業生の利点は実際上は絶大であった。建前で平等な試験制度の導入は、官僚制の正当化を基礎づけしたにすぎなかったのである。法科ばかりでなく、各科は医師、高級技術者、高等学校長といったものの独占的な供給機関としてあった。

予算面からみてみても、東京大学は文部省経費総額の四割を明治十三年〜十四年当時占めていた。まさに教育の重点は東京大学にあり、少数の知的エリート形成のために、その行政・財政は一点に集中されていた。

・不可触地帯、あるいは聖域のように

明治三十年、京都大学が創設された。第二の帝国大学の誕生である。これまで大学といえば東京大学が唯一であった。京都大学の創設は、帝国大学拡張の端初を開いた。このあと古河財閥の援助により東北大学（明治四十年）の設立、明治四三年九州大学と続いていく。これにより東京大学の機能の分散がおこった、と思うかもしれないが、天皇制官僚機構の再生産という存在意義は揺ぎはしなかった。

〔この間に大学令に言及した文章が入るはずであるが、原典でも欠落している。〕

私立大学を制度上はじめて認可し、大学の量的拡大をもたらした。私立大学の役割や意義を認め、財政的段助を積極的におこなう、といったものではなく、国家政策の枠に組み込むためであった。厳しい設置基準を設け、文部大臣の監督権を大幅に拡大した。私立大学設立に大学（高等教育機関）の拡充をまかせていたのではなく、文部省は大正八年末に「高等教育機関創設及び拡張計画」を発表し、みずからも積極的におこなった。

これ以降、第二次世界大戦を境にして日本は経済・政治体制及び社会生活の全面的な原理の転換を行なうが、こと東京大学の役割と機能、及び官学と私学の格差といったことは、旧態依然と継続されていった。新制大学として発足したが、役割と機能からみる限りでは、東京大学は「新生」することはなかった。

さて、次に、では実際に東京大学卒業生がどのくらいの割合を官界、財界で占めているのかみてみよう。

・官界における東大閥の実態

まず**グラフ−1**をみてみよう。東京大学が高級官僚養成機関として国家による強力な指導のもとに設立されたことは、すでにのべてきた。そして特に法科が重要視されてきたことも知っている。**グラフ−1**が示しているように、東京大学の官界独占が如実に表われている。明治三六年の「その他」が高い率を占めているのは、いまだこの当時には藩閥優位の傾向であるからと、出身者が多く輩出されていなかったことが考えられる。明治二十年の「文官試験試補及び見習規則」よりはじまる帝大優位(わけても東大優位)は戦前ではほぼ独占体制をとっている。

戦後の一時期、東大以外の官立大学が進出し、他の私立大学の躍進もあって、割合は減少するが、それでも東大一校で昭和三六年三六%を占めていることは、官界における東大優位は動かしがたい。

グラフ−1　官界における学校別占拠グラフ

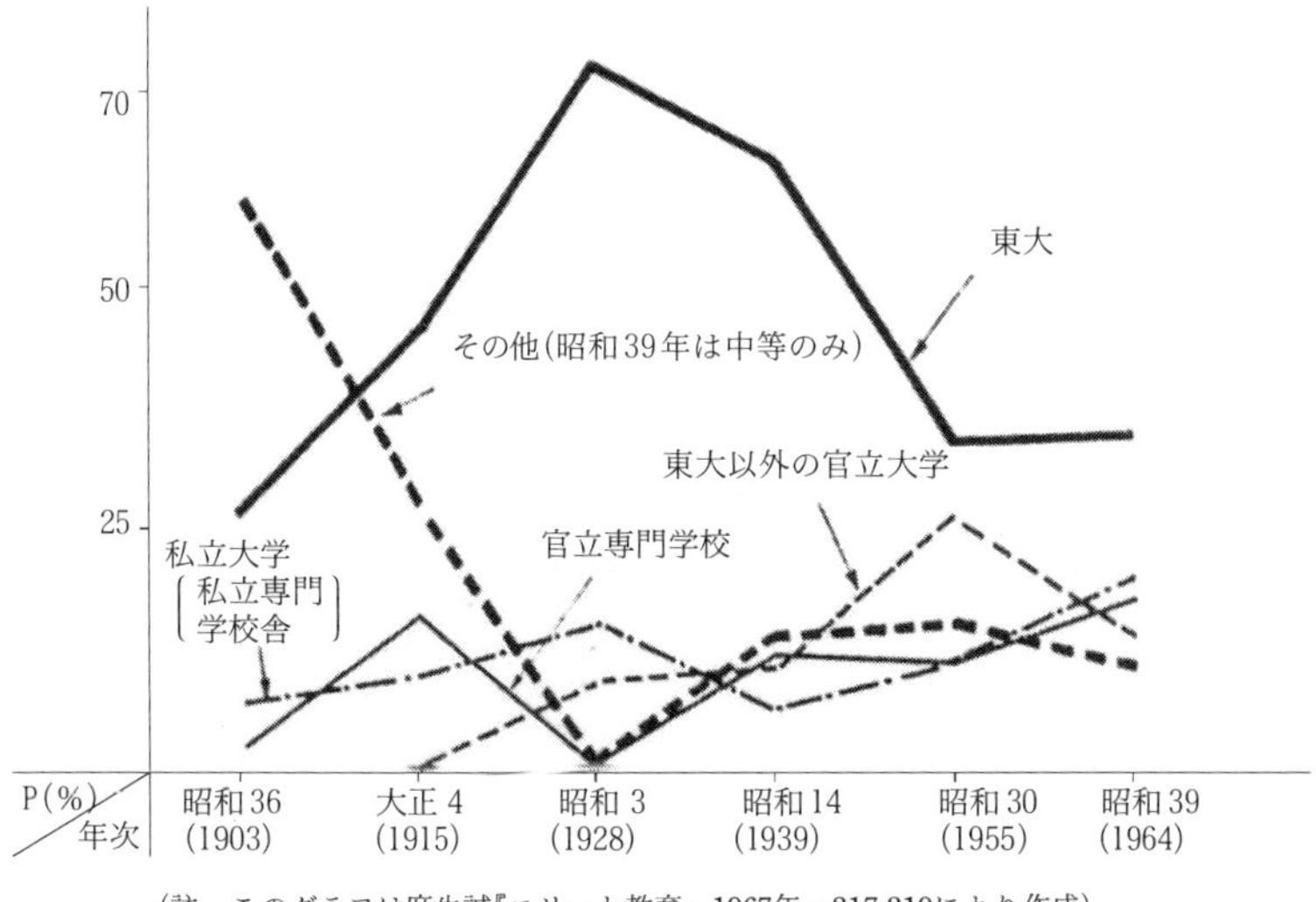

(註　このグラフは麻生誠『エリート教育』1967年 p.217-219により作成)

グラフ－２は『日本官界名鑑』（昭和三九年）から資料を分析したものである。古い資料になってしまったが、それほど現在と変動はないはずである。

この春の上級職採用者数、中央官庁合計三二六名中一八九人とその五八％を占める者が東大卒業生である。たとえば大蔵省は四四名中二一人、通産省五〇名中三七名も東大勢が占めている。**グラフ－２**でおもしろいのは各省内で占める東大の割合が二番目に低いのが文部省であることだ。子は親の職業を嫌う、ともいわれるが、東大教育学部の東大内での位置と同じで、文部省は関係省庁にあって、生彩のない、ふき溜りみたいなところなのであろう。地方官庁について触れられなかったが、地方官庁の場合は初・中等教育機関卒業生が多い割合を示している。新堀通也氏は『学歴』のなかで次のようにその現実を説明している。「地方官庁を底辺とし、中央官庁を原点とする日本の巨大な官僚組織は、初・中等教育制度を底辺とし、東大を原点とする巨大な教育界のピラミッドと、実にみごとな対応関係を示している。」（p七九）

グラフ－２　中央官庁に省管理従事者（課長クラス以上）の学歴　昭和39年

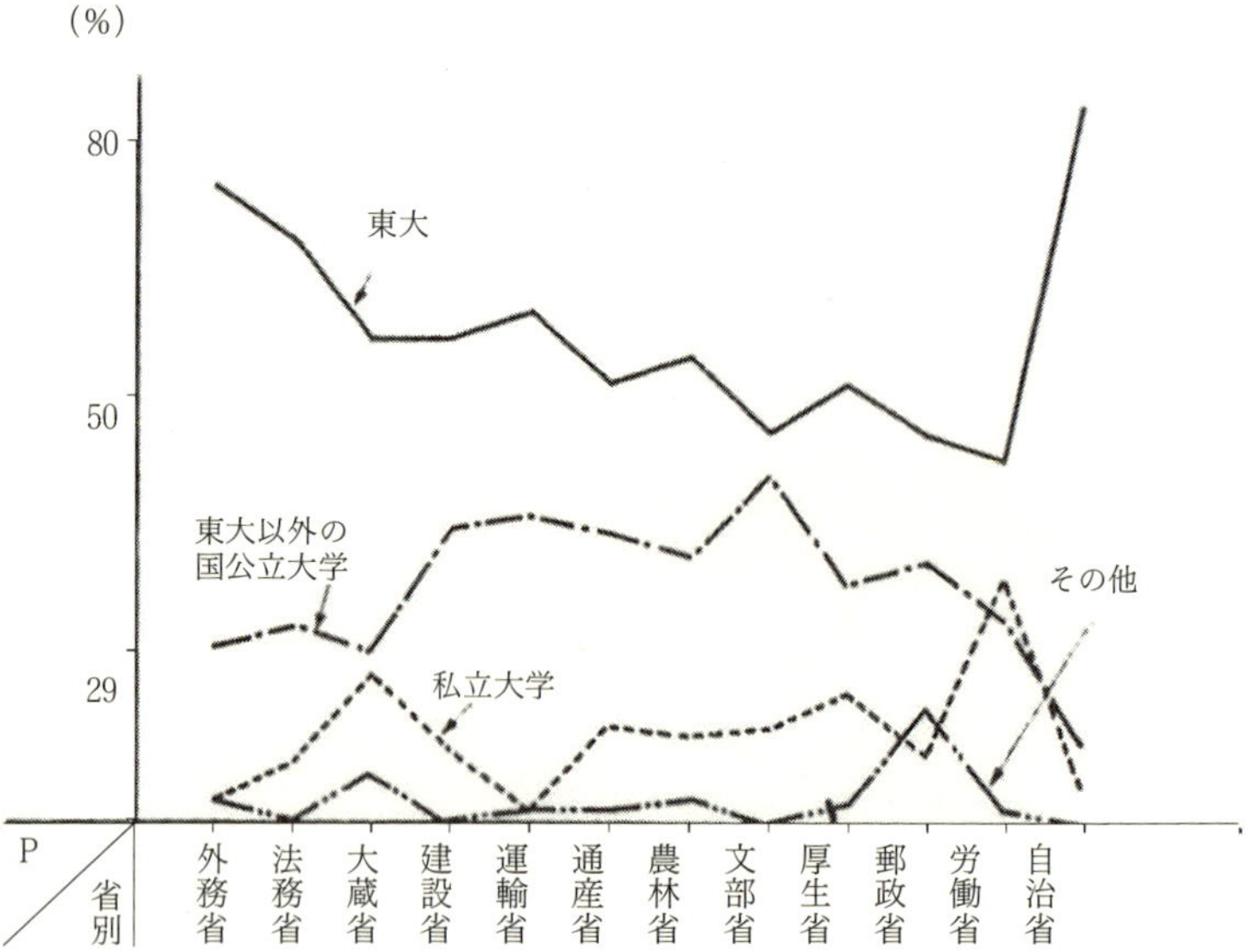

（註　このグラフは新堀通也編著『学閥』p.72より作成）

・財界における東大閥の実態

すでに詳細に論ずる必要はないと思うが「その他」の割合の激減ぶりは注目していいものである。その他のなかには、外国大学、私立専門学校を含めているので、初・中等教育機関卒業生だけで割合をだしたら、とくに昭和三年以降は、もっと減少すると考えられる。財界においても、最高経営者には大学卒業が要求され、さらにどの大学を出るかが決定要因になってきている。東大の動きについてのべてみると、明治三三年から昭和三年にかけての上昇は、多量に東大卒が銀行や大企業に入社し始めたことを示すものである。実際に、東大卒が官公庁から民間企業へ流出した時期は、大正中期の日本資本主義の重工業の確立期にあたり産業構造の変化と企業規模の巨大化にともなって要求されたホワイトカラー族の誕生という背景があった。

最後に実業界の雄と考えられている慶應大学についてのべてみよう。**グラフ-3**では明治三三年において慶應が東大と比べて〇・二%高いとなっているが、もっと早い時期すなわち明治初期にはビジネス・エリートで占める割合は東大の二倍を

グラフ-3　最高経営層の学歴

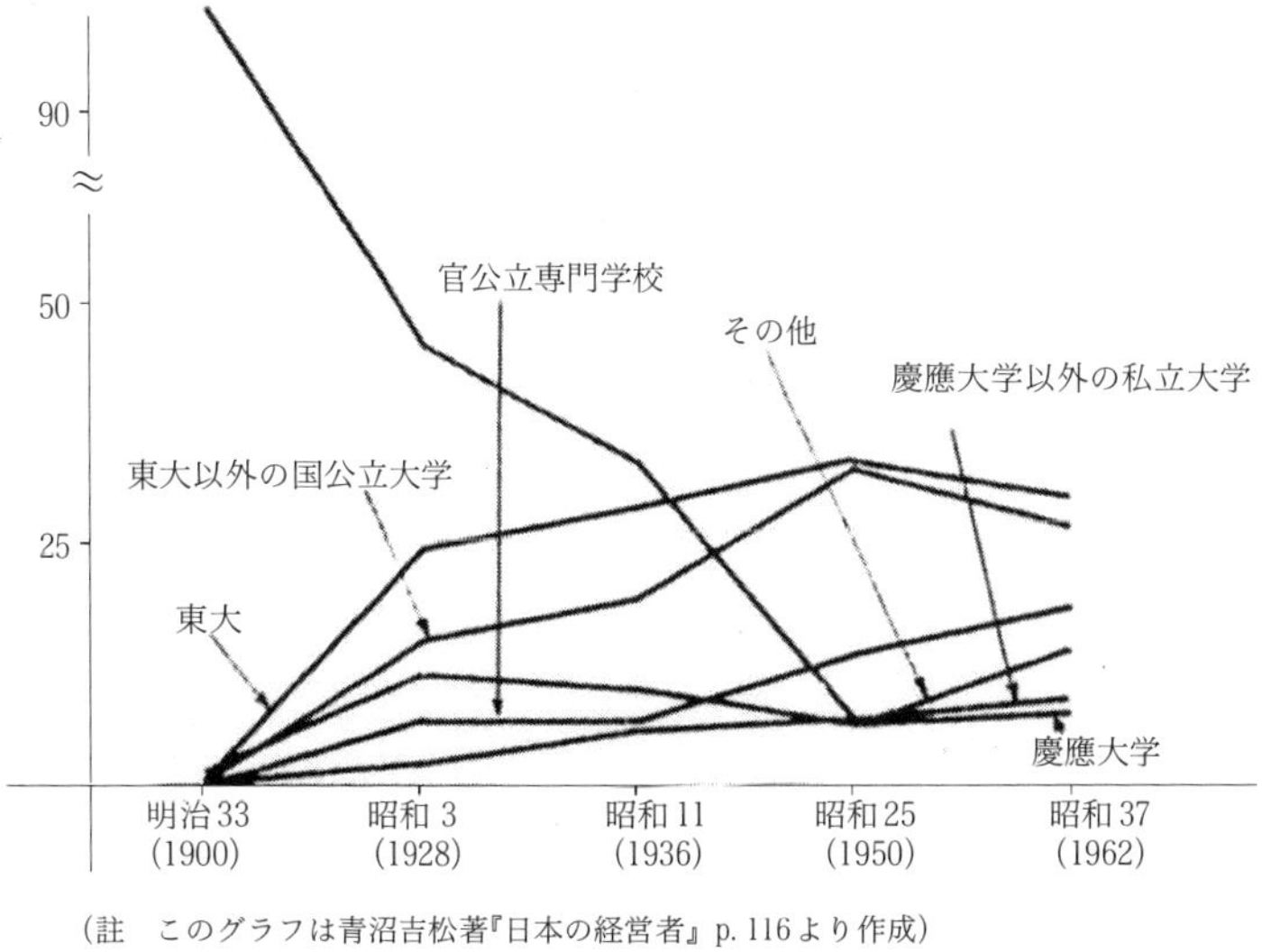

（註　このグラフは青沼吉松著『日本の経営者』p. 116より作成）

占めていた。しかし、大正中期以降すでに東大に逆転され、いまや京大や一橋にも追い越されてしまっている。表-1からもそれはうかがえる。

・揺ぐことない(?)東大生占拠率

以上みてきたように、東京大学出身者の官界、財界で占める率は圧倒的に高いことがわかった。数量的に示すことによって、確かな証拠(東大卒の学歴がこの資本主義社会にあって如何に有効であり、将来の安定を保障するものであるかについて)が得られたわけだが、冷静に考えてみれば、またみずからの体験を通してみれば、東大卒のあらゆる分野にわたる占拠率の高さは、容易に推測が可能であろう。同時に、その占拠率は、よほどのことがない限り、揺ぐことがない、とも考えられたであろう。こういった東大卒という学歴の持つ意味、あるいは性格について少し立ちいってのべてみよう。学歴とは生得的要因とちがって(まるっきり関係がないわけではないが)、個人の業績的要因に負うところが多い。業績主義の原理から成立する学歴は、出身階層・性別等に関係なく誰れでも得られるものである。高い学歴を獲得すれば「平民」でも「宰相」になれる。人間、誰れでも努力して学校(大学)を出れば偉くなれる。というのが学歴社会の建前である。しかし、実際はそ

表-1　経済団体首脳部の学歴

	経団連	日経連	会議所	同友会	合　計
東　大	80 (46.8)	39 (52)	14 (14)	94 (53.7)	227 (43.6)
一橋大	18 (10.5)	8 (10.7)	3 (3)	20 (11.4)	49 (9.4)
京　大	12 (6)	7 (9.3)	5 (5)	9 (5.1)	33 (6.3)
慶　大	10 (5.8)	1 (1.3)	2 (2)	11 (6.3)	24 (4.6)
早　大	3 (1.6)	4 (5.3)	4 (4)	7 (4)	18 (3.5)
その他	48 (27.1)	16 (21.3)	72 (72)	34 (19.4)	170 (32.6)
合　計	171	75	100	175	521

(註　三鬼陽之進『慶応義塾』p.12より作成)　上段・実数　下段・パーセント　昭和42年

うはいかない。ことに、封建的階級組織の強固だった日本においては、完全な業績主義に基づく学歴社会の誕生はむりだった。学歴社会の限点にある東京大学のエリート形成もこの枠からはみでることはなかった。

高根正昭氏は『日本の政治エリート』（中公新書）において、日本におけるエリートの選択と訓練のための制度は「スポンサー型のエリート選択の機構」であるといっている。この機構は「将来のエリートの資格が既存の支配グループによって設置され、その資格に合致した者だけが私的なクラブに入会するかのようにして、エリート候補となる」（傍点―引用者）という性格を持っているので「エリート志願者自らの意志の働く余地はほとんどない」のである。もちろん、特殊な日本的な学闘の問題が、ここにはからまってくるだろう。しかし、学閥にしても単に民主化が行なわれていない段階の前社会的な組織である、と一蹴りにはできない役割と基礎を持っていた。封建的階級組織が日本の近代化に対してマイナスにばかり作用したのではなく、相互補完的な役割を果したようにである。

東京大学は安田講堂と赤門の併立というように近代的要因と封建的要因が相互に補完し合い存在意義を保持してきた。

さて今後の動向については、学問・研究と教育体制における東京大学の役割（次回予定）の分析を終えてから明らかにしようと思う。

（『進学ゼミナール』夏季特別号、一九六七年七月、著者は「ルポライター　西雅人」）

4　「反大学」誕生の経緯と思想――ゼロ地点に立つ大学生はこれからどこへ行くのか

(1)　いま学生はどこにいるのか？

いま学生はどこにいるのか。現在流布されている大学論、あるいは学生論を耳にする毎に、その思いはつのる。大衆大学論、大学レジャーランド論の最大の不毛さは、大学批判――大学を支え維持し、生きた不可分の構成部分とする現実総体の批判、変革――が成りたっていなく、状況の表層面を描写しているのにすぎないところにある。学生論も、同じレベルにある。日毎教授の講義に出席を強制され、学生の知的欲求を無視した学習を呑み込まされ、あげくに試験をされ、評価を受けるといった大学における知的ゲバルトの構造を捨象した論義であり、そこには日々、具体的に敵対的に大学が覆いかぶさって抑圧するといった認識の片鱗もとどめていない。

現在の奇妙な浮遊感はどこから出てきたのだろうか。菅孝行氏は「戦後学生史の中の現代学生」(『思想の科学』七五年十月号)のなかで、全共闘以降の学生の位置を次のようにのべている。

「このふたつのラディカルな闘争(安保闘争と全共闘運動……筆者注)の敗北は学生が運動的存在であることを終わらせたのである。いいかえれば、学生はそれまで、つねに運動的存在だったといえる。そしてその運動性は、それの客観的な機能と地位をとことんまであばき出すことによって、ゼロ地点に到達したのである。たぶん、近代日本において、日本学生史を、日本学生運動史として綴ることができなくなった、はじめての歴史体験のなかに、現代の学生たちは立っているのだと思う。」

この「ゼロ地点の到達」は、安住と居直りを用意するものでは決してない。同時に、いまだ大学構内にあれば、歩む一歩一歩ごとに、学生の感性と人間性を奪い去り、脱皮を暗闇に強要するものがある。こういったところからは、安易な展望や復権を叫ぶすべはないかもしれない。

しかし、それでも反大学の思想——学生による学問・研究と教育の自主管理、知（識）のコミュニケーションの逆転——を「本格的な関係の再組織、再創造のはじまりの時」（前掲書）において読み直すことは、決して遠い目標へ向かっての寄り道ではないだろう。むしろ、積極的な紆余曲折になると考えられるのである。

・初めて反大学が呼ばれたとき

反大学、という名称がはじめて使われたのは、六八年からの日大闘争においてである。その思想は、日大の体制を根っこから批判し、人間として生きることを根源的に求めた闘う学生自身の、大学を創り出そうとする思いに支えられて、彼らの手から足から頭から生まれた。当時、西ドイツでも反大学の理念がさけばれていたが、日大のは、そこからの引用ではなく、独自に考えられたものであった。なお西ドイツで考えられ、提示されたものについては「反大学の理念」（『情況』六九年五月号）に詳しく紹介されている。

反大学の運動、思想は自主講座の批判的総括から、それを超える原理から考えられてきた。では、その自主講座とはなんであり、どういう限界を持っていたのかを、反大学の前史として簡単に触れていってみよう。

・自主講座運動とは

自主講座は学生の知的欲求に支えられて、闘争過程において新しい大学像や学問観を求めて、あるいは闘争の政治的、社会的意味づけを求めて、講演者を呼んで講座を公開し運営する、といったものであった。そのはじめは六六年の横浜国立大学の学部名称変更白紙撤回闘争である。教師を構外へしめだし、学園の自主管理を行なって、そのなかで自主講座を開催したのである。当時講師として参加したひとりは、次のようにその模様をのべている。「戦後の学生運動のなかで、これほど烈しい学習意欲に燃えた数多くの学生たちを前にした講演は初めてであった。」（『続・学生・単位・教師』五十嵐良雄編・P三七）と。この動きは、以降、明大、中大、東北福祉大学などの各闘争で運営されていった。しかし、この段階までの、学生による学問・研究と教育体制への批判と物質化の全学的運動は、多くの欠陥を包含していた。それは、自主講座といっても、実際は連続講演会であり、内容は対抗議座方式――無能・反動的教授に対して有能・先進的教授（？）の講義を対置する方式――で反権力の、あるいは民衆の学問といったように内容の先進性だけを求めていた。そして多くは一般学生の闘争からの脱落や運動の弱体化を防止するという手段のひとつに考えられ、闘争の主要課題とはならなかったのである。

日大闘争のはじめに行なわれていた自主講座も基本的に、この流れのなかにあった。自主講座編成委員会は次のように自主講座の意味と目的をのべている。

「我々は、闘争を貫徹する為にも、自主講座を確立せねばならない。……略……まさに今日的状況における自主講座は、文化・学芸・芸術の創造発展の任務を果たすものへと展開されている。新しい日大のカリキュラム編成の為に、自主講座を貫徹せねばならない。」と。

この自主講座は六八年六月一九日の第一回目を皮切りにほとんど連日にわたって行なわれた。しかし、九月三〇日、日大両国講堂の大衆団交から翌十月一日、理事会側の前日に取りかわされた確信事項の全面的反古といった、闘争の急転回と長期化の予想に伴い、自主講座も批判的に総括されていった。それは、自主講演の域を脱し得ず、講師の一方的な講演でしかなく、全体としてネオン・サイン的な、呼びもの的な色彩が強かった。

以降、日大においてはじめて、建物の自主管理だけでなく、学問・研究と教育の自主管理への思想を、闘争の主要課題として担っていこうとする動きがでてくるのである。ここにいたって、学生による学問・研究と教育体制への批判とその物質化の運動は、あたらしい段階にはいるのである。

(2)　反大学とフリーダム・ユニオン

反大学の構想が日大闘争のなかから生まれた、と書いてきたが、そのことを少し詳しくのべてみると、反大学は経済、法学部のある神田地区から提起されたのであった。文理学部のある世田谷地区では、フリーダム・ユニオン（Freedom-Union）として結晶した。

反大学の誕生より一早く実行された、フリーダム・ユニオンについてまず紹介してみよう。

フリーダム・ユニオンは「自由な組合」として、まずその性格を次のように語っている。「我々学生自身が組合員となったこれまでのような中間搾取なしに、直接自らの希望する講師を組合としてやとい、学問を追究し、組合を我々学生自身の手で運営して行く」（『文理戦線』機関紙三号）ものである、と。そして、それは「体制内の大学における一つの反体制の学問探求のコミューン」として位置づけられている。フリーダム・ユニオンは学生からこの運動を運営していく者を募り、実行委員会を結成して維持されていった。その方法は第一に、連続講座の開始である。一日に数講座を企画し、五・六回から十回の連続で行ない、定着化を計った。第二に、講座をその場限りの一回で終らせるのを防ぎ、講義の後に、討論の場を持つことを計画して、講師との意志疎通を持つことにした。そして第三に、学問を個別学問としてとらえるのではなくして、学問総体としてとらえ、一つの学問を色々な観点からとらえて、専門的に学習するという観点に立っていた。

フリーダム・ユニオンは、ユニオンとして、「学問探求のコンミューン」を大学内に樹立しようとして発生したのである。後に若干の注釈を加えることになると思うが、反大学との相違がここにみられるのである。すなわち反「大学」か、コンミユーンか、のちがいである。

・反大学構想実現への問題点

さて、神田地区は六八年の十月中旬に「反大学」の名称と、反大学創造委員会の設置を決定していき、反大学の構想を紆余曲折の結果、実現していくのである。このあいだ、反大学について問題にされたのは、主に次のようなことであった。

一、自主講座と反大学とは、どのようにちがうのか。単なる自主講座の延長線上に反大学があるのではないか。
二、既存の学問体系の批判はどのようにされるべきなのか。
三、闘争の中で、反大学創造運動は何を目指し、どのような位置付けなのか、そして、闘争の中で大学はどのように変貌しなければならないのか。
四、反大学創造運動の社会的意義は何なのか。市民、労働者、農民などとの連帯とはどのように実現されるべきなのか。(『情況』六九年三月臨時増刊号P六九)

反大学創造委員会を決定した十月から翌年の一月まで、これからの問題などをめぐって予備的な討論や、シンポジウムを十数回重ねていき、一月中旬には集中的なシンポジウムが行なわれ、その後、「反大学アッピール」がだされたのである。

(3)　日大と京都大での反大学の思想

・細分された学問への批判——日大

「反大学アッピール」は、まず体制と学問の関係を次のように認識している。

「資本主義社会がより高度に発展していくなかで、学聞が、必然的であるかのように細分化されていった。しかし、ブルジョアジーが学問を細分化するのは、彼等の支配をより強固にするためであって、社会発展に伴なって学問がより高度になるからということではない。」と。そして続けて学者の疎外についてのべている。「故に資本主義社会内で支配者に対して無批判な学者は、自らの専門分野を社会から、また人間からも分離してしまう。そして、彼ら自身徹底的に物化されていくのだ。科学から疎外されて技術者が存在し、彼らは人間からも分離されてしまうのである。」と。

細分化された学問の全体化を指向する反大学運動は「まず第一に、細分化された学問が、いかに人間を拘束しているか」を追求し、同時に、「ブルジョア社会において、学問が人間から分離されていくのは何故か」をあわせて追求し、第二に「その細分化され、人間から分離された学問を再度編成しなおし、人間と密着した学問を永久的に指向していかなければならない。」としている。

反大学が自主講座の持つ欠陥を補完するというかたちではなく、それを超えて提起された、ということのひとつがここにあらわれている。反大学における学問の方法論については、次の三点に集約されている。

「その第一は、既存の学問を徹底的に批判することであり、第二は、現在、細分化し、個別化された学問から、共通の方法論を抽出し、既存のカテゴリーを破壊して、新たに学問の全体化をはかる。そして、最後に、第一、第二の方法を貫徹することによって、新しい学問創造にアプローチする。」（秋田明大『世界』六九年二月号Ｐ一〇三）

何遍も繰り返すことになるが、反大学においては、現在われわれに与えられ市民権を得ている学問のカテゴリーそのものの解体から、再度その全体化、体系化を指向していたのである。

（注　フリーダム・ユニオンとの最大の相違も、ここにある。）

・自主講座への批判――京都大

京大の反大学は六九年の京大入試粉砕闘争の総括からでてきた。その特徴のひとつは、現実の闘かいを推進することと（政治革命）と、文化革命との同時的、同質的な追究にある。そのことの、具体的な展開は自主講座運動への根底的批判にあらわれている。『STRUGGLE』六号「反大学運動の原理的確立のために」においていっている。

自主講座は「教育実践と人間の実践総体との間の、また学問（武器）と教育との間の、更に教育する者と教育される者との間の、相互否定的可逆関係は、目的意識的に、構造として保障されることなく」行なわれている。しかし「学ぶ者＝教育される者の主体的定立と対象的定立との同時性の不断の追究、これなく、自己展開も自己批判も自己教育も、一切ありえない。」と。ここで注目されるのは、自主講座運動の批判を、知（識）のコミュニケーションのあり方から行なっていることである。自主講座に真面目に出席し、講演者の話しを一生懸命メモするだけという、ブルジョア的教育秩序をそのまま踏襲した自主講座を、その内容如何によって批判したのではなく、その関係性から批判したことである。

京大において、反大学の目標にあげられるものは、この脈絡からでてくる。学生――反大学に関わる主体――は常に主体と客体の分離の上に成立している理論認識の構造を全面的に転倒させることをまず持続的にやらなければならない、とされる。そして、学校という空間、授業という時間なり、あるいは研究室という空間など、学問する人間から学問する場所まで、全部独占されている、そういった物的な支配から自己を全面的に解釈していく過程で、みずからが学問（自己学問能力の奪還）し、みずからが自己を教育（自己教育能力の奪還）し、みずからが自己の行動を点検して管理していくことを身につけていくのであった。そして、学問が「大学という特殊な共同体――市民社会の資本制的分業に基盤をもった特殊諸団体の一つ――の一手阪売にまかされている限り、学問はやはり一つの特権の対象でしかない（『STRUGGLE』三号）として、その大学の解体へむけて反大学の思想を提起している。「反大学の思想のみが学問が真に人類の共有財産であるような社会を展望しうる」（前掲パンフ）ものである、と。運営は反大学事務局が中心になり、ひしい形の組織体（事務局―オルグ団―クラス―講師）をもって相互の交流と働きかけを充分にできるようになっている。

(4) もうひとつの運動――解放大学

以上、足早に反大学の誕生と経過について書いてみた。ことわるまでもないと思うが、反大学運動は決して日大と京大だけで行なわれたのではない。全国各地の大学で展開されており、ここでは、自主講座運動との関連で反大学の誕生と理念をまずみることが目的であったので、その対応と批判が顕著な日大と京大を掲げてみたのである。枚数の関係もあって、捨象せざるを得なかった事柄も多くあるが、それらは後の機会にゆずる。

最後に「解放大学」の紹介をしておこう。反大学の評価や限界について筆者の意見を開陳するよりも、いまここでは最大限に運動の存在を掘りさげることのほうが重要であると思うし、是非知ってもらいたいと考えている。

解放大学は、大学の日常的な権力関係の外に構想されるのでなく、日常的大学秩序に内在しつつ、いかに大学を解放していくか、を課題にしてきた。

これは七〇年以降に展開される自主講座運動――単位・評価権の自主管理を目指した、自主講座を単位としてみとめさせ既存のカリキュラムに闘う学問の拠点をつくる運動――の視点を形成していく。

解放大学準備委員会の基本的な大学に対する認識は、教授の圧倒的権限による学生・院生の個別利害の左右といった支配―被支配の関係にある。学問的、教育的利害共同社会などでは決してなく、その秩序は支配―被支配の貫撤する権力構造であり、この大学の日常的秩序こそが、権力支配の階級的構造であり、学生の足場である、とするところにある。

このような視点から委員会は、日常性破壊のために二つの方向を提示する。

第一の方向は単位認定権、成績評価権を接点とする各個別教師の追求、すなわちあらゆる形での管理的諸権限に対する糾弾の開始である。第二点は大学の閉鎖性、特権性に敵対し、それを打破していくべく、大学の開放を目的意識的に追求する。この第二点目の運動体として解放大学がでてくる。

その特徴は第一、開放性の確保――市民・労働者・高校生等に開放する。第二、連続性ないし発展的継続性の確保――参加者の問題意識を共有する方向を追求する。最後に第三として、旧来の大学秩序・教育秩序への敵対性の確保――旧大学の建物をはじめとする諸設備を非合法に利用する、というものである。

解放大学運動は、大学の労働力商品の再生産機構という性格から、生産点闘争であり、知的・人的・イデオロギー的再生産機構への解体的挑戦である、といえるだろう。

（『進学ゼミナール』夏季特別号、一九七六年七月、著者は「レポーター（立教大学大学院）中野実」）

5　「私学抬頭」の虚説と実説――大正期に見る『大学改革』の研究から

戦後、日本の大学の実体を支えてきたのは私立大学であった。今後にも変ることはあるまい。敗戦すぐの昭和二三年から五年間に百二〇校もの私立大学が「新制」大学として発足し、真実を求め、真実に飢えていた多くの学生を吸収し、エネルギッシュな雰囲気を文化領域にかもしだしていた。昭和二三、四年に新制になった私立大学は、戦前期大学の認可を受けていた学校か、専門学校に甘んじていた学校であった。戦後、日本の大学制度の出発点にあたって、その基礎を形成していたのは、これらの私立大学、専門学校であった。

戦前期、特に私立大学の成立は容易ならざる道程であった。現在、高学費、教育研究の低水準、内容の画一化等、私立大学の批判にはことかかない状況であるが、私立大学のかかえている問題は、その成立当初から予想され、あるいははらんでいたのであった。私立大学の制度的認可の事情がその根幹におおきく横たわっていた。いまそのことについて少しのべてみよう。

私立大学が制度的に認可されたのは大正期であった。大正七年十二月公布の大学令（勅令三八八号）により、日本に始めて私立大学の存在が公的に認められた。それ以前、大学は帝国大学令（明治十九年）による帝国大学のみであり、全国で四つの帝大が存在していた。明治十年東京大学の創設を日本の近代的大学の成立とするならば私立大学の誕生には実に四十一年の歳月を必要としたのであった。

この間に、大学の国家設置原則が確立され、帝国大学を雛形とする大学の理念がすでに定着していた。私立大学の成立は、その原理と理念を、あるいは政府の大学政策を変更させうる可能性を秘めていたのであったが、結果的には逆のパターンを構成してしまった。

本論文は明治三六年の専門学校令制定以降大正七年大学令公布までの過程を私立大学の成立に照準し、国家のいかなる背景と理由により認可されたのか、その結果どういう変化を私立大学にもたらしたかを考察する。

(1)　自称「大学」の時代へ

専門学校令（明治三六年）は私学の制度的地位を引上げ、大学昇格への願望をあおりたてた。私学はそれ以前法律上諸学校通則（明治十九年）に支配され、各種学校の地位に甘んじていた。法律、政治関係の私学については、帝国大学総長の直接監督下におかれる「私立法律学校特別監督条規」に規定されて、官僚法学確立期にその存在様式を官僚制再生産機構の補助的役割に変更し、それを果すことで命をつないでいた。そして私学は各種学校の位置から上昇し安定する基盤を求めて独自の地位確保に狂奔する。その成果の二、三を掲げてみる。文部省は明治二二年「特別認可学校規則」を制定し認可された学校を中等諸教育機関より一段高い地位に昇格させ「文官試験試補及見習規則」上の特権を付与するようになった。また後の「文官任用令」による文官試験規則の制定では、私学は司法省指定学校の認可をうけるなどした。

その他徴兵免除、無試験による中等教員への任用などの特典、特権の確保に執着した。しかしそれら特典特権は、国家の統制と引きかえでしか得ることができなかった。そんな私学にとってひとつの転機が専門学校令の登場であった。

(2) 大学構想

専門学校令は明治二十年代以降の学制改革論議の伸長に応える役割を担った。日清戦争後の工業人材の必要性と帝大卒業までの年限短縮要求に対して、専門学校令は中学卒業に直結した三年の修業年限の低級(度)大学(帝国大学の入学資格は中学校修了要件をもっ三年の高等学校大学予科修了者)——専門学校を創設し、高等の教育を受けた若い労働力の供給源とし、あわせて大学卒業までの修学年限を短縮する、この二つのねらいをもっていた。

専門学校令の制度は、中学—高校—帝大の正統ルートのほかに高等教育の新らしい形態を認め独自のルートを形成した。目的を「高等ノ学術技芸ヲ教授スル学校」と規定し、設立機会を私大にも拡大した。実質的に、この勅令は既設専門学校の「現状追認政策」で、内容の規定が曖昧であったため、私学はこれを契機に組織や内容を改善し認可を受けたのが大部分であった。私立専門学校の「大学」自称は、中学卒業を収容する一年半の予科と大学部開設で暗黙の慣行によりおこなわれた。

専門学校令は、結局のところ、私学の大学昇格を現実化させるものではなく、自称「大学」を専門学校の制度の範囲におしとどめる結果をもたらした。昇格の障害は、行政の責任が多大であるが、私立「大学」自身が専門部を主体にした経営を続け大学部の拡充を有名無実化させたこともその一端である。経営的な必要性にしたがって「大学」を自称した、とさえ指摘されても故なくはない。

しかし実体はどうであれ一度「大学」の名をかたったとなれば次には公的に、制度的認可を要求するのは自然である。

明治後半期から大正六年にわたる学制改革問題は強いて特徴づければ大学改革問題である。広汎な社会的基盤のもとで、社会における大学の役割、存在意義が問題になってきた。とくに大学改革問題のなかで激しかったのが昇格問題であった。私立大学昇格如何の前段階に取り上げられたのは、帝国大学を雛形とする大学理念の硬直性である。数個の学部をして大学を構成する綜合大学の理念が専門学校の大学昇格にあたり大きな桎梏であった。

一学部の、単科制の大学を認可するか、しないか、大学は綜合制のみであるべきかが問題となる。この単科制の大学認可の趨勢を決する土議を形成するに力あったのは、官立専門学校の要求であった。東京高等商業学校（現一橋大学）の影響は大きかった。

(3)　帝国大学の外に設立

東京高等商業学校（高商と以下略）は森有礼が中心となり彼の私費によって洋式商業教育を施す目的をもって設立された商法講習所に源をもつ。現一橋大学の前身校にあたり、農商務省直轄学校東京商業学校（商法講習所の後身、明治十七年三月設立）の文部省移管後明治三五年に改称されたもの。商業関係の指導者の養成と商業学校教員の養成の二つの機能をもっていた。

日本の産業発展とともに成長し数多くの人材を輩出してきた。質量充実し、商業教育（研究）の総本山であった。このような雰囲気のなかで、商業大学への胎動をはじめていた。

高商は明治三四年から専攻部卒業生に学士号の発行を決めるなどしていたが、明治四二年の申酉事件（帝国大に商学の研究を移し、実務家の養成に役割を限定するという文部省の方針に反対し、学生の一時〝総退学決議〟を引き起こした事件）で爆発する。高商は「商科大学に関する意見書」を公表し、商業大学の設立意義を力説した。

「商業大学の目的は商業界に於ける各種の企業を研究して経験の中より一定の原理法則を発見し之を有為の青年に伝えて現今に於ける大規模且複雑なる世界的大企業を統轄経営するに足るべき智能を養成するにあり、今や商業状態の発展は日に月に新ならざるなし而も之が研究機関たる学府の欠乏するは苟くも世界的競争場裡に覇を称せんとする国民の看追し能はざる所なり」

高商は続けてその設立方法を帝国大学法科大学（現学部に相当）中に新設するよりも、また帝大の一分科大学として設立するのでもなく、「帝国大学の外に単独大学として新設せん」ことが最適であるとした。そして「吾人は之より第三案たる単科大学を望むや切なり」とのべている。

この高商の単科大学要求は、それまでの大学制度では認められていない形態であり綜合大学制に修正を迫るものであった。高商問題は大きな波紋を起こしているときに、医学界からも期せずして、同様な必要性が叫ばれはじめていた。帝大医科大学教授を中心にしておこった医育統一論であった。

その骨子は、およそ人間の保健医療に当る者は少なくとも大学程度の教養を必要とし、従来の医学専門学校の程度では到底この要望は満たされないので、全国各地の医育専門学校はすべて之を医科大学に昇格させろ、という論旨である。

これら医学、商学からの単科制大学必要論は大きな支持基盤をもった、と考えられる。

このような風潮のもと「帝国学制案」が明治四三年三月に衆議院に提出された。学制案は「大学校ハ大学院・大学及単科大学トス」と単科大学の設置を認めていた。そしてなおかつ同案は「法人ハ官ノ認可ヲ受ケ単科大学ヲ設置スルコトヲ得」とも規定した。

明治末年、官立専門学校等の単科大学有用論は社会に定着し、単科大学に限ってであるが私人の大学設立の可能性も、それに付属して、生まれてきたのであった。

郵 便 は が き

料金受取人払

本郷局承認

3589

差出有効期間
平成19年 6月
14日まで

113-8790

(受取人)

東京都文京区向丘1-20-6

株式会社 東信堂 読者カード係行

ふりがな
お名前　　　　　　　　(　　歳) 男・女

(〒　　　)　(TEL　　-　　-　　)
市 区
郡
ご住所

ご職業 1. 学生 (高 大 院) 2. 教員 (小 中 高 大)
3. 会社員 (現業 事務 管理職) 4. 公務員 (現業 事務 管理職)
5. 団体 (職員 役員) 6. 自由業 (　　　) 7. 研究者 (　　　)
8. 商工・サービス業 (自営 従事) 9. 農・林・漁業 (自営 従事)
10. 主 婦　11. 図書館 (小 中 高 大 公立大 私立)

お勤め先
・学校名

ご買上
書店名　　市 郡　　区 町　　書店 生協

(4)　時勢ノ要求ニ随ヒ

大正期にはいり大学改革問題はより切迫した段階を迎える。綜合制と単科制、官立大学と私立大学といった構図を取り、両者の制度的認可の方法如何が問題となってくる。そしてまた、明治後半以来の高等教育機関形態の確立したのちにきた量的拡充の時期であった、といえる。公私立大学の認定に触れ、大正七年の大学令の先駆けとなった、といわれる政府案が示されたのは大正三年であった。当時の文相一木喜徳郎（慶応三年〜昭和十九年）の手になる大学校令案がそれである。

大学校令案は「高等ノ学術技藝ヲ教授スル学校」をすべて大学校とし「官立公立私立ヲ通シテ之ヲ認ムルコト」ができるとした。単科制の認可の特別の条文はないが、大学の構成を条文中に規定していないことから類推し、認容されると考えて差支えない。入学資格を当該大学予科に限定して、帝国大学と同程度の大学構想である。一木文相は自ら改革案の理由を次のようにのべている。

「今日まで大学制度に関して議論の岐れる処は、学問の研究をなす事は、其制度を綜合制によるべきか、将た単独にしても差支えないかの二点にありしなり。蓋し従来の大学令（帝国大学令—筆者注）なるものは、幾多の学科を綜合し、之を一つの学問として研究したがるが故に其間素より多大の便益ありしには相違なきも、而も今日の社会進歩の情態《まま》に於ては、徒に『ユニバーシチィー』の語にのみ拘泥して、綜合以外絶対単独を許可せずと云うのは、甚だ謂れなきものに其所謂単科大学なりと雖も真に一国の最高学府として、十分なる組織、並びに十分な内容を有するものにありては、従来の帝国大学と同一の機能を与ふるも何ら差支えなく、尚其経営は私人たると将た公共団体たるを論ぜず、総て同等の待遇と特権を与ふるを以て寧ろ公平なりと信じ、茲に官立大学の外に公私立の大学をも認めたる次第なり」

単科大学の「社会的進歩の情態」に応じた認可、日本の最高学府としての「十分なる組織、並に十分なる内容」による認可、そしてまた、私立大学については「自ら一会の設備を強要せざると共に、相当の監督を必要とするを以て其組織設備及財産並に教授の選任に就ては更に細則を制定して之が規程を定む」とした。

一木文相のこの説明に、以降展開される理由、認可する根拠のほとんどすべての論点が荒っぽくだされている。大学校令案は一木の内相への転任により実現をみずに終り、のち高田早苗（万延一年～昭和十三年）文相の大学令案（大正四年九月）等で繰り返し改革案が検討され、煮つめられていく。

民本主義の旗手吉野作造は高田早苗の大学令案について論じて次のような問題を提示した。すなわち「官立大学の特権を廃して官私両大学の待遇を平等にするという点については、多くの説がほぼ一致して居るようである」が、高田の大学令案は世論と同様に官公私立の大学を認め、法律案として「官私両大学に通ずる所謂通則なりというけれど、官立大学の為めの特別規定の存在を認め、暗に之と公私立大学とを区別せん」としており、実際に「此等の大学を平等に取扱うか否かの問題は、明に定められない」と評した。制度的認可による形式的平等は、実質的大学間格差を生み出す。吉野の指摘した問題は、（大学令制定にもかかわらず、従来の帝国大学令が廃止されず官立綜合大学通則として改正されて存続していった）のちになってやっと顧みられるだけであった。

一進一退を繰り返し、一歩も進まない現実を打破るため、政府はそれまでのいきさつを白紙に戻心、あらたに調査・研究機関を設け学制改革に結着をつけようとした。その機関が臨時教育会議であり、日本で最初の内閣直属の諮問機関として上諭を拝して発足した。臨時教育会議は第一次世界大戦のきたるべき終結にそなえ、またロシア革命の影響や国内の社会主義思潮の抬頭に対処すべく、教育方針の根本と具体的な改革を決定するために設置された。教育全般に亙る改革答申をおこなったが、とくに高等教育機関大学についてもっとも著しい改革を決定した。

臨時教育会議は大学教育に関する答申で、単科制について「大学ハ綜合制ヲ原則トスルモ単科制トナスヲ得シムルコト」とし、その理由を「元来大学ハ専門学術ヲ授クルト同時ニ又学術ノ蘊奥ヲ究ムル所ニシテ各専門学術ノ間ニハ密接ノ関係アルヲ以テ綜合制ノ単科制ニ比シテ適当ナルヘキハ論ヲ待タスト雖モ時勢ノ要求ニ随ヒ単科大学ノ成立ヲ認ムルモ亦巳ムヲ得サルナリ」（傍点—筆者）とのべ認可の他律的、消極的姿勢の事由に執着した。さらに私立大学にあっては、その独自性、存在意義に注目して認められたという痕跡はない。認可の理由、というより条件は「大学ハ国家ニ須要ナル学術ヲ教授シ及其ノ蘊奥ヲ攻究スルヲ目的スルモノナルカ故ニ国家自ラ之ヲ設立シ経営スルコトノ必要ナルハ論ヲ俟タサル所ナリ然レドモ他ニ資産ヲ提供シ確実ナル基礎ノ上ニ最高ノ学府ヲ設ケテ学術ヲ研究シ人材ヲ養成セムトスル者アルハ国家ニ於テ宜シク認メサルヘカラス」（傍点筆者）であった。

国家統制の枠に吸収されることで認可をうける、私学のパターンが踏襲されていた。そして、今回はうってかわって昇格の内容は厳しく、抑圧的なものであった。

(5)　「帝国大学」主義の確認

臨時教育会議は「大学教育及専門教育ニ関スル件」について大正七年六月、政府に答申した。その内容は私立大学は財団法人組織により「確実ナル基礎」としての一定の基本財産の必要、相当数の教員の獲得、教育研究条件の整備など、どれをとっても私学の現状より数段高い水準が設定された。

政府は直ちに法令化に取り組み、臨時教育会議の答申の全面的基礎のうえに作成した。ここで大学令公布までの簡単な日程をしるしておこう。

大正七（一九一八）年

六・二二　臨時教育会議答申
七・　四　文部省大学令原案閣議へ提出
九・十三　政府原案を天皇へ上奏
十六〜枢密院審議
十一・二七　枢密院大学令議決・上奏
十二・　三　政府枢密院議決通決定し奏請
五　大学令公布

私立大学は大正七年十二月五日公布の大学令をもって正式に認可された。

私立大学成立を、ここでは認可規定の仕方に絞ってみていこう。具体的な法令作成の審議過程でどのように考えられ、規定されてきたかについて、各原案の条文規定の仕方の変化について少し立入って考察する。

大学令第四条は大学の設置形態を「大学ハ帝国大学其ノ他官立ノモノノ外本令ノ規定ニ依リ公立又ハ私立ト為スコトヲ得」と規定し設立者の種類をあきらかにした。

一読してあきらかなように、大学は帝国大学が原則であり、次に官立大学、その他大学令による大学として公私立大学を容認選択事項として規定した。（当時は帝国大学と官立大学には明確な区別が存在していた。）

この規定様式に的時にあらわれているように大学の設置原理は「帝国」（官学）主義の原則で貫徹され、私立大学認可は時勢の欲することによる、という臨時教育会議の私大の認可の背景と同じである。すなわち臨時教育会議の総会の席上の発言で、もっともその意を表明しているのは「私立学校モ……相当ニ社会ニ見ルヤウニ其卒業生ハ成績ヲ挙ゲテ居ルヤウデアリマス、随分秀才ヲ社会ニ出シテ居ル所デ見レバ必ズシモ此等私立大学ヲサウ余リ継子視スル訳ニ行カヌノデアル……」である。この認識が基底部分を支えていた。

さて実際の成文化過程をみてみると、当時の権力中枢部が、既定の「帝大」主義路線の修正に面して、私立大学認可にいかほど意をかたむけたかがわかる。文部省原案では、私立大学認可条文は大学の設立原理をきめた第五条「大学ハ官立大学トス但シ北海道及府県ハ特別ノ必要アル場合ニ限リ大学ヲ設立スルコトヲ得」とは別条の第六条「私人ハ大学ヲ設立スルコトヲ得　私人ニシテ大学ヲ設立セムトスルトキハ民法ニ依リ財団法人ヲ設立スヘシ」で規定した。この規定の仕方では、私大設立認可は全く特例事項として扱う、という印象を与える。この法文上の体裁はおかしいものである。如何なる理由であれ、私立の大学設置を許容する限りは、国家の大学設置原理を構成する要素であり、一本化すべきであろう。この不備を補うべく政府原案の場合は「大学ハ官立公立又ハ私立トス」(第四条)に修正した。大学は官立、公立、私立の設立主体を問わず法律上平等に設立されることとなった。文部省原案に比べて設立種類条文の一本化と、官公私の平等的規定にしたのが政府原案の特徴といえるだろう。しかし次にこの設立主体を問わない大学設置原理の平等規定の仕方が大幅に枢密院(明治憲法下で、重要な国務並びに皇室の大事に関し、天皇の諮問に応えることを主な任務とした合議機関、教育に関する重要な勅令の事項諮問を含む)審議において修正され、後退する。

(6)　帝国大学を取りまくもの

枢密院では大学令の修正が三回おこなわれ、それぞれ修正第一回案・同第二回案・同第三回案としてあり、修正第三回が公式正文にあたる。修正第一回案では、設立種類は「大学ハ帝国大学其ノ他官立ノモノノ外公立又ハ私立トス」(第四条)であった。規定の仕方が複雑化し階層化されてくる。ここには政府原案にあった社会風潮への配慮といったものはまったくみえない。そしてまず注目されるのが官立を帝国大学とその他官立大学に区分したことである。帝国大学とその他の官立大への分割は構成要素の種類によるものとも考えられるが、それ以上に既設帝国大学の築いてきた「伝統」と「業績」を、今後新らしく設立される官立大学のなかにあって、強く宣揚する姿勢、と解釈するのほうが説得的である。（この件については、枢密院において採決を要した議題であったということは注意しておく必要があるだろう。）補足的な事実をあげれば、大学令の枢密院における審議時期に前後して提出された帝国大学令の改正の件のときにも、同様な問題が起きた。帝国大学令中に官立大学の規定を設けるか、否かが問題とされ、結局は文部省側の、官立大学については「相当ノ制ヲ立ツルノ見込ナリ」との答弁により、帝国大学令中から排除されている。

私立大学は帝国大学、官立大学の外において別格で認容される確定事項（文言「トス」）として規定されていた。次に第四条については、公式文と同文の修正第二回案では、さきにのべたように、私立大学認可がさらに後退する形をとる。第一回案に挿入された「本令ノ規定ニ依リ」の内容は、私立大学の法律上の根拠は唯一大学令であると明記し設立を選択認容事項にした（「トナスコトヲ得」）。この段階でわかることは、帝国大学と私立大学の適用法律の範囲の相違を既定したことである。すなわち帝国大学は大学令の規定に抵触しない範囲においては改正された官立総合大学通則に衣替えした帝国大学令の適用をも受け、その実質を保障し、唯一大学令に支配される私立大との間に、大きな格差をつくった。

このように設立要領の規定の仕方にみられる内容ひとつとってみても、私立大学の誕生は私学の独自性権利等が認識され認可されたものでなかった、とわかる。逆に、国家側からすれば、大学設置の「帝国」主義を時勢によるやむを得ざる修正に際していかに貫徹するか、あるいは帝国大学の存在と意義をどのように明確にするかの課題を、ほぼ成功裡に解決したといえるだろう。

枢密院の政府原案第四条修正理由は次のようなものである。私学の一貫した取り扱われ方が明瞭に読み取れる。

「原案（政府原案―筆者注）ハ大学ヲ官立公立又ハ私立トシテ平等併記スト雖モ大学ノ設立ハ其ノ設備及維持ニ照ラシ固ヨリ容易ノ業ニ非サルカ故ニ宣シク国家自ラ之カ責務ヲ担スヘシ蓋シ本邦従前大学ヲ官立ニ限リタルハ此ノ理義ニ因果ス然レドモ（官立大学ニシテ収容ノ餘カ乏シク到底講学ノ須用ニ応スルコト能ハサルトキハ）随時必要ニ稽ヘテ公立私立ノ大学ヲ認ルコト亦必シモ不可ナリト為サス是レ今次学制ノ改革ニ当リ始メテ公立私立ノ大学ヲ許サムトスルノ要旨タルヘシ」（（　）内は審査報告書案文、決議報告書では抹消）。抹消された文章に示されているように、私立大学は帝国大学の補助的機関として位置づけられ、認可は「亦必シモ不可ナリト為サス」の枠内であった。

(7)　私立大学の登場

この他私立大学の設立に課せられた条件、内容は私学撲滅策といわれたほど厳しく、高水準であった。それらのひとつひとつについては枚数の関係で省かざるを得ない。概容は、文部大臣の直接監督下に属し、基本財産は供託金として一校に五十万円、一学部増設ごとに十万円政府に納付しなければならず、教育研究関係は一定数の専任教員の獲得、校舎図書館の充実、設立廃止認可の勅裁規定などであった。たとえば供託金の額についてみてみると、私立大学の雄早稲田大学の明治後半から大正二年度までの各年度収入金額の総計は二十万円前後であり、政治経済科、法学科、文学科、理工科の四学部を擁したこの大学にとって、まことに厳しい条件であったと察せられる。

私大側は大学令実施にただ手をこまねいてみていたわけではない。多方面に請願書を提出し、施行規則の緩和に努力した。その結果は大正九年度に昇格した七校（同志社除いた数）に対する補助金（二五万円）の下付、供託金の分割納入の許可などにあらわれた。また大正民本主義に基盤をもつ雑誌論潮も、一勢に大学令の私学撲滅策的色彩を批判し、私学の現状を鑑み適用にあたり私学助成の必要を説いていた。

大正九年度から私立大学は続々正式に認可されていく。大正年間に大学に昇格を果たした私立大学は以下のとおり。

大正九年　慶応大学・早稲田大学・中央大学・法政大学・明治大学・国学院大学・同志社大学・日本大学
十年　東京慈恵医科大学
十一年　専修大学・拓殖大学(現)・立教大学・大谷大学・立命館大学・竜谷大学・関西大学
十二年　立正大学
十三年　駒沢大学・東京農業大学
十五年　高野山大学・大正大学・日本医科大学

このようにして次々と昇格を果していった私立大学は、いまだ経営を圧倒的多数の学生を擁した専門部に依存していた。そして——私学の建学の精神とか特色といった看板がまったく有名無実化の傾向を増大させた。吉野作造の指摘した実質的な格差が生じ、私学の二流帝大化、画一化が始まるのはこの時期である。逆に東京帝国大学の総長公選制、競争講座開設、諸研究所の附置など「要するに帝国大学は大学令制定の大正時代に於て私学がやっと大学としての第一歩を踏み出したときに、すでに大学としてのほぼ完成の域に達した」(田畑忍『学問と大学』)のであった。そして私学にとっての一歩は「私学がその抬頭当初に矜持せし学問の独立の漸やくそれ自体に於て消失し来った」(同前)ときであった。

おわりに

私立大学は高等教育人口を増大化させ、中産階級層の学歴信仰にある程度答えたが、私学自身は自らを喪失していった。

私立大学の成立は、国家による大幅な規制と帝国大学レベルの高い水準の設定により苦難の過程であった。私立大学の昇格は、大正デモクラシー下の民主主義思潮の成果とはほど遠く、中間階層の学歴信仰、大学幻想を基礎にしつつも、逆にそれらにより「強いられた昇格」の様相を帯びていた。

また大学制度史上からは、結果的に大学設置の国家原理の修正をもたらしたが、内容としてみると、国家の指導原理に「組み込まれた昇格」であった。私立大学は成立の当初から脆弱な財政基盤と教育研究の低水準といった問題をかかえ込んでいた。国家統制の中に組みこまれるだけで、一時の援助金を除いて、援助らしい援助を受けられなかった。その理由は、すでにみてきた。

今日大学の機能分割、多様化種別化の趨勢下、私立大学はその存在理由を公表しなければならなくなってきている。深く自らの跡を振り帰えれ。

そして私学経常費助成にかかって私学は自主性と国庫補助の関係が問題になっているが、手前勝手な建学精神の吹聴と既定事実としての大学の国家設置原理の繰り返しの関係から展望は望むべくもないだろう。両者ともども、自己のなかに否定的要素を組み込むことで、今後の大学の行方を模索し始める時期に達している、といえるだろう。

（『進学ゼミナール』夏季特別号、一九七七年六月、著者は「現代教育研究所所員・中野実」）

6　大学環境論事始

大学をとりまいている社会的文化的状況の変化は厳しいものがあり、大学への社会的陶汰が急速に進行している。日本の大学百年の歴史の「蓄積」は、いま強力な社会的関心のもとに再検討され、功罪ともどもあきらかにされようとしている。その作業はいまの大学の現状に対する各自のかかわり合いから問い始められるものである。

高学歴社会における大学の有効性は全般的に低い、といった風潮のなかに、社会的機能にのみ環元されない大学の構造があると押えた上で、あらためて潜入してみた。項目の多くはすでに繰り返し取り扱われているが、ここではレポーターの大学とのかかわりを基礎にしてまとめてみた。その意味では大学環境論「偏向」版というべきかもしれない。構成は三部で、最後の一行が落語のオチに当たる。

(1)　単なる略字ではない「大衆大学」

大衆大学――現在の日本の大学を一部の人のための教育の場ではなく、だれでもが通過していける教育機関と規定するところから生まれた造語。『大衆大学――二〇〇万人の大学生』(読書新聞社・昭和五十一年二月刊)で始めて登場した。大学を教育機関とし、なおかつ通過すべき場所としていることが特徴的。また高学歴社会における大学の存在意義を考えるうえで多彩な問題を提起するものでもある。マンモス大学なる名称ならば量的基準による規定であるとして理解し易いが、大衆大学となると事情は複雑である。「大衆化された大学」を縮めた略字というだけの解決ではおさまらない問題がある。昨今の大学の社会的有用性についての論議が背景にある。大衆大学という名づけの事情は、産業構造の変化に適応する多様な高等教育機関の編成(専修学校・国立高専等)や大学院大学の誕生などによる、大学の機能分割に伴う資格認定に無関係で社会的有用が薄弱な大学卒の肩書しか与えられない群少大学のための苦肉のフレーム・アップの必要性であろう。大衆大学での過ごし方があるようで、大学は将来の生き方をたしかめる場として考える大学観をもち、四年間をなにもしないで過ごし折り詰めにはいったような単位をきちっととって卒業して行けばいいというようなあまえた気持ちであってはならない。そうだ、なんのことはない、石油ショック以来の営業マンに対する社内訓辞と同じではないか。それよりこういうべきであろう。大学文化を支えているのは大衆大学であり、大学の運命の生命線は大衆大学の学生である。中途半端に形骸化した大学を徹底化させるために「各員一層奮闘せよ!」と。

(2) 反大学思想の進展と渋滞

昭和四十三年四月学園民主化を求めて爆発した日大闘争の渦中に誕生した大学解体の思想運動。部分合理性を追求する近代的知の形態を基礎にした、また錯綜した高度産業資本主義社会に適用すべく極端に細分化され、人間から分離された学問(観)を徹底批判しその様底から新しい学問創造にアプローチしようとした思想=運動である。あるいはまた、学問・思想の人間的基礎の原点にたちかえり、そこから発想し、人間的解放を目指す運動ともいえるだろう。学問の場における人間の回復である。七〇年前後の大学闘争において多くの大学で自主的に組織され横断的な反大学連合といったものも生まれたが、闘争の衰退にともない定着するに至らなかった。反医学・反政治といった個別の課題の追求は継続されているが、総論としての反大学の思想は遅々として進まずというのが現状であるようだ。大学における制度・学問のあり方を否定し、学問の担い手を学ぶ者一人一人にしていくといった反大学の姿勢の源流は、遠くには大正期の自由大学運動があり、戦後すぐにもあった。たとえば昭和二〇年十二月に開校した三島庶民大学、二一年三月の京都人文学園、同年同月五日の鎌倉アカデミア、などにみられる。問題としてしか存在できない大学に対しての批判の健全性の具体化が反大学の基礎になるだろう。

(3) 奇妙な名称——大学院大学

中央教育審議会(中教審)の第二三回答申(「今後における学校教育の総合的な拡充整備のための基本的施策について」)第二高

等教育改革の基本構想で述べられた、目的・性格に応じた高等教育機関の多様化と種別化の現実化。それまでの大学院の課程―修士、博士課程の二段階積み上げ式を、修士課程と博士課程（その中を前期〈二年〉、後期〈三年〉に区分）に種別化した。大学院大学とは、博士後期課程（旧博士課程）のみを設置する機関をさす俗称（「大学院設置基準」）。博士課程後期においては単位修得は必要なくまた在学期間は「優れた研究業績を上げた者」は一年以上在学すればよく、その間に指導教授のもと自己の研究テーマに埋没可能。修士課程を高度専門職能（再）教育機関化し、博士課程の研究者養成目的を明確に区分した。日本の大学院制度は帝国大学令（明治十九年）により「学術技芸ノ蘊奥ヲ攻究」する機関として分科大学（現学部）両者で大学を構成する独立機関と規定された。のち大学令（大正七年）により学部研究科の総合体に対する名称となり一研究科設置は強制事項とされていた。戦後は学校教育法（昭和二十二年）により学部から独立の機関として、修士・博士課程の二課程を設けていた。大学院大学は中教審による教員養成大学院構想、筑波大学の成立などとともに戦後日本の教育改革理念の衰退の姿を物語り、産業界から根強かった門戸開放要求が通ったことを示すものといえる。それにしても大学院大学とは奇妙な名称である。高学歴化は産業界ばかりでなく学界でも一般的である昨今において、大学の上げ底化がはじまっているようだ。

＊　＊　＊

大学制度の再編成、大学思想をみてきたがここで少し内部に立ち入ってみると、そこかしこに奇怪な動きが始まっているようだ。五月病なんて、その挫折ははじめから予定されシラケ世代ということがシラケてしまうほど冷静客観的な眼識をもつ学生が多くいるなかに、それでも手を動かし足を動かす者もいた。必須科目といった拘束的名称が消え体裁のいい指定科目と名称をかえてみたり、大学も学生意識を気にして苦労している形跡がそこかしこにみられる大学の現状である。

(4) 自主講座――学生の手づくりの講座

正確には公開自主講座。学生が自分達の要求と必要に従って講師を人選し講座を開設すること。さかのぼれば慶応大学のカリキュラム闘争（昭和三九年）――学生と大学との話し合いでカリキュラムをつくる――に芽がみられるが、昭和四十一年横浜国立大学に起こった学芸学部名称変更白紙撤回闘争のおり、学園自主管理の内実の形成のためにおこなったのが有名。以降、明大自主講座・中大自主カリキュラム方式等各闘争過程で活躍した。この時期のものは、闘争指導者が学生への啓蒙と闘争の中だるみを防ぐためにおこなわれ、形式的には単発で一方通行の「革命的」知識の伝授であった。昭和四十四〜五年にかけての大学闘争（全共闘運動）では自主的に発生し、学問・知識の根底そのものを問うようになり、形態も種々に試みられた。フリーダム・ユニオン・連続シンポジウム・解放講座等、名称は異なるが共通して抽出できるのは、学生がみずからの手で、みずからの要求に従い、学び問う自己教育活動、ということである。真剣に現在の大学教育のあり方、学問の形成を考えれば、毎日おこなわれている大学の講義、演習は学生の知的要求を疎外させるだけのものである。そのためか昭和四十六年頃には、一定の学生数を揃え、指導教授が得られれば正規の講義として認可され、単位が修得できる制度をつくった大学も登場した。現在は大学を市民に開放していくことを主眼とした自主講座が多く、大学のなかでの基盤が乏しい。自主講座の思想は、一面から、遡及すれば大学の「起源」（学生組合）まで到達するのも可能であり、その点が現在は見直されているようだ。

(5) ニセ学生――自由聴講者の出現

ニセ学生あるいはモグリ、自由聴講者とも呼ぶ。宇井純氏が昭和四十九年東大で公開自主講座「大学論」を始めるにあたり、ニセ学生のすすめを説いてからあっというまにマスコミ・ジャーナリズムの好餌となりひろまった。現在ニセ学同盟を中心に情報交換誌「ニセ学通信」が発刊され、聴講体験記や各大学の講義へのモグリ模様や講義一覧などが掲載されている。むかしはテンプラ学生と呼ばれ日陰者であったがいまは逆。ニセ学生こそ純粋に向学心に燃える者としてのプラスの評価が一般的である。ニセ学生の実体は、予備校生（高校生含む）、主婦、労働者等多岐に渡っており、なべて真面目な人達である。ニセ学生運動の猛烈な拡がりの原因はなにか。まず大学の閉鎖性と学問の商品化の現状に対する批判がある。しかし最大の背景は、大学幻想にある。適確に、純粋な向学心と大学の理念が結合するのである。単位修得のため、資格（肩書）のためだけに講義を聞く学生が多くなっている現状において、純粋に勉強したい、現実を変革するような知識を求める者たちが講義に登場すれば、学生の不世話な嫉妬、憎悪の抵抗のほかに高い理念に生きる大学（教授）の誰が拒めようか。大学における教育の実態暴露には一役も二役も買うだろうが、学問そのもの、あるいは大学幻想への問いが欠けてしまう可能性がある。

(6)　すすめたい単位互換制度

昭和四十七年三月の大学設置基準改正により同年四月一日から実施されている国立大学の単位交換制度のこと。大学が教育上有益と認めるとき、学生が他大学の授業科目を履修することを三十単位（大学院は十単位）まで認め、当該大学において修得したものとみなすことができる制度である。単位互換制度は大学院において昭和四十年度から関東私立八大学の英文学専攻間で非公式に実施されたのを始めに国立大学相互（東大と東工大の工学研究科）、また私立大学相互間（早稲田・慶応・学習院の文学研究科）でおこなわれていた。昭和五十年からは国立大と私立大の間で初めて東工大と早大の理工学院生の交流が実施された。実際の運用は、まず大学当局同志が相互協定を結ばなければならないので、学生が好き勝手に他大学の講義を聞いていいわけでない。しかし、ドイツの大学などはこういったジプシー学生は普通であって今後日本でも、なにも自分の大学の講義だけが大学の講義ではなく、すべて大学設置基準により認可されているのであるから、おおいに大学当局は多くの大学と提携し学生に奨励すべきである。問題は大学間の格差による差別と自己完結したがる大学の閉鎖性・排他性であろう。学部段階で始めて実現した北大経済学部と小樽商科大学の場合、北大から小樽は一名で、逆は十九名であった。この構図は旧帝大系の学生の現状肯定主義を物語ると同時に、制度を支える基盤がまだないことがわかる。

＊＊＊

大学を支えているのは、結局のところ学生である。学生は一年前までは生徒あるいは予備校生である。受験生をめぐる状況もまったく暗い。大学の内容もそうだが、出入口の具合もよろしくない。大学の社会的機能を真剣に考えているのは他でもない受験生である。彼らの意識構造には触れないまでも、とりまく社会的要件が顕在化し、問題化しているので紹介してみよう。

(7)　空洞化すべき学歴社会

学歴社会とは、成員の社会的地位を決定する学歴の力が相対的に大きい社会、あるいは学歴という指標が人員配分の支配的原理とされる社会、といわれている。学歴社会は日本だけでなく高産業社会に共通した現象である。日本の戦後の現状についておもしろいデータをみてみよう。事務的職業の新規学卒（男子）就職者の学歴別構成は、昭和三〇年には高卒六五％、中学卒も六％で、大学卒はわずか二九％にすぎなかったものが、昭和四八年には、大学卒が五八％と過半数を占めるに至り、逆に中学卒は一％未満であった。こういった現象は学歴社会の末期的症状である。高学歴（大学卒）の過剰生産がいままで大学卒を必要としなかった分野にまで進出させ、アメリカでは雇用条件における差別として社会問題化している。高学歴社会（大学卒という高学歴が産業界にしめる割合が高い社会）にあっては学歴の社会陶汰が発生し専門的高学歴者、一般的高学歴者に区別されていく。資格認定制度と結びつかない後者の学歴者達の行方が問題化されているが、前者は今後なお健在していく様子である。多くの私立大学、地方国立大学などは教養大学として起死回生を計り始めている。これは学歴社会における大学の両極分解――エリート校とホワイト・ブルーカラー大学への分解――現状に対応している。

さてさて学歴とは今後さらに大変大切なものになっていくであろう。二流三流は決定的にダメです。しかし、もうそういう生き方を左（右でもいいが）旋回させるか、意識的に空洞化させてもいいのではないか。

(8)　指定校制への様々な問題

企業が新規採用にあたり特定の大学に限って応募の資格を認め、ほかの大学卒業生に受験機会を与えない採用方法で、学歴の持つ人材のふるい分けの機能を極端化したものといえる。低・成長経済への転換を契機に大企業がこの人材確保方法を再開し話題になっている。企業利潤の極大化のための合理性を考えれば、企業自身が独自の採用テストを開発審査して最適の人材をあつめられればいいのだが、煩雑な手続きにエラーも多くコストも高くついたりするので、企業はそれまでの大学との関係から大学のおこなう学業評価、生活資料のふるい分け機能に着目し信頼して利用することで、タダに近いコストで人材を確保しようとしているのである。

学生就職史を繙いてみると、企業（民間）の大学卒の恒常的採用は大正六、七年頃から始まる、とされている。過剰な学士輩出により、多くの者が官僚座席につけないでおり、また取りまく環境は大正デモクラシー下の法科万能主義批判による官僚の権威の下落などがあり産業界へ学士の眼を開かせていった。今日の財界の大御所石坂泰三は帝大卒業後すぐに逓信省為替貯金局課長になり官僚機構の梯子段をたしかな足取りで上昇できるはずだったのを、大正四年に第一生命へ職変更し実業界への一歩を踏みだしたのである。その選択は、まさに時代の先がけであった。帝大教授の桂庵が問題にされ、有名「教授」は産業界の幹部に多くの気脈を持っている。

さて指定校制の批判をみてみると、就職機会の不平等、企業の社会的責任の欠落といった論旨であるが、本質的な問題はちがうように思える。企業の信じている大学のふるい分け機能は、単位認定、成績評価を通じて基本的におこなわれているのである。しかしその認定、評価の基準が制度化されているため、価値感の多様化した現在の社会においては、人材評価に適正を欠くのではないか、あるいはふるい分け機能が「偏向」してしまうのではないか、ということである。

(9)　大いなる問題——国立大共通テスト

国立大学の全志願者を対象におこなわれる全国共通一次試験のこと。実施予定は昭和五四年度。昭和四九年四月に国立大学協会入試改善調査委員会がまとめた「国立大学入試共通テスト」に関する中間報告により構想が具体化された。方法は全国一斉に五教科十二科目の共通一次テストを行なって高校の普段の学習到達度をみると同時に各大学が行う論文式の二次テストと合わせて選択しようとする。機構などについては、国立大学で共同利用する共通一次入試センターを設け、試験問題の作成、選定は国立大学から選出された作成委員選定委員がおこなう、などが取り決められた。過熱ぎみの進学競争の元凶としての大学入試の改善を一歩すすめ、適切な入学者を選択できる、といった評価の一方で批判も多い。たとえば、私大の選択方法如何、高校教育の負担前提といったことである。問題は官学重視(戦前の旧帝大)の日本の大学制度にあるのである。

戦後になっても政治社会的権威に密通した官学政策にばかり夢中で大学文化史とも呼ぶような風土の形成を一顧だにしてこなかったところにあるのである。この辺をそのままにしておけば、高校の普段の学習到達度を計るとなれば、高校生活毎日が大学入試である。改革思念をまにうけて普通に授業をやっていたら、各大学の二次試験で落ちる。ここまでレポートしてきて思うのは、大学をめぐる社会的状況が刻々と変化していることである。

この胎動は、昭和四五年以降に顕著であった。こんな時期だからこそ、トータルなビジョンのもとに、大学も学生も受験生も自らの選択を決定していかなければならないだろう。そのなかで一番大変なのは受験生であろう。どっちにころんでもいいように、彼らは、今日も受験勉強に精を出すであろう。

（『進学ゼミナール』夏季特別号、一九七七年六月、著者は「レポーター・西雅人」）

7　予備校―風化地帯の情念の府――現在の予備校にレーゾン・デートルを探る

予備校の現在は、と語り始めると、すでに情報過多の嫌いがあり書き手としてさらにそこへ追加すべきものがあるかと考えますと、若干の差恥心が湧いてくるのをまず告白しておきましょう。

週刊誌から大手新聞、いわんや教育産業の発行するメディアに至るまでさまざまな立場と視点から取りあげられております。そのなかでよく聞かれるのは、受験生の立場にたった価値ある情報は少ない、という声であります。しかし通過集団であるところの受験生の立場、といってもなにほどあきらかなことはありません。つきつめていけば受験勉強の方法と要領といったハウ・ツーものに落ちついてしまうでありましょう。

予備校の存在を考えるとき、現在以下の二つの視点があるようです。

予備校で数学のおもしろさや、世界史のダイナミックな展開を、始めて知り学んだということや、予習を強いられる教師と受験のために熱心な生徒との関係を指して、教育の原点に近いことがおこなわれているなどという視点です。人間があつまるところ必ずや劇的で実りある出合いは多々あるものです。それも忘れて偶然の出合いを過大視し教育の原点などというのは錯誤にしかすぎないでありましょう。

逆の視点もあります。ある大手新聞が最近、予備校を特集した記事の結語は、現在の「予備校から灰色の印象は消えていたが本来は灰色であるべきではないのか……、『予備校の繁栄は本来、異常なのだ』という視点は失ないたくない。」(①朝日新聞「いま教育は」特集予備校⑽一九七七・九・一三)という嘆息でありました。劇ならばここで退場し幕がおりるのでカッコイイのですが、現実はそうはまいりません。灰色か、パラ色か、はたまた紫色かわかりませんが、すでにそんなことは十数年前に語られてしまっているのです。六〇年なかばにすでに、「予備校は新学制の鬼子ではなく、むしろその不可欠の一環という意味さえおびてきた。陰湿なムードを求めて予備校の門をくぐる部外者は、案外に明るい若者の群におどろかされる。」(②『写真図説・日本学生の歴史』講談社　一九七〇・一一)と書かれています。このこともやはり普通のことでありましょう。この結末は亜インテリの立場の弱さを露呈したにすぎません。

さてここでは以上の点を踏まえたうえで、予備校を囲繞する問題の整理と、速成ですがその歴史と背景をのべて、予備校とはなにか、をすなおに考えてみたいと思います。

(1)　予備校って何に

予備校ってなに？　と問われるままに百科事典で調べましたら、「大学入試のために実践的な受験教育を目的でつくられた六・三・三・四制のどこにも属していない各種学校の一つ。諸外国に比し大学への進学希望者が圧倒的に多いわが国だけにみられる特異な現象であるが、時流に乗ってますます増加しつつある。」(③『世界原色百科事典』(8)小学館)とありました。まず、予備校は各種学校に位置づけられている、ということです。各種学校には、和洋裁・簿記・自動車操縦・編物手芸など多種多様な教育機関があります。予備校は、中堅技術者や商業実務の諸分野の人材の養成機関でもない各種学校群のなかにあって特殊な位置を占めているのであります。しかし、量的にみますとどっしり根をはっております。一昨年の段階での各種学校生徒数は一二〇万人にのぼり性別の内訳は男子が四五万人、女子は七五万人でありました。そのうち男子生徒の三割強、一六万人が予備校生徒であります。(④『青少年白書』昭和五十一年度版)減少傾向の著しい和洋裁の女子生徒数に追いつく勢いであります。

予備校の繁栄を支えているひとつの大きな社会的要因は大量の進学希望者の存在であるようです。中学から高校へ、高校からすぐに大学への流れは日本の学歴社会(正確には学校歴社会といわれるそうです)の体質に原因がある、と異口同音にのべられております。学歴信仰社会・学歴効用論・学歴社会の心情分析など穏健派から革新派に至るまで、学歴社会体制の吟味はおおむね批判的でありますが、実力社会への転轍はまだまだのようであります。

最近はアカデミズムや組合までもこの問題に首をつっこみ始めております。これらは入試制度の検討、改革の側面から考えようとしております。しかし政府の大学入学者選抜の方法改革――国立大学共通一次テストの実施への動向、に対処するためと、いらぬ社会的責任を感じての挙動であると解釈されてもいたしかたのない、根拠の浅いものであります。

予備校は時流に便乗し、おらが春を満喫しているといわれております。予備校の歴史に、戦前戦後を通じて日本資本主義体制の動勢が色濃く反映しているのはいうまでもありません。戦後、予備校はこれまでに急激に数をふやした時期が二度、新制大学発足後の五〇年代なかばとベビーブーム世代の進学期の六〇年代なかばに、ありました。いまは第三回目の隆盛期といわれ、全国で認可校約一七〇校、生徒は二〇万八六〇〇人余りが在籍している、と報告されています。予備校のマンモス化が特徴的であるようです。現在オイルショック以来の低成長時代にあって激しい競争原理にかつため有名校の学歴をもとめて予備校に雲集するのでありましょう。

(2) 拡張につぐ拡張をとげる

学校教育体系に不可欠の一環として予備校がくいこみ、六・三・三・α・四制という新語を生みだし始めた六〇年代なかば頃に『各種学校総覧』なる本が刊行されました。そのなかで予備校の役割を本来、矛盾をはらむものである、としながらも、はっきりその存在については、歴史的には日本の学校制度の欠陥にもとづく、学歴偏重の社会的風潮に根ざす問題に起因する、とのべております。そして、予備校が最後のよりところとするたしかな役割とは、あらゆる制度から見放された浪人受験生に勉学の機会を与えてきたこととされております。

この簡略的にのべているところに予備校の自信とそれと表裏の陥穽があると思われます。

この表現は事の次第を現象面からだけ判断するようなものです。学びにくる生徒がいるんだ、という、脱水された現実にしかその確実な基盤をみいだせないということは、立場の弱さが基本にあるにもかかわらずそれを隠して余りある「現実」という強さに頼るということになります。予備校とは、本質的にこのような構造をもつもののようです。

(3) 脱水された現実に基盤を見出す

それでは予備校の発生と経過についてかけ足でみることにしましょう。「予備（学）校の前身は私塾にもとめることができ、最初は一つの科目、英語や数学や理化学など、を教えていた」⑤『教育学辞典』(Ⅳ)岩波書店　昭和一四年　細谷俊夫執筆）ようです。たとえば、現在に命脈を保つ予備校でもっとも設立時期が古いといわれています研数学館は、まず速成に数学だけを教授する所でありました。この研数学館の設立は明治三五年であります。ちょうどこの時期から明治末年にかけて数多くの予備校が誕生してきます。中学高校への進学希望者は増加し、高校の入学志願者が入学者の三倍以上になる状態が生まれてきました。（図1参照）

この結果必然的に浪人が多量に輩出され、彼らを対象に受験準備教育をほどこす機関が頭角をあらわしてきます。それではこの間の事情について設立者の説明を聞くと、「日本の発展膨張は当然に多くの青少年の心理に希望と刺激とを与えて学校教育への関心はとみに高まらざるを得ない。わけても東京帝国大学や高等商業学校はその憧れの中心であり、第一高等学校への入学は彼等青年にとっては人生の跳躍台のように考えられていたのであった。しかし、これら諸学校の門はあまりに狭くなかんずく地方の中学出身者にとってはこの難関を突破することは容易なことでなかった」とあります。これは中央高等予備校（明治三八年設立）の趣旨書であります。日本の発展膨張とは日露戦役の勝利による世界一等

図-1　高等学校入学率の推移

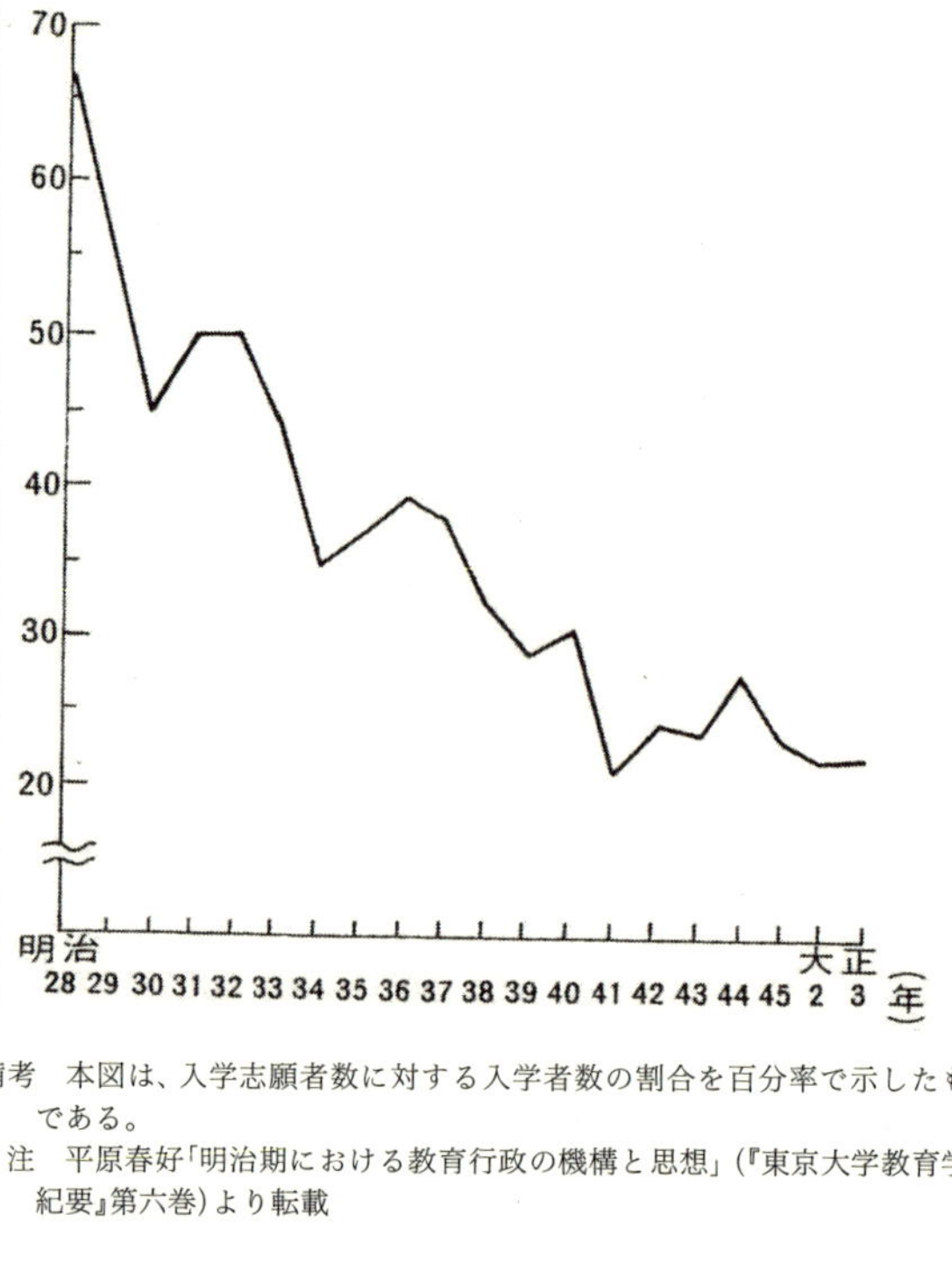

備考　本図は、入学志願者数に対する入学者数の割合を百分率で示したものである。
注　平原春好「明治期における教育行政の機構と思想」（『東京大学教育学部紀要』第六巻）より転載

国への拾頭を意味しているのでしょう。

当初、この気運に支えられて中央高等予備校のような、私立〝大学〟が受験浪人を対象に同じ敷地内に設置した、今日の大学入試準備のためと同じ性搭をもつ、綜合的な予備校があらわれてきます。中央高等予備校は中央大学の設立にかかるものでありました。この種には、他に早稲田高等予備校（明治三六年）、明治高等予備校（同四〇年）、日本高等予備校（同四一年）、東京高等予備校（同四三年、法政大学内）等。

そして大正。第一次大戦の「天佑」は高等諸学校への入学志願者の激増を、うながし、より広汎な基盤をもって社会問題化してまいります。それは大正末年から昭和にかけて一気に登りつめた、といわれており、中学から直接大学へ入学するルートを要求する高等学校廃止論も根強くありました。大正六年の中央公論誌上には高等学校入学試験不合格者問題が特集される時代風潮でありました。その間に予備校の拡張はすすみ、修業年限を一年とするのが多く占めてまいります。研数学館は三カ月間の講習でありましたが、主流は一年ものに移ってまいります。

昭和六年発行の『東京男女諸学校案内』を見ると予備校の項目があり、そこに駿台高等予備学校の案内があります。修業年限をみると、学期を第一学期（実力養成期）四月一五日より七月一〇日、第二学期（実力徹底期）九月一一日より一二月二〇日、第三学期（実力整頓期）一月一一日より三月一〇日まで、と三学期に分け、毎日午後一時より五時半迄教授するとあります。学科は高等学校の入学試験科目にあわせた英語・数学・国漢の三つであり、現在の予備校とまったくといっていいほど形が似ています。

(4)　出世ルートの規制化の中で

ここで予備校の簇生期に戻ってみましょう。日清・日露戦役の勝利が、国民の高等諸教育機関への進学要求をもたらしたのはすでにみてきたことです。しかし底辺には二四歳の青年をして「時代閉塞の現状」として次のように喝破させるものがあったのであります。

「時代閉塞の現状は啻にそれら個々の問題に止まらないのである。……毎年何百という官私大学卒業生が、其半分は職を得かねて下宿屋にごろごろしてゐるではないか。しかも彼等はまだまだ幸福な方である。前にも言った如く、彼等に何十倍、何百倍する多数の青年は、其教育を享ける権利を中途半端で奪はれてしまふではないか。……今やどんな僻村へ行っても三人か五人の中学卒業者がゐる。さうして彼等の事業は、実に、父兄の財産を食い減らす事と無駄話をする事だけである。」と。

そして立身出世の内容は、日本の近代化の推進力として機能した性格を失い、方途の官制化にともない、すでに「矮小化し名目化してきてしまって」（⑥「概説　立身出世の社会学」門脇厚司『現代のエスプリ』118）おりました。大正期には、大学間の格差や学閥が定着し、出世のルートが公的に規制され、その内容は末梢的な処世の技術と化し、「せめて係長、課長へといったけちくさい」（⑦同前書Ｐ一三）ものが現実となる、といわれております。唾棄されるような、しみったれた、立身出世の内容ですが、そこにこそリアルな現実認識と切実な心情が隠されてある、と思われます。この時期の国民のひとつの大きな原動力であったといえましょう。

この他、予備校を取りまく環境を考えるのに重要な資料を提供するものに受験雑誌、受験参考書の編集刊行がありました。これらは大正期に始まって大量出版されるようになるのは昭和期に入ってからであり、いまその内容に立入る余裕はありません。ただひとつ、興味がそそられたのは大正六年に発刊された『受験界』であります。この雑誌には、毎号口絵があってその青年像がとても印象的であります。竹久夢二風の青年画に彼ら受験生の思念と夢をみる思いです。

進学要求の増大が就職口の増大を意味しないことは自明のことでありますが、現実は慢性的インフレに加えて世界大恐慌が日本も席巻し、就職そのものから締め出されるという状況でありました。「大学や専門学校など上級学校を卒業しても就職先がなく失業者が続出し、昭和五年で大学卒業者八二二八人のうち就聴できた者は五八・一%、昭和八年は一万二一六三人中半数以下の四〇・一%」⑧同前書P一三)、就職難時代は常に受験戦争の激化を生みだすようです。

(5) 風化した理念を前提として

量的なちがいはありますが、基本的な構図は現在の状況にオーバーラップさせてみることが可能でありましょう。社会制度としての大学の位置・役割が定着してきているほかに、前に紹介しました受験雑誌『受験界』創刊号にあります第一高等学校教授の「受験準備に際して」という論文に見えかくれする受験生に要請されている意識もまた、現在に引続がれています。それは次のようなものです。「ところが、現今の学生たちには自分の確乎たる目的を定める余裕がない様です。中学を卒業すれば直に高等学校の受験準備に取りかかるといった具合に十分考へて居る余裕が与へられてゐない様に思はれます。ただ中学を卒業すれば高等学校に入り、高等学校を出れば大学に入る、そうしてゐるうちには何んとかなるだろうぐらいなことで、ただただその日その日の勉強をしてゐる者も数多くある様に思はれます。」⑨須藤傳次郎)と。

受験生にいつも最後に投げ返されるのは、何のために大学へいくのか、確乎たる目的はなにか、という質問であります。それに答えられれば質問者は安心し、生徒も評価される。盲目的に大学へ進学することが、あたかも罪悪のように考えられているのでしょうか。しかし、くだらない質問はくだらない（あるいはたてまえの）解答しかひきだせないものでしょう。何のために、とは大袈裟な構えです。しかし、このような問を強制する大学とはまさに何のためにあるのでしょうか。弁護士に、医者に、教師に、官僚になるために、商品化される社会的資格を得るために、という解答ではこの問の中味を満足させるものではありません。ここではあえて予想されている解答をだし、それを揶揄するつもりは毛頭ありません。ただ、現在において注目すべきは、何のためにという問を背後から支えていたはずの理念がすでに成立し得ない、あるいは風化してしまっていて、それを受験生は冷静な両眼で射ぬいているという現状であり、七〇年以降の顕著な傾向であります。愚問でありますが、受験生に質問したいのは、予備校へ一浪《ひとなみ》に通って、大学についての認識に変化があったか、ないのか、ということです。特権的に支えられている大学体験の出発点とも考えられる機会をみつめないでいるのでは、無駄なことではないでしょうか。現実はいまだびしょびしょのせんたくものなのだからです。

（『進学ゼミナール』入試情報特別号、一九七七年十一月、著者は「ルポライター　西雅人」）

8　天国の会話たる大学論の現状――大衆の幻想をもかかえ込むような大学論への期待

(1)　敗北以降の支配秩序に対する知的批判の目

60年代末に爆発した大学闘争は、いままでは大学の制度的構造の矛盾のひとつのあらわれとして据えられ〝正当〟に位置づけられ始めている。世界（秩序）に密着した関係にあり、かっそれを内面化してしまっている自己（主体）を否定し変革するところから、再度、所与としての世界へ通底していこうという者を輩出した。大学闘争を思想と倫理の内容にかけてかかわり闘かった、ともいえる。

そしてその後の具体的な選択は多岐に亙っていたが、その足下には「知的であることにどのような社会的特権をもみとめないで、しかも、みずからの日常生活のなかで支配秩序にたいする冷徹な知的批判の目をしたたかにもちつづける」（「自己否定の論視と敗北以降」長谷川宏『現代の眼』七七年一〇月号）顔がこびりついていた。大学改革の課題を大学制度

論に対して、少しちがう視点から模索してみよう

・いまだ定着したとはいいがたい「大学」をどう摑えるかの問題

まず大学をどのように摑えるか、という課題は多様であり、いまだ未知のものである。いくらでも、あるいはいつでも出会える対象である。大学闘争のときある程度の領域と高さは提出されたが、われわれの内に定着したとはいいがたい。改革の糸口を制度にのみもとめる原因のひとつは、大学の問題を、制度を媒介にした思想の問題として反面的に展開できない、いや、デッサンとして描くことさえしようとしなかったからである。

大学は学問研究の府（学術の中心）も根本的性格に専門家養成、近代国家にふさわしい市民形成等を機能としている。日本の場合、その核とするものは常に制度とこみで形成・発展・定着してきた、という事実がある。制度に容認されて、アプリオリに学問それ自体の肯定のうえで知的遺産が語られる。果たして純粋に展開されるであろうか、そのような環境にあって。たとえば、学問論、教育論、人生論が天国の会話としてしか耳にとどかない、という問題が、そこには生じる。

直般的な制度改革論として論じられる歴史的社会的基礎はある。しかし、それだけでは大学がかかえる、いや、かかえてきた問題の固有の質をみいだすのは、むずかしい。

日本の近代化に果たしたひとつの重要な歯車としての位置づけから、なかなかぬけでられないだろう。（高級官僚）エリート養成機関としての（帝国）大学の犯罪性云々は、その系列から考えれば必然とも思える。その一枚岩的な結論は内容が貧弱である。大学内部の問題とともに、学者・知識人ののこした負の課題は、制度のみでは片付かず、内容（思想）だけ取り上げても片手落ちになるだろう。大学を具体的・日常的に支持したのは、彼らであったはずである。

それでは手近かにある最近の大学（教授）論を紹介しつつ、具体的にのべていってみよう。性急な解決策は期待すべく

もない。百年の歴史に対するには、最低でもその半分の季節を必要とするだろうから。

・開かれた構造への転換が変革の突破口とする考え方

雑誌『世界』が特集「大学は甦るか——現代社会の変容の中で——。」及び再特集「大学の新しい実験」を組んだのは、昨年の十一・十二月号である。編集後記には「十年前の大学闘争の中で根底的な問いかけを受けた大学は、あの激しい情熱と大きな犠牲にもかかわらず、まだ答えを見出しえていない」と書き、制度的改革におさまらない「十年前の大学闘争」の質を継承するような調子である。しかし、編集上の位置づけは、四年ぶりの教育問題の特集の企画であった。学校教育制度の頂点にある「大学の現状を見直すことを、教育改革の道を求める入口とした」と記している。すわりのよさは見事なものである。

特集論文の中で紹介したいのは、天野郁夫氏「新しい大学像への構想」である。論文は60年代の世界の高等教育の特徴（「量的拡大にむけて、社会のほぼ全面的な支持をとりつけていた」「オプティミスティックな時代」）から今後の動向・展望を示している。ここでは、70年代の高等教育の批判の特徴として指摘されている点を祖述してみよう。

D・ベルの高等産業社会論、アメリカの社会学者M・トロウの「構造＝歴史理論」を手掛りにおよそ次のようにのべている。

70年代の高等教育の特徴は、高等教育が若者の「自己実現」の場になっていなく、またそういった長期間化する教育の価値に対する疑問と、量的拡大にある学生集団の変質（特権↓権利、手段的な価値↓コンサマトリーな価値、専門型学生↓一般的学生、伝統的学生↓非伝統的学生）による閉鎖的な制度的構造の変革にある。変革の突破口は「二元化」による制度の多様化ではなく、制度の開放化、教育機会の選択の自由の拡大によるひらかれた構造への転換にある。そして根本的には従来の教育システムに代る教育と人生そのものの関係の変革にあり、それは教育と労働との自由な組み合せや往復を可能にする教育のリカレント化にある、としている。

・社会の変化に適応して大学の制度を改革すべきという視点

次に西島建男氏『大学再考』を紹介してみよう。

著者はすでに『学校再考』を著しており、両書をもって著者の学校制度全般の整理を完結させている。著者はあとがきで次のように執筆の動機をのべている。「明治期につくられた日本の『大学』制度は、それなりに完成されたものであり、戦後のアメリカ化も、その土台の上につくられたものであった。『制度』は一度つくりあげられてしまうと、新しく『私』という個人が自分の生活の場から弾力的につくり直そうとすることは、むずかしくなる。『制度』が物象化されてしまい、ひとりひとりの『私』から離れて、上部にそびえ立つようになる。これでは、いけない、もう一度、多数の『私』という原点からつくり直さなければという願い」であったと。

著者の対象にむかう姿勢には教えられるものが多い。あえていえば、この種の「冒険」は類書のない現状にあってはやむにやまれぬものであった、と推測する。Ⅱ・Ⅲ編にある設置基準・研究費・学位・卒業と単位制等は身辺かな解説書として意味あるものである。

ここではⅠ編大学とはなんであったか(過去形に注意—筆者注)第2章日本の大学と、Ⅴ編変革への道、を紹介してみよう。

日本の大学の特徴を近代化の方法との関係から以下五点についてのべている。第一の特徴は序列格差、第二、大学の近代化＝工業化の人材選抜機関、第三、私立大学の教育研究条件の低さ、第四、閉鎖性及び国家権力(政府)にのみ開放、第五、安易な職業専門教育による国民共通の教養教育の欠如、である。Ⅴ編変革への道、第一章理論編では、社会の構造的変換期をむかえて大学もそのなかで、すなわち社会・文化のトータルな変革との関連で考えねばならない、として、現代の大学を外から特徴づけている条件を五点に要約している。

(1)大学の大衆化・巨大化の状況、(2)知識(科学・技術)の加速化および専門化と人間の全体性回復の状況、(3)「青年期」の延期と〝対抗文化〟の発生、(4)管理社会化(能率化社会)と民主的参加の問題、(5)大学に対する価値感の〝相対化〟の状況(生涯教育との関連)、である。各項を評論したのち第二章において実践論を展開している。

以上、天野氏と西島氏の論文を瞥見してきた。両者に共通して指摘可能なのは、社会の構造的な変化に適応して大学制度は改革される必要がある、という見方である。この視点には特別な解説は不用であろう。大学は常に政治・文化総体との関連を持ってきたことはたしかである。しかし、それに対しては、大学と社会の関連はそれほど直線的なつながりであるのは〔か?〕、あったのか、という疑問、が湧き上がる。実際は、逆であったのではなかった〔「か」が欠落か〕。以下でのべる大衆の大学教授のイメージが、なぜ、どのように形成され定着したのか等の挫折した課題がある。虚偽意識、幻想としてしりぞけられない本質的な問題を示している。

(2) なによりも必要な思想としての「大学論」

制度として成立した日本の大学について、まず制度論(史)として展開される必要もあり、改革もその線でおこなわれるだろうが、それは意識された制度論(史)として期待される。しかしそれにもまして宙ずりにされたままの課題であると思想として大学を摑える視点が要求されるだろう。大衆の幻想をもかかえ込むような大学論が大学自身の責任としてあり、また知的遺産と呼ぶものの再度の検証となる課題である。肯定的な「大学の国民化」あるいは「学問の国民化」等は、大学の目的、性格、機能を目的の前提としており、その意味で否定的なものとなるであろう。大学の、学問の内容を主体的な制度とのかかわりにおいて問いとして検証しなければ真の意味で大学の人間化は果せないだろう。みずから掲げる理念に照らしても、要求される。大学という学問研究体制（制度）をつき破って、知の拠点を形成できるか、という問いがそれでなければぬけおちてしまう。

制度改革論でありながら制度に無自覚なのは地に足がついていないといえよう。最近『知的生活の……』で悦に入っている著者に垣間見られる精神は、制度に優しくつつみ込まれていながら、そのことがわからない典型である。では次に大学の教授論についてみてみよう。

・世の中で大学くらい変えにくいところはない

ダメシリーズが好評のようである。そのシリーズにもやっと大学の教授が登場した。学者、文化人も興味深く読んだのを覚えている。そのおもしろさは、今回も同様であった。題して『戦後日本の大学・学問をダメにした教授一〇一人』である。どのようにダメにしたかとみると、教壇よりマスコミ界を活躍の場と考えるタレント教授、ある時は唯物史観、又ある時は皇国史観の民衆知らずの歴史学者、医者の心を置き忘れ患者を金と考える白い巨塔のヤブ医者教授、庶民の味方ヅラをしてその虚名に堕した市民派、わだつみ教授、教え子を票田にし、学問を踏み台としてのしあがった政治屋教授、純真無垢な学生サンに〝赤〟を教え道を誤らせたマルキスト教授、強姦・盗作・裏口入学なんでもござれのハレンチ漢たち等である。おどろおどろしい御題目の羅列である。

まえがきで著者が、取り上げた教授の中にはなかなかの人格者もいるし尊敬している人もいる、と書かざるを得ないあたりはシラけさせる。叙述の粗密がはなはだしく、読んでもなぜ、どのようにダメにしたのか、わからないものが少なくない。おもしろいのではなく、本当はつまらない本ではないか、と考えてはそれこそつまらない。興味が喚起されるのは、末尾にある大学教授七つの大罪である。そのまま書き抜くと能なしとなるので、うら返して列挙してみる。

まず第一に深い豊富な学識教養、第二赤貧洗うが如し、第三学問研究に専心、第四副業なし、第五学生たちに強い思想的影響を与えない、第六権力・政治には中立的立場、第七みずからすすんで老害と呼ばれる前に職を去る、となる。はたしてどんな具体的な教授像が構成できるでありましょうか。著者は自らシモジモと庶民をよそおっているが、そのよそおいの分だけ庶民からも遠く離れている。そのよそおいを削ってみてはじめて地獄目がみえてくる。

大学の教授なんか、どんなにころんでも苦しいといっても、社会生活は安定し、名声もあるじゃないか、というう す笑いの目である。無化、あるいは拒絶する姿勢である。このしたたかな目は、制度を媒介にしない、あるいは制度と切断されたところで作り上げられた教授（知識人）のイメージである。

・制度とはフィクショナルなものということ

制度を媒介した思想の問題として大学を摑えるというときの、その思想の担い手のひとりである教授とはいかなるものであろうか。それは丁度、教授自身が大学改革の困難さを語るときイメージする同僚の姿と庶民のしたたかなイメージの中間にあるだろう。たとえば、遠山啓氏が「大学論議への異見」（『世界』七七年一一月号）のなかで「大学の改革をテコにして日本の学校教育の全体系を改革しようとする意見」に対してのべている大学改革の困難さを引用してみよう。「原則ばかりでなく、現実的にもそれは誤っている。長いあいだ大学のなかで暮したことのある私の実感を言わしてもらえば、世の中で大学ぐらい変えにくいところはない。大学が変わるということはラクダが針の穴を通り抜けるくらい苦難のわざだ。」読者はどのような反応を示したであろうか。多くの読者が示したであろう、不明さ、わからなさをあきらかにする作業がいまだ残されているのである。正立した像の確立のために。

以上簡単ではあるが論文を紹介しつつ、制度を媒介にした思想の問題として大学を摑える試みをしてみた。制度というとき、それは西島氏ものべていたが、フィクショナルなものでありながら強制力をもつものである。この観点をぬかしては、主体的に学問の内容、思想の形成、大学の思想を問う行為は、自覚的ではなくなるであろう。制度改革論の背景に求められる制度的思想論の視点である。その意味で前掲長谷川宏氏が「研究室をさるかどうかが全て否定の試金石になるなどという単純な図式はだれも信じてはいなかったけれども、観念過程と生活過程があいまいに交錯する領域で将来の生活のイメージをおおきくかえる可能性をもつ選択をせまられたとき、わたしたちは単純な図式を思想的にのりこえることができなかった」とのべていることはいまでもたしかな課題として残されてしまっている。制度(化)に安住し、無自覚的に知を形成することに警告し、対象の単純単細胞的な否定、あるいは逆に全面的肯定でもなく、常に論じる主体を含めた全て否定的な関係を構築し、そこに立脚した視点が今後の大学改革論が実り豊かになるために要求されるだろう。

（『進ゼミ情報』秋季特別号、一九七八年十月、著者は「レポーター・西雅人」）

9　新しい世界への問いかけ

(1)　私にとって受験とは

私はこれまで二回大きな受験をした。大学受験と大学院受験とがそれである。前者の場合は受験というものに全く無自覚であり、後者は極端に自覚的にならざるを得ない受験であった。まったく構えがちがったし、質的にも異なっており、受験そのものという点では一長一短があった。さらに、元来先々の見通しが持てない、器用に立ち廻れない性格のためか、どちらともハンディキャップを背負って受験した。

いま考えると、私にとって受験とはみえなかったもの（関係）がみえてくる過程であった。それは 大学との関係であり、学問であり、家であり、秩序等であった。すべての関係がみえた訳でも、判った訳でもない。ただ垣間見ただけかもしれないが、その過程を経ることによってそれまでの世界（＝関係）が大きく動き始めたことは確かであり、現在の私のあり様が基本的に規定されることにもなったのである。さらにいえば、己れのあり方を問う連続であった。新しい世界（＝関係）にあって己れの位置をしばしば見失なったが、自分を問い続けることは、取りも直さず自分とのかかわりで対象を問い続けることにもなり、しんどい作業であるが、やめる器用さは持ちあわせていない。自分の証しを捨て去ることになると考えるからである。

(2)　〝私の大学〟の解体

それではまず大学受験を述べよう。一八歳の春、必死になって受験勉強していた。何故必死になったのかといえば、進路選択を誤ったためである。高校の進学振り分けの際、理数系の成績がある程度あったので、理数系のクラスに入れられた。ところが、高三に至り当初の国立志願は受験科目が多すぎることと、数Ⅲに興味を覚えなくなったことにより変更を余儀なくされ急速私立の文系に切り換えた。しかしクラス変更が許されなかったから、文系の受験科目は日常の理数科目の授講の傍ら勉強しなければならなかった。だから必死であった。当時は受験体制への問い、あるいは人間の能力が一片の試験問題で測れるのかといった疑問はなく、不合格とはそのまま人間としての欠陥の烙印と考えていた。成績によって人間性までも判断されるのだ、と小学校以来公教育体制のなかで植え付けられてきた所産である。受験に疑問を持たなかったため、規則正しい受験の準備体制がつくれたし、集中もできた。

ところで受験の目標である大学に対してどのようなイメージを持っていただろうか。それは驚くほど牧歌的な大学像であった。大学にいけば自由な時間に自由な勉強ができる。大学は学生に対して自由に専攻科目を選択させ、講義の出欠調べなどはもちろんなく学生の自主的判断にゆだねられている、といった大学像であった。どこからこのような像が創作されたのかよく解明できないが、それが受験時代を支えていたのは確かである。大学は最終ゴールであり、〝地上の天国〟と写っていた。

そして昭和四五年大学入学。徐々にではあるが確実に、当然の如く前述の大学像は解体された。大学では華やいだキャンパス・ライフが展開されていたが、その日常性においては信じられぬ光景でいっぱいであった。当時全共闘運動は衰退し始めており、大学は「正常化」に躍起になっていた。ひとつひとつの場面を取り上げることはしないが、最も幻滅したのは単位認定権、成績評価権を基軸にした教師と学生との教え—教えられる関係の固定化であった。大学が成り立っている現実的根拠がみえてきたのである。大学の自治、自由、研究と教育の統合、人格の陶冶といった理念が実感として虚構のように思えてきた。そのころよく口にしたのは吉本隆明の詩「少年期」の一節「みえない関係が／みえはじめたとき／かれらは深く訣別している」であった。

既存の観念と「深く訣別」して、人間的解放を獲得したいと思うようになった。それは一方で大学への異議申し立てになるとともに、他方でこれまで全く疑問を持たず、ただひたすら大学へ、大学へと歩んできた私自身への問いでもあった。果たしてどのような現実認識を私は持たされてきたのか、疑問を持ち始めていた。

そして大学幻想の解体を早めた要因には、さまざまな人々との出合いがあった。なかでもI氏との出合いは決定的であった。いまでも忘れられないのは、初めて大学教師の自宅に自主講座の講演を依頼にいったときである。2DKの都営団地に住む彼の部屋には身体を横にしてすべり込むようにしなければ入れなかった。そこに机が二つあり、ひとつは小学生の娘のもので並んで勉強しているといい、その部屋で机の下に足をつっ込み寝る状態であった。机と本棚にはさまれた、ほんの少ししかみえない畳にちゃぶ台が置かれていた。そのときの話の内容はよく憶えていないが、情景は強く印象に焼きついている。大学教師というのでもう少し〝ましな〟生活を想像していたが、それが現実であった。

衝撃的な第一印象に加えて、I氏からこれまで全く知らなかった世界を紹介されるとともに、さまざまなことを教えられた。とくに彼が強調してやまなかったのは、学生存在にこだわり続けることと、認識主体を深化することであった。対象に関する知識を寄せあつめるのではなく、対象にかかわる主体を掘り下げることが大切なのだ、と繰り返し主張していた。いわば関係認識のあり方を問題にしていたのである。そのことをたとえていえば、あなた（私）が必死になってやってきた受験勉強ほど無意味、かつ消耗なことはない、といっていたに等しい内容であった。

それまで持ち続けてきた〝私の大学〟が解体したあと、私は再び大学を目指した。己れの一八年間の歩みを反芻するために、私自身のために大学にこだわり続けることにした。このまま大学を通過したのでは、自分が惨めであった。それが大学院受験であった。

(3) 私の課題

二度目は受験に自覚的であったがために、まともな受験勉強は手につかず修士と博士とのそれぞれの受験に一回ずつ通算二回も失敗した。そのころはやはり不安だったのだろう。なにか拠りどころを求めるように、吉本隆明の大学（体験）論を整理し、謄写印刷して個人通信を出したりしていた。失敗はつらかったが、ストレートに行くよりも自分が下る階段に自覚的でありたいと思う気持ちもあり、二年間の浪人は全く無駄ではなかった。ただし浪人中でもどこかの大学に籍を置くように工夫した。修士のときは、まず研究生を志願したが大学院準備のための腰掛けとして考えられては困るといわれて受け入れられず、結局部外部研究者という制度を紹介され、それに登録した。博士のときは聴講生となった。それはまったくの浪人では生活の目途がたたない状況であったためであり、自分の存在を確認するためでもあった。

大学院受験で忘れられない情景がある。筆記試験の翌日、面接試験の場面である。すでに判定はほぼついているときである。六名の教授を前に、スチール製の机の前に座らされて質問を受けた。彼らは開口一番、試験はできたと思いますか、と聞いた。できたか、できなかったかを判定した者がそれを聞くとはどういう神経なのか。それは序の口であった。続けて出た質問は、君のこれまでの言動と大学院受験とはどういう関係になるのですか、批判していた大学になんで受験したのか、大学院をどのように考えているのか、六号館の占拠をどう思うか（実際には私はかかわっていなかったが、彼らはそうとは考えられなかったらしい）といった内容であった。途中私の応答に笑いをはさみながら、彼らは面接試験という機会を最大限利用して、私を揶揄した。彼らにとっては大衆団交の仕返しのつもりだったのだろうか。スチール机は軽い。膝の上に置いた手を上にあげれば、机は軽々ともち上り、容易に彼らに投げつけることもできた。派手に立ち廻るか、やめるかと思案している間に、それではご苦労さんでした、という言葉で、終わった。

私にとって大学院受験とは、大学に対して仮託する念いもなかったし、学問への寄与もあり得なかった。大学院入学に際して、私は粟津則雄が吉本隆明論のなかで指摘した、吉本の外部世界に対する構えに学んだ。粟津は吉本のとった道を、おのれを拒絶する風景のなかで、風景を拒絶し続ける道、おのれの存在を意味づけることなく、むしろ、いかなる意味づけの可能性も奪い去られた存在として、世界のなかで、世界に向って、孤立し続けるという道である、とのべている。すなわち、大学のなかで、大学に向って、孤立し続けるという道（構え）である。そしてもうひとつ心したのは、大学の存在を人間の解放にとって最も遠い位置においてみる、ということであった。それは学校教育法上の大学の位置づけ（「大学は、学術の中心として、広く知識を授けるとともに、深く専門の学芸を教授研究し、知的、道徳的及び応用的能力を展開させることを目的とする」）とは全く位相を異にしていた。鶴見俊輔が、みずからの生きている場所から自分の価値基準をたてて、ある種の遠近法をつくって過去を集約することはできる、らくがきする小学生のほうが、ルーベンスよりも偉大に見えるという遠近法（価値基準にもとづく遠近法）をたてることはあり得る、人の生きているところには、それぞれの人にそのような特有の遠近法がある、と書いているように、最も遠い位置に置くことは可能である。日本近代の解放にとって大学の存在が極措以外のなにものでもなかった、という叙述はあり得るのであり、それが課題でもあった。

最後に受験はよく関門と称されるが、その関門を通過する方法はいくらでもあるだろう。たとえば受験産業を活用するとか、実質的に仕事（研究）をおこないつつ知識を修得していくとか、ある時期人里離れてこもって勉強するとか、その人に固有の創意と工夫が発揮されるべきである。私は大学院受験の折、一週間程部外部研究者という肩書を活用し、大学関係者に対して低額で宿泊を用意しているセミナー・ハウスに投宿し、集中して受験準備をおこなったり、個人教師を見付けて一ヶ月間午前中だけ、自分の関心のあるテーマの原書を一緒に読んで貰うなどして、語学試験の準備をした。そして受験にとって基本は、自分にあきることなくつき合うことではないだろうか。なぜ受験するのか、本当に通過しなければならないのか、と自ら問い励まし念いを新らたにして取り掛ることである。そこから創意と工夫とが生まれてくるだろう。

（東京大学助手）

（『不動産法律セミナー』一九八四年十二月号、著者は「現代教育研究所　中野実」）

第二章　書評による教育批判論・大学批判論

1　『図書新聞』掲載の書評

1　包括的視点で展開――教育＝善の論理には異和感
現代の人権双書10『国民の教育論』永井憲一著

昨今の教育状況に、その特色を求めようとすれば、国民の権利としての教育権運動の存在がひとつあるだろう。教育関係の月刊誌・又単行本でも数多く出版され、それぞれの執筆者の個有の視点と立場性から展開されている。

本書は「〝七〇年〟代という歴史的転換の時代を迎えて、そこでまず国民の人権意識が高揚されなければならないと念願」して企画された「現代の人権双書」の一冊である。

長く憲法学を研究している著者の教育権論は「憲法二六条の国民の〝教育を受ける権利〟を原点」とすべきとして「それを（教育を受ける権利）を保障する教育法制のあり方が、その権利をめぐる現実態とのかかわりで考究」されている。

戦前の教育勅語体制との対比における、戦後の「主体的な国民を育成する」日本国憲法、教育基本法制の理念とその歴史的意義（序章）から、戦後から七〇年までの憲法・教育基本法制の目的理念の変化を具体的につづった「戦後史のなかの憲法・教育の歩み」（第一章・第二章）、その過程で生じた教育問題の解決に裁判を求めた例えば勤評闘争・学テ闘争等、教育裁判の争点をあきらかにし（第三章）、支配階級の福祉国家論から国益論の強調へ、〝第三の教育改革〟と呼ばれる今日の中教審答申の中で、国民の教育を受ける権利の実態に注目し、その問題状況を浮き彫りにし（第四章）、最後に現在、議論百出している教育論の論理類型を整理し、あわせて七〇年代の教育をめぐる国民の権利闘争の任務と課題を提出する（第五章・第六章）構成になっている。

以上、本書は『国民の教育権』とは歴史的にはどう形成されてきたか、その論理的・現実的根拠はどこにあるのかといった具合で、包括的に展開されており、入門書的要素が強い。

正直いって、本書を読んで最初から何か異和感が私にあった。それは著者がそもそも〝教育〟をどう捉えているのか、に関係しているのではないかと思いつつ読んでいくと、教育とは「人間の全面的発達をみちびく営み」とあった。そういう教育に対する認識の仕方、教育＝善という発想から組立てられた論理に対する異和感であったと思う。

著者自身が教授としてつとめている大学の中で、学習主体者である学生は、いかなる権利を保障されているというのであろう。学生の学習意欲とは全く関係なく、押しつけ取らされるカリキュラムの講座であって、自分のニードにあった講座をひとつでもカリキュラムに設置できるのか。授業内容しかり、学校運営しかりであって、全くの無権利状態ではないか。

それはすでに、教育構造・関係の中に原因がある。「みちびく」者として教師（授）がおり、「発達する」学生がいるという、その教育関係、教え―教えられる関係の固定化の上で、「教育」が成立しているのである。それ故、「教育の自由の実体であるとされる国民と教師の責務に対し、子供の教育を受ける権利は、そのような双方を要求しうる権利であり、それと内容と方向を同じくする限りでも、それは国民と教師の教育の責務として代行される」ことはないのである。授業から、学校から子供・学生を疎外させているのは教師であり、「教育」なのである。

平和憲法・教育基本法制が戦前の軍国主義教育勅語体制の反省から生まれたものであることは判っても、現実的教育関係、教師――主体＝評価権・単位認定権を持ち、学生――客体＝被評価者の関係において、〝教育権〟〝権利〟とは、現実的、具体的なそういった関係を全く変革するものではないだろう。（四八・一一・一〇刊、Ｂ６二三六頁・一〇〇〇円・法律文化社）

（筆者＝ＮＥＩ所員）

（一九七四年二月九日）

2　多彩な論が展開――ほしい学問研究への内在的批判
『これからの大学』生越　忠著

本書は『東大――大学紛争の原点』（三一新書）において鋭

く東京大学の矛盾と犯罪性をえぐり出してみせてくれた著者の、六八年以降籍を移した和光大学での教育実践活動をまとめたもので、多くの読者がまちわびていただろうし、評者である私もその一人であった。

大学の大衆化現象を歴史の必然と認識する著者は、大学及び大学人は今後、万人に開かれた高等教育機関、教育者に徹すべきであると言い、大学の中でさえ専門科目と比べられて軽視されがちな、一般教育科目の担当教員として、大学の制度改革への内部告発を展開している。外面と内面を巧みに使いわけ、自ら拠って立つところの機構、制度の改革になると一夜にして無口、「理性的」、保守派になる「進歩的、革新的大学人」とは異なる著者の特色は本書のモチーフである「経済の論理にたって成立している近代公教育そのものが持つ矛盾を現代的視野から超克する」といったことにもあらわれているだろう。

本書の構成を素描してみよう。

大学無用論、大学解体論などの大学改革のさまざまな思想を紹介し(第一章)、最も多くの紙面をさいた第二章では和光大学での教育実践の総括を展開している。日本の大学の歴史を概観し縦軸で今日の大学問題を抽出し(第三章)、あの全国学園闘争後、各大学で検討された自主改革(論)が日本の大学という全体的視点を獲得できず、また改革の主体形成がなかったことから流産した改革案をひとつひとつ検証する(第四章)。最後第五章では今後の大学の再編、改革のあり方として「市民にむかって広く開かれた公法人立の高等教育機関」として、そのための道程を提出している。

と同時に大学人の使命を厳しく問いかけている。近代大学性善説、「大学の自治」=善を夢疑わない教員こそ大学改革に対して大きな障害として存在するからである。

特に第二章の「壁を破る試み」として大学の講義を学外者に解放していく開放講座、大学開放運動、それに触発された形で生まれた学生の自主ゼミナール運動、大学間交流促進運動など、多彩に展開されている部分は大変興味深く読める。

自然科学者として、大学問題研究で特異な存在意義を占める氏の深い洞察と教育活動が遺憾なく示されているといったことが正直な印象である。

さて評者の疑問を提出させてもらえれば、大学の大衆化現象が歴史的必然性であるから、万人に開かれた高等教育機関にすべきであると言うときに、大学で行なわれてきた、また行なわれ続けるであろう、学問研究が「社会に有効でない」「役立たずである」といったことだけで、片がつくかということである。一言にして、学問、研究の体制、及びその方法、認識そのものに対する批判があまりないということである。

例えば「研究者の養成機関をもかねた純粋の基礎科学研究機関——科学院」として博士課程の大学院を改組するということでは、現在それらによって進められ、支えられている学問研究に対しての内在的批判が欠落していくのではないだろうか。

幻想の拡大再生産をストップさせなければ、科学院にいく者、在籍者が社会的にプレスティッジのあるものであるといった、大学が持ち続けてきた幻想、学問研究をする者の権威といったものがただ移項したにすぎなくなると考える。これに関係して「生越氏にとって大学とは何か」という問いが次に発せられるだろう。

最後に今後とも生越氏のバイタリティと地道な活動に期待するものである。(四・二〇刊、B6二二五頁・五八〇円・朝日新聞社)

(筆者＝NEI所員)

(一九七四年六月二十二日)

3　公教育の構造を解明——残る教育の政治性への疑問

『イギリス労働党公教育政策史』三好信浩著

まず本書は、学部卒業論文『エリザベス救貧法』、博士論文『英国公教育制度成立過程の研究』を基礎にし、まとめた前著『イギリス公教育の歴史的構造』(亜紀書房刊)の続編という性格を有するものである。

直接的には「イギリス労働党の公教育政策の成立と展開」をあきらかにすることを目的としながら、その労働党の公教育政策の展開過程で示される限界をイギリス現代公教育の「限界」であると認識している。そしてより一般化、普遍化の作業のために「イギリス現代公教育の基本構造の解明」を第一の視座にしている。そして本書の場合はイギリス労働党であるが、具体的な政党を介在させることによりより深く「現代における教育と政治との関連を解明」するという第二の視座。すなわちこの二点の視座をすえることにより、「現代公教育」の考察を試みている。

全体は五つの章から構成されている。以下各章を素描してみよう。

まず序章において「近代」公教育と「現代」公教育の識別をしている。「近代」公教育が「二元的な教育系統の並存」の上に構築され、その体制の変質過程を「現代」公教育の出発としている。イギリス「現代」公教育は、「近代公教育の原則が部分的に改革される過程」として「国民の福祉としての教育保障を実現するための、公教育の再編成または拡充」としてあるとのべている。

次に労働運動、社会主義団体、労働組合の生成と発展に即し、それらと公教育との関連を第一章で展開する。特に新労働組合主義の発足に触れ、その意義について公教育に対しては、「教育の機会均等の民主的保障」を要求し、又一八九七年の教育決議における中等教育の考えは、後の労働党中等教育政策の「先駆」とみて注目している。

第二章において一九〇〇年に結成された労働代表委員会を基礎にして成立した政党、イギリス労働党の公教育政策の確立までを描く。

一九〇六年の学校給食法をはじめとし、バルフォー教育法、フィッシャー法などを経験するなかから、労働党は、「党の基本方針が不明確」「系としての教育政策の方針があいまい」などの点を知らされていく。そしてその混迷から生みだした『労働党と新社会秩序』は、社会主義団体の性格を強く打ちだし、そこでのべられている教育改革は「イギリス公教育における重要な転換点」としている。特に当時最大な課題であった中等教育問題に対して教育検討委員会は「教育の梯子」ではなく「すべてのものに中等教育を」という「単一制度の原理」を提出し、以後労働党の教育政策の基盤となる。

第三章は第二次世界大戦を境にして述べ、戦後は一九四四年法（正式にはイングランドとウェルズに関する法律を改正する法律）の制定に関連して論じている。労働党はこの法律に大部分は賛成の意を表明し、四五年に成立した労働党内閣は、この教育法の施行につとめた。しかしそのなかで中等教育の三課程制に対して労働党内部から反発があり、その結果五一年のパンフレット「中等教育政策」において、はじめて労働党が明確な形で総合制学校の樹立を決意していった。以降労働党は五一年から六四年の在野時代に「より大きな平等のための政策」のため、社会主義政党としてその模索を内部で深めていく。その間初等教育総合制中等学校とパブリック・スクールの関係といったことを中心に労働党の平等の教育機会の原則に照らしつつ、さまざまな課題に取り組んでいく。

さて結章で著者は労働党のイギリス現代公教育への貢献を「平等の原則」の一部として「教育の平等機会」も保障し、慈善としてではなく権利として教育を公的に量的に拡大したことを、その教育政策の特質を以下のようにのべている。「上からの発想のベクトル（平等の原則の適用）と下からの発想のベクトル（実際的経験の累積）の交叉関係」にあると。最後に「政治と教育」の関係に論及し教育内容を公教育政策の対象としなかった（新しい伝統）ことと現代における公教育が膨大な公費の支出と、社会体制に深くかかわるということから政治的にならざるを得ないことを踏まえつつこう結んでいる。「議会制民主主義の政治体制下において、政府と政党の教育政策が、どの点において政治的であって、どの点において政治的にあってはならないか。」

以上まとまりのない要約になってしまった。評者の感じたことをあげればささいなことになるが、結章のところでの「政府の自己抑制は、同時に教職者の自己抑制を誘導し、教職者が集団として特定政党に優先的支持を与えない」（三二九頁）という部分である。

果たして政府の自己抑制が教職者のそれを「誘導」したのだろうか。倒立させて考えてみて、教職者の教育意識が政府をして干渉させなかったという部分があるのではないだろうか。労働党政府が教育を「権利」として普及、拡充したという成果以前の問題で、教職者の教育観、ひいてはイギリス人民の教育観に教育それ自体は非「政治」的であらねばならないという政治性があるのではないだろうかという疑問をもっている。（三一・二五刊、A５三三〇頁・一八〇〇円・亜紀書房）

（筆者＝現代教育研究所所員）

（一九七四年十月二十六日）

4　問題点と到達点を明かす——網羅的に裁判を紹介
教育権理論に疑問も
『日本の教育裁判』教育法学叢書　５
本山政雄・川口彰義・榊　達雄・柴田順三著

「教育はすべての人々の諸能力の全面開花をめざして、組織的計画的に営まれる社会的事業」である。これは本書「はしがき」のまず一行目の文章であり同時に著者達の教育に対する規定であり前提である。

本書は「国民主体形成の科学たるべき教育学」（傍点原文）を目指して「国民の権利にふさわしい教育、教育制度の探求こそが課題」であるという問題意識をもって教育裁判を研究してきた著者達の「成果」をまとめたものである。一応教育裁判というものの用語を、本書では「子ども、父母、教師の教育権（教育労働者としての労働権を含め）が問題になる事件」と限定している。

以下、その研究対象にされている裁判を目次の順にあげてみよう。

「教師の〈レッド・パージ〉裁判」「超勤裁判」「勤評裁判」「学力テスト裁判」「教科書裁判」「私学における教育裁判」「大学自治と教育裁判」「学校事故、災害裁判」という具合である。

これでおわかりのようにだいたいの大きな「日本の教育裁判」がとりあげられ、それぞれの問題点と到達点が明らかにされており、教育法学の現状もあらわしているようだ。それぞれが独立論文の形式をとりながらも「私学……」までの各章は歴史的流れにそって配置されており、相互の関連がわかりやすくなっている。すなわち構成がたいへん親切にできている。そこに評者は著者達のなみなみならぬ「国民主体形成」の意気込みがあると思われる。

そして本書はまた教育法学叢書の一冊として刊行されており、このことは一九七〇年八月に結成された教育法学会のひとつの成果であると言えるだろう。

評者は以前『国民の教育権』（永井憲一著）を紹介した際、その論理に対して違和感が始終つきまとっていたと書き、その原因を「教育＝善」の論理にあると考えた。

そして、本書において一行目から「教育はすべての……」と書いてあるのを読むと何か教育勅語を読まされているような気になる。

こういった教育観、または教育意識を前提に立論するということが可能なのだろうか。

「教育的価値」の面からではなく価値的教育がまずあってそこから出発してしまっているようである。まして「教育という営みが子どもの教育権（学習権―評者）を保障すること」（傍点評者）であるという認識はどこからでてくるのか、現実をどうみたらそういった認識ができるのか、という疑問が生じる。

たとえば大学の大衆化がいくら進んでも、大学で行なわれ続けている学問や研究と、少なからずそれらをまわりから支えているわたしたちの意識、思想形成の方法を問題にしていかないかぎりは、大学が解体するとか幻想がなくなるとかは言えないだろう。ますます簡単に、容易に頭が切り換えられるようになってしまっているのではないだろうか。

同様に国民の教育権の確立ということは、決して教育の「国家のイデオロギー支配」を暴露したり、転覆させるものではなく国家により以上に包摂されていく過程であり、安易に教育支配されていくものである。

教育権理論は評者には頭上高く神の声のように聞こえてくる。近代市民社会が作り出した神の声を聞きながら安全地帯、安住の地からしゃべり啓蒙しようとはどだい無理なことであると思う。（七・一五刊、Ｂ６二七六頁・一四〇〇円・勁草書房）

（筆者＝現代社会研究所所員）

（一九七四年十一月九日）

5　物足りない『日本の教師たち』槇枝元文著

本書は現職の日教組委員長が自らも教師のひとりとして「日本の教師は現代をどう生きなければならないのか」という問いの解答をひきだすべく意図され執筆されたものである。

全体は五章から構成されている。第一章「戦争と敗戦のなかで」では小学校時代に遭遇した三人の教師を語り、教師を志望していく過程をのべている。そして昭和十五年から召集令状をうけ軍隊に入隊するまで二年間の教師体験を経て、敗戦後再び教壇に立つまでの動揺、苦悶をあきらかにしている。ただひとつ著者の肉声が聞こえるところであるといってもいいだろう。

第二章「教師――その戦後三〇年の歴史」では「聖職教師」であった己れの自己変革を求めて教員組合運動へ参加していった多くの教師の姿と著者のそれも思い描くことができる。二・一スト、「教師の倫理綱領」作成、勤評闘争、安保闘争などを点とし、それらを経験するところから教員組合運動の線をつくろうとしている。

第三章「世界の教師と日本の教師」では世界各国の教師の地位とか性格を論じている。また一九六六年パリで開催された特別政府間会議で採択されたＩＬＯ・ユネスコの「教員の地位に関する勧告」に触れ、世界の教育労働者のあるべき姿を指摘している。

第四章「現代に生きる日本の教師」においては現代の状況のなかでの教師像の模索をおこなっている。教師の自主性や創造性を規制する「学習指導要領の法的拘束性」について、また「国民の教育権を認めたもの」といわれる家永教科書裁判の杉本判決にも触れている。ほかに教師の教育活動を生き生きとさせない管理体制などにも言及している。

本書のひとつの主題である「教師とは何か」という、その性格規定をめぐって本章二節では各政党のそれを整理し、著者の、というより日教組の教師像を提出している。

第五章は「ある母親と教師とわたしの座談会」と銘打っているが、その「母親」が「教師」が市井のそれとは納得しがたい。

さて評者がおどろいたことをあげるとすれば著者は昭和十五年から昭和十七年の戦前の二年間と、戦後昭和二二年から二四年の二年間の合計四年間の教師生活しかしていないということであった。その四年間の教師生活のなかで著者が自らの発想と体験をもとにどのようなものを得ていったのかは本書からは明らかでない。小学校時代に接した三人の教師から多大な「人間形成のうえで影響を受けた」というその体験裏にひそんでいる教育観、教師像が、その後著者の軌跡の過程で検討されていないということと同様に物足りなさを感じさせた。（三・一〇刊、Ｂ６三五四頁・九五〇円・三省堂）

（筆者＝ＮＥＩ会員）

（一九七五年四月二十六日）

6　専門職論を究明——多岐的な展開だが〝批判〟に止まる
『教師聖職論批判』石倉一郎著

昨年四月、日本共産党は赤旗誌上に「教師は聖職と言われるべき一面を持っている」の見解を発表した。読者にとってもまだ記憶にあたらしいであろう。

それを契機として所謂聖職論争が起こった。さしたる成果も見あたらず、現在は尻切れ状態である。

さて本書の執筆意図は、その論争の背景になる教員養成問題が大学の内部、外部を問わず「十分に認識されていない」ことを指摘し、その問題を普通教育と大学制度にかかわる重要なこととして、それへの「深い理解」をうながそうとするものである。

著者は長く教員養成関係学部の在職にあり、専門はマルクス経済学である。

第一章「教師は聖職者か」、第二章「教育労働の性格」、第三章「教員養成制度の変遷」と付論「教育労働の生産的性格と労働力の価値」から本書は構成されている。

第一章では聖職論を整理している。そして聖職は「身分別の社会を基盤とする前近代的概念であり、かかる社会の体制擁護的な精神的職業」を意味する言葉としてあり、日本では戦前の師範学校教育によりつちかわれた「天皇崇拝教布教師」の意味である。その「政治的歴史的背景」を捨象し「軽々しく言葉をもてあそぶことは許されない」と痛烈に日本共産党の見解を批判している。

第二章では教師の労働の多様性や、他の労働との異質性をのべ、「教師の労働の特性」を認めつつ専門職論を展開している。

そして教育労働は「物質的生産の労働から分化、自立」しており、その自主性、自律性は「単なる理念として、当為としての権利要求ではなく、現実の教育労働の本質にもとづくもの」としている。続けて教育労働運動は「労働者階級一般としての権利、主張に加えて、明確な階級意識に裏付けられての専門性にもとづく要求をも徹底的に主張して闘うべきである」と提起する。

本書の中心をしめる第三章はまず、戦前の師範学校教育における戦犯的役割——天皇制軍国主義への全国民の教化に絶大なる貢献をし、さらにわが国国民性の形成にも大きな影響を及ぼした——を森有礼作成による師範学校令の思想を中心にしてあきらかにしている。

そして、戦後の「新しい国民教育の教員の養成」はリベラル・アーツ・カレッジ——旧制高校と旧制師範学校とを統合し、総合的学習により広い教養のある市民を養成するあたらしい学部——でおこなおうとした。しかし支配者側反動政策や大学内部の派閥争いによって現実化されずに終わった。そして新制大学の弱い環として、その実体は結局、職業的色彩の強い、教育内容は「学生に劣等感」を与えるものであり「学問的に低い自主性の弱い大学」になった歴史的経過を柔軟な思考をもって展開している。この章は筆者の教員への思い入れがうかがえると同時に忌憚ない意見が読みとれる。

最後、付論は教育労働の性格をマルクス主義経済学の立場から理論的究明を試行する。

教育労働は「資本が生産過程を服属させた段階」では「本源的規定における生産的労働から分化して独自のそれとして自立」し、教育サービスが資本制商品として生産されるようになる「価値、剰余価値を生産するものとして形態規定においても生産的」労働になるとしている。紹介だけで紙数が一杯になってしまったが、それは本書が多岐にわたる内容をもつことにある。

さて評者の感想は第二章についてである。

石倉氏の戦前、戦後を通じての教員養成制度についての記述は十分に、その実体をつくものとして納得するものである。が、戦前の師範学校生や教育系学生に対する評価には、なじめないものがあった。それは教員を志望する者の心性に接触する機会が筆者には長くあったはずであり、そのところの石倉氏の念いをふくめたものの展開がなかったことが残念であった。すなわち聖職「論」の批判にとどまってしまっているのである。

全能の神のごとく子どもの前にたちはだかろうとする教員の「聖」教育意識はどのように形成されてくるのかを考える評者は、次に石倉氏の「教師論」を読んでみたいと思う。

（二・二八刊、B6一八七頁・一二〇〇円・三一書房）

（筆者＝NEI所員）

（一九七五年五月二十四日）

7　現場を見る目――理念の提出では解決にならない
『昼下がりの教員室』『孤独な教室』望月一宏著

『昼下がりの教員室』『孤独な教室』とも中学生の実態が書かれてある。奇妙な言いかたになってしまうが、中学生の実態にかかわっては書かれていない感じを受けるのである。

中学生の実践、と本書で取り上げられているのは、受験戦争下の非行であり、気持ちの家出（気持だけ家庭から離れてしまっている状態…評者注）であり、登校拒否であり、性の乱れである。それらをケース・スタディ的に取り扱い、原因に迫ろうとしている。そして著者なりに原因をつきとめてはいるようである、とは随分あいまいな表現であるが、評者にはその原因と考えられているものがほとんど納得できないからである。

教育現場の報告といった類の書物は数多く刊行されている。そのなかで本書の特色は、東京都で最年少の中学校長となった経歴と、現職校長の当事者性にある。この経歴と強みから考えるに、内容がもっとダイナミックに展開されてもいいようなものだが、きわめて秩序的に平板に解説されているにすぎないのである。

中学生の実態がただ書かれているにすぎないという意味は、まさにそういうことなのである。筆者の若さと経歴が動的にダイナミックに発揮されていないのである。

しかし、反対にこう考えられるかもしれない。最年少で校長となったり、文部省の教育派遣員になるためには、一枚岩的な断定と解釈をしなければならない、と。

著者はすでに『昼下がりの中学生』を上梓している。その続編にあたる『昼下がりの教員室』からすこし引用してみよう。

たとえば、いまの教育欠陥のひとつを次のようにのべている。

「ゆとりのない教育工場は、たくさんの人間製造のため規則や規律や拘束にみちている。

正義感とか責任とか、あるいは、友情とか敬愛とかいうような情緒面が育たない。」（六九頁）

またアメリカの学校の実態を観察してきた結果として、次のようにのべている。

「日本の学校は悲しいほど子どもたちが自由に活動する時間が少なすぎる。アメリカに行くと、この点がまさに理想そのもので生徒はみなのびのびと学校という大きな広場をわがものとしているような感じだ。」（一二五頁）

知育偏重の教育に対決して情緒面の、あるいは人間の感性面を強調するのは、決して誤りでない。また、日本の教育現実を唯一絶対の教育形態であると見誤らないために、比較し、相対化することも必要であろう。

しかし、本書からは校長としてあるいは教育者として、いま現に子どもとかかわり合っている、受験教育の中で呻吟している著者の姿がみえてこないのである。

それゆえ「それ（非行、学校における儀式的な生活や、さまざまな拘束に耐えがたくなる時期…評者注）を何とかのり越えて行かせるためには、素朴なあたたかさや、人間味のある膚のぬくもりでしかあるまい。」（一四一頁）とのべてみても、著者の現実に対決する姿を、教育現実への当事者としての視点をぬかしてしまっているので、いくらあるべき理念を提示してみても、問題の解決にならないのである。また教育現実の再解釈、再評価にもならないであろう。

最後に、学校の管理、運動の責任者としての著者と、教師あるいは事務職員との関係が書かれていないことが残念であった。（『昼下がりの教員室』＝二・二五刊、B６二二九頁・六八〇円・中央公論社、『孤独な教室』＝三・二〇刊、B６二五四頁・六八〇円・朝日新聞社）

（筆者＝現代教育研究所所員・教育学専攻）

（一九七六年五月二十九日）

8　教育のGNP主義をうつ――経済的視点で方向探る
『学歴信仰社会――大学に明日はあるか』尾形　憲著

学歴社会は学歴を信仰する社会であり、学歴は信仰するのに値するものであった。大学卒の学歴は庶民にとって安定した生活と高い地位を獲得する、手っ取り早い方法である。そのために親は、子供を、彼らの意向とは無関係に自分たちの衣・食・住を節約して大学へ送りだす。著者ものべている「学歴格差がそのまま所得と身分の格差につながったことを身にしみて感じている庶民が、子弟をなるべく高い学歴を身につけさせようとするのは、当然すぎることといってよい。」（傍点評者）

この「当然すぎること」が当然でなくなったら、どうなるのであろう。「当然」としてしか考えられない、その哀しさに気が付かないままに、あたらしい社会（事態）に立ち向かわなければならない親は。学歴社会の鬼っ子として生きている評者は、本書を読んでいる途中から、こんなかんがえをしてしまった。

著者がのべているように、学歴社会の背景は、「教育が教育自体として存在するのではなく、経済に従属して」変化させられる資本主義経済体制にある。学歴社会を支えてきたものは、経済成長であり、発展する生産力であった。その成長・発展がなくなったとき、いままでの盲目的な学歴だけを信仰する社会も改編を迫られるであろう。行政側からの、更なる能力主義の徹底による差別・選別の方針が提出されている。その度合いに応じた生涯教育論的な視点からの再検討もでている。「日本型学歴社会の変貌」について、著者があげている四つの作業仮説のなかの二番目に次のようなものがある。「大学の両極分解に対応して、ごく一にぎりのエリートとその他大勢のブルーないしグレーカラー化という、大学の両極分解が深まる。」

こういった状況に対して著者は、ひとつの選択を示している。「私たちは『校害』のカナリアであることを拒否しよう。「国家社会に有用な人材だけはふるいわけるが、最底辺の切実な教育要求などを切り捨ててゆく、教育のGNP主義を、何としても打ちこわされなければならない。」と。

著者は経済的視点に限定し学歴社会の方向を展望しようとしているのである。しかしここでまた、まえにのべたようなことが頭をかすめてしまう。学歴社会に助けられて大学へ送ったところが、親にとってみたら鬼っ子としてしか考えられないように子供がなってしまったなら、学歴社会は憎しみの対象になるだろう。しかし、その反対だったら、どうであろう。著者が示している選択は、たしかにひとつの選択である。と同時に、たしかに、もうひとつの選択が可能であり、選択されていくであろう。ここでは学歴主義はますます厳しくなるという問題が残ってしまうのではないだろうか。（五・一〇刊、B6二六五頁・八八〇円・時事通信社）

（筆者＝NEI所員）

（一九七六年六月十九日）

9　日本的大学の構造をえぐる——初の本格的・総合的研究、ルポの手法もとり入れ展開
『大学設置基準の研究』天城　勲・慶伊富長編

『大学設置基準の研究』と題された本書を、読者は、大学の設置認可と基準維持・向上といった単に部分的外圧的課題にしかすぎないものと感じるかもしれない。しかしこと日本の大学史を瞥見するうえでも、あるいは研究対象と捉えるにせよ、重要なファクターなのである。日本的大学制度のたしかな構造を浮きぼりにするのである。本書は、まさに大学の「設置基準に関する最初の本格的な、また総合的な研究書」であり、大学闘争のもたらした〈成果〉ともいえる。

全体の概括は、まず序「研究の目的」で大学設置基準の法令上でなく実質上の意義の重要性を指摘する。同時に著者たちの研究へ向かったモチーフをのべ、第一部ないし第五部で設置基準の歴史的事例的研究報告がなされ、最後に「総括と展望」がのべられている。巻末には付録として「大学設

置基準」(昭和三十一年十月)と「大学院設置基準」(昭和四十九年六月)がおさめられてある。

第一部ないし第三部は、設置基準の歴史研究に相当し、第四部第五部は事例研究である。第一部「欧米諸国における大学設置と基準維持方式」は、日本の大学制度形成史の前提としてそれらの国々の方式を紹介している。第一章はチャータリング(設置認可)の史的変遷をヨーロッパの大学に、第二章はアクレディテーション(基準判定)方式をアメリカ高等教育にそれぞれ即して論じている。第二部「日本における大学設置認可の歴史的変遷」は戦前期(第一章)と戦後期(第二章・昭和二十年から昭和三十一年まで)から構成されている。第一部第一章と第二部第一章、第一部第二章と第二部第二章は、日本の大学制度移植の範型に対応している。第三部「大学設置基準と高等教育政策」は、第二部第二章のあとを受け昭和三十一年制定文部省令(付録一参照)から大学基準等研究協議会(文部省大学学術局内設置)の答申(昭和四十年)以前(第一章)と、以降の六八年六九年の大学闘争の収拾のため乱発された諸大学の改革案の痕跡の整理(第二章)とに細区分されている。

以上が歴史的展開の部分にあたる。

第四部「設置基準の運用の問題点」は個別大学の事例研究である。戦後間もなく新設され独特な性格をもっていた国際基督教大学と設置基準(第一章)、「第三の教育改革」とのべた中教審答申(昭和四十六年六月)に基づいた新構想大学の雄筑波大学と設置基準(第二章)、昭和四十九年六月制定公布の「大学院設置基準」(付録二参照)により学部に直結しない大学院総合理工学研究科を設置した東京工業大学と設置基準(第三章)の三校が当該大学教授により取扱われている。第五部「私学経営と設置基準」は大学の設置基準を有名無実化していると指摘されたり、私学経常費助成問題等で、設置基準のあり方に新しい軸をつくりだし、再検証を迫られている私学の実態を小型、中型、大型、超大型、理工系大学と類型化し、それぞれに代表的な一校を抽出し、ルポルタージュ的手法も取り入れ記述している。

最後の「総括と展望」において、著者たちは、大学設置基準自体の再検討、私学経常費助成の内包する課題等を提示しつつ、次のような願望と調和への意義を展開してしめくくっている。

「内容的、制度的に多様化の道を進み、同時に全体系の構造化と柔軟化を求められるわが国の高等教育の姿を想定するとき、一方では大学その他の高等教育機関が本質的に保有すべき自主性とともに複雑な社会での新たな役割を自覚し、他方では国は高等教育の全システムの計画、調整の任務を行政、財政の面から果たすこととなる新たな役割を自覚し、両者が徒らな自主・自由と権力・統制の対立に陥らないで、それぞれが新たな役割を相互に認識し、信頼しあう風土のなかで、今後のわが国の高等教育の発展を図っていかなければならない段階に来ているのではなかろうか。」

設置基準を歴史的事例的に論及した本書に残された課題は、著者たち自身の熟知しているところだろうが、あえて評者の関心にそってあげてみると、日本における設置原則を変更した大正七年の大学令の成立過程の内在的な論及が欠けているように思える。またたとえば国際基督教大学の事例研究が創立理念にまんちゃくしすぎて、客観的評価をにぶらせているなど、事例研究の方法、姿勢に不満がのこった。しかし本書の評価がそれで低下するものではない。日本の大学制度史研究の重要な部分の解明にむけて一歩を押し進めるものとして高く評価したい。(二・二八刊、A5三三〇頁・三八〇〇円・東京大学出版会)

(筆者=現代教育研究所所員)

(一九七七年四月九日)

10　聖職論議を衝く――教師の階級的理論構築めざす　『教育労働運動の進路』内田宜人著

昨今、教育労働の性格をめぐって大きな物議をかもしだしたのに、日本共産党の教師＝聖職者論がありました。著者は、この「聖職」性容認の思想について自分が教師になった二十数年前に、組合員の意識のなかに根強くあり、あらゆる闘争のたびごとに、くりかえし闘争の足もとを掘りくずす役割を果たしてきたもの、とその思想の根深い呪縛性を語り、それゆえにこそ一人前の労働組合員になるということはこの意識を克服してくる過程だった、とのべています。本書『教育労働運動の進路』はその点について深く係り、そして強く対立した論理を展開しております。

本書は四部から構成されています。Ｉ部は給特法、人材確保法、専門職論、保安要員、日本共産党の「聖職」論、といった個別的問題を取り上げています。Ⅱ部は、日教組レベルの運動についての論文が集められています。中心的課題は七四年春闘のなかで貫徹された四月十一日、十二日のストライキをめぐる問題であります。Ⅲ部は、日本共産党の教育政策批判、日教組運動の「新しい流れ」批判、日教組三十年と今日の課題、の三論文を配してそれぞれに理論的批判、検討をおこなっています。Ⅳ部は、著者自身あとがきでのべていますが、著者の立場の源流をうかがい知ることができる随想的文章がおさめられています。Ⅰ・Ⅱ・Ⅲ部に一貫しているのは、教師を階級的連帯から切断し、「専門職」として体制側にとりこもうとする権力の攻撃への対決を、堅固な理論的立場の上に築きあげたい、という願いであります。堅固な理論的立場は、激しい理論闘争から生まれる、という側面があります。それも日本共産党の教育政策批判（Ⅱ部）にみることが可能です。著者は教育の階級性の獲得を基礎学力問題に収斂させる論議を手掛りにしてその教育論を次のようにのべています。すなわち、資本主義社会の全面的発達要請と部分的人間育成の矛盾における後者の優位を保障するためにこそ成立したのが公教育原理であり、その階級性貫徹のための道具立てである憲法、教育基本法に徹底的に依拠した立場であり、その原理への無条件的拝跪の思想を本質とする、と弾劾しております。そして冒頭でふれた「聖職」論議に対して、まず用語の問題として、それは「宗教的観念をはなれ」「『地上』の意味に転じて」「神聖な職務」という意味で用いられた政治的用語であることに問題がある、とし、その内容は、教師に対する思想的攻撃であり、労働者階級としての階級的連帯からの切断、スト権否定等の攻撃である、とのべています。日本共産党の「聖職性容認」教師論は、教師をめぐる今日の階級的対決をどこにあるか見失わせ、階級闘争を混乱にみちびく重大な犯罪である、と断定しています。

以上著者の論理を日本共産党の教育論との対立に照射して整理してきました。日本共産党を直接的に媒介しつきぬけていくには成功しているようですが、権力、あるいは教師の意識へ肉薄するにおいては階級的連帯や教師＝労働者論の強調だけでは不充分のような感じがします。また公教育原理の矛盾の止揚への展望も豊富でないように思えました。（二〇・一五刊、B6二五二頁、一二〇〇円・土曜美術社＝東京都新宿区一－五－一二・明和ビル☎〇三－三四一－二八五九）

（筆者＝現代教育研究所員）

（一九七七年十一月十九日）

11　青年反抗を考察——一過程として心理歴史的に理論化

『青年の異議申し立て』ケニス・ケニストン著　高田昭彦・高田素子・草津攻訳

『青年の異議申し立て』はアメリカにおける一九六〇年代から一九七〇年代にかけての青年反抗に関する調査研究の成果をまとめた論文集である。著者ケニス・ケニストンはすでに、『状況に関わらぬ者たち』、『ヤング・ラディカルズ』の著作がある。後者は庄司興吉・庄司洋子訳（みすず書房一九七三年に紹介されている。本書はケニストンの青年研究の集大成であることからすれば、日本での本格的な登場であるといえるだろう。原著は一九七一年に出版されている。往々にして表題の類いの論文は五年も経ると時期を逸して単なる解説的なものになってしまう。本書は、しかしなお対象と著者とのかかわりの誠実さにおいても分析の的確さにおいて今日でも光彩を失っていない。

構成は序論・プロローグ——人生の一段階としての青年期（ユース）、I青年の異議申し立ての源泉、II異議申し立てのさまざまな姿、III二つの革命、エピローグ—革命か、それとも反革命か、の三部構成である。論文が扱っている時代について一言付すのは適当な読書案内になるであろう。I部は六〇年代初期を扱い、II部は前掲二書の再考察であり、III部が六〇年代後半の出来事を対象にしている。エピローグは青年の異議申し立てに関する革命理論及び反革命理論を比較対照し、新しい青年反抗の理論的意味を全体として考察する部分にあてられている。読者は、たとえば日本とアメリカの高等教育の観念の違いにためらいながらも、エピローグから読み進むことが可能である。それ以上に読者を青年と仮定するならば、リアリティーを持って自分の位相を押しはかることができるだろう。そして、著者の関心が、人生における一つの段階としての青年期に関してのより一般的な考察を試み、心理的な発達と社会歴史的な変動との関係の究明、現代社会の批判的社会理論の構築へと向かったのに従って、その関心の土壌としてのI部・II部の論稿を読み下していくことが容易になるだろうし、豊富になるだろう。筆者が対象と著者とのかかわりの誠実さをのべたことは、ひとつに訳者が本書の真の意義としてあとがきで、単に六〇年代の出来事の記録にあるのではなく、ケニストンという一人の人間がこれらの出来事を理解し、さらにそれにコミットしようとしたその内的格闘にある、と書いているのに符合する。また研究方法・対象―青年反抗を決して一時的な流行でないという著者の信念にもかかわっている。その研究方法とは、「心理歴史的方法」と呼ばれるものであり対象によって規定された特異な方法意識といえるであろう。この点の解説として巻末に訳者の一人草津攻氏による「アイデンティティの彼方」がある。

青春期でも成人期でもない、青年期（ユース）のトータルな理論に賭けた著者の眼は楽観的であると同時に透徹している。さまざまな側面と立場から照射されて耐える青年期に関する大著として本書はあるだろう。最後に訳者の努力に敬意を払いたい。（七七・一一・二五刊、B6四八四頁・一八〇〇円・東京創元社）

（筆者＝現代教育研究所所員）

（一九七八年一月十四日）

12　日本的矛盾つく――私学問題の本質を解明
『教育経済論序説〈私立大学の財政〉』尾形　憲著

著者はすでに『学歴信仰社会』（七六年）、『私立大学』（七七年）等を上梓しており、私大の財政問題研究の第一人者である。評者は発刊ごとに購入し拝読させていただき、私大の財政問題の成立や構造をとりわけその根深さを教えられてきた。そして本紙上等を借りてそのつど若干の紹介と感想を記してきた。

本書はまえがきで著者自身がのべているように、この十年あまりの間、私大の財政問題を中心としながら続けてきた研究の一応の総括、という性格を持っている。そのして著者の教育経済論の立場は私大問題という特殊日本的現実を日本資本主義の特殊性から解明するというものである。本書は私大財政に関する本格的研究の成果であり大著である。

全体の構成は全六章に、まえがきと補論からなっている。第1章「教育資本」について、は芝田進午氏と著者との間で「教育資本」の概念およびこれに基づいた私大の現状分析をめぐっておこなわれた論争をまとめたものである。著者の軌跡が窺えて興味深い。第2章戦前の私大財政、では私大経営の原型として、一、決定的な学費依存の構造、二、文科系学部学科への依存、三、都市集中の傾向、をあげ、文部省の私学政策をノーサポート・フルコントロールであったことを指摘する。すなわちこれが、戦後私大経営の脆弱さのルーツである。以下、第3章戦後の私大財政（全体的分析）——ノーサポート・〝ノーコントロール〟、第4章戦後の私大財政（個別的分析）、第5章私立大学の研究教育条件、第6章私学政策の「転換」——サポート・アンド・コントロールへ——、第7章七〇年代の私大財政と今後の展望、補論「オリ」の意味するもの、という目次である。

著者は、日本の私学問題の本質は「公共性」と「私事性」の特殊日本的な矛盾にある、とのべ、私大の量的な位置づけがないところでの国庫助成、経常費補助は問題の解決にならないと指摘する。大学の中身を問わない経常費補助には否定的立場を取る著者であるが、助成については学生への補助を主体とし、大学に対しては国民への「開放度」に応じて傾斜配分すべきである、とのべ、今後の大学像を国民の教育要求を受けとめた、労働と教育の結合にもとづく、学びたい人間とこれにこたえる人間との出会いの場として描いている。

さて最後に評者の感想をのべておこう。最近の傾向として、大学、あるいは大学を社会的経済的側面からふれた論文が数多く発表されていることがあげられる。大学のある一部分に限定された実証的研究（本書も当然そこに含まれる）の積み重ねは必要かつ重要である。しかし評者が触れ肌にし手に入れた大学とはなにかの問いとそれらの位相との間には大きな落差があることを意識せざるを得ない。評者もまた、いまだ遅々たる歩行しかできていないが、現在もとめられている〝総括〟とは、大学が国家—社会—人間の解放にとって負の思想としてあるということを、トータルに展開することではないだろうか。本書を読みその意をより以上に強くしたというのが、率直な感想であった。（七八・一二・八刊、A5二七二頁・三六〇〇円・東洋経済新報社）

（筆者＝現代教育研究所員）

（一九七九年一月二十七日）

13　一常民の精神史——民衆の内的構造をえぐる

『非相続者の精神史——或る日系ブラジル人の遍歴』
叢書ライフヒストリー2　前山　隆著

劈頭から私事に亘り恐縮だが、評者は本書を手にする以前ある古書を読んでいた。『中学小学卒業生志望確立・学問之選定』(吉田甚蔵著・明治三八年刊)と題されたほぼ近代日本の学校教育体系が完成された時期の学校進学案内である。評者は日本の近代化のひとつの大きな原動力となった高等教育機関卒業者に関するインプットについて少なからぬ関心を持っていたるため、前掲書のようなものに目を奪われる傾向がある。その関心の根底には、(高)学(校)歴社会といわれる現代の歴史的因由とそのなかを生きぬいてきた〝庶民〟の生き様、立身出世の態様とをあきらかにしたいという願望がある。ところが、それらが近代日本の表舞台で活躍した者たちであり、〝光〟の部分であったことを鮮明に逆照射したのが本書であった。評者にとって本書から得たこの印象は強烈である。

本書は、十九世紀末(明治三二年一一月)熊本県の一寒村に平均的な農家の次男として育った少年が、大正三年に十四歳で単身移民としてブラジルの地に至り、みずからの生活と倫理と世界観を、ブラジルにおける日本移民としての現実から判断の材料を汲み取りながら、彫り刻んでいく精神の軌跡を〝実証的〟にあとづけたものである。明治四十一年に開始されたブラジル移民の長い歴史にあって、そのひとりの人間に焦点をあてその遍歴をこれほど緻密に掘り下げた著作を評者は寡聞にして知らない。

まえがき、序章非相続者の倫理に著者の問題関心がのべられている。すなわち、本書の中心人物である中尾熊喜を一方で平均的な移民の一典型と位置づけるとともに、他方長子相続制の「家」制度原理の上に立てられた日本の社会構造のなかで生産手段と相続権とを奪取された、まさに近代日本の担い手としての次(三)男坊として捉え、その彼の心の軌跡から日本の常民像の一断面、ブラジル日本移民の精神史に照明を当てひいては近代日本の立身出世主義の持っていた社会変動のエネルギーの諸相をあきらかにしよう、とするものである。第一章少年中尾熊喜、第二章坂上熊喜は上級学校への進学を断念し自ら決意して契約農業移民として渡伯するまでの経緯が記されている。第三章異邦人として、以下第四章遍歴、第五章ここに日本人と共に生きる、第六章麻作り、村づくりは、渡伯後の青年中尾の彷徨と心理的変化が描かれ次第に農業移民で終るのではなく商工業界といったブラジル社会の大動脈に食い込み定着を図るという、ある意味で集団的社会上昇の志向が形成されるまでである。

第七章実業家の道、第八章民族的ユートピア、第九章現実との闘い、第十章死を育む者、では、実業家として成功した中尾が構想して実現した数々の社会事情（サンパウロ人文科学研究所の設置、初期移民訪日団派遣等）と中尾の執筆したユートピア小説「富裕の村」とを紹介しその倫理と世界観を析出している。終章非相続者の倫理・マイノリティー・ユートピアでは、著者の専門領域である人類学の中に中尾を位置づけ、彼はその非相続者の倫理とカーネギー主義に武装されて社会を闘い抜き、マイノリティーの倫理にのっとって隣人愛の精神を生き、日経マイノリティーに象った民族的ユートピア村を夢見たが、基本的には、既存の社会体制、社会規範の大きな枠の内部で、それらとの調和のうちに生き続けたと要約する。

さきに述べたように評者もまた近代日本の立身出世主義の研究に関心を持つのであるが、その分析視点として著者が、立身と出世の夢は時の支配階級が一般の民衆に政策的に投げ与えた幻想でのみあったわけではない、民衆の心の奥深くにあぐらをかいている精神構造との関連において理解されなければならない、とのべている点は注目に値する。本書はこの視点と方法論が堅密に結合し、さらに周到な調査と研究により「一常民の精神史」としての好著といえるだろう。（一・二五刊、B6三七〇頁、二九〇〇円・お茶の水書房）

（筆者＝現代教育研究所員）

（一九八一年四月四日）

2　『としょ』所収の記事

1　雑誌閲覧

1　アカデミズムと出版ジャーナリズム
――頭脳流出現象の底にあるもの――

アカデミズムと出版ジャーナリズム、といったように同一平面上で語ることが果たして可能なのか、多少の疑問はあるにしても、両者の関係がどうなっているのかは、おおいに興味のあることである。

まして、大学の教師が、とくに教育学者がジャーナリズムをどのように捉えているのかは、非常に知りたいことであった。

論文でのべられているアカデミズムとジャーナリズムの性格を対句的にあげてみると、学歴主義や年功序列と実力主義、根気と才気、温情と薄情、共同と一匹狼、ミクロとマクロといった具合である。

筆者は、十分にジャーナリズムに目を配っている。たとえば、「ジャーナリズムで活躍する人は、アカデミズムでもリードすべき頭の持ち主である」とか、形式主義、封建主義学閥人事で充満する「アカデミズムにおいて満足させられない」人間がアカデミズムから流出していってしまう、と。そして、両者は「相互補足的関係」である、という。アカデミズムはジャーナリズムに権威を与え、ジャーナリズムは「アカデミズムが見過している人材を発掘する」。

筆者の分析には感心するものがある。しかし、副題にあるアカデミズムからの「頭脳流出現象」をジャーナリズムの提供する「名声と利潤」の問題に帰するのは、片手落ちというべきであろう。いや、片手落ちというより、「本来、アカデミズムでこそ、発揮されるべき実力の所有者がジャーナリズムに流出」する、というのを読むと、責任逃れである。「本来」アカデミズムの〈非人間性〉に問題の所在があるのだから。（中）〔筆・新堀通也　出版ニュース　二月中旬号　一九七六〕

（第一号、一九七六年二月二十八日）

2　こだわり続けるということ

『学歴拒否宣言』
ルック社編集部編／ルック社／一九七五・五・十五

内容的には、大学拒否宣言である本書を、わたしは平静に読み通すことができました。平静に読めた、というのは、彼らとのちがいが読み進むにつれてわかってきたということです。そのちがいとは、どこにこだわり、どういうようにこだわるのかの、ちがいです。

はじめから一線を引いていたわけではないのです。むしろ十一編の手記のそこかしこに、わたしがいるのです。

たとえば、受験時代については「大学にさえ行けば、好きな本を読めるし、勉強だって自分の思うことが出来、いわゆる青春を謳歌出来ると思うからこそ、灰色だと言われる受験勉強にも耐えてきた。」と。親の気持ちもまったく同じです。「自分が高等小学校しか出ていないために、いや家が貧しくて上の学校に行きたかったけど行けなかったので、子供だけはちゃんと大学にやってやりたかった。……こんな苦労を子供に味あわせたくない。」耳にタコが出来るほど聞かせられた言葉である。大学に入学してすぐは「クラスのどのヤツの顔を見ても、頭が良さそうで、勉強が好きといった感じ」を受けて、頑張るゾと気を引き締るが、出欠点検、試験などでまずくじかれる。大学の授業は「高校の延長みたいな一般教養とかいうのを、クダクダとやられ、それは結局、知識の押し売り」でしかなく、早や三カ月で放棄してしまうのである。

このように、手記の書き手とそれほどかわらない、いやほとんど同じような環境と条件と浮遊感にあったのである。

また、同じように、大学にいる積極的な意味をみいだすことができずいた。「学生の特権的地位に甘んじている」、「安全地帯を捨てるのが怖いのだ」と自分で自分をきめつけて、大学をやめられないいくじのなさをしかっていたのである。

しかし、どこで、どう彼らとわたしは方向が正反対になってしまったのであろうか。彼らが大学を拒否して、出ていき、わたしが否定しながらも大学に舞戻る、というまったく逆の方向を取ったのであろうか。

彼らの多くはアルバイトなどを通じて、社会で働いている人間に触れ、感動することで大学を拒否していった。二～三行では説明でき〔ない〕ほど、心のなかで葛藤はあっただろうが、大学を去る重要な契機になっているようだ。すでに、大学において人間の生き生きとした活動としての学問・研究が行なわれていないことが原因である、とも考えられます。

しかし、彼らは生き生きとした生の活動を求めての必然の結果として大学を拒否していったのである。

大学にまで昇りつめていく過程も、その生の過程だったのであろう。生き生きとした「場」(労働現場)がみつかれば、それまで「灰色の受験勉強」に集約される教育総体へのうらみ、つらみにこだわる意識も必要もなくなってしまうのであろう。生きることは、前へ、前へと否応なく歩ませるものである。

わたしの場合は、もちろん、生き生きとした生は求めているが、彼らとの対比でいえば、その対象をよりダメなところ、曲学の殿堂に身を置くという方法をとったのである。自己の出発点に、こだわり続けようと思っての直線的な選択であった。

さいごに本書を読んで感じたことを書きとめておきたいと思う。

なににこだわるのかは、別にして、こだわり続けるということは、ただそれだけで大変なことである。たとえば、人に自分のドヂな生き方を利用されたり、笑われたりしたときの、うらみ、つらみなどを、いつまでも根に持っていると、いかにそのこだわりが正当であっても、市民社会の秩序の傾向にそぐわなくなる。日常生活圏に亀裂が生じるのは必至である。

また、こだわっていても、こだわる対象が、時間の流れとともにスライドしていってしまうことも、こだわり続けることをむずかしくしている。


（NEI所員）

（第二号、一九七六年三月十九日）

3　大学批判はいかにして可能か

『大衆大学』
(編)読売新聞大阪本社社会部
読売新聞社　S五一・二・二五刊

本書は七〇年以降の大学の動向を鳥瞰した結果として発刊された。その端的な表現が題名にある。「大衆大学」。大衆のための大学、三人に二人の割合で進学する大学状況。わたしが本書に興味を覚えたのも、その題名にあった。これ以前までは、大衆化された大学、といった具合に呼ばれていた。それは、幻想的な大学の理念が軸にあってその多くは否定(的)にのべられているのだが、その高い理念が大衆化された、あるいは低くなったという意識を底流にして成立している論であり、実体である。私立の大学に引き寄せていえば、「私学の精神」or「建学の精神」といったものが主柱としてある、という幻想に立っているのと同じである。

本書によって数多くの私立大学、または地方大学が一括して「大衆大学」として把えられることになった。それにより、少しでも大学というものに与えられている性格や機能、あるいは大学にかかわっての意識が変更されるかというと、そうでもない。たとえば、次のような文章にあらわれているように、大学が上位にあって「こたえる」、取り入れてやる、という発想なのである。

「肝心なのは『高等教育とは大学である』という考えからいったん離れ、いかにして多様な要求をはらんだ高校以降の教育にこたえるか、という、多様な研究システム、教育システムを考えてゆくことである。」と。

大学はあくまでも学術・研究の中心にあり、そういうものを必要としない(!)人は、放送大学、夜間大学、教養大学など、ほかにも「高等教育」機関があるのだから、そちらにいきなさい、というものであろう。もっと、生活に密着して、実用的に大学を考えなさい、と。勝手な論理である。まして、そう簡単にわりきって考えられるものではない。趣味と実益を兼ねそなえているからこそ、大学の問題が複雑になっているのであり、社会的機能の側面だけを取りだしても、その深みに触れることはできないのである。

たとえば、大衆大学の極にある「官僚大学」をどう考えられるのか、とすぐ疑問が生じるし、具体的には東京帝国大学の存在を、どうまがりなりにも、相対化し得るのか、と思う。

わたしの関心に引き寄せて考えてみれば、編者たちに「肝心なのは」大学批判はいかに可能か、をもう一度考えてみることである。それは「高等教育とは大学である」という、大衆の持っているイメージに対して、そこからの乳離れを提唱するだけであり、そのイメージの掘りおこしが充分にできていない。

戦後、大学の制度的位置づけが変化したにもかかわらず、大衆の大学のイメージは、変更されることなく、戦前からそのまま引きつがれてきたことを、どう大学への批判に結合させていくか、ということが不鮮明なのである。

編者たちは「大学問題取材チーム」をつくってレポートしたわけだが、その際、大学問題という限り、そこには大学批判の視点が含まれているはずである。しかし本文で展開されているのを読んだところでは、なべて皮相であり、機能的でしかなかった。

　その象徴が「大衆大学」という造語、ないしは新語の規定にあらわれている、といってもいいだろう。大学批判は、大学を支え、維持し、生きた不可分の構成部分とする、現実の総体を把握し、変革するためにあるのである。こういった視点を持つ限り、その前提として、大学幻想批判が必要である。そして、現実的な課題としては、大学院大学構想の批判があるのである。

（第三号、一九七六年六月十四日）

4　雑誌閲覧室

『流動』（五月号）　特別企画「全国大学卒業論文一覧発表」

　「流動」が「全国大学卒業論文一覧発表」の企画をはじめて今年度（一九七六年度）で三年目になる。とりあげられる大学と卒論（卒業論文の略称、以下同様）題目の数は年毎に増えて、今年は国立、公立、私立大学合計して三一校である。

　紙面全体の五〇パーセント、一四〇余ページを、この特別企画でうめているのである。

　はじめてこの企画を目にして考えたことを、別のところでわたしは次のように記した。

(イ)卒論は永久保存、学部学科の共同財産あるいは共同管理物の名目で大学の内部において暗闇に葬りさられている。外部のものには、決して目に触れさせなかった。大学のイメージダウンを防ぐ効果をもつ処理である。それを不特定多数に対してマス・メディアの活字を駆使して公表したこと。

(ロ)卒論は大学の日々の営みの集約として考えられている。その限りにおいて大学の日常性を切開する、大学の実際をえぐりだす、方法を示した。（その延長に六月号――特別企画――「全国大学ゼミナール紹介」があると考えられる）

以上は、この企画に賛成する点である。

では、反対に否定的に考えるとどうなるであろうか。

(ハ)卒論をなぜ公表するのか、どのような卒論を優秀論文とするのか、というような視点が充分に展開されていない。卒論そのものの持つ意味、あるいは関係性の問題と、卒論を書く、書いたという意味の混同をおこしている。

(ニ)(ハ)と関連して、卒業論文とはなにか、という問題提起がみあたらない。このことは、大衆大学状況下における一方の極を代表する、学問・研究の砦としての大学の機能の再評価ないしは復活という役割を客観的には、持つようになる。

以上はじめて目にしたときの感想を書いてみた。では三年目の今年はどうであったか。簡単にいってしまえば、少しあきてきてしまった。だからといって、この企画の意味が減るというのではない。年鑑、資料集の類と同様に管理(者)的発想が底にあっても、こういった作業の積み重ねは軽視できないものである。

読み手の飽きは、あきらかに前記(ハ)と(ニ)に関連している。(ハ)と(ニ)についての論文の積み重ね、深い追究がなされていないためである。

卒論をなぜ公表するのか。学生の大学における自学自習の成果などとこじんまりと語るのではなく、大学総体との関連から、卒論の「公表」を考えていくほうが、よりおもしろいだろうし、積み重ねも容易だろう。

大学の社会的特権とか経済的優遇制といった前提をふまえたうえで、大学批判——卒論の問題——をつきだしたほうが、より卒論の公表という新しい視点が生かされていくだろう。　(N)

(第四号、一九七六年七月二日)

5　たしかに生き(ら)れる道としての大学教師の言分

『知識人の地獄極楽　大学教授』
本多顕彰著
昭和三一年一〇・三〇刊、光文社(カッパブックス)

ずいぶんと古い本である。昭和三一年初版だから、すでに二〇年も経過していることになる。余談になるが、評者が生まれて五年目に出版されたものである。

その当時、本書がどのような評価を受けたのか、受けなかったのかは知らないが、本書を読んで感じたことは、著者が「大学教師」というものに託している思いは現在の大学教師が持っている古典性と同じようなものではないか、ということである。

参考までに当時の大学は、新制大学がほぼ制度的定着をとげようとしていた時期と六〇年代初頭から開始する経済の高度成長下による大学と学生数の量的増加にともない構造的変化を遂げていく、その谷間にあった。産業界からの大学改革要求（職業専門教育の強化、職業分野に即応した複線型学校体系への再編等）が強くなってくる時期でもあった。

他にこの年はソ連共産党第二〇回大会が開かれ、スターリン批判が公然化した。また余談になるが、この年の九月頃から戦争責任論が盛んになったり、太陽族の登場などがあった。

さて著者は本書の執筆意図を「大学および大学教師の生活の現状を訴えて、日本文化のためにそれが救われんことを願って」書いたとし、そのために「大学教授の名誉を毀損し大いなる憤りを買う」ことがあったとしても、あえてその誇りをも受ける覚悟があるとのべている。

本書は、著者の大学（教師）体験がもとになって書かれているので具体的であり、読み易いものになっている。全体を貫ぬく著者の思いは「いい研究をして、おそまきながら、いい学究になりたい。いい講義をして、いい大学教授になりたい。」ということに尽きている。

主題に引きよせて本書のなかで著者はのべている。「われわれ大学教授は地獄〔大学の現状〕において天国の理想〔新制大学の理念〕を実現させる任務をおわされて、見込みのない仕事の下にあえいでいる」と〔引用文中の〔〕は原文ママ〕。著者が「地獄」と感じ、または考えている大学の現実とは、給料が安い、研究費がない、講義数が多い、就職の斡旋まで心配しなければならない、といったことである。現在のそれとほとんど変わらない内容である。そして著者は文部行政側に次のようなことをいう。

「月給が少ないとか、研究設備が不完全だとか、研究書が不足だとか、研究の自由が制限されるとか、といったような、学者が怠けうる口実となる悪条件をいっさい排除して、全部の責任を彼らに負わせて、弁解を許さない研究をさせてみよ。」（一三六頁）

こんな楽観主義を声高に叫ぶことができた時代でもあったのだ。精神的には充分に牧歌的であったのだ。

さてこんな牧歌的で、前記のような念いを持つ著者に、なぜ関心があるかというと著者の大学教師のなり方にある。著者は文壇、マスコミの世界では相当高い評価を受け、大学から貰う給料より多くの収入を得ていたそうである。そんな著者が、なぜ大学（教師）なんぞにこだわるのか、と思ったのである。この問いに著者は素直に答えている。著者はのべている。

文壇、マスコミの世界では「虚名のようなものを得たが、虚名の下で」心をもだえさせていた。なかなかその世界と縁切りができなかったのは「ほかにたしかに生きる道がなかった」からである、と。

いい講義をしたい、いい大学教師になりたい、あるいは地獄だといってみても、それをときほぐしてみれば、大学というなにかもやもやした幻想性に便乗していっているにすぎないのである。

著者の切羽つまったところの自の前にあったのが大学であった。

大学は、学問とか研究を志向する者にとってはもちろんのこと、幻想の領域（文学、思想etc）で生きようとする者にとっても、「たしかな生きる道」なのである。

著者にとっては、虚名でなく実際の名声が大学にいることで得られると考えられたのであろう。

ここに、もうひとつ大学を支える、典型的な基盤が読み取れるのである。

（ＮＥＩ所員）

（第四号、一九七六年七月二日）

6　『現代教育論批判序説』メモ

『現代教育論批判序説』（「現代の目」七六年十二月号）において久田氏は「教育批判のための教育理論の可能性」をもっぱら関係論（意識）の視座にもとめているようだ。その成功例は国民の教育権論批判にみられる。国民の教育権（論）批判の先峰をとった村田栄一の批判方法は、教育権論者の社会科学的認識のナサの告発、マルクス主義教育学者のマルクス主義解釈の誤読を指摘するだけであった。それに比べて、久田氏の批判は一歩、現実に足を踏みこんだものといえる。村田の不充分性をおのずと引きうけているようだ。村田の不充分性とは、恣意的、主観的に「国民」という概念を国民に理解させようとしていることへの弾劾はいいとしても、問題としてもっと切実に考えられてしかるべきことは、そういったかたちでさえ貫徹される、あるいは収約していく事実（現実）であるはずである。村田はそういった現実に対して「当事者（性）」なる概念を披瀝したが、規定の仕方そのものから判るように、するりとその現実から身をかわしてしまった。

久田氏はその現実そのものを捉え、問題提起を繰り返しおこなっている。教育権論の閉じられた回路の内側からこれを超えることを模索している。たとえば兼子仁著『教育権の理論』の書評での批判をみてみると、次のようにのべている。

「父母の教育意識や教師の専門職意識との緊張を退けた教育条理論で構想される教育権の理論にどれほどの可能性があるのかという素朴な疑問が私にはある。さらにいえば私の関心は教育法学とやらの発展への期待であるよりは、トータルな運動の中で、法解釈学や裁判などという〝宗教的な精神〟にとらわれた近代の産物がそれ自体の部分合理性をいったいどう超えうるのかといった単純な問題なのだ」(朝日ジャーナル・一九七六・十一・十九号)

すなわち、部分合理性をいかに超えるか、あるいは、超えうるのか、ということである。久田氏の頭脳には、部分合理性を網の目のように張りめぐらせて、全体合理性に結びつかないという結語があるのは見易いことである。ここで重要なのは、部分合理性の追求が、全体合理性へ転化すると考える発想あるいは〈知の構造〉を批判していることである。国民の教育権論の追求が、結局は、政治的国家の自己完結へ寄与するだけのものでしかない、という断言である。

では部分合理性の超克はいかにして可能か。『序説』で久田氏はそのノートを披瀝した、といえる。その鍵は関係(性)の再構成であり、〝コトバ〟の捉え返しである(ここでいう「関係」(性)は、「関係」の事実を指示するよりも、むしろ力点としては、関係を成立させ、支えている(秩序)意識にある)。あるいは、方法としては、関係論の視座をもってきている、ともいえるだろう。

『序説』において久田氏は、この点について繰り返し指摘している。たとえば「その道具(コトバ—筆者注)そのものがこのトータルな世界のなかにおいてすでにそれにふさわしい位置を合法的に与えられ、すでに意味づけられていることに気づかない。彼ら(革命的コトバによって現実変革が可能と考えている者—筆者注)は、コトバによってとり結ばれる関係には考えおよばないのである。」

「彼ら(戦後民主主義教育というスローガンを首にぶらさげた諸々の教育学者・理論家—筆者注)は、関係を媒介にして自覚的に見ることができない。」

「自分のとり結ぶ関係が見えない彼ら(同前—筆者注)にとって自らが信ずる世界がすべてである。」

と同時に、久田氏は〝関係〟(性)の意識化、自覚化を強調するに比例して〝関係（性）〟の喪失ともいえる、なにものかへのもたれかけ、同一化を批判している。宗像の姿勢に触れて次のようにのべている。

「自分の研究者としての主体を賭けて民衆像へ迫ろうとしなかった点が問題ではあるが、さらに駄目なのは、民衆意識を深めようとはせずにその不充分さを、現実の教育運動へ自分を同一化させることによって解消させてしまう点である。」

では、〝関係（性）〟の視点から展開される教育理論（批判論）はどのようなものであるだろうか。

その点について久田氏は控えめに次のような予感をのべている。

「巨大な『国営意識産業』たる学校のなかで教育に問われている課題が、制度によって強いられた、教師―生徒の関係の変革であるそれと同じ意味で、教育理論家に求められるべきは、書き手―読み手の一方的な関係を変革するような契機を含んだ、いいかえるなら教育批判論が同時に教育論の構造とそれを支持する社会への批判となるような、教育理論の実践的な展開だろう。」

なんとも、歯切れの悪い文章である。三回同じ内容を繰り返しているはずのだろうが。そのうえに、その提示している「実践的な展開」も明瞭になってこない。この「かすかな予感」が波紋をおこさないのは、久田氏自身が「実践的な展開」の願望を当為としてしか語り得ていないためであったのだろう。

たとえば、次のような指摘が可能であろう。

久田氏は、そこかしこで「民衆意識およびそこから導きだされる自分の位置の定め方」とか、「自分で摑んだ民衆像を手がかりに自分の位置を確定し」といった〝コトバ〟をつかっている。彼及び研究者は、ここでは、アプリオリに存在せず、常に民衆の存在によって規定されている。そうであるからこそ「民衆像へ迫ろう」とか「民衆の負性をも含む」といった〝コトバ〟が自然とはきだされるのであろう。しかし、久田氏は、他の箇所で「民衆は、学者文化人、革新政党によって啓蒙される対象である前に民衆そのものである」とのべているのである。一方で民衆からみちびきだされ、迫るとのべていながら、他方でそれを排除することを書いているのである。著者自身が複雑な「実践的な展開」の中に、はまり込んでしまったようだ。

（第五号、一九七七年四月九日）

7　アカデミズムとジャーナリズムの交流(Ⅱ)

「としょ」第一号においてアカデミズムと出版ジャーナリズムの関係についての短評を草したことがあった。そこでは「本来、アカデミズムでこそ、発揮されるべき実力の所有者がジャーナリズムに流出」している、と両者の上下関係を暗黙のうちに前提とした新堀通也氏の論理を、アカデミッシャンの独善的な配慮と野放図な優越意識によるものと批判した。あわせて、「流出」現象を口(一字判読不能)み、再生産する大学の基盤を足許から掘りおこしていないとものべておいた。(新堀氏の所属大学こそ、東の旧文理に比肩するほどの学閥を形成しているのは衆知のことである。)そして「流出」の原因は、本来、アカデミズムの〈非人間性〉に胚胎する、という主旨のことをのべた。この時は、ジャーナリズムとアカデミズムの人的交流の面に限定したものであった。

最近、偶然目にした丸山真男氏の論文に両者の思想的交流に言及した文章があった。若干引用してみよう。

「ジャーナリズムとアカデミズムの思想的交流については、少くも日本に関する限り、むしろ前者が自主的にその鋭利な直観で現実のなかから見出し提出した問題を後者がうけとめて自らの世界でこれを理論的に深化して行くというような方向へ発展する方がヨリ望ましいように思われる。」(傍点原文)

ジャーナリズムがアカデミズムの二流化・三流化する風潮に棹さし、その批判精神、問題提起者としての独自性の追求に期待しているような反面で、直観(感性)と理論(理性)の構図の作成、一方が常に現実過程への内在化を繰り返し、現実を取り込もうとするのに対して、一方は「自らの世界」に埋没し、深化させ、神託としての解答者に位置づけている、と批判されるところもあるだろう。

安直に「相互補足的関係」と規定せずに解釈の多義性を許すような仕掛けをおいているのにはまいるが、ただここに投影されているのは、日本的アカデミズムは、自らが現実を切開し、総括し、学の社会性を追求してこなかった、という問題であり、もっぱら政治性に寄与してきた、という事実である。

(第六号、一九七七年五月二十六日)

8　私大の財政基盤を分析――大学像に疑問――

『私立大学』
尾形　憲著／日経新書、S五〇・四・一四刊

日本の大学の行政、政策、理念は「帝大」主義である。官立主義というだけでは、まったく不充分である。戦前において官立大学とは官立単科大学であり「時勢ノ要求」の賜物であり「帝国大学」主義の路線の変更をもたらすものではなかった。この官立単科大学と同時に制度的認可をうけた私立大学にしても、同様であり、国家の枠のなかに取りこまれていった。私大の認可は、大正デモクラシー下の大正七年におこなわれた。その昇格の背景は、昇格要求→デモクラシー→認可というルートでおこなわれたのではなかった。制度的認可による口〔一字判読不能〕官公私立大学の平等主義は、既存の帝国大学の特権の廃棄をもたらすものではなく、実質的不平等を引きおこしたといえるだろう。

認可にともなう厳しい監督、条件規定をまたなくても、日本の私立大学は、脆弱な財政的基盤しか持たず、民衆の学歴信仰に支えられ発足した。現在、私大がかかえこんでいる課題のほとんどは、この時期にあった。

著者尾形憲氏は昨年『学歴信仰社会』（時事通信社刊）を著し、経済成長に対応した日本の公教育の歪みを指摘し、「校害」のカナリアであることを拒否し、教育のGNP主義打破を訴えた。本書も同様な問題意識のもとで書いている。特に私立大学の現状分析と問題の摘出――その根幹である財政的基盤にメスを入れていて、筆者の健筆が忌憚なく発揮されているといえるだろう。

筆者の私立大学にむかう姿勢には、そこで禄をはむ者としてのそれと（本書プロローグ）、現在の学歴社会の変革動力に賭ける者としてのそれが、微妙に交錯している。たとえば次のようにのべている。「〝風化〟し果てたかに見える現実を、大胆に見つめ直す中にこそ、私立大学再生のいとぐちはある。そして私立大学が変われば日本の学歴社会も変わる。少なくともその一歩がある。」あるいは、「私立大学はこれまで庶民の学歴信仰に支えられ、高度成長を遂げてきた。しかし……国民のほんものの教育要求にこたえるビジョンも努力もない私大は、厳しく淘汰される時代がやがて来るだろう。それは当然のことである。」と。

ところで著者は、私立大学の現状を指して〝蟻地獄〟と呼んでいる。その実体は、ではどういうものなのであろうか。M大学（明治大学）の財政難を私大のひとつの典型として掲げ次のように述べている。「マスプロ・マンモス化の道に逆行して学生数を抑え、教員□〔一字判読不能〕など研究教育条件の充実を図ってきた」ところに最大の原因があり、私大では「良心的な研究教育と健全財政が両立できない」と指摘する。そしてN大学（日本大学）を財政的にみると、まったく非日本的な大学とユニークに想定しつつ莫大な黒字財政の実像を浮びあがらせている。まとめて私大の現状も次のようにおさえている。

「学費依存という財政構造が変わらないかぎり、学費を含め研究教育条件のどれかをよくしようとすれば、必ず他のどこかが悪くなるし、全体をよくしようとすれば、財政難につき当たってにっちもさっちも行かなくなる状況」であり、「もがけばもがくほど深みにはまってゆく〝蟻地獄〟である、と。

続けてこのような私大の学費依存の財政構造に変更をもたらすように風潮されている国庫助成の問題に筆者は論を進めている。国側の国家への貢献度の□〔一字判読不能〕合に応じた助成論は、近視眼的な大学行財政でありながら彼らなりのリアルな現実認識をもつものとして押えられている。

しかし、筆者が鋭く問題にしているのは、私大側の主張する「公共性」論である。「公共性」論に欠落しているのは、その中味、質の検討であり、その論拠には独自の現実認識がなく、高邁な大学のあるべき理念にしがみついているだけである、としている。

筆者は、その欠陥を検討すべく、大学の現実に踏み込んでいる。そして国庫助成論の深化、私大（大学）の復活のためには、今後の大学像を展望して始めて成功するとしてそれを次のように描いてみせている。

「大学は差別・選別の場であることをやめなければならない。教育には教育自体の目的がある。……大学は特権的な立場を捨て、生涯教育の一環として、学びたいという意欲をもつすべての人たちに開放されねばならない。それは、これまでのパスポート授与場から文字通り国民に開かれた大学への転身である。」と。

不断に資料と表を駆使した私大の教育研究と財政状況の分析に、多大な啓発をうけた評者ではあるが、この最後の大学像の再構成には賛同しかねる。

アメリカの地域大学《コミュニティーカレッジ》あるいは教養大学《リベラルアーツ》と中世のウニヴェルシタスの結合には無理がある。歴史の不可逆性を云々する気持ちはないが、理念のみを取りだして接木することには異議あり！である。そして口口〔「筆者」？〕は学ぶということを無前提に認め、国庫助成論批判にもちいた、その中味、質の問題を提起していない。

筆者の提起した大学像の背後にある、あるいは読みとれるものは、制度化された〔る〕学問への配慮がなくなってきて、学問（学ぶ）あるいは人間の知的行為と大学とが直結してしまっている状況である。

私大の啓蒙機関化は、国家による資格試験制度化の動向とは無縁ではないだろう。そして、大学幻想は、学歴信仰の消長によっては解体されず、奇妙な、知的要求と学歴要求との結合に支えられてきているはずである。このからみをあやうく保ち続けてきたのが、所謂旧制の私立大学であったはずである。その大学と民衆意識との関係を分析、変革するのが「現代的」な大学問題であると考える。

（日経新書、S五二・四・一四刊）

（第六号、一九七七年五月二十六日）

9　思想としての大学への試行

『日本近代哲学史』宮川透・荒川幾男編

I

大学解体の思想をどのように具体化し、展望していくかについて、わたしはここ数年間に互り内外からあきらかにすることを迫られてきた。なぜ大学なのか、わたしにとって大学とはなにか、の問いのスタイルが戦術的に成り立ちにくい状況と、なおかつ具体性の喪失のまえにその重みに耐うる負性の蓄積のない現実では、大学解体をいかなる課題に措定していくのかが要求されるのは必然的であるといえるだろう。

ここでその展望をバッと披瀝できるほどの知識の物神化の習練をつんではいないし、真面目な精神もない。漠然と夢想してきたものにいくらかの輪郭と予覚を与えられればと思う。その素材として本書を取り上げてみた。茫漠とした課題とは、さしあたりは日本における近代思想の受容、形成に果たした大学の役割をあきらかにすることである。思想としての大学の幻想性と機能を「個別学問（史）」の形成と成立のなかから摘出しようとするものである。

そして貧弱ながらも〝日本においては、あるひとつの思想が、そこにある、そこに構築されてあるというそれだけで力であるというような思想が、生み出されたことがない〟背景をわたしなりに浮彫りにしてみたい、と思う。問題を発見、あきらかにすることに全力投球しよう。大学批判を可視的、量的問題にすることに棹さしたいと願っている。大学が立身出世主義・学歴信仰により支えられてきたことは事実だが、全部ではない。

II

個別学問(史)からの大学の存在のあり様を問う作業がはじまっている。個別学問の持つ色合に影響を及ぼした役割を直視し始めている。

たとえば、法学の世界では法学が大衆の中に根づかず、支配の学になったことに果たした帝国大学の役割は大きいとして次のように解説している。

「それは外国の法制度や法知識の主要の供給源であり、政府の法律相談機関であるとともに、官僚養成の中心であった。行政および司法の官僚制は、帝国大学を頂点とする教育制度を基礎として、その強固な再生産機構を作りあげ、広範な社会的底辺から統治集団の構成員を吸収し、統治能力を高めようとした。帝国大学において主流をなしたいわゆる官僚法学は、その運用の中心となる行政官僚自身は必ずしも法に拘束されず」、「拒絶法学」を構成し、国家の武器に与した、と。こういった総論のみでなく、帝国大学のみに適用された教育研究体制の単位としての講座制の官僚養成的役割からの研究もみられるようになった。

哲学の分野では昭和十七年刊の麻生義輝著『近世日本哲学史』が、制度としての大学との関連で哲学の近代化過程を追及した先駆的業績をのこしている。この本は丸山真男氏の近著『戦中と戦後の間』に「日本の啓蒙哲学の形成を学問的に取扱った殆ど唯一のモノグラフィー」とのべられている。『近世……』には興味ある記述が少なくない。たとえば、明治十年代から政治思想の自然法を基礎とした天賦人権説から社会進化主義への移行に際して、当時創始間もない東京大学は、それらの温存(床?)になっていたとのべている。あるいは明治十三年の政治学の試験問題「進化論の立場からミルの「自由之理」を批判せよ」が、H・フェノロサにより出題されていたことなどの事実が記されている。

III

まえがきが長くなりすぎてしまった。『日本近代哲学史』

は編集意図を「事実関係の究明に重点を置いた、資料テキストの性格を担う日本近代哲学史」の叙述にあるとしている。全七章に巻末の日本・西洋対照哲学史年表から構成されている。第三・六・七章を編著者が執筆し、一九一〇年代の世界と日本の哲学（第三章）、一九二〇・三〇年代の世界と日本の哲学（第六章）、日本近代哲学史をめぐる若干の原理的考察（第七章）となっている。第一・二章は幕末西洋哲学の導入から明治三〇年代迄のドイツ哲学の確立までを展開し、第四章（ヘーゲル哲学の受容と西田幾多郎の哲学）、第五章（社会主義の哲学の受容と展開の諸相）は第三・六章にはさまって個別問題史（「的」が欠落か）に論じられている。四五ページに及ぶ巻末の年表には一八六〇年からほぼ百年間に発表された内外の哲学史関係の著書（論文）があげられている。日本近代哲学の西洋哲学の受容の基本的な事実を語るものである。

本書は、まず第三・六章を読み近代日本の哲学を概観したのちに個別問題史的な章を繙ってみるほうが適当であろう。第一・二章については――全体を通ずる感想でもあるが――粗述すぎる嫌いがある。

本書はさきにのべたように「事実関係の究明」に重きをおいた編集であるため、大学の哲学講座の性格と変遷、講座担当者のプロフィールや外国とそれとの関係等に多くの紙面をついやしている。哲学の学的展開を直接的に求めようとする読者には煩雑さを感じられるだろう。編者の企図による叙述のスタイルを幾分か理解するために第七章から読まれるのも、ひとつの方法だろう。

わたしは、一にも二にもなく最後の方法をとった。「事実関係の究明」に重きをおき「原理的考察」をするには、必ず大学（アカデミズム）の存在が取り上げられる、と推測したからである。

Ⅳ

第七章　２　日本近代社会における知の諸形態、において帝国大学の存在を取り上げ次のようにのべている。「百年にわたる日本近代哲学史を通観するとき、近代ドイツ哲学の受容と移植の営みが圧倒的な比重を占めている。その中心的な役割を演じたのが、東京・京都両「帝国大学」を中心とする「帝国大学」であった。」と。そしてこのことは総じて、西欧の近代学芸の受容と移植に適用されるものであり「日本近代社会における知の形態を考える場合、極めて重要である」としている。近代ドイツ哲学の受容において「特殊ドイツ的な意味における形態が支配的となった」日本の哲学の成立に果たした帝国大学の重要な役割と機能。「特殊へーゲル的な意味においても、また一般に日本語で理解されている意味においても、《思弁的》SPEAKULATIVE な知の形態が、西欧の後進資本主義国ドイツと東アジアの後進資本主義国日本において、ともに《官学哲学》の形態をとることによって支配的になった。」事実は注目に値するだろう。

帝国大学が日本の哲学の性向に及ぼしたのはなにか。それは「「帝国大学」の講壇を中心とする《官学哲学》の主流が、学術的な精密さの外貌のもとに通俗性とイデオロギー性をたたえた知能的技術官僚の哲学という形態」を取り、「日本の庶民に脈打つ感性の論理的な救済と解放」に組みしなかったことであった。このことは、日本の近代社会にあっての知の形態の構図に組み入れてみると次のようになる、とのべる。

「日本の近代社会にあって知の形態は、一方で通俗性とイデオロギー性をたたえた《官学アカデミズム》と、他方、それに反撥した反俗的・脱イデオロギー的な日本的《感性リアリズム》の両極に分解した。この中間領域に、《私小説》的な世界と構造上の類似点をもっという意味で、《私哲学》の世界といいうる人生論としての哲学の分野(主に西田哲学をさす—評者)が形成された。」

第七章に限って若干の問題点をあげてみよう。まず、本文において帝国大学の文字に必ずカッコをつけていること。筆者の意図とは関係なく(と思うが)帝国大学を歴史の彼方に追いやり、大学の問題をも断片化し、狭隘化する。

《官学哲学》という区別の根拠はなにか。これは「唾棄すべき通俗性とイデオロギー性」をもった哲学研究を「一部エリート集団」に問題をまったく帰することができるのか、という疑問に通ずる。そして《官学哲学》というかぎり、現在にも適用可能であり、ここではじめて、その区別のたしかさがたしかめられるであろう。必ずや、現在においては、そのくくり方の不充分さがあきらかになるであろう。

ユニークな日本近代哲学史の概説書であるが、その域においても前記麻生著作程度の史的追求が望まれる。しかし察するに、「哲学者」にとっては「不得意」な叙述スタイルを試みた、と考えられる本書の刊行に今後への期待を賭けたい。

(有斐閣選書、昭和五一・一・二〇刊)

(第七号、一九七七年六月十八日)

第三章　「かわら版」主要記事

雄氏）。百年史の編纂も一段落したので、これまで収集した福原関係の資料整理をはじめた。

（第一号、一九八六年九月二十四日）

1　福原鐐二郎関係資料について

福原については当初、教育調査会の研究の過程で、当時文部次官の地位にいたので、要調査対象として考えていたにすぎなかったが、その履歴を追ってみて俄然関心を駆り立てられた。福原は始め当然のごとく、内務省畑を歩むが、明治三〇年から専門学務局に勤務して、大正五年十月田所美治と次官を交替するまで、文部省特に専門学務局関係に在職していたためである。昭和五五年ごろのことである。この時始めて歴史的人物の遺族に手紙を書き、連絡を取るということを行った。その結果、書翰・書類などはなかったが、小冊子『福原三兄弟少年時代』、『長島町誌』の著者伊藤重信氏などを紹介された。特に、福原の長女富士氏から、福原の人となりを聞けたのが収穫であった。最近、福原の没後五〇年を記念して詩集『蘇洲詩存』が遺族の手で復刻され、別冊として福原の事蹟が簡潔に纏められた（筆者は福原満洲

2　久保田譲文書の概要

久保田文書は、一・履歴関係（二〇点）、二・教育政治関係（六点）、三・書翰（二四通）、四・欧米派遣関係（七点）の四つから成っている。履歴関係の書類では、『国之礎』（後編、続編）掲載の履歴及び文部大臣時代の事蹟に関わる草稿類が多い。二は、意外に少なく、教育関係では「旧豊岡藩文武興廃始末豊岡士族久保田精一謹記」と題された書類が注目され、政治関係では普選と二・二六事件に関する枢密院における久保田の演説筆記（写）がある。書翰の情報量は少なく、教育関係では平田東助の米価問題及び文郎省内に諮問機関設置

に関する書翰と、封筒に「地方長官ニ対スル演説ノ件　沢柳博士ヲ文相ニ推センノ件」と表書きされた牧野伸顕のもの〔大正一〇年五月七日付〕が貴重と考えられる。四は明治二二年一一月に派遣された時の一件書類である。以下にその内の一点を復刻して、参考に供する。

《久保田文書資料㈠》

学校財務教官恩給等取調ノ為メ主任官欧米派遣ノ件

学政ノ儀ハ年ヲ逐テ漸次進歩致候得共教育上ノ経済ニ至テハ尚詳査改良ヲ要スヘキモノ多ク就中学校財務即チ学校ヲ維持スル財源及会計ヲ整理スル方法ヲ改良スルカ如キ又ハ公立学校教官恩給ノ制ヲ定ムルカ如キハ学政上目下緊急ノ事項ニ有之候処欧米諸国ニ於テハ従来之ヲ実施致居其善例良方等不尠ニ有之候就テハ当該官吏ヲ派遣シ親シク之ヲ視察調査セシメ候上本邦恰当之方法ヲ制定致度候ニ付此際凡ソ十ヶ月間ノ見込ヲ以テ右取調ノ為メ文部省会計局長久保田譲ヘ欧米派遣命セラレ度尚右派遣命セラレ候上ハ属官一名随行セシメ度且右ニ要スル費用ノ儀ハ経費予算無之ニ付曾テ旧太政官ノ裁定ヲ経テ臨時ノ費用ニ充ツル為メ文部省ヘ保管致居候積置金ヲ以テ支弁致度且右ハ別途ノ金種ニ属シ居候ニ付一旦国庫ニ納付可致候間更ニ文部省経費ニ増額交付相成度別紙計算書相添此段倶ニ閣議ヲ請ヒ候也〔別紙、省略〕

年　月　日　　　　文部大臣子爵　榎本武揚

内閣総理大臣公爵　三条実美殿

追伸本文差急ノ都合有之候間速ニ御決定相成度且費用ニ関スル事ハ大蔵大臣ニ協議ヲ遂ケ候也

（第三号、一九八六年十一月二十八日）

3　教育調査会の史料について

佐藤秀夫氏の二つの論文、「日本近代教育史に関する研究史料の考察」（『日本の教育史学』第一三号収録　昭和四五年）と「文部省」（『日本古文書学講座　第九巻　近代編Ⅰ』収録　昭和五四年）は教育制度政策の立案過程を研究するにあたっての基本文献といっていい。官側史料がどこに、どのように、どれほど所蔵されているのか、詳細に記されており、史料調査の第一歩の役割をもはたしてくれる。そこには、文部省及び内閣に設置された教育審議機関の議事録類の所蔵調査の結果も含まれている。戦前、文部省に初めて設けられた高等教育会議から、戦後の教育刷新委員会及び教育刷新審議会までが取り上げられている。

第一次世界大戦を挟み設置された教育審議機関、文部省所管の教育調査会と内閣所管の臨時教育会議との学制改革問題をめぐる連続、不連続の問題は博士予備論文執筆前後より関心があり、特に前者の史料発掘にはこだわってきた。

佐藤氏の右の二つの論文には九年の間隔がある。前者の論文では教育調査会に全く言及しておらず、後者で初めて「議事速記録は、現在のところ所在不明である（東京大学附属図書館カードに大正三年分の速記録が記載されているが、現物は存在していない）。」と九年間の調査結果を記している。この記述についてはよく判らなかった記憶がある。議事速記録自体の刊行が確認されないのか、刊行は明確だが現物が確認されないのか、という点であった。刊行そのものは、北条時敬の伝記『廓堂片影』（昭和六年）中に、北条が日本青年館に寄贈した図書目録（「此部誤写極メテ多シ」と注記されている）があり、そこに「教育調査会〈特別委員会〉速記録五冊」と記されており、確認されるはずなのに、敢えて図書館カードに言及する意味が判らなかった。

ところで、教育調査会速記録は現在六冊の現物を確認できている。

教育調査会速記録㈠、㈡、㈢の三冊と教育調査会（特別委員会）速記録　第七四号、第七五号、第七六号の三冊の計六冊である。

速記録㈠の標題には「大正三年七月二日全会委員会ニ於ケル教育制度改正ニ関スル菊池会員演説」とあり、活版印刷二一頁、二〇×一五センチという体裁である。同㈡は速記録第一号の続き、同㈢は「大正三年七月二日全会委員会ニ於ケル教育制度改正ニ関スル成瀬会員演説」とある。

このような速記録から二つの疑問が生じた。大正三年七月二日の菊池大麓の教育制度改正意見とは、「いわゆる学芸大学校案」であり、教育調査会における審議の一つの画期である。この時点で調査会はすでに設置以来一年以上経過しているにもかかわらず、速記録が㈠ということは、これ以前には速記録が作成されていなかったのではないか、ということである。非常に不可解な印象であるが、このほかにどのように考えられるであろうか。

次に菊池の学芸大学校案の分析にあたっては、『東洋学芸雑誌』（第三十一巻第三九六号　大正三年九月五日）に収録されている「大学及高等学校に関する余の提案」が専ら用いられてきている。この内容は、速記録㈠とほとんど同じである。

異同を指摘すれば、江木千之が提出した改革案（「教育調査会ハ中等教育制度ニ一大改革ヲ加フルノ程度及範囲ヲ確定センガ為ニ先ツ左ノ件々ヲ審議決定セラレンコトヲ望ム」）に言及した部分が削除されている程度である。明らかに速記録が基本となって、雑誌の記事は書かれている。調査会は「会議ハ之ヲ秘密トス」（議事規則第四条）とされたが、会議発言の速記録は当該会員の了承が得られれば、ほぼ同じ内容の記事を公表できたのかもしれない、ということである。ちなみに、このように想像すると、教育時論や一般の総合雑誌の記事なども、単に二次史料といっておろそかに取り扱えない、と思うようになった。

このほかの史料の紹介については、あらためておこないたい。

（第七号、一九八七年三月三十一日）

4　教育調査会の史料調査について（一）

先日、東京工業大学百年記念館（準備室）に手島精一文書の調査にいった。手島文書は現在整理中のため公開されていないが、以前同校の百年史編纂の折、少し関わりがあったので、特別の好意により追加調査をさせていただいた。

これまで、瓦版で紹介してきた、福原、久保田、江原といった私家文省の調査、上記の手島など、相互になんの関係もないように思われるかもしれないが、実は以下に述べる調査も含め、これらの人々はすべて教育調査会の会員であります。

前号に書いたように、教育調査会の史料発掘を中心にこの間研究をすすめてきた、とっても過言ではない。以下、自分にとっての整理のためにも、その調査の概況を記しておこう。

水野直教育関係文書・貴族院議員で研究会派の領袖、すでに『東京大学史紀要　第三号』に一部を復刻紹介した。調査会の配布史料を始め、臨時教育会議関係史料、学習院史料など、貴重な史料が多数ある。なかでも、水野の会議メモである「教育調査会事項」は非常に有益で、中野の博士予備論文が纏まったのは、この史料のお蔭であった。今年中に全部を纏める予定であるが、いまだいくつかの不明な点がのこっている。それは、水野メモが大正四年七月十九日の議事、「中学校卒業生及ヒ同等以上ノ学力アル者ヲ収容シ四箇年以上ノ教育ヲ施ス学校ハ大学ト為スコトヲ得ルコト」が決議された日でおわっている点である。

手島精一文書・前回紹介した調査会の総会速記録の一部をはじめ、手島の官歴にそくした教育関係史料が残されている。ただし、手島研究にとって重要な位置を占める、博覧会関係および高等工業学校関係の史料が不思議にほとんどない。推測するに、過去に一度整理され、教育行政関係だけが集められたためであろう。

辻新次文書・昨年夏にようやく辿りついた史料群である。総数五六七点で、そのほとんどが書簡であった。一番多い発信者は大木喬任である。『男爵辻新次翁』にはまったく使われていないようである。書類関係がほとんど旧蔵されていない点が気になってしょうがない。同省のはしがきに『辻同次郎氏からはいろんな貴重な記録や写真や図書などを拝借した』とあり、いまだどこかに辻の史料が残っている可能性がある。

久保田譲文書・瓦版三号参照。調査会関係はまったくなかったが、『国之礎』なる図書をしることができた。

菊池大麓・米田氏と一緒に調査を行なう。聞き取りによれば、襖、屏風、巻などに書簡が貼ってあった、とのことであった。

江原素六文書・既報のごとく沼津の明治史料館に多数所蔵されいるが、いまだ整理中のため閲覧できなかったが、展示ではじめて教育調査会の辞令をみる。

奥田義人・中野宛の遺族からの書簡によれば、東京市長就任前後に庭先でそれまでの文書を焼いた、ということであった。

（第八号、一九八七年四月二十八日）

5　辻新次について

既報のように、昨夏以来辻文書の収集・整理を継続しているが、辻自体について考えると、すぐに壁に突き当たってしまう。辻についてはよく知っているが、文部行政家としての辻の果たした具体的な役割がよく分からない、ということである。

特に明治二五年一一月に医師の診断書を添え、持病のため「劇務ニ不堪候」という理由により、文部次官を辞任する迄の期間のことである。

思考が中断してしまう最大の原因が、中野の研究不足にあることは自明であるが、それでも少しばかり、これまでの教育史研究上における問題点と絡めて、その理由を考えてみた。

まず第一に、これまでの辻の評伝、伝記関係を読むと、実によく「分った」ように書かれていることに気が付く。それらは辻の官歴に沿くして記述されているからである。

文部省の創置から同省に出仕し、最後は文部次官として依願退職するまで、辻は近代教育史上の画期に常に関わっていた。「学制」取調掛、教育令、改正教育令、諸学校令等、枚挙にいとまがない。ただ具体的に資料をつきあわせてみると、よく分らなくなる。たとえば、兵式体操の導入について、辻の役割が注目されることはほとんどない。しかし、辻の秘書経験を持つ岩垂憲徳は、辻の直話として「辻次官の熱心な進言と周到な立案とに成り、森文部大臣は、喜んで之［兵式体操を学校の正科に加える］を採用したものである」（「文部時報」七三〇号、一一五頁）と堂々と書いている。また、小学校令についても、一方で木場貞長が回顧談で、次官すら発布後に知った、と述べ（「森有礼全集」二巻、七一八頁）、他方、表現は穏やかではあるが、「教育報知」の記事では、辻の「補翼参裏の功、亦与つて力なくんばあらず」（三四六号）とある。

第二は、次官というよりも、官僚の果たす役割がよく分らないためである。教育史に限らず、注目されるのはやはり大臣であり、とくに辻の文部省在任期間はその傾向が強い。それは、田中であり、大木であり、森であり、井上である。これら、メイン・リーダーに対して、次官以下の、いわばサプ・リーダーの存在はこれまであまり、注目されてこなかったように考えられる。

辻の役割を再検討するためには、否が応でも、このような視点が要求されるだろう。殊に次官に限定してみても、戦前期沢山の大臣とともに、多数いた。中野の関心からいっても、福原がおり、田所がおり、菊池がいた。福原に関しては、戦前期最も長く大学・高・等教育に関係した官僚であった。しかし、伝記はおろか、正確な評伝すら、近年遺族が纏められるまでなかったし、ましてや福原そのものを研究対象とした論稿は見当たらない。辻も然りである。

辻の辞職は、個人的な理由（病気）に帰せられているが、実際はどうであったのか。先に引用した「教育報知」によれば、「文部年来の積弊、辻君其源泉たり、彼の省内辻派の一団、有勢力の地位を占むるハ、其著しき応発なり」と記している。たしかに、辻はかなりの勢力を保持していた、と考えられるのであるが、その具体的な面がよく分らないのである。

以上のような課題を以て、辻の研究を進めている。ちなみに、辻及び久保田文書の整理・研究のため申請した科研費の題目は「文部行政の形成・確立過程におけるサプリーダーの役割並びに人脈に関する実証的研究」である。

（第十号、一九八七年六月三十日）

6　手島精一教育関係史料について

手島史料については、瓦版八号でその概要を若干紹介した。同史料は現在東京工業大学にて整理中であり、未公開であるが、以前同大百年史編集室で閲覧・目録を作成した教育関係史料中、高等教育会議開係史料について紹介しよう。

以下の史料にかかわり、決の点を述べて置こう。

まず、高等教育会議議事録が一点もないことである。佐藤秀夫著『学校ことはじめ事典』に現在刊行が確認されている議事録が紹介されている。それ以外に果たして議事録が作成されたのか、といった作成の有無も含めた議事録の所蔵調査について関心を持っていたが、手島史料からは悲観的な予測しかたたないような雰囲気になってきた。

もう一点は、辻新次を酷評したあの藤原喜代蔵著『今後の教育を如何にすべき乎』の第一編の高等教育会議関係記述が、前書きに記された通り、かなり踏み込んだ史料に基づいているのではないか、という印象を受けた。目録番号一七「報告」と同じ内容が、同書一四七頁以下にそのままではないが、引用されているのである。

史料目録の記述順序は、史料名（但しい括弧［　］内は名称は編者が適宜付したものである）、著者（作成者、提出者等を含む）、印刷形態、頁（枚）数、年月日とした。略字は以下の通り。コ＝蒟蒻版、ト＝謄写版、カ＝活版、文十罫＝文部省一三行罫紙等である。その他、括弧内は編者が適宜付したものである。

高等教育会議関係史料目録

一　（極秘）学制改革案理由
［作成者年月日欠］　コ［一部墨筆修正］　二八枚［表紙を含む］

二　㈠改正案中学校学科課程表
［作成者年月日欠］　コ　二枚

三　諮問実第三号　高等中学校ニ関スル事項

コ　五枚
四　[諮問案第二号中学校学科目改正案]
井原百介提出　コ　一枚　[欠]
五　諮問案第二号ニ就キ修正意見
坪井九馬三　川田正淑提出　コ　一枚　[欠]
六　[諮問案第二号ニ関スル修正意見]
辻新次提出　コ　一枚　[欠]
七　[諮問案第三号高等中学校ニ関スル事項修正意見]
辻新次提出　コ　四枚　[欠]
八　[諮問案第三号高等中学校ニ関スル事項修正意見]
[欄外朱筆にて「第四号伊沢案」]　コ　四枚[同文二通]
九　[学校系統案]
コ　一枚[欠]
十　[諮問案第三号高等中学校ニ関スル事項修正意見]
山川健二郎、沢柳政太郎提出　コ　一枚　[欠]
十一　[諮問案第三号高等中学校ニ関スル事項修正意見]
[欠]　コ　一枚[欠]
十二　諮問案第二号ニ就キ修正意見
坪井九馬三　川田正淑提出　コ　一枚[末切れ][欠]
十三　[諮問案第三号高等中学校ニ関スル事項]
[欠]　コ　一枚　[欠]
十四　第二号及第三号諮問案ノ修正案
渡辺渡、古市公威提出　コ　一枚　[欠]
十五　[諮問案第二号及び同第三号につき議題とすべき事項]
[欠]　ボ[墨書]　文十罫　三枚　[欠]
十六　[第一項]
[欠]　ボ　文十罫　三枚　[欠]
十七　報告
[手島草稿?]　ボ　文十罫　一八枚　[欠]
十八　高等教育会議議事規則
カ　四頁

（第十五号、一九八七年十一月三十日）

7　菊池大麓「閑話」題目一覧

菊池については以前から多大な関心を持ち、彼を中心にした大正期の大学改革研究試論をまとめた（『大学史研究』第三号、大学史研究会編、一九八三・七）。また、遺族の史料所蔵調査も行ってきたが、さしたる成果も見られなかった。それでも諦めきれずにいたら、再び遺族調査の機会に恵まれた。今回は遺族から、菊池の家庭での在り方、教育方針等を伺い、かつ若干の史料提供もあり、少し元気を取り戻し始めている。

　菊池に対する最大の関心は、教育調査会改造問題にかかわっている。教育調査会における大正四年七月の総会決議を持て余し、審議機関の一新を策謀していた岡田良平文相に、大正六年二月十四日付で次のような書翰を送っていた。

> （前略）扨其節御話之調査会改造之件に付ては、文部省所属を内閣直属とする事、普通教育の内容、教員之改善を主とする等大体に於ては至極結構と存候へ共、調査会設置当初の大目的は大学に関係したる事なりしは疑ふ可からず、而して所謂菊池第一条は已決のものなるを、改造に依りて滅却せしめんとするは勿論、するが如き観有りては甚面白からずと存候、此辺は篤と御考有之度候。且設置当時枢密院有志者より当時之内閣へ談したる歴史も有之候次第、此辺御考無之時は後に至り枢密院と衝突も生ずる虞有之候（以下略）
>
> （伊藤隆他編「岡田良平文書」『社会科学研究』第二一巻第五・六号合併号所収　昭和四十五年）

　しかし、すでに着々と改造計画は進行し、この書翰の一ヶ月後には臨時教育会議官制案が閣議に提出されていた。そして、九月の官制公布の約一ヶ月前、八月十九日に菊池は亡くなる。この間の菊池の動静は、近代日本の大学制度の選択において決定的に重要であった筈である。その動静が知りたかったのである。

　閑話休題。二回目の聞き取り調査の折り、標題に掲げた記事を収集し、遺族に提供した。記事は『東洋学芸雑誌』に明治四十五年二月五日―通巻三六五号―から大正六年九月五日―通巻四二三号―まで六七回（一回重複）に亙って連載された（当初の題目は「忙中閑話」、第一五回から「閑話」となる。）。編者は、最後の「蕃書調所と開成所」を掲載するにあたり「此の先生の幼時の『思ひ出』の記は公刊すべきものとしては先生の絶筆となれり」と記している。以下、その題目を紹介する。

一　舶来の福の神／二　夜間電報／三　百万円／四　代名詞／五　礼譲と文明／六　名誉職と醜業者／七　犬の箝口／八　急行列車の部分／九　義捐演芸／一〇　製本／一一　横顔／一二　影画／一三『一三』／一四　cat = dog／一五　電話の呼声／一六　卒業式に於ける校長の告辞／一七　早稲

田卒業式／一八　共同宴会会費と酒／一九　宴会写真購入法／二〇　宴会写真の欠点／二一　試験廃止／二二　試験成績に重きを置き過る／二三　学位の略記／二四　女子の出歩き／二五「スタヂオ」／二六　英語の発音／二七　道路は通行の為め／二八　日本政治家の進退／二九　米国大統領と学者／三〇　ハイカラ、バンカラ／三一　大学総長／三二　通俗講演／三三　外国電報／三四　名を粗末にすること／三五　宿継紹介／三五　カーネギー教育改良財団／三六　新聞紙に於ける外国地名人名／三七　国民年鑑／三八　BECOME／三九　参謀長は杖の頭／四〇　ビール樽に成れるか／四一　篩ひ掛ける／四二　篩の上下／四三 Aix-la-Capelle ／四四　普仏戦争日記／四五　近眼の老眼／四六　講談会社／四七　負たり勝たり／四八　演説的祈祷／四九　時代と訳語／五〇　総振仮名／五一「博士」の読み方／五二「バンザイ」の初まり／五三　ハンデカップ／五四　モニカー／五五　井上侯とローマ字／五六　横書の初まり／五七　弱きもの、汝の名は女なり／五八　偏は誤り、旁は間違い／五九　口を結べ／六〇　A、SとASS／六一　表裏／六二　銅像／六三　ペルーの銀山／六四　独逸は世界第一の国／六五　年始／六六　大祭日忘れらる／六七　蕃書調所と開成所

（第二十一号、一九八八年五月二十八日）

8　久保田譲関係文書目録（稿）一

すでに懐かしい本誌第三号に一度概要を紹介した久保田譲の関係文書の目録を掲げます。この文書は現在遺族から中野が借用しており、公開されているものではありません。今後なんらかの公開の方向を考えていますが、あらかじめこの点につきお含み置き下さい。

凡例・記載の順序は表題・件名、日付、体裁・その他とした。表記にあたっては、文十三罫─文部省十三行罫紙、墨書─墨などの略号を用いた。

Ⅰ　履歴関係

一　墓誌銘　故枢密顧問官正二位勲一等男爵久保田譲、一枚、墨

二　明治二十六年恩給請求書［綴］

1　恩給請求書　文十三罫六枚＋四枚、墨

2　日光県退官の事由に付問合状及び回答書（付奉願

書）
明治二六年三月二四日付文部大臣秘書官発、半罫一枚、墨及び同年三月二五日付文部大臣秘書官宛（控）、二枚、墨
三　［明治二九年以降辞令］
1　銀盃壱組　明治二九年三月二九日
2　明治三十七八年事件ニ依リ勲一等瑞宝章及金尼千円授賜　明治三九年四月一日
3　旭日大綬章　大正八年五月二四日
4　金杯壱組　大正九年九月七日
5　金杯壱組　昭和九年四月二九日
四　国乃礎　後編　下編、杉本勝二郎編、明治二八年四月刊、同編輯所発行、活版
五　国乃礎　後編草稿、明治二八年三月、十二罫四枚、墨［朱筆訂正有］
六　履歴書草稿　文部省履歴罫紙四枚、墨
七　国乃礎　続編、明治四一年木村匡起草写、十二罫六枚、ペン
八　国乃礎　続編、明治四一年木村匡氏起草、十二罫八枚、墨［朱筆訂正］
九　前文部大臣男爵久保田譲君　四百字詰原稿用紙二枚、墨
十　男爵久保田譲君を論ず　藤原喜代蔵、『帝国教育』記事切抜
十一　前文部大臣男爵久保田譲君　四百字詰原稿用紙二枚、墨
十二　［履歴綴］　文郎省履歴用紙七枚＋文十三罫一枚、墨［訂正有］
十三　履歴書　文十三罫五枚、墨
十四　［履歴書］　枢密院履歴用紙八枚、墨
Ⅱ　教育・政治関係
一　旧豊岡藩文武校始末　原本、十二罫二六枚（別付録）、墨、袋綴、［一頁目表題は「旧豊岡藩文武興廃始末　豊岡士族久保田精一記」とある］
二　文部省学制教則沿革録　巻之一、巻之二、文十罫三十枚、墨、仮綴
三　文部大臣時代ノ事項　十罫一枚、墨

（続く）

史料復刻
文部大臣時代ノ事項

一　戦争ノ始ニ留学生、国語調査会、高等教育会議ヲ廃スルヲ□シ経費大節減論ノ時克ク現状ヲ維持シタル事
一　戦時中工科大学土木教室焼失ヲ復旧シタル事
一　戦時中長崎ノ高商、名古屋ノ高工、学校ヲ開始シタル事
一　三十八九両年予算会議ニ於テ凡百万円ヲ回復シタル事
一　教育奨励賞二十五万円ヲ設ケタル事
一　学士会院ヲ拡張シ、仙台高工、熊本高工、京都文科大学、山口高商ヲ設立シタル事
一　義務教育年限延長、大学特別会計ノ基ヲ立タル事
一　戦時中教育現状ヲ維持シタル事
一　国定教科書ノ基礎ヲ堅固ニシタル事
一　教科書ノ改正ニ着手シタル事
一　省内事務繁多ヲ省キタル事
一　直轄学校ヲ検閲シタル事
一　教育者効績表彰規定ヲ設ケタル事

（第二十九号、一九八九年二月四日）

9　久保田譲関係文書目録（稿）二

Ⅱ　教育・政治関係

四　大正十四年二月二十日枢密院普通選挙按会議ニ於ケル演説筆記　四百八十字詰原稿用紙八枚　墨

五　秘昭和十一年三月四日枢府会議ニ於ケル久保田顧問官演説　四百字原稿用紙三四枚ペン書　袋仮綴

六　秘昭和十一年三月二十六日帝都擾乱事件後三月四日枢密院本会議演説筆記写　久保田譲　文十三罫一一枚　墨　仮袋綴　[この表題は五の本文一頁目表題と同じ]

Ⅲ　書翰（来翰）

一　桂太郎　明治三六年九月二十二日付
二　桂太郎　明治三七（八？）年十一月二十七日付
三　木村匡　明治四一年五月十日付
四　木村匡　明治四一年六月四日付
五　大浦兼武　大正四年五月二日付
六　大浦兼武　四月二十二日付
七　徳川家達　大正八年五月二十五日付
八　徳川家達　五月五日付
九　平田東助　大正九年四月二十七日付

一〇　平田東助　八月二十日付
一一　平田東助　一月一九日付
一二　牧野伸顕　大正十年五月七日付
一三　武井守正　大正十一年九月七日付
一四　阪谷芳郎　大正十四年一月三十一日付
一五　斎藤実　昭和十年一月二十九日付
一六　金子堅太郎　昭和十一年五月二十四日付
一七　清浦奎吾　四年十一月十三日付
一八　浜尾新　二月八日付
一九　河野鎌敏　三月十一日付
二〇　児玉源太郎　三月十四日付
二一　高橋是清　十月九日付［但し宛名、武井守正］
二二　石黒忠悳　昭和七年五月二十三日付
二三　小西信八　昭和十一年四月十五日付［但し宛名、久保田敬一］
二四　福田義雄　昭和十一年四月十七日付［但し宛名、久保田敬一］

Ⅳ　欧米派遣関係書類

一　学校財務教官恩給等取調ノ為メ主任官欧米派遣ノ件［閣議請議案］　文十罫三枚　墨
［付］欧米派遣諸費計算書　三条実美首相宛榎本武揚発
二　同右［草案?］　文十罫二枚　墨［但し、付は欠］
三　［文部省会計課長久保田欧米派遣に付各公使宛紹介書面発送依頼状］　外務大臣宛文部大臣発　明治二十一年十一月十三日達済　文十罫三枚
四　乙欧米巡回旅程見込書　文十罫一四枚　墨
五　欧米派遣旅程見込書　文十罫二枚　墨
六　欧米派遣旅程見込書［同右草案?］　文十罫三枚　墨
七　伯林滞在気付　文十三罫三枚　墨

史料復刻

一〇　平田東助書翰　八月二十日付

芳翰拝読益御清祥奉欣賀候、小生去る十四日出発当那須ニ罷越申候、諭之如く米価問題ハ遂ニ異常之騒動を惹起し為邦家御同憂此事ニ有之其原因ハ一行ニ足らさるも新聞之激発其大なるものと存候、将来之政局ニ付てハ深く考究を要すへく候得共、現時之騒動ハ一ト先ツ鎮静ニ至リ可申小生ハ少く取調へ度事有之猶暫時滞在之心得ニ候得共、右済ミ次第可成早く帰京之心得ニ罷在候兼て御相談申上候文部省内ニ諮問機関を被置之儀ハ来月会議を開候際建議として提出致候て如何可有之候也御考慮被下候様奉願度其組織モ予メ御考案被下候得は幸甚奉存候、右御答旁草々頓首

八月二十日　　東助

久保田老閣

（第三十号、一九八九年三月七日）

10　手島精一教育関係史料について（二）――教育調査会関係資料目録（一）――

かわら版一五号（八七・一二）に手島史料中、高等教育会議関係の史料を紹介したが、今回はその㈡として教育調査会関係史料目録を掲げる。史料の記述順序は、史料名（但し、括弧［　］内の名称は編者が適宜付したものであり、頭に＊のある史料名は教育調査会編『学制問題ニ関スル議事経過』よりとった）、作成者（著者、提出者等を含む）、印刷形態、頁（枚）数、年月日とした。略字は以下の通り。コ＝蒟蒻版、ト＝謄写版、カ＝活版、文十＝文部省十行罫等である。その他、活弧内は編者が適宜付したものである。

教育調査会関係史料目録

一　教育調査会速記録（一）　カ　二一頁［大正三年七月二日全会委員会における菊池大麓の演説記録］

二　教育調査会速記録（二）　カ　八頁　［前回の続き］

三　教育調査会速記録（三）　カ　一六頁　［大正三年七月二日全会委員会における成瀬仁蔵の演説記録］

四　教育調査会（特別委員会）速記録第七五号　カ　四五頁　［東京帝国大学工科大学教授大河内正敏の学制改革論］

五　［議席決定通知書及び調査会官制等印刷物送付書］　ト　一頁

印刷物一　教育調査会官制及議事規則

二　調査部内則案

六　教育調査会名簿　カ　一枚

七　［江木千之提出「教育制度改正ニ関スル調査意見」審議の為全会委員会開催通知文　ト　一校　大正三・七・四

八　教育調査会ハ中等教育制度ニ一大改革ヲ加フルノ程度及範囲ヲ確定センカ為ニ先ツ左ノ件々ヲ審議決定セラレンコトヲ望ム

江木千之　コ　二枚　大正三・六・一一
九　＊中等教育制度改正ニ関スル意見　江木千之　コ二枚
大正三・六・一一　［九～一三まで一括綴り］
一〇　＊原案ニ対スル先決問題
江木千之　コ　一枚　大正三・七・二
一一　＊原案第一項ニ関スル訂正
江木千之　コ　一枚　［年月日欠］
一二　中学校四箇年ヲ以テ普通教育ノ終期トシ其上ニ一箇年ノ補習科ヲ設ケ之ヲ高等ナル学校ノ受験科ト実科トニ分ツ議
江木千之　コ　四枚　［年月日欠］
一三　［改正案ト現行制度、普国ノ制、仏国ノ制（リッセー）比較図表］　江木千之　カ　一枚　［年月日欠］
一四　＊原案　［江木千之提出「中等教育制度改正ニ関スル意見」］　第一項ニ関スル訂正
江木千之　コ　文一三　一枚　［年月日欠］
一五　学校系統ニ関スル建議
高木兼寛、辻新次　ト　三枚　大正三・七・一四
一六　教育制度改正ニ関スル意見
菊池大麓　カ　一枚　［年月日欠］
一七　［同　右］　菊池大麓　カ　一枚
［一部に修正、系統図が一枚添付］
一八　大学校令ノ要項
一木喜徳郎文相　コ　七枚　大正三・六・二〇
一九　［一木文相諮詢案］　大学校令及学位ニ関スル規定
一木喜徳郎　コ　七枚　大正三・六・二〇
［一九～二三まで一括綴り］
二〇　大学校令ニ関スル先決問題
三土忠造　コ　一枚　大正三・一一・二〇
二一　大学校令修正案
小松原英太郎、三土忠造　コ　二枚　大正三・一一・二六
二二　大学校令修正案中第三項ノ次ニ加フヘキ追加案
小松原英太郎、三土忠造　コ　一枚　大正三・一二・四
二三　帝国大学及ビ高等学校改革私案　作成者不詳　ト九枚　［年月日欠］［封筒に在中、同封筒裏面に「成瀬仁蔵」とあり］
二四　［徴兵令中改正ニ関スル事項議決］

小松原英太郎　コ　文十三　三枚　大正三・七・一八
二五　［諮詢案］　小学校令中改正ニ関スル件
一木喜徳郎　コ　三枚　大正三・五・二二

（続く）

（第三十五号、一九八九年七月二十九日）

11　手島精一教育関係史料について（三）——教育調査会関係史料目録（二）完——

凡例・史料の記述順序は史料名（但し、括弧［ ］内の名称は編者が適宜付したものであり、頭に＊のある史料名は教育調査会編『学制問題ニ関スル議事経過』よりとった）、作成者（著者、提出者等を含む）、印刷形態、頁（枚）数、年月日とした。略字は以下の通り。コ＝蒟蒻版、ト＝謄写版、カ＝活版、文十＝文部省十行罫等である。その他、括弧内は編者が適宜付したものである。

二六　［諸建議案及び大臣諮詢案送付通知］
ト　二枚　大正三年七月四日
二七　＊皇道ニヨリ国民精神ヲ帰一セシムルコト等ニ関スル建議案
杉浦重剛他　コ　三枚　大正二年七月九日
二八　＊修業年限短縮ニ関スル建議案
渋沢栄一他　コ　二枚　大正二年一〇月
二九　立憲的世界的精神ヲ国民教育ニ普及スル方法ニ関スル建議案
高田早苗他　コ　二枚　大正二年一〇月
三〇　学制改革ニ関スル建議案
花井卓蔵他　コ　一枚　大正二年一〇月
三一　大学校令ニ対スル修正意見大要
江木千之　コ　三枚　［年月日不詳］
三二　［本会会議通知文及び辻・高木建議案］
一　通知文　コ　一枚　文十三　大正三年七月二五日
二　建議案　コ　四枚　文十三　大正三年七月一四日
［建議案は次掲のものと同文］
三三　学校系統ニ関スル建議
高木兼寛・辻新次　コ　三枚　大正三年七月一四日
三四　学位令改正ノ方針ヲ決定スルノ議
江木千之　コ　七枚　大正三年九月二〇日
三五　＊参考図表　大正三年一〇月二三日辻会員提出案
辻新次　コ　一枚　大正三年一〇月二三日
三六　修正案

三土忠造　コ　二枚　大正三年一〇月二六日
三七　特別委員会案
ト　四枚　[年月日欠]
三八　修養ヲ重キヲ置ク大学ニ就テ
菊池大麓　コ　三枚　[年月日欠]
三九　学風改善ニ関スル建議
成瀬仁蔵他　コ　三枚　大正二年一〇月
四〇　女子高等教育ニ関スル建議
成瀬仁蔵他　コ　三枚　大正二年一〇月
四一　国語文字改善ニ関スル建議案
成瀬仁蔵他　カ　七枚　大正三年一〇月一五日
四二　言語文字ニ関スル建議案特別委員会議決
九鬼隆一　コ　二枚　大正三年一二月二六日
四三　欧州各国中等学校修業年限学科程度表
コ　文十三　一〇枚　[年月日欠]
四四　帝国大学学生生徒及専門学校生徒学科別数調（大正二年現在）
コ　文十三　九枚
四五　学校系統ニ関スル調査書　ト　二枚
四六　国語問題の解決に関する卑見
保科孝一　コ　七枚　大正三年八月二八日
四七　国語行政の機関
建部豚吾　コ　九枚　大正三年一一月二九日
四八　各種学校及管外学校ニ関スル調査
文部省普通学務局　カ　一六頁　大正三年一二月一六日
四九　学事施設に関する私見
鈴木文太郎　カ　三五頁　大正四年一〇月
五〇　[封筒][中身無]
五一　[学校系統比較]
江木千之　カ　一枚　[年月日欠]
五二　教育年限短縮問題参考
江木千之　カ　一枚　[年月日欠]

（第三十六号、一九八九年九月二日）

12　手島精一教育関係史料について（四）——臨時教育会議関係（完）及びその他の史料目録——

凡例・史料の記述順序は史料名（但し、括弧［　］内の名称は編者が適宜付したものである）、作成者（著者、提出者等を含む）、印刷形態、頁(枚)数、年月日とした。略字は以下の通り。コ＝蒟蒻版、ト＝謄写版、カ＝活版、文十＝文部省十行罫などである。その他、括弧内は編者が適宜付したものである。

臨時教育会議関係史料

一　臨時教育会議官制　カ　八枚　大正六年九月二〇日

二　臨時教育会議(総会)速紀録　第一号
カ　四七頁　大正六年一〇月一日

三　臨時教育会議(総会)速記録　第二号
カ　六一頁　大正六年一〇月二日

四　臨時教育会議(総会)速記録　第六号
カ　六五頁　大正六年一〇月二七日

五　〔大正六年一二月五日会議開催通知文〕
総裁平田東助発　石版刷　一枚　大正六年一一月二九日

六　臨時教育会議速記録要領　コ　一四丁　〔年月日欠〕

七　秘　〔諮問第一号小学教育ニ関スル主査委員会答申〕
委員長小松原英太郎　カ　四枚　大正六年一〇月二〇日

八　〔諮問第一号小学教育ニ関スル主査委員会答申〕
委員会小松原英太郎　カ(外に活版一枚)　大正六年一〇月二一日

九　〔諮問第一号小学教育ニ関スル主査委員会答申〕
委員長小松原英太郎　コ　三枚　大正六年一一月二八日

一〇　〔高等教育機関ニ関スル建議案〕
沢柳政太郎　コ　三丁　大正六年一〇月二五日

一一　〔高等教育機関ニ関スル建議案〕
沢柳政太郎　コ　一丁　大正六年一〇月二五日

一二　〔兵式体操振興ニ関スル主査委員会建議〕
江木千之　コ　二枚　大正六年一一月六日

一三　兵式体操振興ニ関スル建議案
総裁平田東助　コ　一丁　〔年月日欠〕

一四　臨時教育会議委員木場貞長君提出意見書
木場貞長　カ　四頁　〔年月日欠〕

一五　義務補習教育ニ関スル私見
手島精一　手島用　三枚　〔年月日欠〕

一六　体育奨励ニ関スル意見
井上〔友二〕　コ　一枚　〔年月日欠〕

一七　教育ト軍事　〔山梨半造〕　ト　一四丁　〔年月日欠〕

一八　〔封筒〕—中身ナシ—

一九　小学教育改良意見　朝日香　カ　二〇頁　大正六年一〇月

（臨時教育会議関係以上）

その他

一　日本教育令　墨　文十罫　一二枚［年月日欠］

二　教官退養令細則　墨　文十罫　一二枚　［年月日欠］

三　［小学校経費比較表等］
墨　文十三罫　五枚　［年月日欠］

四　師範学校生徒定員改正ノ結果三十一年度ニ於ケル経費増額見込一覧
墨　表一枚　［年月日欠］

五　［小学校及中学校における物理、化学教科書調］
墨　文十三罫　四枚　［年月日欠］

六　四、実業専門学校応募者等調　大正二年
墨　文十三罫　七枚［年月日欠］

七　［実業ニ関スル科目ニ重キヲ置キ以テ実業教育ノ主旨ヲ一貫スルコト］
［手島草稿?］　墨　二枚　［年月日欠］

八　化学工業ノ発展ニ関スル答申
化学工業特別調査員高松豊吉　手島精一　墨　文十三罫　三枚　大正三年九月

九　市立中央商工補習学校設立案　コ　二四枚　［年月日欠］

一〇　東京府ニ於ケル工業補習教育組織案
コ　二枚　［年月日欠］

一一　東京市ニ於ケル工業補習教育ニ関スル私見
コ　一枚　［年月日欠］

（第三十八号、一九八九年十一月十一日）

13　手島精一教育関係史料について（五・完）——その他の史料目録（二・完）——

凡例・史料の記述順序は史料名（但し、括弧［］内の名称は編者が適宜付したものである）、作成者（著者、提出者等を含む）、印刷形態、頁（枚）数、年月日とした。略字は以下の通り。コ＝蒟蒻版、ト＝謄写版、カ＝活版、文十＝文部省十行罫などである。その他、括弧内は編者が適宜付したものである。

その他

一二　［東京高等工業学校歳入歳出及び経費配当調］
墨　東京工業学校十三罫　二枚　［年月日欠］

一三　秘　補習教育ニ関スル件　コ　一枚　［年月日欠］
一四　［甲種商業学校修身科ニ於テ教授スヘキ事項要目］
　コ　六枚［年月日欠］
一五　高等学校入学、卒業及帝国大学卒業ノ三点ニ於テ各成績良好ナルモノ、他ノ二点ニ於ケル成績関係調（其二）高等学校入学卒業ヲ起点トセルモノ
（大判）　カ　一枚（色刷）　［年月日欠］
一六　［高等学校、専門学校志願者入学者調］
（大判）コ　一枚　［年月日欠］　［明治四三年以降作成］
一七　実業補習教育ニ関スル問合セ事項［調査用紙］
　実業学務局　カ　四枚　明治四四年一二月
一八　国語調査会十年間の事業に就て　保科孝一
　カ　九頁　雑誌『再興』第七〇号抜刷（？）［年月日未詳］
一九　第三十一回帝国議会貴族院議事速記録　第十四号
　官報号外　三二頁　大正三年三月一三日
二〇　通俗教育館に関する報告　通俗教育調査委員会
　カ　一三頁　大正二年五月六日
二一　排日問題の真相　付巴奈馬運河の東洋に及ぼす影響
　大日本国防義会　カ　二八頁　大正二年五月二〇日
二二　市町村別現住人口　大正二年十二月三十一日現在
　官報号外　カ　四八頁　大正三年一〇月二六日
二三　［恩赦の詔書及び「減刑ニ関スル件」など］
　官報号外　カ　五頁　大正四年一一月一〇日
二四　地方教育費調　［明治二三年～大正三年度］
　内務省地方局　カ　二七頁　大正五年一二月
二五　［学制調査部規程及び学制調査部規程細則］
　ト　一枚　［年月日欠］　［帝国教育会関係？］
二六　生計費問題参考統計表　津村秀松
　カ　一枚　［年月日欠］
二七　上海ニ於ケル学校調　ト　二七枚　［年月日欠］

以上が手島教育関係史料の目録の全部である。このほかに東京工業大学には蔵前工業会から移管した史料も所蔵されている、と聞いている。その中で尤も興味が引かれるのが手島の日記である。大正期では四年、五年、六年（二冊）、七年がある。四年の日記は博文館発行の当用日記に書かれており、記載量はかなりある。教育調査会の会議記事も散見できる。たとえば、四年七月一九日の条では「午後二時ヨリ文相官邸ニ於ケル教育調査委員会ニ臨ム先般ヨリ引続論議大学案ヲ議セリ岡田氏ハ菊池案ニ反対シ余カ述ヘタル高工

ノ四年説ニモ反シ寧ロ二年ニ之ヲ為スヘシト述ヘタリ更ニ高田氏又岡田説ヲ駁セリ後採決セラレタルニ菊池、鎌田、九鬼、箕浦、水野、中野、渋沢、高木、嘉納、江原、関、早川、豊川、成瀬、高田、手島ノ十六名タルニシテ反対ハ僅ニ七名ナリ四時半散会セラル春中論議セシ事項ニシテ而カモ高工ニ利アルモノニシテ決シ双肩ノ重量ヲ下セシノ至アリ」と記していた。そして休会明けの九月二七日の条では「午後一時半桑田氏ト共ニ文相官邸ニ於ケル教育調査会ノ学制案ノ会議ニ臨メリ同案ハ曾テ菊池案ト知ラレタル中学卒業後四ケ年以上ノ専門学科ヲ教フル学校ヲ大学ト為スコトヲ得ルトノ案ヲ基トシテ文部ノ立案ニ係ルモノナリ今日質問ニテ会ヲ終レリ帰宅五時半」とある。越えて六年一〇月一日には「今日ヨリ臨時教育会議内閣総理大臣ノ官邸ニ於テ開会セラレシモ所労出席ヲ断レリ」と記していた。

（第三十九号、一九八九年十二月九日）

14　水野直教育関係文書・教育調査会事項（一）

今回以降数回に亙り標題に掲げた資料を復刻していく。「教育調査会事項」とは水野の筆記になる同会の私的日誌である。水野文書及び事項の詳細については、『東京大学史紀要』第三号（東京大学百年史編集室編）を参照されたい。尚、水野文書は現在国立国会図書館憲政資料室に所蔵されている。復刻にあたっては同紀要に掲載した以後とし、その方法は同書の凡例によった。ただし、編者の注は［　］とした。

大正一二年（一九一四）

［五月六日］［奥田義人］文部大臣　正［樺山資紀］副［奥田］総裁更迭

五月二九日金　午後三時　官邸　第一回総会

小学校令ヲ改正シ学年ノ始メヨリ三ヶ月以内ニ満六歳ニ達スル可キ者ニシテ就学上心身ノ発育十分ナルトキハ特ニ当該学年ノ始メヨリ就学ヲ許可スルノ途ヲ開カントス

本日ハ議事後会食アリ、大臣ノ意見トシテ教育調査会ヲ［?］更ニ特別ノ調査機関ヲ付属セシメントノ意見ヲ出セリ、尚他ニ専門ノ者数人ヲ加ヘントス

○明治十九年森文部大臣ノ時ハ地方官ノ随意トス、三三年
　現行法ノ第三二条ヲ規定シタリ
○三九年ニ本来ノ如キモノヲ高等教育会議ニ提出セリ
○一ヶ年百万ノ入学者アリトシ其四分ノ一ハ二五万人ナリ
○本案改正ノ結果、中学校ノ入学年齢モ当然改正セラル可

キモノトス
○就学年齢ヲ六年トスルハ根本ノ制度ニシテ之ヲ破ルニ非ルカ
○就学ノ年齢サヘ早ケレバ夫レニテ学年ノ短縮セラレタルモノニ非ズシテ、年齢ト比較シテ教育ノ程度ニ高下ヲ付スルカ至当ナリ、教育ノ程度ヲ適当ニ改正セバ年齢ヲ早クシタルト同一ノ結果ヲ生ス（菊池［大麓］）
○九月ノ二重学年ヲ採用セルハ五種七校ニ過ギズ

六月十一日　六月十六日両日特別委員会
　菊池、岡田［良平］、江木［千之］、三土［忠治］、高木［兼寛］
［六月十九日　午後二時　総会］
　小学校令中改正ノ件ハ妥当ト認ム、但満六才未満ノ者ヲ入学［セ］シムルハ当該市町村ノ尋常小学校ノ設備ニ於テ支障無キ場合ニ限リ、且ツ児童心身発達ノ認定ニ付テハ出来得ル限リ丁寧ノ方法ヲ採リ、務メテ弊害ノ発生ヲ防止スルノ必要アリト認ム
以上ノ報告ニ付、十九日午後二時総会
特別香員会ハ二対三ノ差ニテ原案ヲ可決セリ
菊池委員長ノ報告余リ簡単ニ過グトノ説

○花井［卓蔵］幾多ノ制限アリ、一支障ナキ場合ニ限ル、二出来得ル限リ、三丁寧、四務メテ
○実行不可能ノ位ノ制限ナリ
○選択ノ不公平、貧富ニ依リテノ差ヲ生ズ
市町村長ハ医師ニ任スナレドモ医師ガ果シテ心ト身体トヲ検査出来ス
○此条件ハ実際ニ行ヒ得ズ（江木）
○便宜法ナリト云ヘトモ実ハ根本法ナリ
○日本ハ学齢ト義務教育ト一致セズ、学齢ノ間ニ義務年限ヲ終レバ可ナリ、他国ニ例ヲ見ズ
○山村水廊ノ草根木皮
○年限短縮ハ貧民トシテハ必要
○刑法ハ満十三才以下ハ無罪トス、教育ニ於テモ標準ハ明ニセザル可カラズ（仮令心身発育シ居ルトモ）
志願兵ハ満十七才以上トシテ猶予ヲ与ヘ居ルニ非ズヤ、
○然レドモ自己ノ意思ト他人（父）等ノ意見トニ別アリ
○鎌田［栄吉］君ハ六才ノ小［子］供ノ通学ガ己ニ気ノ毒ナリ
○緒方博士病理上ヨリ早ク入学スルノ不可ヲ菊池男ニ論セリ
○江木君ヨリ、建議案提出セラレシニ付之ガ審査ヲ為ス為

メ当分決議ヲ延期セント欲スル説擬出致□シモ、一木文相ハ本日限リノ延期トシテ賛成セシモ他ハ根本問題ト共ニ議セント欲シ多数ニテ延期ニ決定セリ

（続く）

（第五十号、一九九〇年十月十日）

15　水野直教育関係文書：教育調査会事項（二）

大正三年（一九一四）

六月一五日文部大臣招待

岡田、高木、江木、水野四名出席、単科大学案ヲ近日提出スヘキニ付賛成ス可キ旨交渉アリ、同案ニ依レバ私立官立ヲ問ハス単科大学トナシ学士号ハ勿論ノ事、博士号ノ件モ与フル事トセシトノ意見ナリ

六月二七日　［貴族院］研究会事務所

桑田君欠席ノ他五名出席

小松原君ヨリ徴兵猶予ノ提出ノ件

全委員ニテ委員会ヲ開キ学制問題ヲ研究スル事

六月二九日　総会

調査部ノ組織規定ヲ発表

江木君提出ノ学制案説明

一、高等学校ハ学校トシテ成立セズ

a　学年短キユエ殊ニ普通教育ヲ授クルトシテハ三年ニテハ無益ナリ

b　烏合ノ集合ニシテ其校長ハ生徒ノ顔モ知ラザル在様ナリ、依テ徳育ヲナシ得ズ、熊本ノ校長ノ桜［?・］井君ハ永年勤務セシモ其去ルニ危［?・］ク見送ル人ナシ

二、地方ノ中学ニ上級ヲ設ケタルノミニテハ其大学ニ入学シ来リテモ地方ニヨリ学力ノ程度異ルヲ以テ力ガ平均セズ、大学ノ予科ヲ一年置キテ之ヲ平均セシム

三、地方費其他ノ干係上凡テノ中学ニ高等科ヲ置キ得ザルナリ、維持ノ出来得ルモノナラザル可カラズ、故ニ其設備ヲ有スル級□リ他ノ中学ヨリ転校シ得ル様ニス可シ（他ヨリ入校セルモノハ外様ノ観アリ）尚官立ノモノニテ模範トナル可キ学校ヲ設クルコト

四、満十歳以上ニテ連絡ス、学制研究会ニ於テハ九段トセシモ九段ニテハ早スギル

連続教育ヲ必要トスルノミナラズ外国語ノ干係アリ、土地ノ情況ト称スルハ汽草ノ通学ヲ要ス等ニハ全ク小年者ハ無理ナリ（結局都会地以外ニハ実行困難ナラン、田舎

ハ中学ヲ二ツニ区分シ得ズ)
五、我国ト[?]中学校ハ一種類ノミナリ、之ニハ歴史アリ、
一時中学校濫設時代ニ森大臣ノ英断ヲ以テ一種一校ト限レル結果ナリ、仏国ノ如キハ　二一校アリ、生徒ハ政治ヲ論シ乱民ヲ作ル傾キアリ
Rearl Gimunagium(ドレスデン)ノ様式ニ従ヒ之ヲ三段ニ分チタルノミ、故ニ漢文理学全部ニ通ゼシムルコトハ不可能ナリ
六、故ニ中学ヨリ英語ノ区分ヲ為スナリ(法律科モ英独仏ノ法ヲ必要トス如何)
菊池男ヨリ秘密トセズ印刷シテ公表ス可シトノ説アリ、然シ会議ハ之ヲ秘密トシ議案其他特ニ説明ノ[?]公表シ差支ナキモノヲ其提出者説明者ノ同意ヲ得テ公表シ広ク意見ヲ問フコトトセリ
小松原君ヨリ徴兵令改正ニ干スル意見ヲ提出シ、九名ノ特別委員ニ付託ス
山根[正次]、大島[健一]、鵜沢[聡明]、桑田[熊蔵]、江木、早川[千吉郎]、三土[忠造]、水野、小松原[英太郎](委員長)
将来ノ調査ハ全委員ヲ委員トシテ四分一ノ出席ニテ議決シ議事ノ進行ヲナス可シ、且委員長ハ総裁ノ指命トスルコト

徴兵令改正特別委員会(七月一日午后二時)
○陸軍ニ於テ改正ノ必要ヲ認ムルハ目下五千万ノ人口ニ対シ壮丁ハ四十万位ナリ、其中ニ於テ十三万ヲ召集スルヲ以テ数学上ニハ余浴アリ、然レドモ之ヲ忌クル者多キハ精神上ノ問題ナリ
○平時ニ一年志願兵ノ制度ヲ以テ将校ヲ作リ戦時ノ用ニ供スルハ日本以外ニ一国モナシ、是レ全ク国ノ経質ニ余裕ナキ為メナリ
○高木男ヨリ私立ノ監督ニ干スル質問ヲ生ズ、各学校ニ定員ヲ置ケバ可ナラン、然ルニ猶予ノ如キハ何千人ニテモ入学ヲ許ス、其結果到底監督行ハレズ
文部省ハ何故ニ各学校ノ生徒ノ勉学状態ヲ監督セザルヤ
○一年志願兵カ年百〇[ママ]八円ヲ納付スルハ富者ニノミ権利ヲ与フルモノナリトノ論ニ対シ、大島次官ノ答ハ此ノ制度ハ初メハ予備ノ将校ヲ作ルガ目的ニ非ズシテ、一年ニテ兵役ヲ免ル為メ其ノ特権トシテ自費支弁ノ道ヲ開キシマデナリ、乃チ従前ト今日トハ志願兵制度ノ目的ガ

変更シ居ルナリ、官費ノ志願兵モ昔ハ存在セシモ経費上
今日ハ廃止トナレリ
○第二項ノ〃止ムヲ得ザル事情〃ヲ列記シテハ如何
三土君ノ案ニテハ帝国大学官立専門学校又ハ文部大臣ニ
於テ同等以上ト認メタル学校ニ在宅中ノ者ニ更ニ四ヶ年
間入営ヲ延期スルコトアルベシ
　但シ徴兵官ニ於テ在学中ニ非ル者ト認メタル者ハ其延
期ヲ取消シ得ルモノトス
田所[美治]、大島、桑田、三土四名ヲ更ニ小委員トシテ交
渉、調査セシム

（続く）

（第五十一号、一九九〇年十二月七日）

16　水野直教育関係文書・教育調査会事項（三）

七月二日　全委員会　江木氏案ニ付
菊池男爵ノ提出案
一　教育調査会ノ起リシ理由
　a　理論上法科大学ハ二四年九ヶ月ニ卒業ス可キカ二七
　年二ヶ月トナレリ年限ノ長キコト
　b　教育ノ効果著シカラザルコト乃チ卒業後ニ於テモ常
識ヲ失シ且ツ手紙モ完全ニ記載シ得ザル等
以上ノ欠点ハ何処ヨリ生ジ来ルヤ——中学教育ガ大切
文部省ノ中学校長会議ノ統計ノ示ス所ニ依レバ、中学校
ノ第一学年ニ入学スル者ハ一二歳タル可キガ、平均一三歳
八ヶ月ナリ、乃チ一個年後レ居ルナリ（但シ府立第一中学校ハ
一二年七ヶ月ナリ、入学ニ最モ競争多キ所ハ年令早シ）
　然ルニ第五学年ノ卒業ノ時ハ平均一九年トナリ即チ中学
在学中ニ壱年後レ、換言セバ中学卒業マデニハ平均年齢ニ
於テ二年ノ後レ居ルヲ発見セリ、此ノ救済方法如何
二　大学ニ干シテ見ルニ年限短縮ハ必ズ講義ノ内容ヲ減ゼ
ザル可カラズ、今日ト同様ヲナシ居ルヲ年限ヲ減ズルコ
トハ不可能ナリ
　今法科ノ卒業生ニ付テ見ルニ、今日ノ専門学ヲ一般ニ授
クル必要アリヤ否ヤ、専門ノ各方面ノ智識ハ全ク世ノ中ニ
テ必要ナキ様ナリ、只法律経済等其根本ニ干スル要点ヲ周
知スルヲ大切トス、而シテ他方面ニテ十分ナル常識ヲ必要
トスルニ非ルカ
　要スルニ分科ヲ減シ予備教育ヲ盛シテ常識ヲ養成スルヲ
要ス
三　故ニ高等学校ニ付テハ根本ノ改正ヲ要スルコトハ江木

君ト説ヲ同クス

一　現在ノ高等学校ハ誠ニ不都合ナル制［？］度ナリ、之ヲ廃止スルコト

一　其下級ノ壱年ヲ中学校ニ附属セシメ此ノ中学補修科ハ追テ中学ノ完備ヲ待チ之ヲ廃止スルコト

今日ノ中学校ハ十年前ノ中学校ニ比較シテ非常ナル進歩ナリ、英語数学等ニ於テ尤モ然リ、将来大ニ改良セバ尚此一年位ハ之ヲ減シ得ルコトヲ信ズ

一　中学補修科ヨリ進入スル学校ヲ大学ト称ス、college、是ヲ卒業セルモノヲ学士ト称ス、乃チ今ノ大学ノ程度ヲ下ゲタルモノナリ、

商業高等、高等工業学校ノ如キモノハ大学トナル

（曾テ北海道札幌ニ農［消印］工学部ナルモノアリ、此ノ卒業生ヲ学士トセシコトアリ）

我国ノ風習ト以テ大学ヲ卒業セザレバ学問ヲ卒リタル者ト認メズ、依テ其程度ヲ一般的ニナセリ

余ガ明治三十五年ニ高等教育会議ニ提出セル案モ之ト同様ナリ、但シ当時ハ専門学校ノ名称ノ下ニ学士号ヲ与ヘントシテ容レラレズ否決セラレタリ

一　今ノ高等学校ハ之ヲ改メテ年期四年ノ学芸大学 Art course（仮ニ此ヲ名付ク）トシテ各般ノ学科ヲ授クルコト、法学通論、民法大意、経済学

一　以上ノ規定ニ依ルトキハ二二歳ニテ卒業シ得ルナリ、若シモ中学ニテ一年短クナシ得ルナラハ二一歳ニテ卒業トナル

一　各大学校ニ研究科 Post graduate course ノ設置ヲ許スコト

一　法、工、医ノ如キ研究ヲナス者ハ学芸大学ノ二年級ヲ終リタル者ニ限リ帝国大学ニ入学ヲ許スコトトシ、別ニ年限ヲ付セザルコト

京都ノ文科大学ハ六百人ノ卒業生ヲ出シ得ル様ノ設備ナリ、我国ニ於テ（哲学百四十人、史学文学モ同様）此ノ如キ多数ノ文学士ヲ社会ガ要求スルヤ

○森大臣ハ高等中学ニ失敗シ、井上大臣ハ高等学校トセシモ予備校トナリ、又小松原大臣モ高中令ニ失敗セル所以ノモノハ皆大学ヲ最高トシ其下級ニ高等学校ヲ置キシガ為メナリ、日本ニ於テハ高キ学校アレバ其高キマデ卒ラザレバ一般ニ満足セザルナリ

○普通教育ヲ授クル大学ハ外国ニ沢山ニ実例アリ、而シテ大学ハ随意ニ他ノ学科ヲ聞キ得ルコト、例ヘバ統計ヲ研究スル人ト雖モ日本ニテハ数学ヲ聞キ得ザルナリ
○学位ニ干シテモ決シテ専門学位ノミニ非ズ、普通学位ハ一回二回テ普通学第三回ノ試験ガ特別ノ学科ナリ、名誉学位ハ特別学科

（第五十二号、一九九〇年十二月二十八日）

17　調査会事項（四）——水野直教育関係史料——

江木氏説明ニ依ル第二以下第三ノ点ハ実行如何ニヤ、中学ニ予科ヲ置クハ止ムヲ得ズトスルモ社会政策上各□ノ区別ヲ付シテ可ナリヤ且地方ニ於テハ二種ノ中学校ヲ設ケ得ザルナリ、可成各人ヲ地方ニ散在セシメント欲セパ中学ヲ地方ニ於テ修業セシムルノ道ヲ講ス可キナリ

□ナヲモ都会ハ人々□合シテ困ルニ中学カ都会ニ非レパ完全ナラズトセパ皆地方ヨリ上京スルコトトナル

英国ハ由来上下ノ区別明ナリ

米国ハ四民平等ニシテ何人モ大統領ニナリ得ルナリ、而カモ此頃私立ノ予備校ヲ生セリ

是ニ対シ江木氏ノ答弁ニ曰ク、社会政策上ハ寧ロ反対ニシテ学校同級者ガ□ヤシテ取リシ来リ、又学校ニ於テハ君僕ガ自宅ニテハ父ハ主人ハ車夫ハ如キハ果シテ如何

七月三日夜　木場［貞長］博士訪問

学制案ニ対スル同博士ノ意見ハ、江木案ノ如ク中学ノ年限ヲ二ヶ年延長シテ普通教育ヲナサシムト雖モ、大学ニ収容スル人員ガ相当セザレパ単ニ高等遊民ノミヲ増加スルコトトナリ、其結果ハ小松原文相ノ高中令ト同様ノ結果ヲ生ス可シ

大学予科ハ是ヲ中学ノ三年級ヨリ区別スルモ可ナリ、三年級卒業ノ時ニ於テ秀才ハ之ヲ区別シ、全ク帝国大学ノ入学ノ目的ヲ以テ養成シテ可ナリ

其他ニ於テ菊池男爵ノ所謂学芸大学ヲ置クモ亦可ナリ、要スルニ高等遊民ヲ作ルコトハ目下ノ尤モ危険ナル制度ナリ

単科大学ハ決シテ不可ナラズ、現在ノ如キ北海道ノ大学マデモ同様ニスル必要ナシ

昔大学予備門ヲ廃シテ高等中学トセシコトアリ、此ノ中学ニモ亦予科ヲ置キ普通ノ中学ノ中途ヨリ入学シ得タルモ

ノナリ

七月七日午后二時　全委員会

　蜂須賀侯、山川総長、手島氏加納氏辻男爵江原氏、新ニ会員ニ任命セラレシニ付本日ハ手島江原氏両ヲ除キ他ハ皆出席

学芸大学ノ性質如何ガ問題トナル

　下部上部ト記シアルモ学芸部ト研究部トハ直接ニ連絡シ、其中間モノヲ認ムル主旨ニ非ルナリ

学芸大学ニハ如何ナル分科ヲ設クルヤ

　分科ト云フ程ノ分科ハ設ケズ、只一ツノ GROUP ヲ作ル位ナリ、其間ニ選択ヲ与ニ二ヶ年ニシテ大学ニ連絡スル者ハ其必要ナル学科ヲ授ク

然レドモ英語ノ如キハ初年ニハ簡易トシ追々複雑トナル故、四年分ノ英語ヲ三ヶ年ニテ修了シ得ザルモノト思フ

　答ニハ、已ニ中学校ニ於テ相当ニ英語ヲ練習セル者ナル故、此ノ如クシテモ困難ニ非ズ

学芸部ハ大学ノ予備校ノ性質トナルヤ

　予備校トナル心配アリ、然レドモ予備校トナルヲ欲セズ

学芸大学ハ帝国大学ノ所在地ニ在テハ二ツ存在スルコトトナル

研究部ガ大学ノ Proper ノモノナリヤ、又ハ学芸大学ガ大学ノ本質ナリヤ

　何レガ Proper ノモノト申シ得ズ学芸部ハ予科ニ非ズ

研究部ニハ分科ヲ設クル必要アリヤ

　分科ト云フ程ノコトナシ、只数学理学ト云フ様ニ研究ノ学科ヲ定ムマデナリ

法学部医学部ノ如キ程度ハ今日ノ様ナモノナリ但シ今日ノ如ク一学年ヲ此学課ニ、学年ヲ此学課ト云フ様ニ規則的ニ定ムルニ非ズシテ其四年間ニ自由ニ修業セシムルコトヲ得

或ル条件

　法学部ニ来ルモノハ何々学科ヲ修ムルヲ要スト云フ如キ条件ナリ

（続く）

（第五十三号、一九九一年二月二日）

18　水野直教育関係文書・教育調査会事項（五）

（前号より続く）

帝国大学ハ本案ノ如キ組織ニ於テハ二重又ハ三重ニ大学ヲ其中ニ有スル様ニナル（成）

抑モ帝国大学ハ其組織ガ極メテ複雑ナルモノニシテ本案ニ依リ複雑トナルハ当然ナリ

学芸大学ノ存在ノ理由如何、尚卒業後ノ処世ノ道ヲ如何ニス可キヤ、華族ノ多□ノ如キガ一般的ノ知識ヲ得ルニハ可ナレドモ、専門ノ職業ヲ以テ世ニ処スルニハ何カ特色ナカル可カラズ、学芸大学ニハ特色ナシ、例ヘパ今日ノ高等学校ヲ卒業シタル様ナルモノナリ、故ニ秀才ハ此大学ニ入学スルコトヲ欲セザルナリ如何（文相）

答、今日実業界ノ様子ヲ見ルニ大学ニテ修業セシ専門ヲ少シモ用ヒ為サズ、又普通ノ手紙ノ如キハ之ヲ記載シ得ズヲ成シ、実用的ナラザルモノナリ、故ニ此ノ欠点ヲ補ヒ最モ常識ニ発達シ専門ニ干スル基礎ヲ知リ居ル者ヲ作ラント欲ス、乃チ本大学ガ実ニ今日ノ時勢ノ要求ニ応ジテ生レシモノナリ

桑田君曰く仮令実業界ニ奉公セント欲スルモ、各々其学問ニ如何ヲ問ヒテ後ニ使用スルナリ、然ルニ学問ナキモノハ仕用《ママ》ノ道ナシ

今日ノ高等学校ヲ学芸大学トナスニハ八校アリ、且之ニ帝国大学中ニ四ツノモノヲ設備セパ実ニ一二校ノ大学ガ出来ルコトニナル、是等ハ卒業セル者皆就職ノ道ナシトセパ高等遊民ヲ作ルコトニナル

答、学芸大学ハ此ノ様ニ増設スルコトハ本旨ニ非ズ、高等学校ノ多クハ寧ロ専門学校トシテ普通ノ大学トスル方可ナラント思フ、其志願者ノ数ニ応ジテ学芸大学ノ数ヲ減シテモ可ナリ

菊池男ガ本案ヲ提出セルハ、全ク今日ノ高等学校ノ入学者ハ少数ニシテ他ハ其道ヲ得ル能ハズ、却テ高等ノ遊民ヲ作ルコトトナル、故ニ大学ノ数ヲ広ク多数トシ社会ガ要求スル人物ヲ作リ、其以上ニ特ニ研究ヲ欲スル者ハ帝国大学ノ研究部ニ入学シテ専門ノ学術ヲ講ス可キモノトス

尚此制度ハ英ノ剣橋大学、米ノコロンビア、ハーバードノ大学ヲ制度ヲ参考シタルモノニシテ、其第一回試験 littlego ハ普通学、第二回モ普通学、第三回ニ至リテ専門学ノ試験ナリ、而シテ普通学位ヲ得ルナリ（名誉学位ハ第二回ニ於テ専門学ヲ試験ス）

（本日ハ江木君病気欠席ニ付同案ハ討議セズ）

七月九日午后二時　総会
大学校令及ビ学位案
福原次官説明
　目下私立学校ハ専門学校令ニ支配セラレ其名ハ大学ナリ其実質ハ帝国大学ノ分科ト同一ノ程度ノモノスラアレド形式上大学ニ非ズ
　今回ニ改正ハ相当ノ条件ヲ具備セルモノハ法律制度上一大学ト認ムルニ在リ
　是ヲ大学トスルノ実益如何、抑モ特別ノ権利ナケレバ利益モナキ筈ナリ、其利益ハ
　一、大学タル完全ノ資格ヲ得ルコトガ教育上ノ精神上ノ利益ナリ
　二、学位ノ推選《ママ》権
　換言セバ最高学府タル価値ト其働キトヲ与フルコトニ帰着ス、乃チ帝国大学ト同一ノ条件ヲ具備セバ同一ノ特権ヲ与フルコトトナル
大学タルノ標準如何
　一、学校ノ基礎ノ独立強固ナルコト
　　第四項ノ資産ニ干スル条件ヲ具備乃チ授業料以外ニ相当ノ財産ヲ有スルコトニシテ、此ノ規定ハ私立中学、専門学校及ビ女子ノ学校ニ干シテモ同様ノ規定アリ
二、予科ノ設置
　今日ノ専門学校ニ於テモ中学卒業ニテハ不完全ナリトシテ凡ソ一年半ノ予科ヲ設ク可キ命ゼリ
　帝国大学ト同一ノ特権ヲ得ルニハ今日ノ程度ノ予科ニテハ未ダ不完全ナル、故高等学校ト同一程度ノ予科ヲ置クコトニ規定セリ
　尚、此予科ニ干シテ二ツノ制限アリ
(a)予科ハ学級ニ編成ス可キコト
(b)一学級ノ人員ヲ五〇人トセシコト、教育ノ効果ハ学級ノ編成ニ大干係ヲ有シ多数ノ者ヲ混同シテ教授スルモ利ナシ

（第五十四号、一九九一年三月五日）

19　水野直教育関係文書・教育調査会事項（六）

学位令改正ノ件
　大学ガ最高学府ナルガ故ニ此ノ権能ヲ有ス乃チ大学ガ学

問ト権威トシテ与フルモノニテ行政長官ノ文部大臣ノ与フルハ穏当ニ非ルナリ
　綜合ト単科トニ干係ナキモノナリ
本問題ハ年限短縮ト干係アリヤ
　高等学校ノ年限ヲ短縮セル自然短縮セラル、モノニシテ特別ノ干係ナリ両立シ得ルモノナリ
資金ノ標準如何
　曾テ本案ヲ起草スルニ当リ経常費ノ1／3又ハ1／5トシテ規定セントノ意見モアリシガ何分多額ニナリ非常ニ設立ノ困難ヲ感スルヲ以テ全ク当局ノ認定ニ任セリ
　曾テ他ノ学校ヲ認可スルハ一年ノ経費ノ1／10トシテ取扱ヒシコトアリ
〃校〃ナル文字ハ何故記入セシヤ帝国大学ニハ校ナシ
　校ナル字ハ特別ノ意味ナシ
官立学校ヲ大学トスル考ナリヤ
　理論ヨリセパ医育統一論ノ如キ□□医専ハ皆追々ト大学トナル理ナレドモ事実ハ在様ニ簡単ニ非ルナリ、大坂ノ医学校ノ如キハ多分ニ大学トナルナラン
　商業学校ニ付テ研究中ナリ、高等工業ニ干シテハ目下大学トスルノ考ナシ
第四項ノ資産
　一年ノ経費ノ1／10
設備
　教場口口機械等
第六ノ同等以上ノ学力
　高等学校ノ於テ大学入学ノ学力ヲ試験スルコトアレドモ、此ノ所ハ道東ノ程度ノ学校ヲ卒業シタル者ノ意味ナリ
　学習院ノ高等科ノ如キハ其教育ノ内容ニ於テ優等ナリ
　東北大学ノ入学スル者ハ近来指定ノ範囲余程広シ
第八ノ予科代用
　専門部ノ内容ガ普通教育ニ近キモノ例ヘパ早大ノ文学部又ハ商業科ノ如キモノ
第十一ノ五十人
　中学校ノ設備規則ニハ四十人（后ニ五十人トナル）トシ、四十五人マデニ収容シ得ルコトトナリ居ルヲ以テ先ツ五十人ヲ制限トス、予備教育ナルヲ以テ中学校ノ延長ト認ム
第十五ノ研究科別科
　正科生ニ非ル者ニテ普通教育ノ条件ヲ具備セザル者ガ入学ス

附属専門部　中学ヲ卒業シテ直チニ専門学科ヲ修ムル者
以上ノ各々区別スルハ其専門ノ程度ヲ異ル為メナリ
第十八ノ認可権
最高学府ナル故此ノ認可権位ハ政府ガ有スルガ当然ナリ
学位ニ干シテハ博士会モ廃止スル考ナリ第七項
勅令案第二五条
従来大学ノ名称ヲ有スルモノハ其名称ヲ廃セパ打撃トナル－已ニ大学ナル名称ヲ有セルモノハ其儘トナシ置ク考ナリ
大学校トナルニハ相当ノ年限ヲ要ス、其期間ニ於テハ大学校ト云ヒ得ルヤ？
本日ノ総会ニ於テ菊池男ノ発意ニ依リ前ノ江木案、菊池案ト共ニ全委員ニ付託シテ審査セシムルコト決議セリ
菊池男ノ案ハ今日ノ専門学校其者ヲ大学トナサントシ本案ハ今日ノ大学ヲ標準トシテ其程度ノ大学ヲ認ムルニアリ、両者ニ矛盾ヲ生スルヲ以テ合セテ調査研究スルヲ至当トス
七月十四日　委員会
江木案ニ干シ山川氏ヨリ質問ニ対シ江木君答
高等学校全廃ニ干スル意見ハ曾テ説明セシモ尚其以上ニ
㈠一校長ノ元ニ永年間教育ヲ受クルコトガ最モ大切ニシテ二年三年間ノ訓育ニ依リ校長ハ其学生ノ顔スラ知ラザルハ到底完全ナル徳育ヲナシ得ザルナリ

（第五十五号、一九九一年四月一日）

20　水野直教育関係文書・教育調査会事項（七）

㈡連続教育ニ依リ入学試験ノ困難モ少クシテ其間ニ学科ノ整理モナシ得テ年限延長モ実行シ得ルナリ
基礎鞏固
府県立中学校ハ皆多クハ基礎鞏固ナリ、故ニ全部七年制トナルヤ、又県ニ依リ学校ノ数異ルヲ以テ或ル人口数ニ比例シテ学校ノ制限ヲ為ス必要ナキヤ
江木君ノ曰ク、同君ノ説ニテハ各府県ノ中学ヲ全部七年制トスルハ費用ノ点ニ於テ到底実行シ得ザル所ナリ、且自分ハ今日ノ日本ノ中学校ノ如キ種類ノ同一ノモノノミ設立スルハ本意ニ非ズ、同シ中学ト云フモ程度異リ又目的ニ依リテ実業ヲ主トスル者、人格ヲ主トスルモノ、其他種々ノ特色ヲ具フヲ大切トス、之レ其出身先ノ目的ガ決

シテ一ツニ非ルヲ以テナリ

中学校ニテ七年学級ニ非ル者ガ其校ニ入学スルノ方法如何

将来ニ於テハ凡テ大学ノ予科タルモノハ七年級タルヲ欲スレドモ直チニ実行シ得ザルヲ以テ当分ハ現在ノ高等学校ノ如キモノヲ設ケザル可カラズ

各種ノ専門学校ニ入学シ得ル者ハ矢張リ中学ヲ卒業ヲ為サヾル可カラザルカ

今独ノ Gimunagium ノ組織ヲ見ルニ決シテ中学全部ノ卒業ガ要件ニ非ス、中学ハ中学トシテ成立シ其途中ヨリ各方面ニ随意ニ大学ニ得ルコト恰モくもノ網ノ如キモノナリ

江木君ハ凡テ学校法人説ヲ主唱スル故、行政区域ニ依リ学校ノ設立スルガ如キハ不本意ナリト云フ、府会議員ノ如キモ法人トシテハ運動ノ余地ナシ

江木君ノ説ニ独乙ノ大学ハ職業教育ナルヲ以テ完全ナル予備教育ヲ必要トス Gimuna- 乃チ是レナリ、仏国ニ於テモ近年ニ於テハ此ノ方針ニ変更セル様ナリ

英国ノ大学ハ中学ノ延長トモ見ル可キモノニシテ人格教育ニ依ルナリ、日本ノ大学ヲ之ヲ以テ律スルハ不可ナリ

山川君質問　高等学校ノ教員ニ老練ナク[?・]各中学校ニ於テ高等学校ノ程度ノ教員ヲ得ルヤ否ヤ、今江木君説ニ依リ各府県ニ二校ノ中学ヲ作ルトシテモ其数百校トナル之カ教員ノ補充如何

江木君曰く、教員ノ全部ヲ確一スルハ不可能ナリ、故ニ余ハ教員ニ二種ノ免状ヲ与フ、一等、ニ等ノ区別ヲシテハ如何

江木案ニ依ル大学ノ予科ヲ廃シ、中学ヨリ直チニ連絡せシメテハ如何

然レドモ各中学校ニ於テ卒業生能力カ多少差アリ、此ノセイゾロイヲ為サズシテ直チニ大学ニ入リテハ教授困難ナリ

江木君ノ説ニ依レバ大学ヲ以テ最高学府トナシテ行ク以上ハ是非共完全ナル長年月ノ予備教育ヲ要ス

山川氏ノ説ニ依レバ帝国大学ノ収容人数ハ二〇〇〇人ナリ、而カモ多クノ中学卒業生ガ皆帝国大学ニ入学スルノ考ナシ、今仮ニ府県立中学中ノ百校ガ予科トナレバ一校ニ付二〇人ノ大学入学者ヲ得ルノ理ナリ、然ラバ僅カ二〇人ニ対シ幾許ノ教員ヲ要スルヤ之レ事実上行ヒ得ル論ナルヤ

且余ノ見分スル所ニ依レバ、中学校程今日ニ於テ不完全ナルモノナシ、江木君ハ高等学校ガ不完全ナルト称スルモ実ハ中学ハ其以上ナリ、地方ニテハ寄附金ノ一万円モアラバ直チニ中学校ヲ設立スル在様ナラズヤ、其不完全ナル中学ヲ更ニ二級ヲ増シテ高等学校ヲ廃スルハ不可ナリ

江木君曰ク、日本ノ教育程片輪ナルモノナシ、皆高等ノ教育ヲ受ケテ其職ニ就カントス、然ルニ高等学校ハ只ニ大学ノ予科タルノ外何モナシ、高等学校ニ入学セズシテ今少シ高等ノ教育ヲ受ケ其人格ヲ養ハントスルニハ何ノ道ナシ、可成速ク社会ノ要ニ供セントスルシ、私立大学ニ予科ナドヲ付シ大学ニ入ルコトノミヲ奨励スルハ不都合ナリ

要スルニ江木君ノ説ハ仮令理論ハ可トスルモ其目的ヲ達スルガ為メ矢張リ今日ノ如キ高等学校程度ノ学校ヲ置ク必要アリテ、一旦ニ教育制度ヲ改革シ得ザルモノナリ、実行上非常ニ長キ年月ヲ要スルモノナリ

辻男爵ヨリ帝国教育会ノ建議ニ係ル学校系統ニ干スル建議ヲ提出セラレ是ニ賛成シテ署名セリ

（第五十六号、一九九一年五月三日）

21　水野直教育関係文書・教育調査会事項（八）

是ニ対シ同男説明セリ

年限ヲ短縮シテモ其学力ノ下ラザルハ予科ト中学トノ具合ニ在リ

日本ニ於テハ宗教ト家庭トナキ故小学教育ハ実ハ尤モ大切ナルモノナリ

中学時代ニ父母ノ膝下ヲ去リテ誠ニ危険ナルヲ以テ四年間ニセリ

外国語ハ一種トシ他ハ大学院ノ於テ研究スル可キコトトセリ

渋沢男曰ク、各種ノ学制案提出ニ到底俗人ニハ何レガ夫レト見分モ付カズ、相違点ト共通点トヲ列記シ其点ニ干シテ討議シ度キトノ説ヲ出セリ

鵜沢博士ヨリ、菊池男ノ案、辻男ノ案共ニ正式賛成者ヲ得テ本会議ニ提出ス可シトノ動議起ル

徴兵令改正特別委員会　七月十六日

一　一年志願兵以外ノ者ニシテ今日在学中ノ者ハ入営延期

ノ特権ヲ与ヘザルヤ
大島氏答ニハ、今日ノ在様ニテハ中学ヲ卒業シテ普通兵ニ入営スル者一人モナシ
一　百〇八円ノ費用ノ納付方ニ付研究
月賦制度、四期ニ分チテ納付、若シ又保証人ヲ設ケレパ其未納ノ対スル危険モ減スルト説アリシモ煩雑ト且ツ未納ノ時ニハ普通兵ニ引キ直スコトモ出来ズトノ説ニテ此侭トナル
又官給制度ハ理論上且シキモ今日ノ経済状態ニテハ之亦実行困難ナリ
大正二年度志願兵　二九六三名　三二万〇千円
(内地一〇八円　台湾一二九円)
官給ハ明治三十四年度マデニ　一一八名
其給与金額ハ普通六二円、予兵一三七円、合計七六九一円
一　毎年一万八千人中学卒業生ノ処分
其ノ2／3ハ凡テ不合格ニシテ実際ノ入営者ハ四千人位ナリ、之ヲ二十個師団ニ割当ルトキハ二百人ナリ、大正二年ニハ三二〇四名ヲ採用セリ
一　一年志願兵ハ先ツ普通兵ノ試験ヲ受ケ之ニ合格シタルトキニ志願兵ノ登録ヲナセパ可ナリ

一　検査ハ二一才ノ時及ビ入営ノ時ノ両度ニ受ク
一　学問ヲ尊重スルナラバ官令ニ依リ留学スル者ハ兵役ヲ終リテ後ニ赴カザル可カラザルヤ
一　命令ノ規定範囲ハ別表ノ如シ
但シ各学校ニ依テ其規定ヲ異ニスルコトナクシテ二七才ト二五才トノ両方位ニ区別シタシト考フ
一　歩兵ハ四月ニ入営
一　勤務演習ハ四ヶ月トス(一ヶ月ヅツ二回)
一　経過法ノ規定ヲ必要トス
現在十四万ノ猶予者中中学ニ在学スル者ハ五〇〇〇人位ナリ、之ニ三年間ノ猶予ヲ更ニ与フルトキハ尚卒業シ得ザル者百数十名アリ
本法施行ノ際尚現ニ外国ニアル者ニ付テハ従前ノ法ヲ適用ス
修正第一項ノ終リニ(山尾中将提出)
文部大臣ニ於テ相当ト認メタル外国ノ学校ニ在学スル者亦同シ
第三項
(又従来)ヲ削ル
(国民兵役ニ服セシム)トス(?)其以下ヲ削ル

以下ノ修正ヲ以テ本委員会ハ決定セリ
〔七月十八日〕
江木君建議案ニ対スル質問
一　第二項土地ニ状況及ビ小学四年級ヨリ連絡ノ件（山川）

22 水野直教育関係文書・教育調査会事項（九）

（第五十八号、一九九一年七月六日）

〔七月十八日〕
江木君建議案ニ対スル質問
一　第二項土地ニ状況及ピ小学四年級ヨリ連絡ノ件（山川）
（以上、前回と重複）
第一項ニ干シテ良教員ヲ得ルコト困難ナリトノ説アレドモ今日ハ三〇四ノ中学校アリ、其生徒数ハ実ニ十二万五千人アリ、而シテ其中学ノ平均ハ四〇九人ナリ、乃チ普通ニ□行級ヲ□キ居ルナリ、乃チ我国ニ於テハ当局ノ方針不可ナル為メ二万円位程アレパ直チニ中学校ヲ設立ス、中学校ノ数ヲ国ノ割合多□キルコトトナシテ是等ヲ整理セバ其経費モ減シ良教員ヲ得ルコト不可能ニ非ザルナリ
土地ノ情況ニ干シテ四年ヨリ入学スルコトナルトキハ、中学ノ年限ヲ短クシ学力ヲ減ズル心配アレドモ、江木君ノ説ニテハ只下級ニ二級ヲ増ストキハ九年ノ中学トナル、只九年間ヲ連絡シテ教育スルガ故ニ学課ノ作リ方ニ依リテハ一ヶ年ヲ短縮シ得ルナリ
中学ノ上級ノ二三年間ハ非常ニ学力ノ進歩スルトキナルヲ以テ此ノ時機ニ二級ヲ減スルコトハ不可ナリ
一　大学ニ予科ヲ設クルノ説アレドモ、大学ハ講座制度ナルヲ以テ、大学ノ教授ニ予科ヲ分担スルコトハ出来ザルコトナリ、依テ別ノ教員ヲ雇フ必要アリ故ニ経費ヲ増加スルコトトナル
一　第四項ニ文科実科ヲ置ク理由ニ干シ独乙ノ例ヲ其引用シテ江木君ハ説明スレドモ独乙ガ古典ト普通トノ二種ヲ選ビシハ大ニ歴史ノ存スルニ依ル、国ノ成立ノ上ニ於テ古典語ヲ知ラザル可カラズ、他方ニハ近代語及ビ数学ヲ専ラニセシナリ
我国ニ於ケル漢字（漢文学ニ非ズ）ハ決シテラテン語ト同一ニスベカラズ、漢字ヲ用ヒザレバ今日日用ノ文字□□トモナシ得ズ、乃チ絶対ノ必要語ナリ、是ナクテハ世ノ中ニ立チ得ザルナリ
江木君曰ク、今日ノ中学ニ於テ数学漢字等ハ其学課ヲ作

リテ少シモ遺漏ナク教授シ居ルモ尚モ学力不足ニテ卒業生ハ手紙モ満足ニ記載スル能ハズ、又大学ニ於テハ英語ノ力少シト云フ、然シ此ノ両者ヲ尚時間ヲ増加シテ教ユルコトモ不可能ナリ、故ニ不得止文科実科ノ両級トシテ一方ヲ十分ニ勉学セシム

一　第五項ニ干シ中学ニ於テ独乙語ヲ教ユルト云フモ今日高等学校ニ於テモ適当ナル独乙語ノ教員ヲ得ルコト困難ナリ、況ンヤ中学校ニ於テハ非常ナル困難ト思フ

江木君ノ此ノ説ハ然リト思フ、然シ今日外国語学校ノ卒業生モアリ、又臨時ニ教員養成所ヲ置キテモ不可能ノ理ナシ

一　医科ヲ文科中学ニ置クハ独乙語ノ為メナレドモ、其基礎学科ハ全ク理科ト同一ニ付実験等ニ干シテハ文科法科ト異ル

此ノ点ハ同感ナレドモ独乙語ノ為メ不得止、然シ医科ノ中学校ヲ全ク別ニ設ケテモ宜シト考フ

一　尋常四年ヨリ入学セシメテ学科上ニ利益ノアル点ハ如何

英語ノ如キハ第一ト考フ、又算術ノ如キモ□ヤ□ニ干スル応用ヨリモ原則ニ重キヲ置ク必要アリト信ズ

一　四年制度ノ中学ヲ横浜ニ設クトセバ其学校ハ非常ナル競争者トナリ、其前ノ一年級ヲ試験ノ準備ノ為メノ予科ノ如キモノトナラズヤ

一　第一中学ニ於テハ年限ノ少壮者ニ点数ノ割増ヲ付ス

一　四年級ヨリ入リ中学ノ出来ザル中学ヲ如何ナル処置ヲ取ルヤ

一　若シ希望者非常ニ多クナル時ハ、地方ニ於テハ寄付者モ多ク之ニ依リ完全ナル学校ガ設立セラル、モノト信ズ

一　福原次官曰ク、江木君ノ説ニ従ヘバ毎年五千人ノ中学卒業者ヲ生ズ、之ガ大学ノ門前ニ集マリ且落第者ハ方針ヲ変セザル可カラズ、今ヤ医科ノ如キハ三百人ノ収容ニ対シ二千人ノ希望者アリト云フ、社会主義モ之ヨリ起ル、此点ニ干シテハ江木君、大ニ反対意見アリ、高等ノ普通教育ガ我国ニ於テ大切ナリ、職業学問ノミヲ目的トスルハ不可ナリ、大学ニ入リ得ザル者ハ各々各自ノ仕事ヲ為ス可シ（続く）

（第六十号、一九九一年九月五日）

23　水野直教育関係文書（一〇）

一、菊池男ハ江木君ノ中学生ノ人数多キニ対シ人口ト比例ヲ見ル可シト云フ、寧ロ大学ノ数ガ少キニハ非ルカ

九鬼男爵ノ意見

教育ノ干スル制度ノ改正ハ勿論ナリ、然レドモ内容ノ改正之ニ伴ハザル可カラズ、外国ノ卒業生ハ常識発達セリ、教育ガ平易ニ受ケラレタリ、日本ニ於テハ困難〔?〕ニテ教育ニテモ尚小学ノ卒業生ガ文章スラモ記シ得ズ、独乙ニ於テハラテン語ヲ廃シ全ク近代語ヲ用ヒテ教育スルコトトナレリ

我国ニ於テモ漢字ヲ三千位ニ制限スルノ必要ナキヤ、漢字ノ優秀ナルコトハ世界無比ナリ、而カモ其秀ナルダケ弊害モ亦多シ、支那ハ漢字ノ為メ今日ハ其神紳ヲ失ヒ杜撰将ニ亡ビントス、今日ノ世界ノ進歩ニ伴ヒ漢字ヲ制限シ現代語ノ於テ教育シテ速ニ其目的ヲ遠セザル可カラズ

調査部会□設ニ付江木君案ニ依リ中学ノ地方経済ニ及ボス影響及ビ中学ニ於テ年限ノ後ハ□所以ヲ委任セシトノ説アリシモ次回ニ更ニ研究ノ上ニテ付スコトトセリ

七月廿日　全員委員会

江木氏ヨリ教育ガ法律学ニノミ偏綺シ法科卒業生ノミ多クシテ就職ニモ困難ナルヲ救済スル法ナキヤ

仏国ハ法学生一番多キニ尚41 per ナリ、オーストリアハ37、独22、日本ハ百分ノ五十六人ナリ、若シ之レ私立大学ヲ加ヘテ計算スルトキハ百分ノ五十六《ママ》人トナル

一木文相ノ答弁

我国ノ法学生ノ多キハ勿論ナレドモ之ハ社会ノ需要ガ国ニ依リテ異ナル、我国情ニ依リテ先ツ学問ハ専門学ニ発達セズシテ、法学ヲ先ニセリ、是レ治国平天下ヲ以テ第一ノ必要トシタレバナリ、大学ノ卒業生ハ必ズシモ官吏トナルヲ要セズシテ地方ニ至リテ家産ヲ□クテ可ナリ、村長トナルモ宜シ、今日父兄ガ苦心シテ学費ヲ作リ立派ニセントスルハ誤ナリ、決シテ其ノ希望ヲ満足セシムル能ハズ、要スルニ所謂生徒ノ過重ナル語ノ理由ハ

一、学問ヲ為ス者ガ如何ニモ其希望ノ多キコト

二、父兄タルモノガ身分資力ヲ顧ミズシテ無理ナル教育ヲ為スコト

ノ両点ニ在リト信ズ

今回ノ大学令ハ学校ノ程度ヲ高クシテ、学生ヲシテ健全

ノ教育ヲ受ケシメント欲スルモノナリ、之ニ依リテ法学生ノ数ノ増加ヲ計ルモノニ非ルナリ

若シ仮リニ江木君ノ云フ如ク法学ニ偏スルトシテモ国家ノカヲ以テ其需用ニ比例セシムルコトハ困難ナリ、又出来得ルトシテモ是ヲ為スノ利害ハ大ニ研究セザル可カラズ

江木君曰ク、今回ノ中学校ノ如キハ果シテ必要ニテ起リシヤ否ヤ決シテ然ラズ、是ハ運動ノ結果僅カ二二万円ノ資本ヲ以テ直チニ中学ヲ作ルナリ、故ニ一時ハ非常ニ多数ノ中学ガ成立セシ位ナリ

大学ニ於テモ之ト同様ニテ無理ニ大学校ヲ作リ且学生ヲ勧誘シテ入学セシム、而カモ多者ノ子弟ガ入学セハ可ナルモ近時育英会ノ如キ大ニ発達シ是ヨリ金ヲ借リテ入学スル者益々多シ、是ハ其侭ニ放任シテ法学生多数ヲ作ルコトヲ大ニ考ヘザル可カラズ

鵜沢氏ノ説ハ法学生多数ナリ理由ヲ大ニ研究ス可シ、夫レハ漢学ガ我国学問ノ根本ニテ余モ亦初メハ漢学ヲ以テ志ヲ立タリ、乃チ治国平天下ノコトナリ、而シテ今社会ノ状況ヲ見ルニ法学生多シト云フヲ得ズ、大学ハ官吏養成所ノ如キモノニテ法学士ニシテ官吏タルハ非常ニ多キモ公証人ノ如キハ今日一人モナキ様ナリ、其他新聞記者等及ビ市会議員衆議院議員ノ如キモ実ニ寥々タル在様ナリ、未ダ決シテ生徒過剰ト云ヒ得ザルナリ

（第六十五号、一九九二年一月二十五日）（続く）

24　『自第八回至第十一回　高等教育会議決議録　完』の紹介（一）

今回は標記の史料を紹介する。九州大学図書館に所蔵されており、登録印（と思われる）は昭和二年十一月である。活版印刷、一三二頁の体裁で、各頁は黒枠で囲まれている。まず、各回の審議期間の一覧があり、次いで各回毎の決議録として目次がある。目次は諮問と建議に分かれている。本文を見ると第何回高等教育決議録と大活字があり、その下に「朱書及朱抹ハ修正決議」とある。諮問案、建議には参照（主に関連法令）、理由、決議などが付されている。以下、収拾史料を修正、参照、理由、決議の有無を含め紹介していく。

第八回（自明治三六年一一月二七日至同一二月一日）

諮問案第一　高等女学校ニ関スル事項　修正有、参照有、理由有

諮問案第二　一実業学校ニ関スル事項　参照有、理由有

　二　農業学校ニ関スル事項　参照有

　三　商業学技ニ関スル事項　参照有、理由有

　四　徒弟学校ニ関スル事項　参照有、理由有

〈但し本文目次では各学校毎に諮問として掲出されている〉

建議（明治三六年一二月二日文部大臣へ建議）

一　小学校国語科書キ方ノ字体ヲ一定スル件　理由有

二　師範学校ニ関スル現行諸規程ヲ速ニ改正発布アランコトヲ望ム　理由有

三　帝国博物館ヲ設置セラレンコトヲ望ム　理由有

四　水産ニ関スル高等教育機関ヲ設置セラレンコトヲ望ム　理由有

五　海外居留民ノ設立セル小学校ニ対シ国庫ノ補助ノ途ヲ開カレンコトヲ望ム　理由有

六　公立ノ実業学校アル地方ニ於テハ現行ノ実業ニ関スル講習所（農商務省々令農事講習所規程、水産同上、工業同上ノ類）ヲ便宜当該学校ニ付設スルコトヲ得シメ又土地ノ情況ニヨリテハ実業ニ関スル講習会及巡回講話等ヲ学校事業トシテ行ヒ得ル途ヲ開カレンコトヲ望ム　理由有

第九回（自明治三八年三月二〇日至同三月二六日）

諮問案　文法上許容スベキ事項　理由有

　国語仮名遣改定案及字音仮名遣（小学校令施行規則第二号表）ニ関スル事項　参照有、理由有

〈本文では後者も独立のような掲載の仕方である〉

　決議有：国語仮名遣改定案及字音仮名遣ニ関スル事項ハ重要ナ問題ナルヲ以テ十分講究ノ必要アリ依リテ他日ヲ竢テ更ニ諮問アランコトヲ望ム

長崎高等商業学校ニ関スル事項

名古屋高等工業学校ニ関スル事項　修正有

　決議に付き希望事項：一工業ノ教育ニ於テハ生徒卒業後更ニ実地ノ知識技能ヲ練習スルノ要アルヲ以テ成ルヘク該練習ノ途ヲ開カレンコトヲ望ム

建議（明治三八年三月二四日文部大臣へ建議）

一将来設置セラルヘキ高等工業学校ニ電気科ヲ新設セラルルカ又ハ既設高等工業学校ノ電気科ヲ拡張セラルルカ二者必ス其一ヲ撰ハレムコトヲ望ム　理由有

第十回（自明治三九年十二月十七日至同十二月二三日）

諮問案第一　小学校ニ関スル事項　修正有、参照有

第二　高等女学校ニ関スル事項　修正有、参照有

第三　官立医学専門学校ニ関スル事項　修正有、参照有

第四　仮名遣ニ関スル事項　理由有

諮問案第四、仮名遣ニ関スル事項ノ参照㈠

諮問案第四、仮名遣ニ関スル事項ノ参照㈡

仮名遣ノ諮問ニ対スル答申書（図書課編集、明治三八年一二月）

〈国語調査委員会答申、明治三八年一一月二一日付〉

〈仮名遣ノ諮問ニ対スル府県師範学校（六十校答申ノ梗概〉

〈帝国教育会答申、明治三八年一一月六日付〉

第五　師範学校、中学校、高等女学校ノ教員検定ニ関スル事項　修正有、参照有

決議有：本案第五第一項及第四項ハ重要ノ問題ナルヲ以テ十分講究ノ必要アリ因テ他日ヲ竢テ更ニ諮問アランコトヲ望ム其他朱書ノ通修正（つづく）

（第六十九号、一九九二年六月三日）

25　『自第八回至第十一回　高等教育会議決議録　完』の紹介（二）止

（前回からの継続）

第十回（自明治三九年十二月十七日至同十二月二三日）

諮問案第六　公立私立実業学校教員ニ関スル事項　修正有、参照有

第七　農業学校補修科ニ関スル事項　修正有、参照有

第八　実業学校専攻科ニ関スル事項　修正有、参照有

第九　直轄学校増設ノ件　修正無、参照無

〔内容〕

明治四十年度ニ於テ左記ノ分科大学及直轄学校ノ設

置ニ着手セントス
一、札幌農学校ヲ農科大学トシ農学科、農芸化学科、林学科及畜産学科ヲ置キ、東北帝国大学ノ分科大学トス
二、医学専門学校
医学科ノミヲ置モノトス
三、高等工業学校
機械科、染料科、機織科及応用化学科ヲ置クモノトス
四、高等商業学校
五、高等農林学校
農科及林科ヲ置クモノトス

建議案（明治三九年十二月二一日文部大臣へ建議）
一、土地ノ情況ニ依リ修業年限内ニ於テ小学学徒ヲシテ羅馬字ヲ習得セシムルヲ得ルコト
二、小学校教員ニシテ成績優良ナルモノニ奏任待遇ヲ与ヘラレタキコト
小学校長ヲ高等教育会議々員ニ加ヘラレタキコト
三、尋常小学校ニ於ケル授業法ハ可成之ヲ簡易ニシ相連関セル学科ハ勉メテ之ヲ合セ教ユルコトトシ殊ニ延長セントスルニヶ年ノ学科目ハ地方ノ状況ニ応シ実用ニ適スル様規定セラレシコトヲ望ム
〔決議〕右三建議案ハ会期切迫議了ニ至ラサルモ参考ノ為メ文部大臣ヘ進達ノコトニ決定セリ

第十一回（自明治四三年四月二五日至同年五月七日）
諮問案第一号　高等女学校ニ関スル事項　修正有、参照有
第二号　中学校ニ関スル事項　修正有、参照無
第三号　高等中学校ニ関スル事項　修正有、参照有
第四号　公立私立専門学校及実業専門学校ニ入学ニ関シ甲種程度ノ実業学校卒業者ヲ中学校卒業者ト同等以上ノ学力ヲ有スルモノト指定スルヲ得ルコト　修正無、参照無
第五号　高等師範学校、女子高等師範学校及師範学校ノ教科書ニ関スル事項　修正無、参照無
第六号　図書館ノ設置廃止ニ関スル事項　修正無、参照無
第七号　公立学校教員試補ニ関スル事項　修正有、参照無

第八号　公立私立学校認定ニ関スル事項　修正無、
参照無
建議案一　公立中等学校長ヲ奏任官トスルコト
〔決議〕右否決
〔付記〕本決議録の閲覧、複写に関しては九州大学の新谷恭明氏に便宜を図っていただいた。記して感謝します。
いずれこのかわら版でも紹介した手島文書中の高等教育会議関係資料をも含めて目録を作成したいと思う。
（第七十号、一九九二年七月一日）

26　水野直教育関係文書・教育調査会事項（一一）

花井氏曰ク職員録ニ依ルモ農商務ノ各局長ハ皆法学士ニシテ技術官ハ其地位ヲ得ズ、専門ノ知識ナキ者ガ事件ヲ裁決シテ水産農務山林皆局長トナリシ者アリ、山水ノ美ハ之ヲ極ムルト雖モ終ニ何ノ得ル所ナシ之ヲ改正シ専門家任用ノ道ヲ開ク時ハ時弊ヲ救済シ得可シト
一木文相ハ之ニ対シテ今日ノ任用令ニ其ノ道ヲ開キアリト云ヒ、且法律ハ凡テノモノノ基礎ノ学問ナリト論セリ
花井君ハ然シ之ニ例外ノ最モ厳ナルモノニシテ全ク広キ範囲ニ非ズ、無用ナリト
江木君ハ地方事務ガ馬匹ノ去勢ヲ知ラズシテ□前ニ馬ヲ□セント論セリ
七月二十四日　総会　九十四度
徴兵令改正案小松原委員長報告
一、成瀬氏ハ本案ハ苦学生ノ便利ナラズ、苦学生ハ必ズ修業年限ガ他ニ□□ルノナリ
一、修業年限四ヶ年ト云フハ予科モ入ル
一、本案ハ別ニ高等学校卒業ノ程度ヲ標準トセシニ非ズ、陸軍ハ□□ヲ欲ス、其教官ガ年少ナシガナリ且年少ノ方□□シ
一、外国ノ学校ニテ文部大臣ガ適当ト認ムルハ困難ナラズヤ、文部省ハ各外国ノ学校ニ対シ十分ノ知識ヲ有セズ
独仏ハ gymnasium ニ依リ米国ハ各自異レドモ high school ヲ終リ college ニ入リシヲ以テ標準トセント欲ス
菊池男ハ満二三才ヲ二四才トシテハ□時ニ不都合ナリヤト問フ、乃チ二四ナレパ凡テノ学校ヲ卒業出来ル、専門学校、高等学校、実業学校、大学モ凡テヲ卒業シ得ルナリ、例外ヲ可成少クシタシ

◎六週間現役制度
　田所氏ハ在校中他ノ学校ハ一週三時間ノ体操ナレドモ師範学校ハ六時間ヲ置キタリ
　大島次官ハ陸軍ニ於テハ六週間位ノ兵ヲ戦時ニ役ニ夕丶セテ国家ヲ保□セシメントハ欲セザルナリ、只小国民ヲ教ユルモノナル故、之ヲ兵営生活ヲ知ラシメテ他日ノ小国民ニ軍隊ノ思表ヲ与ヘシメレバ可ナリトノ考ナリ
日射病事件ニ対スル質問
　十分ニ将来注意セント欲ス
　家庭ト軍隊トノ連絡ヲ取ル考ナリ、兵営ヲ□□セシメント欲ス
　高木男ハ此原因ヲ帽子ニ帰セリ、陸軍ノ帽子ハ最モ頭部ヲ熱セシムト云フ
　大島次官ハ帽子ニ依リガー□ハノ□度――ヲ増スト云フヲ
本日九鬼男ヨリ正式ニ漢字制限ノ案ヲ提出
辻男ヨリ建議案提出全会ニ付托トナレリ
七月二十七日　総会　徴兵令決定
辻男ノ修正
修業年限四ケ年ノ専門学校ヲ三ケ年トスルコト、理由ハ一、四ケ年以上ノ学校ハ乏シキ学校ノ様ニ思ハル二、特権ヲ得ル為メ殊更ニ四ケ年トスルコト
菊池男ノ修正
1、猶予ヲ一年志願兵ト限ハ理由ナシ、故ニ一年志願兵ナル文字ヲ削リ中学校又ハ文部大臣ニ於テ同等以上ト認メタル学校ノ卒業生ハ云々
2、満二十三才ヲ満二四才トスルコト――更ニ四ケ年ヲ三ケ年トスルコト、修業年限四ケ年ノ専門学校ノ卒業生モ二一才ニテ卒業スルガ故ニ、之ニ三年ヲ加ヘテ二四才トスレバ専門学校モ特ニ延期権ヲ与ヘズシテスム、乃チ延期ハ全ク余儀ナキ場合ニノミ限リタシ、〝但シ帝国大学其他文部大臣ニ於テ特ニ認定シタル学校ニ在学スル者ニ限リ更ニ三ケ年以内ノ入営ヲ延期スルコトヲ得〟ト改正ス（続く）

（第七十二号、一九九二年九月五日）

27　教育調査会、一九一五年の賛否両論

一九一五年七月、教育調査会は「大学制度ニ関スル建議

案」中の一項「中学校卒業生及ヒ同等以上ノ学力アル者ヲ収容シ四箇年以上ノ教育ヲ施ス学校ハ大学ト為スコトヲ得ルコト」を総会で決議した。当時、この案は菊池案と呼称される抜本的な高等教育改革案であったが、調査会とともに運命を共にしてしまった。しかし、ここ（調査会）での大学法制度に関する議論が前提となってのちの臨時教育会議の答申となり、大学令が制定されたのである。ところで、これまで何回かにわたり調査会の委員である水野直が書き残した同会の会議メモを紹介してきた。なかなか完結できずに困っているのであるが、今回はさきの総合決議に先立ち、水野がそのメモに整理した所謂「菊池案」の賛否両論を紹介する。

　上下の対応はほとんどないようであるが、原型に近い形にしておく。

菊池案

反対	賛成
一、年限短縮ハ学問ノ程度ヲ下ケズシテ実行 専門学校ヲ大学トスルハ学問ノ低下 日本ノ文明ニ影響	一、中学校ニ於イテ年限短縮ハ不可（義務教育ハ不可） 中学校長会議ノ決議―人格修養
	一、学生ガ入学ノ動機ヲ洞察ス可シ
一、大学卒業生ハ仕会ノ指導者	一、大学及高等学校ノ現在ノ教育ハ研究ニ非ズ、其組織ナシ。大学ハ速成教育
一、我国情ニヨリ大学予科ノ必要（漢字外国語）	一、画一主義ノ打破―中学以上ノ各種ノ制度
一、専門学ト普通学トヲ大学ニテ合テ修業シ得ズ	一、収容人員ノ増加ハ年限短縮ノ一方法
一、子弟ノ教育ハ決シテ大学ナル名称ノ為ニ非ズ	一、社会ノ要求ノ意味―就職ヲ目的―学士号 学生ノ精力ヲ如何ナル場所ニ用ユルヤ
一、高等学校ヲ大学トセバ高等普通教育所トスルニ同	一、学力資本ノ節約及ヒ利用―哲学者カ英語ノ教員、富者ヲ入学
一、今日ノ専門学校ハ大学ナル名称ヲ付セザルモ沢山ノ入学希望	一、学問低下ノ心配ニハ防止法アリ―特待生
一、低キ大学ヲ設立スルモ矢張リ其卒業者ハ高キ大学ヲ欲シ入学	一、大学ハ国家ノ須要ノ程度数設立―成瀬氏反対
一、年限短縮ヲ主張シテ延長ノ事実トナル。一、専門学校へ一年ヲ付シ大学トナル。二、皆大学院ヲ希望スル為メ。（高等普通教育モ同様ノ結果）	一、高等学校ノ現状ヨリ見テ不必要 一、改正案ハ最少限度ヲ定メタリ 一、学校ノミニテ学問ヲ為ス考ガ誤―監獄ト同視

一、大学卒業ノ真価値ハ下級
大学ニテハ発揮シ得ズ
実行上ノ困難
東京市ノ市区改正
一、高等学校ヲ大学トシテモ
収容力ハ現在ヨリモ増加
セズ
一、高等師範ノ如キハ文科大
学ノ改良ト共ニ別ニ研究
一、実行困難ハ調査会ノ主旨ニ
反スー大改革ー社会ハ年限
短縮ヲ要求
年限ノ永キカ学問ノ高キニ
非ズ
一、苦痛点。(一) 学生ハ余力
ナクシテ無理ニツメコミ教
育、(二) 父兄ハ資力ナク
シテ無理ニ学資ヲ出、(三)
社会ハ年齢ノ低キ活気アル
者ヲ要求

28　『自第六回至第七回　高等教育会議決議録　完』の紹介

（第八十三号、一九九三年七月二十六日）

やったー、という下品な言葉がつい出た。文部省における初めての教育諮問機関である高等教育会議は平原春好氏の先駆的な業績を除けば、これまでまとまった研究を寡聞にして知らない。その最大の問題が史料的な面であることは周知のことであろう。会議録が二回分しかいまだ確認されていないことにそのことが象徴されているだろう(教育調査会もそうかもしれないが)。

しかし、その障害がすこし取り除かれた。本誌六九、七〇号で『自第八回至第十一回　高等教育会議決議録　完』を取り上げ、今回標記の決議録を紹介できるようになった。おっともうひとつ忘れるところである。第一回から第五回までの決議録はすでに国立教育研究所に収集されている。すなわち、高等教育会議のすべての決議録が確認されたのである。これがやったー、という理由である。ただ、これらの史料は小生一人で見つけたものでは決してない。今回紹介する『自第六回至第七回　高等教育会議決議録　完』は北海道大学の逸見勝亮氏から教えられ、第一回から第五回までの決議録は日本大学の佐藤秀夫氏から教えられたし、第八回から第十一回までは九州大学の新谷恭明氏のお手を煩わせた。すべての先学に感謝したい。

所蔵は第一回から第五回までと第六回から第七回まではは北海道大学図書館の佐藤昌介記念文庫にあるが、今回のもの(自第六回至第七回)は同文庫中の未整理史料にあったとのことである。第八回から第十一回までは九州大学図書館所蔵である。

体裁は菊版洋紙に活版印刷されており、修正決議部分は朱印刷されている。奥付けはなく、表紙の左下に高等教育会議とある。なお、今回閲覧した決議録の末尾には「第六回高等教育会議録」という活版印刷物がある。「決議録　完」の活字とは違い、頁数も異なることから推測すると、各回の会議終了後にこのような決議録が作成され、それがのちにあたらめて組版されたと思われる。

前回の形式を踏襲して、以下収録史料を修正、参照、理由、決議の有無を含め紹介する。

第六回（自明治三四年十一月二五日至同十二月一日）開会数六回

	修正	参照	理由
諮問案第一　師範学校中学校高等女学校教科用図書ニ関スル事項	○		
諮問案第二　高等学校入学試験ニ関スル事項		○	
（参照）高等学校大学予科入学試験施行方法	○		
諮問案第三　実業補習学校ニ関スル事項	○		
（末尾に希望事項あり）			
諮問案第四　水産学校ニ関スル事項	○		
（末尾に希望事項あり）			
諮問案第五　小学校実業補習学校及各種学校以外ノ公立学校職員ニ関スル事項		○	
（参照）公立学校職員俸給令			
諮問案第六　中学校学科課程表ニ関スル件	○		
（末尾に希望事項あり）			
〔希望の後に「諮問案第二ノ参照―明治三十四年各高等学校大学予科入学志願者入学者及ビ不入学者数調、中学校卒業生ニシテ高等学校ニ入学シタルモノ、成績」あり〕			
建議　文部省ニ於テ各種小学校教科用図書ヲ編纂スヘキノ件			○
〔「明治三四年十二月三日文部大臣へ建議」とあり。以下の建議も同日と思われる〕			
建議　中等教育以下ノ公立学校ニ於ケル実業的教科ノ教授ニ使用スル文字及言語ハ成ルヘク俗語俗字ヲ用キシムル件			○
建議　道庁府県中学校ニ於ケル独逸語ニ関スル件			
建議　商船学校航海練習船設置ノ件			
建議　月俸五拾円以上ノ公立小学校ニシテ成績佳良ナル者ハ特ニ奏任待遇ニ進ムル道ヲ開クノ件			

第七回（自明治三五年十一月二四日至同十二月二日）開会数八回

	修正	参照	理由
諮問案第一　小学校ニ関スル事項	○	○	
諮問案第二　中学校ニ関スル事項	○	○	
諮問案第三　高等学校ニ関スル事項	○		

諮問案第四　帝国大学予備門学科授業時数ノ件〔「全部否決」〕			
諮問案第五　専門学校ニ関スル事項〔「諮問案第五参照、専門学校令」〕	○	○	
諮問案第六　実業学校令改正ニ関スル事項	○	○	
諮問案第七　実業専門学校設置ノ件	○		
諮問案第八　神戸高等商業学校ニ関スル事項	○		
諮問案第九　盛岡高等農林学校ニ関スル事項	○		
諮問案第一〇　教科用図書検定ニ関スル事項			
諸問案第一一　東京高等工業学校ニ関スル事項	○		
諮問案第一二　高等師範学校ノ学科学科目及其ノ毎週教授時数ニ関スル事項	○		
建議　中学校ニ於ケル国語漢文ノ目ヲ国語ト改メ主トシテ今文ヲ課シ漢文ノ講読ヲ停ムル件〔「明治三五年十二月三日支部大臣へ建議」とあり。以下の建議も同日と思われる〕			○
建議　高等農業学校ヲ増設スル件			
建議　学齢児童就学ノ関スル特例ヲ設クル件			

（第八十六号、一九九三年十月三十日）

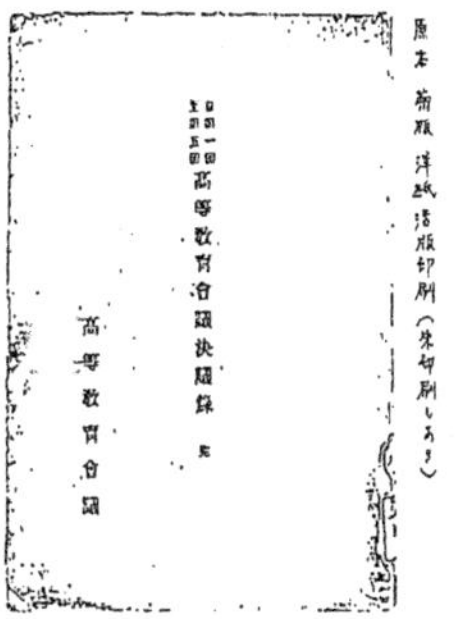

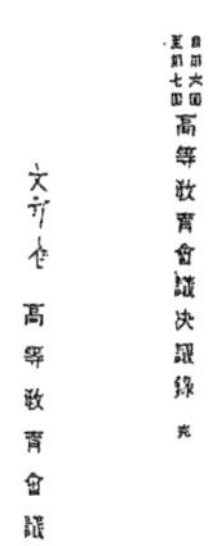

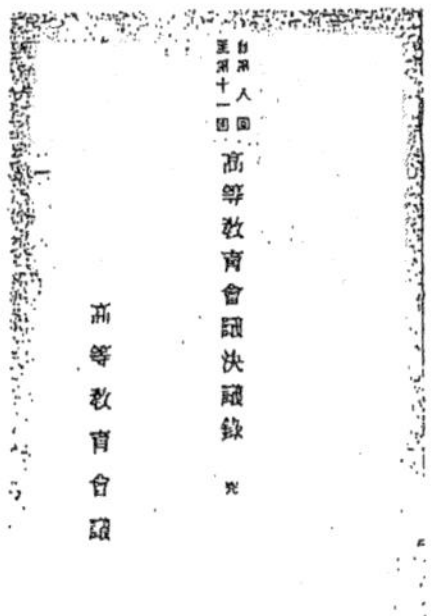

29　辻新次と沢柳政太郎

　別々の関心領域にあった辻と沢柳とが結びついたのは、一八九二(明治二五)年十一月に起きた修身教科書機密漏洩事件であった。新任まもない沢柳図書課長により引き起こされたこの事件により、辻は文部省を去り、二度と官途に就くことはなかった。『男爵辻新次翁』の解説では、この辻の辞任を「文部省の積弊の源と指弾を受け、辞任を余儀なくされた。四半世紀にわたる孜々たる業績が一瞬にして烏有に帰したのである」と表現した。同郷人の後輩による事件だけに、特別の感慨もあったのではないか、と推測もしていた。しかし、その後二人の関係に深入りすることはなかった。

　帝国大学体制成立史の研究を進めている現在、その研究の一つの重要な視点として、学生の存在、活動、言論があるのではないか、と考えているのだが、まさに体制成立史の渦中の一人が沢柳であった。在学中、彼は文部省の給費生であり、学士会月報では堂々と「帝国大学之独立」(第十四号、一八八九(明治二二)年四月)の論陣を張っており、さらに卒後は文部官僚としての歩みを出発させていた。次官は辻である。俄然、ふたたび二人の関係が気になりはじめ、辻新次文書(国立国会図書館憲政資料室所蔵、一部寄託)中の沢柳書翰を検索したら、一つの新しい二人の関係が浮かび上がってきた。

　辻文書中の四つの書翰を翻刻した(誤読があるやも知れず、乞原物閲覧)。四通ともに、沢柳の辻に対する学資金援助の申込みとその返納に関する内容である。沢柳と辻との関係は、彼の文部省入省からはじまる、かのように伝記、評伝類は記しているが、それ以前から彼のほうから援助を求めていたのであり、さらに彼の談として「卒業する少し前に、辻男がわざわざ自分を呼んで、文部省へ出ないかとすすめられ、とうとう役人生活をすることになった」(三浦藤作「沢柳先生のこと」沢柳全集、別巻、沢柳政太郎研究、所収)とある。まるで、辻が沢柳に乞うて入省させたというニュアンスであるが、どうもことは簡単ではないようだ。

　翻刻した書翰(二)中、祖母の死去にともなう負債云々については、『吾父沢柳政太郎』に「翌明治二十一年二月、政太郎が大学最上級の時その祖母禰曾は八十余歳にて死去した。家貧にして余財なく、葬式を出すことが出来なかった。彼は一書を認めて弟菊三に託して下谷竹町の青木貞三氏邸に走らせた。青木氏はその書面を読み終ると、黙つて小切手を書いて菊三叔父に渡した。金額は百円であつた。これに依つて祖母の葬式は万般は無事に済ませることが出来たのであつた」（三七頁）とある。
沢柳のライフ・ヒストリーのひとコマというよりも、帝国大学体制成立期の学生（卒業生）の生活、意識、行動、さらにはその公的、私的支援システムの解明のために史料として、読み進めていこう。

書翰㈠（〔　〕は削除、傍線は挿入）
〔表〕本郷弓町二丁目二十四番地／辻新次殿／請御親展
〔裏〕神田一ツ橋外東京大学寄宿舎ニテ／沢柳政太郎／五月五日
浅学菲才ノ政謹テ書ヲ辻公閣下ニ奉シ閣下ノ賢察ヲ乞ヒ閣下ノ愛　ヲ願ハントス、政未タ一ヒ閣下ニ接スルヲ得ス乞フニ閣下ノ愛　ヲ以テス、政実ニ　顔ニ堪ヘサルナリ、政耻辱ヲ知ラサルニアラス而シテ之ヲ忍テ以テ閣下ニ乞フ所以ノ者閣下請フ之ヲ察セヨ、政ヤ昨十七年六月ヲ以テ始メテ大学予備門ノ科程ヲ卒リ、尓後大学文学部ニ入リ補助給費生ニ加ヘラレタリ、然レトモ其給費ヤ固ヨリ食料及筆墨紙費ニ充ツルニ足ルノミ故ニ更ニ費ヲ父ニ乞フテ諸費ニ充テタリ、然レトモ政カ家固貧項日ニ至リ殊ニ甚シ、加之政年既ニ廿、実ニ費ヲ乞フニ忍ヒサルナリ、而シテ此困難ヲ救フニ二方法アリ、曰ク已〔ママ〕レノ力ニ頼リテ学資ヲ補フナリ、曰ク有力者ノ補助ヲ乞フ是ナリ、已〔ママ〕レノ力ニ依〔頼〕テ学資ヲ補フトハ学業余暇私立学校ニ於キテ英語学ヲ教ヘ其報酬ヲ得テ以テ学資ヲ補フヲ云フ、然レトモ如何トナレハ此方法ニ依ルトキハ時間ヲ費ス甚大ニシテ少クトモ一週十時間ヲ費シ且往復ノ時間モ亦少ナカラサルヘ〔カラス〕シサレハ其学業ヲ妨害スル大ナルヘク且政カ身体ノ恐クハ堪ヘサル所ナラン、又面目上甚嘉スヘキコトニアラス、之レ政カ此方法ニ依ルニ忍ヒサル所以ナリ、然ラハ即チ唯ニ有力者ノ補助ヲ乞フ〔二〕アルノミ、而シテ政ノ知ル所ロニシテ有力者ト称ス可キ者ハ僅カニ二三ノ学士アルノミ、而シテ此等学士ノ事実ヲ察スルニ実ニ補助ヲ乞フニ忍ヒサル也、此ニ於テ鉄面皮ニモ　ヲ閣下ニ乞フニ至レリ、閣下請〔乞〕フ政ノ事情ヲ賢察シ以テ毎月学資ノ幾分ヲ貸与セラレンコトヲ、其返弁ノ知キハ大学ノ業ヲ卒ユルノ後ニアラサレハ能ハスト雖トモ、苟モ業ヲ卒ユルノ後ニアレハ唯命之レ従ハンノミ、今日ノ学資貸与ハ後日ノ数千金ノ賜ニ勝ル、万々政カ後来ノ幸福事業ハ一ニ閣下ノ賜ナリ政〔生〕ニシテ苟モ少シク道義ノ感情アランカ此鴻恩ヲ忘レント欲スルモ得可ケンヤ、又在学中ト雖トモ政ノ能スル所ナランカ従事努力ノ労ヲ避ケサルナリ、請フ、閣下政ノ事情ヲ惘察セラレンコトヲ、然レトモ不文禿華ノ能ク政ノ事情ヲ尽ク〔ママ〕所ロニアラス、其詳ナルハ請フ政〔生〕ヲ引テ之ヲ悉サシメヨ、仍テ先ツ一書ヲ捧ケ謹テ閣下引見ノ命ヲ待ツ政恐懼再拝

明治十八年五月五日

長野県士族信任男／沢柳政太郎謹言

東京大学理学部寄宿舎ニ於テ

辻新次公／侍史

〔消印〕一八・五・五　内神田

書翰㈡

〔表〕本郷弓町／辻新次様／

〔裏〕牛込矢来町八番地／沢柳政太郎／廿七日

拝啓仕候、扨テ大学在学中御恩借仕候学資金早速御返納申度日夜懸念罷在候所、今以テ其運ニ不至折角之御厚情ニ答フルヲ不得、且ツハ甚以本意ニ背キ恐縮奉存候、実ハ昨年秋ヨリ負債ヲ起シテ家計ヲ維持シ来候所、今春ニ至リテハ祖母之不幸ニ会シ、又々不思負債ヲ増シ候次第、是非共明年暮迄ニハ悉皆弁償致度存、当時ハ毎月廿七円余リ償還ニ向ケ居候、且ツ両親弟之維持致居候故、書籍衣服等調製之場合ニハ不得已負債相増シ候勢ニテ有之、然ルニ今度大学之給費月賦（七円五十銭宛ニ五分之利）返納可致旨被遠目下甚タ困却仕候、何卒事情御酌量不悪御含暫時御猶予被下度奉願候、又私事ニ就き御心配相願フハ甚タ恐入候次第ニ候得共、充分ノ責任ヲ負ヒ出来ル丈ケノ勉強憤発致シ従事可仕候間（公務ノ余暇ヲ以テ）何卒可然事業御賢慮御教示被下度偏ニ懇願ニ不堪候

不宣謹言

廿七日／沢柳政太郎

辻新次様／執事

〔消印〕武蔵東京牛込　廿一年十月二十七日

書翰㈢

〔表書〕本郷弓町／辻新次様／煩御親展

〔裏書〕矢来町八番地／沢柳政太郎／上条慎代

拝啓、厳冬之儀益御清福奉慶賀候、年内ハ種々御世話様ニ相成奉鳴謝候、却説小子大学修業中恩借候学資金、今ニ返納不仕段寔ニ汗顔之至ニ不堪候、尤決シテわ巣レい多し候儀ニハ毛頭無之、一日モ忘却不仕、山獄之高恩ハ唯生涯ヲ以テ報スルノ外無之ト存候、ソレニシテモ金員丈ケハ一日モ早ク

ト存候処、係累モ不少且種々ノ事情モ有之未得其意ノ段何卒不悪御思召被下度、茲ニ内金拾円丈都合候ハヾ返納候間、御受納被下度候、呉々モ事情御　察不悪御思召之程、偏ニ奉希望候、先ツ右迄、草々謹言
十二月三十日／沢柳政太郎
辻新次様／机下

書翰㈣

拝啓、春暖之候益御清適奉大賀候、尓後久敷御無沙汰打過御海容被下度候、兼テ御恩借之義ハ毎月弐円宛十五ヶ月程拝借ノ義ト覚へ小子文部省出仕後拾円返納仕候ト存候、其後丸山長渡へ閣下之御名前ヲ以テ学資補助致シ来候、即其証迄別帋差出シ申候、未以何タル報効も不仕慚隗之亟不堪候、尚御高恩之程ハ終生感統応分之事ハ屹度致候覚悟可然、御用も[redacted]御仰越被下度候
現任文部大臣教育事業ニ熱心ナルハ寒ニ感服スル所ニ候得共、軽操未熟之改正有之其教育之為メ惜ム所ニ有之、中学制度之如キ不少撹乱ヲ蒙ル次第残念ニ存候、一方ニハ此間ニ教育家も極メテ幼稚無学ニテ攻撃スヘキヲ攻メズ論スヘキヲ議セズ、動モスレハ教育ノ信用ヲ傷クル之挙有之痛惜之至存候、先ハ右迄、
草々敬具
四月廿四日　沢柳生
辻新次様

（第百七号、一九九年八月三日）

第三部　回想・追悼文集

中野実君のこと――出会ったころ――

寺﨑　昌男

書くのは実に三度目である。第一回は「弔辞」、第二回は「東京大学史史料室ニュース」、そして今回――。何たることか。

中野君は、私より実に二〇歳下である。自分より若い人の弔辞など、二度と読みたくない。中野君は、とにかく早すぎた。彼の「残した思い」が本書に入っていると思うと、正直のところ、頁を開けるのもつらい。

○　○

会ったのは、私が四〇歳を目前にしていた一九七二年である。

財団法人野間教育研究所に勤め、一九七〇年春から立教大学文学部教育学科に週一回非常勤講師に出かけていた。

「日本近代教育史」を教えてほしい、学生たちの要望も強いから――という話で行ってみると、なるほど元気のいい、しかし教育史の講義など聞いたこともないらしい学生たちが、五〇人ほども聴講に来た。

四年後の一九七四年春に専任助教授で迎えられるまでに、聴講者は年々増えた。一九七二年には一〇〇人を超えていた。四号館(本館)二階の大教室があてがわれた。

中野君がはっきり目の前に現れたのは、このときである。秋の暮れあたりだったろうか。講義を終わって教卓の上を片づけている私の前に、色白丸顔の学生がやってきて、思い詰めたような、しかし照れくさそうにも見える顔をかしげながら、「聞きたいことがあります」と言う。

紛争後まだ二年、学生からまともに声をかけられると大学教員は身構えた時代である。だが非常勤の気軽さで、私はじっくり聞くつもりで、座り直した。

実は講義の始めのころに、

「これから近代日本教育史という講義をします。皆さんの前に、語る価値ありと思った事実を、きっちりと示したいと思います。検討を経た歴史上の事実を『史実』と言います。近代日本教育の『史実』を介して、皆さんと「教育」を考えて行きたいと思っています」

というようなことを言った。

丸顔の学生は、それに不満であるらしかった。

少し口をとがらせながら、つっかえつっかえ喋る話の筋は、およそ次のようなことだった。

「先生の言われる『史実』というものが、僕らに伝えられる、僕らはそれを聞く。それでいいのでしょうか。

もちろん、講義の中身は知らないことばかりだから、聞く価値がないとは思いません。でも、なぜ先生が事実というものを選ばれ、なぜ私たちはそれを聞くのか、なぜそういう関係の上で大学教育が行われるのか。先生はどう思われますか」。

討論方式の授業をしてくれ、質問の時間を作ってくれという要望かと早合点するところだった。選ぶ基準たる私の教育観のことでもなかった。学生の言うのは、そういう次元のことではなさそうだ、ということが少しづつ分かった。

同じ学生は二度、三度とやってきた。そのたびに私は、歴史の学習とはどういうものか、なぜ私は今日の講義のような話を準備したか、などということを繰り返し話したように思う。その年は「二〇世紀に入っての日本教育を考える」というテーマを掲げ、明治末期・大正期・昭和初期の教育を扱っていた。

○　　○

レポートの提出時がきた。

そもそも、試験でなくレポート(それはまだ当時は珍しかった)の形にしたのも、教室の学生が突然手を挙げて「なぜ一時間で答案というものを書かなければならないか。レポートではなぜいけないのか」と問いかけたのがきっかけだった。私が「ではそのことについてクラスで討論しよう」と持ちかけ、意見続出の上、レポートに決めたのだった。

評価にオール三をつけた中学校の音楽の先生が出た時代である。立教の教育学科では評価(権)の問題が紛争の焦点になっていた。討論の最後に意見分布を調べてみると、レポートにしてほしいという希望が圧倒的に多い。そこで、こちらからは、レポートの難しさや基本条件といったことを厳格に話し、「それならいっそ試験の方がよかった」といった顔も出てきたのを見やりながら、来るべきレポートの山を読む覚悟をした。

さてそのレポートを読んでいくと、あの中野実という学生のものがある。歴史は付け足しで、大学論がびっしりと書かれていた。そしてまたあのテーゼ。

「あなたは教師として私の前で講義というものをする。史実を語る。私たちはそれを聞く。この関係自体の底に、権力関係が存在していることをあなたはどう思うか」。

レポートにはまた、一九七〇年に東海大学刊の雑誌『望星』に私が書いた「戦後大学史の曲がり角」という論文への、強い批判も書かれていた。大学問題を他人事として書いている、というのである。だがレポートの最後には「未完」と書かれていて「残りはあとで送ります」とあった。

聴講者から「あなた」と呼ばれたのは初めてだった。だが文章はなかなか味のあるものだった。私は、唯一このレポートにだけは「単位保留」と書いて、教務課に送った。

春休みに大学へ行くと、校門のそばでヘルメット姿でビラをまいていた学生たちがいた。その一人がぬっと私のそばに寄ってきて、「先生」という。覆面のタオルを脱いだところを見ると、あの学生である。「レポートの残りはもうすぐ出します」という。「ああ待っているよ。出さなかったら単位は出ないからね」と答えて、ビラをもらって別れた。

数日たって、確かに「続き」が送られてきた。未完の第一稿とつないで読むと、なかなかいい。「非合法」と知りながらも早速評点をつけて、教務課に連絡した。すなわち彼の言う単位認定権の、「留保」を解いて、それを「行使」したのだった。あのレポートはかなり長い間しまっておいたが、惜しくも見失った。

この学生が大学院にやってきたのは、たしかそれから三年後だった。都立大学の大学院を志願していたようだが、うまく行かなかったらしい。学科スタッフの囂々たる論議の末、合格した。

○　○

その後、修士論文には枢密院議事録で大学令成立史をやり、博士課程試験には一年落ち、進学後、私が専門委員をしていた東京大学百年史の編集室員になり、のちに助手として獅子奮迅の働きをし、……といったいきさつを経て、多くの人に知られる「中野さん」が生まれていった。

この「中野さん」は、一九八〇年代初めに会津でやった大学史セミナーのとき、深夜の車座のコンパの席上、「寺﨑先生は研究をしていない」と追究した。「歩き回って新しい史料を発掘して来るような歴史家らしい仕事をしていない」というのである。「それだけが研究か」などと私も反論したが、まわりに坐っていた田中征男、舘昭、安原義仁といった人たちも次々に研究論議に加わり、思わざる酒宴になった。

その後、著書や論文を書いて彼に渡すたびに、私は「すみませんね、こんな研究しかしてなくて」と必ず言い添えてやった。

やはり、書けばきりがない。

○

研究者としての彼は、理論の模索を怠らぬ職人だった。情・意・体に恵まれすぎた知の人だった。その「体」が最後に彼を裏切った。

○

かつて告発しながら、「君がまだ若かったころ」などという副題をつけて彼自身その歴史を語るようになっていた、東京大学。その東京大学にとっても、初の史料室専任助教授・中野実の五〇歳の逝去は、痛恨の極みだった。

大学を告発していたころの彼の、主情的な、しかし読ませる文体が、大学史の叙述に生きてくる日も、近かっただろう。痛ましい。

（立教学院本部調査役・東京大学名誉教授）

人生のなかの出会い

五十嵐　良雄

どういう時代状況のなかで、どういうところで、どういう出会いかたをしていくか。またその後、どういう関係を形成していくか。

そのことによって、深く記憶に刻み込まれていく人や、生涯、決して忘れることのない人物として、自分のなかに存在し続ける人がいる。

一九六〇年代の末頃から、一九七〇年代の初頭にかけて、時代は激動していた。全共斗の大学闘争に象徴されているように、それは大学教育の場から開始されていた。今の人々には、多分、想像を絶するような激動の時代状況だったのだと思う。

私の三十代の末から四十代の初めにかけてのこと。闘争の最も烈しかった横浜国立大教育学部の比較教育学担当の非常勤講師として、教壇に立ったのは、私が四十才になった一九七〇年四月からであった。

最初の講義の時に、他大学からの多くの学生に混って、立教大から文学部心理学科の男女のペアーといった感じの新入生が参加していた。

それが後に結婚した中野実君と清水玲子さんであった。意思疎通が気持ちよく行なわれている感じを与えたこの二人の、聴講する姿は、闘争に明け暮れていたその頃の私に、すごくほほえましい印象を与えてくれた。

　反権力ということをもって、おのれの拠立つ思想原理として生きていた当時の私は、思想イデオロギー活動に全精力を注いでいた。私も若かったこともあって、横国大教育学部の全共斗活動家たちと、その活動を更に発展、深化させていくため、大学の日常性を直接の変革の対象として教育共闘を名のり、授業の変革とやがて提出せざるを得ない卒論斗争に没頭していった。


　横国大における私たちと同様な活動は、全国各地の大学においても展開されていった。立教大においても、中野実君を中心に組み込んで文学部教育学科の学生を巻き込んで、立教大学自主講座設置運動が展開されていった(反教育シリーズⅫ『続学生・単位・教師』所収の中野実君の論稿〝自主講座運動の軌跡〟参照)。

　この活動は、一九七四年十月から開始された宇井純・生越忠氏らによる東大工学部大教室での公開自主講座「大学論」の初代実行委員長として中野実君の活動が、大衆的規模で展開されていったのである。やがて、私は、現代書館という小さい出版社の協力と援助のもとに、教育の思想イデオロギー活動として、現代教育研究所(略称NEI)を創設していった。その時、研究所の所員として最初に馳せ参じてくれたのが、静岡大の久田邦明君と立教大の中野君らであった。活動費は自分もちという、この研究所を出版物の編集や論稿執筆を通じてNEIを精力的に支え、夏休みなどは、黙々と機関紙の合冊版などを独力で作成したりして研究所の実体を創設してくれていった。


　立教大卒業の後、一年程、確か都立大学の小沢有作氏の指導を受け、都立大の研究生として、参加していた。ラディカルに大学の成立過程そのものを問い続けていくというのが、彼の基本的な研究姿勢だったと思う。生涯に亙っての恩師としての寺﨑昌男氏に出会うまで、私などのような無頼派の教育思想・教育イデオローグの影響を受けて彷徨していた時期は多分、暗かったのだと思う。しかし、そういう時期があったからこそ、後世にその道の研究者として残っていく仕事が彼に出来たのだと思う。

　早すぎた彼の生涯を省りみる時、私が、びっくりするのは、亡くなった数年後に早くも、彼の著書が二冊も知人や友人たちによって出版されていったという事実である。

私が40才の時、大学の一年生18才の彼が、彼女とともに出会ったこと。そして、しばらくの間、活動を共有し得たということ。更にまた釣行という共通の趣味でもって、共に癒し合ったこと。私が生きている限り、君は私のなかで生き続けていくと思う。私もやがて、此岸の世界から彼岸の世界に旅立っていきます。

散る桜、

残る桜も、散る桜。

（無職年金生活者）

見事な人生だった

久田　邦明

中野実の思い出を書こうと思うのだが、それがなかなか出来ない。その理由は想像がつく。中野のことを書こうとすれば、自分自身のことを振り返らないわけにはいかなくなるからだ。冷静ではいられない。わたしはこれまでいったい何をやってきたのか。わたしの人生はどんなものだったのか。こんなことをあれこれ考えると取り乱して、何をどう書いてよいのか分からなくなる。中野の研究業績を自分なりに評価するという方法を考えないでもないが、そんな能力はない。それどころか、中野には申し訳ないけれども、生前の著作や遺稿集を開く気さえしない。そんなことを始めれば自分の気持ちの収拾がつかなくなる。この文章を書き終えたとき、少しは落ち着くのだろうか。

中野と初めて出会ったのは一九七二年のことではないかと思う。どういうわけか、喫茶店の螺旋階段が思い浮かぶ。五十嵐良雄さん、それに現代書館の人々が一緒だった。立教大学の学生の人たちもいたかもしれない。

その翌年の四月から現代教育研究所という研究サークルの活動を一緒に続けた。数年のあいだに中野は大学史を研究テーマに決めた。わたしは社会教育史をテーマに掲げていながら、それらしいことをやるわけでもなく、社会教育の青年事業の講師などにかまけていた。

わたしが荻窪で所帯を持ち、中野が玲子さんと三鷹で所帯を持つと、今度は四人の付き合いが、玲子さんの「子どもの時間がある本屋　りとる」開店の前後まで続いた。その後、お互いに子どもが成長したり、大学で講義を担当したりするようになって、会う機会は少なくなった。そして、没する前年の確か六月に電話が掛かってきて話をしたのが最後だった。そのときの用件は、体調を崩している五十嵐さんの近況を尋ねるものだった。自分自身が生死にかかわる手術の後だったというのに、何としたことだろう。本人が回復を信じていたという闘病の経過については知る由もなかった。

三月になって、虫の知らせか、りとるに電話をしてスタッフの人から重篤と聞いた。つれあいが見舞った翌日の夕方、病院を訪れたときにはすでに病室が空になっていた。そのまま自宅を訪れて、枕元で玲子さんの話を聞いた。これを区切りとして三十年間を振り返ると、まるで夢のようだ。

一九九〇年代、中野との付き合いは、『かわら版』を受け取り、論文や著書をやり取りする以外は、ときに電話で話をする程度だった。ただ、その電話のやり取りは、わたしにとって大きな意味のあるものだった。八〇年代末から学会の活動と関わるようになって理事を引き受けていたので、研究大会プログラムを提案したり、学会出版物を編集したり、学会出版物に論文を執筆したりする機会があった。その度に大学史をはじめとする教育研究者に関して尋ねた。そんなときにはもっぱら「良い人かどうか」を聞いた。著書や論文だけでは判断しかねることがある。もっともらしいことを言っていても、どこかちがうぞという人はいるものだ。そのところを中野の意見に頼ったわけだ。研究者のあいだのパワーゲームを考えれば、こんな質問に応えてくれる人は限られる。

そんなやり取りをする時期に『東京大学物語　まだ君が若かったころ』を受け取った。わたしはさっそく教育雑誌で担当する書評欄に短文を書いた。

長い付き合いだから本の売上に少しは貢献しようという気持ちもあったが、すぐに本気で紹介しなければならないと思った。ユーモラスで幾分か過激なタイトルについては措くとして、一読して感心したからだ。資料の扱いや研究史上の意義などの評価は手に余るものだったが、七〇年代から八〇年代にかけて、親しく話をしたり雑誌やミニコミに一緒に文章を書いたりしてきた自分の位置からみて、ここには間違ったことが書いてないと思った。

これは実に驚くべきことだった。東京大学というかなり特異で強烈なテーマを設定して膨大な資料をもとに研究を続けていけば、そのうちに我知らず押し負けることになりかねない。その結果として、安直に過去の歴史を追認するか、あるいは性急に否定するか、そうでなければ、淡々と資料を紹介する作業に身を委ねることになりそうなものだが、この本はそのいずれでもなかった。問題意識を明確にして、資料を駆使して、押したり引いたりしながら、テーマに迫ろうとしている。「画一的、固定的な東大イメージの解体」と、中野は記している。あとがきでは「本書において用いた諸資料は、ほとんどが大学史資料室にて公開されている」とも記していた。

それからおよそ三年半後のことだ。一周忌の集まりで、中野と縁のあった大学史の研究者の人たちと出会った。その人たちの話を聞くうちに、二つの点で、中野が七〇年代からずっと大学闘争を続けていたのだと思った。

一つは、資料収集についてである。大学史関連の資料を読むためには、それぞれの大学や学部の承諾を得なければならない。その作業はどれほど面倒なことだったろうか。具体的な場面を想像すると、頭が痛くなりそうだ。しかし、そのような作業の一つひとつが、大学の壁を穿つ活動だ。そんなことを二十年も続けていれば身体を壊すだろう。

もう一つ印象に残ったのは、年若い研究者の人たちが、中野の初発の問題意識について全く聞かされていなかったと語ったことだ。中野は格好良かったなあと思う。大学闘争について誰が何を語っても構わないとしても、何かの拍子に高揚した気分に身を任せて昔語りをするといった格好悪いことは、なるべくやらない方がよい。それだけではない。もしことばで説明しようとしても、それが大学史の研究者のあいだのことであれば、とりわけ大きなエネルギーを必要とするにちがいない。大学史研究者に相応しい流儀ではないだろう。

中野が本格的に大学史の研究をすすめるようになった時期、わたしは庶民大学三島教室をはじめとする敗戦直後の教育文化運動へ関心を向けるようになっていた。今このことを改めて振り返ってみると、少し考え込む。

学生時代に「反大学」を唱えた中野の方が「もうひとつの大学」へ向かっても良かったような気がするけれども、実際には「制度としての大学」へと向かった。余程大学が好きだったのだろうか。そこのところのプロセスが、その研究史を追っていないわたしには、今ひとつ分からない。世の中には目の前の課題を〝お仕事〟として要領よくこなす人のいることを、わたしも知っているが、中野はそれほど器用ではないだろう。好きというよりも相性が合ったというべきか。おそらく先達をも含む同志の人たちに恵まれたのだろう。わたしはといえば、それほど大学が好きでもない。大学に関心を持つとすれば、幸せを求める人々の願いをかたちにした姿の一つとしてだろう。

中野は、大学史という相性の合う相手と良く付き合ったと思う。研究者としての能力と条件に恵まれたことはもちろんだが、それに加えて、粘り強いやり方を手放すことなく、多くの研究成果を生み出したのだった。わたしのようなせっかちな人間からすると信じられないことだ。

ここでやはり中野と出会うきっかけとなった、七〇年前後の時代にも触れないわけにはいかないだろう。

まず、五十嵐良雄さんのことだ。同年配の友人の梅原正紀さんが、内輪のちょっとフォーマルな席の挨拶で「弟子にとって乗り越えやすい人」と形容したことを記憶している。その通りだと思う。教育者に相応しいタイプといえば分かりやすいのかもしれない。そういう人がいたからこそ中野と出会うことになったわけだ。その五十嵐さんの人となりについては、思想の科学研究会の天野正子さんによる集団の会の記録に、当時の情景が思い浮かぶような文章で紹介されている。

もう一つ、大学闘争についてである。大学闘争は、人によって様々な受け止め方がなされている。それを捉える人の関心によって、政治闘争であったり、社会運動であったり、学生運動であったりする。また、一人ひとりの自己形成の問題として受け止めることも出来るだろう。それぞれの受け止め方があって構わないと思うが、そうはいっても、大学闘争のなかの活動家の人たちの権威主義的なことばを見過ごすことは出来なかったし、いまもなお認めることが出来ない。世界情勢を分析するといったスタイルを採って、知的に上昇することを疑わないとすれば、そのような方法によって、どうして大学を批判的に捉えることが出来るだろうか。この点については、中野と問題意識を共有していると確信している。

中野は「幻想としての大学」ということばを好んでいた。幸せになりたいという人々の願いが大学というかたちをとることの仕組みを問うという意味に、わたしは理解する。ここのところに着目すると、中野と重なる自分の問題意識を改めて自覚することができるような気がする。

このところ、政治学で在地指導者層と呼ばれてきた草の根の人たちの話を聞く機会が多い。住み良い地域社会をつくろうとして活動する人たちの話だ。そして、その人たちのおもいが、多くの場合、裏切られるのはどうしたわけかということを考えている。中野もまたそういう声を聴いていたのではないだろうか。実証的なスタイルの論文の背後に、わたしはそんな姿を想像する。

（神奈川大学・東京学芸大学講師）

雁の声――中野実さんについての一、二の思い出――

又重　勝彦

「中野実研究会」から私に中野さんについて思い出の追悼文を書くようにという便りが届いた同じ日、ぐうぜん、中野さんの古いハガキがポンとぼくの前にとびだしました。本棚の本をひっこぬいたときです。本の横におしこんでおいた手紙類がつまった紙袋が破れて中味が畳に落ちました。その中のハガキに中野実という差出人の名がありました。

ぼくは迷信深い男なので、これはてっきり中野さんの霊が私に思い出を書きやすいように手を貸してくれたのだと思いました。だから、このハガキのことからお話ししましょう。

文面はこうです。

「本と光と風と夢、たのしく読ませていただいております。又重さんは、やっぱり又重さん、という妙な印象をうけました。

後日、また相談したいと思いますが、次女の保育園で〝ちょっと過激な絵本論〟をやっていただけないでしょうか。十一月頃ですが。」

文中の「本と光と風と夢」というのは、ぼくがワラ半紙半面に手書きで子どもの本の紹介や絵本とマンガについての独断的な批評を書き、それをコピーして、六〇人くらいの人たちに郵送していたささやかな〝私（わたくし）新聞〟です。ぼくは心臓病で何度か入院と失業をくり返してすっかり貧乏になり、今では神格まで得て貧乏神と崇められるまでになりましたが、入院中に心配をかけたみなさんにせめてものお礼にと、そういう方法をとったのです。これは、二か月に一回発行でしたが六号で終刊しました。郵送料もままならなくなったからです。すると、中野さんのお友達の久田邦明さんから「もうおしまいなんですかあ」という便りが届き、びっくりしました。久田さんてどんな人かごぞんじないかたに申しますと、奥さんを「つれあい」と言う人物で社会教育史が専攻。名著『教える思想』(一九八九年、現代書館)の著者です。

さて、件の――件は申すまでもなく「くだん」と読みますが件とは何かとなると意外に何かわかりません。お知りになりたいかたは内田百閒の小説『冥途』の中の「件」という短篇をお読み下さい――ハガキの消印を見ると、これが消印としては珍しく完全にはっきり捺されているのです。きっと郵便局員がまだ仕事の疲れが出る前に捺されたものだからでしょう。「本郷 61 86・9・25・12-18 TOKYO HONGO」。そうか、一九八六(昭和六十一)年九月二十五日、中野さんはこのハガキを本郷界隈の郵便ポストに投函した、いや、一二時一八分とあるところから察すると前の日であったかもしれません。本郷とあるからには、東京大学での仕事の行きか帰りか、休み時間のあいまにか、ポストに入れた。これは断定してもいい。中野さんは一九八一年から東京大学百年史編集室勤務と職歴に記されているからです。といったことを考えるのも、今は亡き中野さんのある日の行動すなわち生のしるしの一端に触れることができるからです。ああ、この年この日、彼は元気に生活していたのだと確認することは、彼がぼくの中で生き続けていることを確認することであるからです。

ところでハガキの文中のもうひとつ、「過激な絵本論」についてふれますと、これは実現しませんでした。理由はきっとぼくの体調がまだ外に出かけていって何かするというほどには回復していなかったからでしょう。しかし、「次女の保育園」でなぜ中野さんはぼくにそのような話をさせたかったのか。ぼくは三鷹市の子どもの本の専門店りとるの店主で中野さんのつれあいである中野玲子さんに電話をして、何か心あたりがあるかどうかきいてみました。玲子さんは、実さんは三人姉妹が保育園に入るたびに父母会の会長をしたので、何かそういう企画を立てたのだろうと答えてくれましたが、ぼくは彼が父母会の会長のような役割を引受けるところに、〝中野実はやっぱり中野実〟だと思いました。ぼくなら決してそんなこと引受けたりしません。楽しめないからです、そういう役割を。でも中野さんは、ひとつの役割を楽しめる独特の精神の政治学と体術を持っていたと、ぼくは考えているのです。イロハカルタに「無理を通せば道理ひっこむ」という札がありますが、中野さんは無理を通さないので道理が生きる。その呼吸法を知っていました。ぼくはりとるが開店したころから、お客たちに向けた「りとる通信」を月一回出す役割を引受けていましたが、何号か出したあたりで何かのはずみでどうにも作る力が出なくなってしまいました。それでたまたま中野さんに店で会ったとき、そう言うと、彼は「おれが、おれがって、自分でなければいけないって思うから、そうなるんだよ。休んじゃったっていいじゃない」と彼には珍しく語気を強めて言い返してきました。なるほどなあ、と、ぼくは思い、再出発を期して休むことにし、やがて玲子さんが「りとるの椅子」という店の通信を出すようになり、それが今も続いているのです。

ぼくが初めて玲子さんの名を聞いたのは、まだ圖書新聞の記者をしていたころで、五十嵐良雄さんを中心とする教育関係の本の書評グループと月一回、日曜日に会社で会合を持っていた中でのことでした。久田さんと中野さんは、このグループの中の一番若い世代であったと記憶していま す。五十嵐さんがときおり中野さんに「玲子ちゃん」と名を挙げて話をしていたので耳に残っていました。新婚のふたりの住いを井の頭公園近くのアパートに訪ねたのは一九八一年で、このことは玲子さんに確かめました。略歴によると、中野さんは、この年の三月に立教大学博士課程後期課程を単位取得退学していますが、年齢はちょうど三十歳。ぼくは三十九歳で、病気療養をしながら出版社のアルバイトをしていました。玲子さんは小学校の教師でしたが、このころはのちに実現する〝本屋さんの夢〟がふつふつと湧き出てきた時期で、そのことは彼女が身近の友人・知人に送った「かばのカバンバ」という手書きコピーの個人通信（一九八九年十月四日号～十二月三十日号、全九号）に述べられています。ぼくは、彼女が子どもの本の専門店をやりたいと言って、中野さんのクルマに乗って大きなお腹（末っ子の葉ちゃんが生まれる前でした）をかかえてぼくが住む八王子市の長屋にやって来たときは、協力・理解しあっているふたりを好もしく思ったものでした。もっとも、のちに「かばのカバンバ」の読者たちが会合を持ったとき、ぼくは本屋の経営（出版社もそうだけれど）がものすごく難しい上に、個人経営の本屋がどんどん消えていくのを出版界のすみで生きてきた経験で知っていたので『かばのカバンバ』をさかさに読むと〝バンバカのばか〟になると言ってその冒険の旅立ちに水をさすようなことを言いました。そのぼくの言葉に反発してもしなくても、もう彼女は走り出していたのです。そしてとうとう開店し、あっというまに十年めを過ぎ、次の十年めを進んでいます。ぼくもぼくのつれあいも店番をしたことがありますが、小学生がひとりで店内に入って来てどの本がいいか時間をかけて選ぶ姿を見ているのはじつに楽しく、子どもの目の確かさを知るいい体験ができます。

この「かばのカバンバ」は、今読んでも少しも古くなっていません。これから子どもの本屋をやろうかと思っている人には理念の上でも実用の面でも現実的な参考となるはずです。

ぼくは、店番や「りとる通信」から離れたあとも、ときどき店を訪れていましたが、たまに中野さんが店番をしているときがあり、彼に会いたくて出かけていくこともありました。やがて、会う機会がなくなって、ぼくが玲子さんに「実さん、元気ですか」ときくと、彼女は、ニックネイムにもなった、コミック「Dr.スランプ」のロボット少女アラレちゃんそっくりの顔でにっこり笑い「元気です」と答えてくれました。そしてある日、現代書館の菊地泰博さんから中野さんの突然の訃報でした。享年五十歳。

あとで聞いたところでは、中野さんは、自分の病気や余命の短いことを他言しないように玲子さんに言ったとのことです。ぼくは彼女が人にきかれて一番辛い「実さん元気ですか」という問いを彼女に会うたびに発していたわけです。そして玲子さんはそのたびににっこり笑って「元気です」と応じていたのです。中野さんは、やっぱり中野さんであり、玲子さんはやっぱり玲子さんだなあとしかぼくは言う言葉がありません。

ぼくは大学アーカイヴズというテーマについて何も語ることはできません。ただ書評紙記者として図書館行政やある公立文書館の一端を垣間見た体験から、今日、その重要性について少しわかるだけです。

私の郷里・岩手県盛岡市に村上昭夫という詩人がいました。一九六八年に東北地方で最初のH氏賞を受賞した詩人ですが、その年に四十一歳で亡くなります。私は少年時代、この詩人と同じ大地の上、同じ空の下にいたのだということが嬉しい。この人が肺結核で自分の死を見つめて書いた詩があります。これを書きとめて追悼とします。

雁の声

雁の声を聞いた
雁の渡ってゆく声は
あの涯のない宇宙の涯の深さと
おんなじだ

私は治らない病気を持っているから
それで
雁の声が聞こえるのだ

治らない人の病いは
その涯のない宇宙の涯の深さと
おんなじだ

雁の渡ってゆく姿を
私なら見れると思う
雁のゆきつく先のところを
私なら知れると思う
雁をそこまで行って抱けるのは
私よりほかないのだと思う

雁の声を聞いたのだ
雁の一心に渡ってゆくあの声を
私は聞いたのだ

（「動物哀歌」＝思潮社版『村上昭夫詩集』から）
（子どもの本のフリーライター）

中野実君のこと

福山　清蔵

1　『私が私であるために』

中野君が『私が私であるために』という冊子を発行していたのは、彼が学部生のころであった。私も何回かそこに書かせていただいた記憶があるが、それも遠い記憶となっている。たしかまだ我が家のどこかにその冊子は眠っているはずである。彼は心理学科から教育学科に移ってきたのだが、当時の彼のテーマは「大学」とは何か、そして、そこにいる「自分」は何者かということであった。

おりしも時代は大学闘争の終焉の時期にあって、時代の本格的な波からすれば彼は「遅れて来た」のではあったが、彼はひたむきに自分自身のことを冊子に書きとどめながらこのことを追い求めてきたのである。彼はずいぶん長いことその冊子を発行し続けていたのである。

大学から大学院へと進んでいく中で私の周りにはいつでもたくさんの後輩たちが居た。

そして、中野君と玲子さんはその輪の中にいたのだが、いつでも輪の一番周辺に居続けていたのである。なぜか気になる、なぜかいつでもいつの間にか傍にいるそんな付き合いであったと思い出す。

そして、私の記憶は一気に、結婚式にタイムスリップしてしまう。学生時代から共に手を携えてきた彼と玲子さんとの結婚式にである。大勢いらした親族の方々の中でなぜか私一人が「陪席」というか、二人の生きてきた生き方の「証人」とでも言うべき立場で、不思議な縁で出席させてもらったものである。

当時の私としたら、生き方のなんとも「不器用な」二人のことをただ、ただ心配で見つめていた。しかし、二人の絆の強さやお互いを配慮しあう生き方には尊敬をしていたものである。たしか、「この二人はまことに不器用な生き方ですが、この二人の不器用さは、自分に正直であろうとするところから生じている」といった言葉をそのときにスピーチした記憶が戻ってきている。

このような文章は書きたくないと私の中で何度も拒否し煩悶してきたのだったのに。まだ私には彼のいないことが信じられていない。彼の著作として記念の本が出版されても、彼の子どもたちがそれぞれに自分の人生を生き始めても、何周忌が何度も来てもである。

彼の生きてきた人生が余りにも不器用であったから、不器用なままでいつまでも生きのびてほしかった。そして、私の葬式に彼が私のための送辞を読んでくれるまでは私は未練がましくも信じない。どちらかといえば「器用に」生きてきた自分を彼に糾弾してほしかったのである。

とうとう、こんなことを原稿として書き始めてしまったので私の中の「封印」されてきたさまざまなことが噴出してきている。目白駅前の喫茶店で彼の「進学」のことを話し合ったこと、そのときに私が彼の進学に反対して、以来私の中で深い後悔と申し訳なさの元になってきたこと、どうして彼の意思を応援しなかったのかと悔やんできたことが、今改めて彼が彼の晩年に「自分は大学史のアーキビスト」になると言い出してきたことと重なってきて一層辛くなる。

本当に地道に自分の道を、生き方を追いかけてきて、彼がたどり着いた地点であった。

東大での百年史編纂の成果を見せてもらったときに感じた何かを私はまだ言葉に出来てはいない。それはやはり私の中の彼に対するすまなさそのものから来ていることだけは知っている。

2　彼と私のこと

私は彼よりも三年先輩であるが、私としては当時の大方の若者の一人がそうであったように自分の「アイデンティティ」を求めていた。そして、それは私の外にあるものではなくて私の内にあるもののはずであった。

中野君は寺﨑先生と出会ってきっと自分を見つけたように思う。寺﨑先生という方はそういう方である。けっして人を、人の生き方を、人の価値を否定しない。むしろその人の力を最大限引き出すように励ます方である。そのような先生に出会って、そして彼は東大の一〇〇年史編纂室に勤務するようになっていく。

この間あれよあれよという間の出来事のように私には見えた。しかし、本当は苦しい自分の道探しのプロセスであったと思う。広島大の大学教育研究センターその他の大学教育のシステムとそのシステム化の過程の研究に関心を寄せつつ、自分の力を作り上げていったと思う。

時折会ってはその時々の構想をじつに楽しそうに語るのが彼の常であった。彼はそのころから楽しそうに物事を語りだすようになってきている。娘さんも三人になり、玲子さんは教員を辞めて子どもの本屋さんを開店するころでもある。

彼は自分が本屋を支えていくのだという、もう一つの使命感と共に自分の道を邁進していく。

年に一度会うか、二年に一度会うかという程度の付き合いになっていたが、いつでも変わらずに昔のままに接してもらってきたものである。

彼は玲子さんの田舎の田んぼの仕事のために初夏と秋に定期的に車を飛ばして長距離を敦賀まで通っていた。そんなことをいつでも淡々と話してもらってきたが私は自分の田舎のことを重ねながら聞いていた。

彼のところに最初の子どもは「萌」という名前がついた。まだ娘さんが生まれたころに彼の家を訪ねたことがある。まだ赤ちゃんの萌さんをはさんで玲子さんと中野君と私とでしばらく話していたが、「ほら、萌がそっちに顔を向けている」とどちらとも無くいうと玲子さんも中野君もあわてて萌さんの顔をみる。子どもの一挙手一投足に目を注いで萌さんの交流を受け止めようとしているのである。

私はこの光景がいつまでも目に焼きついている。なんと一生懸命なそれも赤ん坊の顔の向き一つに注いでいる二人の光景である。

その後萌さんは私の家のそばの大学に進学していたが、その大学の隣にある「うどん屋」さんで萌さんとうどんを食べることを夢に見つつ、いつかこのことを彼女に話してあげようと心に決めていたのだが、残念ながらそれがかなわないで卒業していってしまった。

たくさんの思い出はあるがそれらはじつは彼の温かさと懸命さとで彩られている。

そして、これからの玲子さんや娘さんたちの行く末をどういう気持ちで見届けていけばよいのか私には見当がつかない。

大切な友人の娘さんたちだから何とか力になってあげたいと思いつつ、何をすればよいのか、彼女らにどんな彼の思いを伝えていけばよいのか、それともたくさんの父親の思い出を聞いていけばよいのか。いやいや「物語り」はもういなくなった彼抜きで進んでいくのであって、それを紡いでいくのは娘さんたちなのだから、昔話ではなく未来をどう開いていくかを応援するかが私に問われているのかもしれない。

いつでも人は人とのかかわりで生きていく。そして、それはどうしようもない悲しみと共にである。懐かしむとは温かさを感じることであり、悲しむとは自分の何かを失うことであり、そして大切な人を忘れることはじつは自分を失うことを意味するのだから、中野君のことをいつまでもどこまでも想いだし続ける力が私に欲しいと願いつつ。

（立教大学コミュニティ福祉学部教授）

遠い闘争宣言

新谷　恭明

一九七〇年四月、僕たちは立教大学文学部に入学した。ちょうど赤軍派のよど号乗っ取り事件が入学式の話題となっていた時代である。僕と水嶋純作と清水玲子（後の中野夫人）とは教育学科に、そして中野実は心理学科に入学した。一、二年のときは一般教育が中心だったのでクラス分けがされていた。教育学科と心理学科は元々同じ学科だったから、クラスは一緒で、第二外国語フランス語がI組、ドイツ語がJ組だった。中野と水嶋がJ組、僕と玲子さんはI組である。学科がちがっても中野がはじめから教育学科の学生みたいに思われていたのはこのクラス編成のせいである。

全国の大学の例に漏れず立教大学も六〇年代末期は大学「紛争」の波をかぶっていた。しかし、七〇年の一月三日「大学は大学人自らの手によって改革されねばならない」という宣言のもとにバリケード封鎖は力づくで解除された。そして三月十日に第一次改革案なるものが大学当局から示され、学生のための空間が研究室棟（六号館）に提供された。その一つが教育学科読書室であった。[1] そして「この解放室を拠点として、教育共斗を中心とした子供会運動が地区権力獲得をも射程に入れて展開され、あるいはクラス運動が展開されていった」[2]という状況であり、そういう中に僕たちは入学したのであった。

水嶋は京都の大学を中退して立教に入ってきた人間で、教育共斗の中ですでに中心人物のような顔をしていたような気がする。中野実も心理学科の学生であったにもかかわらず、教育学科読書室に集まる学生の中にいたようだ。そしていつのまにか中野は教育学科の学生のようになっていた。後輩の中には彼が教育学科であると信じていたものもいたのではないかと思う。

中野実と初めてあったのはいつだったのだろうか。彼とキャンパス内のどこかでそれぞれ自分自身のことについて語り合った覚えがあるし、その時の内容も具体的に覚えているのだけれど。

僕は夏を過ぎた頃からある党派の活動にかかわり、しばらく大学を、というより学生生活を離れた。だからその当時彼らがどのような活動をしていたのかはわからない。戻ってきてからも彼らと深くつきあっていたわけではないから、そのあたりの状況は水嶋純作氏が詳しいと思う。

一九七二年十二月七日に中野たちは五十嵐良雄氏の講演会を立教で開催した。五十嵐氏との交渉の過程で中野は五十嵐氏に傾倒していったのではないかと思う。教育学研究者としての生き方を刺激的に感じたのではないだろうか。五十嵐氏の講演は多くの学生の共感を得たように思う。その頃から中野実は五十嵐氏の主宰する現代教育研究所での活動に深くかかわっていったようだ。五十嵐氏は横浜国立大学の非常勤講師をしていたが、その立場で付置研究所とまぎらわしい横浜国立大学現代教育研究所というものを立ち上げ、『中教審と教育改革』という本を発行していたが[3]、そういう反骨精神に満ちた五十嵐氏の闘いは確かに魅力的であった。中野たちは立教大学の中にも似たような集まりを組織するようになった。僕は講演は聴いたが、講演後の五十嵐氏との歓談には行かず、池袋の街へ遊びに行った。学生時代が四年間という時間なら、そのほとんどの時間は、僕は中野や水嶋たちと距離を置いていた。彼らは闘い、僕は傍観者的に彼らを冷やかしつつただ自堕落に生きていたのだ。

一九七三年、僕たちは四年生となった。この年立教大学はとんでもないことになってきた。授業料の値上げが提示され、それに対する学生側の反発が火を噴き、大学闘争が再燃する機運になってきたのだ。教育学科は確か少し出遅れたのかもしれないが、水嶋が「党派の体験のある君の力が欲しい。一緒にやろうよ」と誘ってきたこともあって、教育学科ストライキ実行委員会(スト実)を結成した。このときには後述する事情で中野はいなかったような気がする。

中野は大学院進学を志していた。僕も大学院進学を考えていたので、たまたま読書室の前で立ち話をしたことがあった。中野は「受験科目に第二外国語のないところを探してるのだ」と言って「某大学の教育社会学のコースを受けようかな」というふうな話を立ち話で僕にしたのを覚えている。中野は彼なりの闘いの方法として研究者の道を選ぼうとしたのだろう。そして大学院での成果を現代教育研究所の活動に供するつもりだったのだろうと思う。僕のほうは就職の展望もないし、挫折した自分が立ち直るポーズを示すには大学院に行くくらいしか言い訳はできないだろうと漠然と考えていたので、立教の大学院を受けてみようと考えていた。内弁慶であったし、外へ出て行って何かするほどの勇気もなかった。このあたりが僕と中野との生き方のちがいなのだろう。モラトリアムと打算で進学を選択した僕と、ある種の使命感で大学院を選ぼうとしていた中野とのちがいである。

前述のように僕はもとより読書室グループとは距離を置いた関係だった。党派の運動をくぐった人間には教育運動というのはどうしてもなじめなかったのであるし、うまく溶け込めなかったこともある。かといって仲が悪かったわけではない。水嶋と深酒をしたこともあるし、中野のアパートに夜中に押しかけたこともある。しかし、同志ではなかった。だから、スト実をつくるとき水嶋は僕が大学院へ進むと知っていながら、一緒にやろうと言ってきたのだと思う。僕はそのときは知らなかったが、水嶋と中野はこの段階で切れたらしい。後に水嶋は「自分としては、このままストが続けば卒業が延期になり教員としての採用の内定もふいになろうともあくまでも論理の帰結であるならばしかたない。と覚悟をしていました。だから大学院へ進むことを理由に、闘いを回避しそれでいて外から評論をした中野君を許せなかった。」と記している[4]。

一方、僕は卒論のレジュメをスト実のガリ版でアジビラと一緒に刷っていた。中野はそういう不誠実なやり方は選ばなかったのだろう。今になってつくづくそう思う。党派的闘争スタイルを過去に体験していた自分としてはスト実の組織を動かして党派的に闘うことにかなり熱中した。結局、大学当局は一年間の値上げ延期を決め、これを受けて執行部のブント系の連中はスト解除を宣言したが、教育学科スト実はそれは日和見であるとみなし、スト解除反対を表明して筋を通した。これはかつて僕が競合した党派であるブントや反帝学評の連中に対する僕なりの意地でもあった。水嶋は後に「内実を作っていく具体的な方法も持ち得ないまま、論理の一貫性のみを追求した発言であったように思う」と自戒している(いや、僕を責めているのかもしれない)が[5]、僕はそのときの我々の判断は正しかったと思っている。でも中野実はどう思っていたのだろうか。その後彼にそのことを問うたことはない。それからの中野がどういう闘いをしていったのかについては僕は詳しくは知らなかったし、知ろうともしなかった。それは僕と中野の生き方のちがいであったし、中野の闘ってきた軌跡は彼が亡くなってはじめて知ったことのほうが多い。そしてそれは水嶋が評価したように「闘いを回避しそれでいて外から評論をした」ということではなかったのではないだろうか。

実は中野の書き残したものの中に一冊のノートがあった。博士課程の入学式の日に中野は「なぜ大学院なのか」と自問した文章をそのノートに書き、「遠い闘争宣言に向けて」と締めくくっている[6]。そう、大学院を経て研究をすることは中野実にとっては継続し続ける大学闘争だったのだ。そのことを僕は中野実の記憶とともに大切にしたい。学費値上げ反対闘争のとき水嶋は中野の選択を許さなかったと言ったが、それは闘い方のちがいだったのだろう。水嶋は教職に就き、中野実は現代教育研究所の活動を続けながら大学史研究の道を歩んだ。いずれもまっとうに時代と闘ったのだと思う。

大学院に入ってからの中野は現代教育研究所の活動のことなんかはほとんど口にしなかった。中野に研究の相談をしたことはあるが、教育論を語り合った覚えはない。僕の知らない中野である。僕の愚痴や悩みはいっぱい聞いてくれたくせに……。

一年遅れて大学院に入学した中野とは寺﨑ゼミでまみえることになった。その頃、寺﨑ゼミは慶応の寺﨑ゼミを合流したことと、寺﨑先生を慕ってくる人びとが押しかけてきていた。思いつくだけでも青山学院の高橋(湯川)次義、慶応の古屋野素材、多田建次といった大学院生をはじめ、すでに職に就いていた明治大学の別府昭郎、桜美林の榑松かほるといった諸氏諸先輩が当然のことながら単位の有無とは関係なく参加し、さらに取材に来ていた朝日新聞社の本多二朗氏もいつしかゼミの一員となっていた。後に東北大学の水原克敏氏も学振の奨励研究員時代(国研の佐藤秀夫先生のところに来ていた)には寺﨑ゼミに顔を出していた。そういうふうに寺﨑ゼミには大きな包容力があり、せせこましい学閥を超えた仲間として別府さんたちは「寺﨑シューレ」と内々呼び合っていた。当然、僕たち立教の院生は小さくなっていた。中野はそういう中でひるむこともなく僕に刺激を与えてくれた。その当時、中野は大学史研究会に出ていたのだろう。

「大学史研究会の発表というのはすごいのだ。おまえも来たらいいよ。」

と誘ってくれたのも中野である。そういうわけで他大学からの来襲者に脅えている僕に比べれば外でいろいろ吸収したり、活躍している中野の自信満々の存在は僕にはただただまぶしかった。

学会デビューは一緒だった。京都大学での教育史学会第二十一回大会であった。僕は修士のゼミでやった東奥義塾の研究をまとめたが、中野は大学令の制定過程についての発表だった。これは「大正期における大学令制定過程の研究」(『立教大学教育学科研究年報』第二二号　一九七九)としてまとめられた。今、この稿を起こすにあたって研究室の書棚に仕舞い込んであった当該紀要を取り出して開いたら、僕のこの中野論文についての批評と、中野が書いた僕の論文（同じ紀要に「地域社会における中等教育の成立」という論文を載せた）を批評したメモが出てきた。立教の紀要にはそれまで院生が書くことはなかったが、確か中野が強く要求してこのときから書かせてもらえるようになったのだと記憶している。だからといって書きっぱなしはまずいだろうと二人で相互批判をやったのである。池袋の喫茶店で批評しあったのを思い出した。このときから僕と中野は新しいつきあいをはじめたのだろうと今になって思う。

若き日の青き心に人間の真実はあり忘れかけても　休呆

1　田中稔「立大闘争の記録（六九年以後）」解放室斗争連合　一九七一　謄写版
2　同
3　横浜国立大学現代教育研究所編『中教審と教育改革』三一書房　一九七一
　中教審の資料集であるが、巻末に五十嵐良雄氏が「戦後教育史の総括として　教育における闘いの主体——権力対決の姿勢とその方向」という一文を載せている。五十嵐氏のアジテーションが大学の付置研究所擬きの編者名で出ている。僕はそのしたたかさに感心した。
4　水嶋純作『大学卒業後二〇年がたちました　壁をこえるために』ワープロ版　一九九三頃　もっとも水嶋はこの文に続けて「けれども、自分もまた五〇歩一〇〇歩のところにいたのに相違ありません」と記している。この文章は教頭になった水嶋が書いたワープロ刷りの半生記（反省記）である。
5　同
6　中野実自筆ノートより

（九州大学大学院教授）

『私が私であるために』……中野くんへ

水嶋　純作

こんなに早く会えなくなってしまうなんて、神様を恨みます。

大学で同じクラスになって以来、ずっと共に歩んだ四年間。遅れてきた青年であった私たちもいっぱしの闘争を経験しました。教育学科読書室での学習会。自主ゼミでのつきない討論。ビラを作りデモにでかけた日々。九州まで出かけた原点探し。玲子さんとの愛のくらし。大学に一番近かった要町の四畳半にもずいぶんとお世話になりました。みんな精一杯、時代をしょって生きていました。

私が、「政治」に流されず、「教育」にこだわり続けることができたのも、君の「人への信頼」と『私が私であるために』のおかげです。

ただ、私たちは、問いかけることに性急で、共に答えを探し出そうとする努力をおこたってきたように思います。だからこそ、君は大学院へ進み、勉強し直そうとした。

それを「戦線逃亡」だとなじった私が恥ずかしい。「大学」にこだわり、大学教員として自らの問いに応え続けてきた君の誠実さに今あらためて、頭が下がります。

君にしか書けない大学史だったのにと残念です。そんな君に再会してじっくりと語り合いたかった。ゆっくり天国で休んでください。

（葬儀の日に）


私たちが、立教大学に入学したのは七〇年四月でした。

「大学闘争」が終焉したとはいえ、「大学とは何か」「学問とは何か」の問いは重く私たちの前にあり、横浜国大や伝習館高校など全国で教育にかかわる闘いが継続されていました。受験競争に打ち勝つために失った多くのものと引き替えに得た大学生活。けれど多くの授業は、無味乾燥で、期待を裏切るものでした。

教育学科と心理学科は、同じクラスで授業を受けることが多く、「遅れてきた青年」であった私たちは、「大学闘争」について書かれた物を読むことでその精神を引き継ごうとし、教室から「安保」を、「沖縄やベトナム」を見ようとクラス討論をし、デモにでかけました。そうして出会うべくして中野君と出会ったのです。


「主語」を欠落させた学説の紹介の「心理学」や、現実社会とかけ離れた抽象的な「教育学」に疑問を持った私たちは、五十嵐良夫氏の『教育そのものへの問い』に強く惹かれました。氏の「私たちにとって教育というのは、どこかの書物の中にあるのではなく、まさに私たち自身の教育体験の中にあるのだ」「真の思想や理想というものは、今自分が現に生きているその生活現実の場における個別的、具体的問題を掘り下げることを通じてしか、自分の中に形成されない」との言説は、非常に新鮮でした。

デモでいくら「安保反対」を叫んでも、やっぱり帰るところであった大学。討論が盛り上がっても、試験や単位でバラバラに分断されていく関係。また、「ＩＭＦガット体制が……」と大状況から今を見るのでなく、自分のいるこの日常をきちんと対象化していくことこそが重要ではないか。私たちにとっての闘いの現場はここであり、学生を学生たらしめている単位認定や評価制度を解体することが、「大学解体」につながるのだとの認識に立っていました。

中野君と私と徳田君（卒業後、足立区教員に。七九年バイク事故で死去）の三人で『立大教育研究会』をつくり、学科の仲間とともに授業への問いかけを続けました。

大学の先生に対し、「あなたの研究する学問とあなた自身の生き方の関連」や「学問研究と現実社会の課題解決との関連」について追及したり、「無内容な授業だから『出席カード』で学生を縛るしかないんでしょう。」などと問いました。また、学科へはカリキュラムの在り方を公開質問状を提出したり学科集会をもったりしてきました。中野君は、学科が違ったため、直接の当事者にはなりませんでしたが、「授業」が終わるまで待っていてくれ、「どうだった」と聞いてくれる存在でした。そうして『私が私であるために』と題した小さな冊子を作っては、闘争に関わる「個」の問題を提起していました。

中野君が、中心になったのが、横浜国大の五十嵐講座設置の闘いに学び、自主講座を設置する運動でした。それは同時に、私たちの在り方に還ってくる問いでもありました。

『自主講座設置運動の軌跡』に「常に問われているのは、我々自身の存在なのだから」と書いています。単位を媒介とした「学生存在としての現実」を引き受けながら、「疎外された学問」や「教え—教えられる関係」を止揚し、「学問や教育に人間性を復権させること」「同時代を共に生き、課題を共に担う関係に」との熱い思いが込められていました。

一方で、「退学勧告」に端を発する学内の動きもあり、私たちは、その中で「自主ゼミ」や「自主講座」を始めました。各地で闘っている人たちから直接学び、自分たちの位置を確かめ、課題を共有していきました。

大学祭のメインの企画として、東大闘争のあと駒場で水俣の公害や障害者差別等を取り上げた「連続シンポジウム」を主催し、授業を再開したばかりの折原浩氏と、小学校で日々の「授業」を営んでいる村田栄一氏の対談を仕組むことで、大学闘争の閉塞状況を突破する道をさぐりました。その交渉に当たった中野君が、「村田は、よく勉強している」と、うなっていたのを覚えています。そんなところに中野君の「学問への誘い」があったのかもしれません。

私たちには、「自己否定の論理」によって「大学の存在を問うこと」と「自らの学生存在」との緊張関係を保ちながら現実を変えていく運動であり、それは、自分の主体を取り戻し、連帯を求めていくという切実な「現場での闘い」「自分との闘い」でもありました。

けれども、批判がなかったわけではありません。

新谷氏からは、「仲良しクラブ」と関係の閉鎖性を指摘されていました。また、村田栄一氏からは、五十嵐氏批判にからめ、「もっと大きな政治課題との直接対決を回避する口実として反評価とか反教育などと言っているのではないか。状況との緊張関係を低いレベルで設定し、そのことを過激な言辞で装っているように感じる。反大学を主張する教育共闘の諸君が、その否定の論理のうちに、自分達の卒業証書の否定までは含み込まない不徹底さに、ぼくはある種の『甘え』を感じた」と徳田君の遺稿集に寄せて書いています。

卒業の年に、玲子さんも加えた四人で、九州まで出かけました。ボタ山に登り三池闘争を想起することに始まり、伝習館高校で「教師としては立派だが、公務員としては失格」と処分された三教師と出会い、柳下村塾として地域で生きようとする志に触れたこと、中間市の部落解放保育所訪問、九州大で「部落解放講座」を単位として認知させた人たちとの交流など、自分たちの上昇志向の中で切り捨ててきたものを回復し、これからの生き方を模索する旅となりました。

そんな中で、七四年学費値上げが発表されたのです。次々と学科集会が開かれ「反対決議」の立看板が、出されていきました。教育学科でも、遅れじと学科集会を開き、反対のストライキ（授業放棄）に入っていきました。

卒業を目前に控えた時期のストライキは、正直きついものでした。私は、京都府の教員としての道が内定していました。ストが長引けば就職がフイになるかもしれない。しかし、それならそれで仕方ないと腹をくくってはいました。賛成してくれた友の胸中にも同様なものがあったに違いありません。

一方、中野君は、大学院の試験を受けていました。心理学科出身であった彼の「教育」へのこだわりから教育学科の大学院に進もうとしたのです。それもまた彼なりの一貫性をもった結論であったはずです。闘争に関わることで、その道が閉ざされることを案じたであろう彼は、「俺は、学費はやらない」と表明しました。今まで、「無味乾燥」と否定してきた関係や学問を自ら引き受けようとした彼の選択は、誰も否定するものではありませんでした。ビラをまき集会を呼びかける日々が続き、下宿に閉じこもって勉強していた中野君の思いに心を遣るだけの余裕はありませんでした。

私たちが追及した教育の問題や教師と学生の関係性は何も変わらないまま、学費値上げは、佃総長の英断で「白紙撤回」されました。初めて勝った闘争にもかかわらず、何か腑に落ちないものを感じていた時、中野君が『読書人』か何かの新聞に「大学闘争」にかかわる批評を載せました。「闘った」僕は、すぐに反応してしまいました。僕らが批判してきたのは、そういった「外在的な批評の在り方」ではなかったのか。「闘争」を語れるのは、闘争の渦中にいたものだけだ。君は戦線逃亡したじゃないかと。

村田氏が言うように、あれほど単位認定にこだわりながら、卒業証書を受け取り卒業していくことは、確かに一種の「甘え」であり開き直りであったかもしれません。その「矛盾」を対象化することなく、京都へ戦線離脱した僕と、中野君の選んだ道の違いは、五十歩百歩でしかありません。だからこそ、当時の問いは、そのまま今の私に突き刺さっています。

中野君とは、そうして三十年間疎遠になったままでした。五年ほど前、東大に電話して声はつながったのですが、時間が合わずそのままになってしまいました。

大学にこだわり続け、「大学史研究」から、大学アーカイブスの第一人者としての位置を築くまでの彼らしい実直な確かな歩みがあったことを私は彼の死後に初めて知ったのでした。

互いに選んできた道を酒でも飲みながらようやく語れるところまで歳月が経ったのに、こんな形でしか、当時を振り返ることができないのが残念でなりません。

「我々が」と語ったときに、するりと抜け落ちてしまう「私」に誰よりもこだわり、立ち止まらせてくれたのが、中野君でした。今一度「私が私であるために」生きてみたいと思います。

（京都府　小学校校長）

中野実君追悼

宇井　純

一九七〇年代に始まった自主講座運動の中で、公害原論に続いて企画として成功したのは、これも東大で一九七四年から開かれた大学解体論であった。東大助手として、また東大職員組合の役員として、東大の裏表を誰よりもよく知っている講師の生越忠氏と私との対談という形で講座は進められた。また少し離れたところでは、高橋晄正博士の医学原論が進行していた。この三つの講座がそれぞれ講義録を作り、月報の通信を発行していたのだから、そのエネルギーと作業量は莫大なものであった。当時よく私には展望がないという批判が浴びせられたが、確かにこういう動きの中で全体像を構想して行くのは私には不得手な仕事であった。ただ当時にぎやかだった左翼の議論のようなものはここでは全く通用しなかった。テープ起しとか、印刷とか、帳合いとか、ともかく手作業が先で、あとはその中で自分の理論を構築せよ、というのが暗黙の了解になっていた。その中で、作業を通して自分の理論を築きあげて行った一人が中野実君であった。自分の居る場としての立教大学の改革がその最終的な目標であり、そこへ行きつくための力量を自主講座の中で身につけて行こうというのが彼の態度であった。筋肉派の多い実行委員会の中では、彼はもっともよく議論をする一人ではあったが、当時の学生運動を支配していた観念から出発する議論ではなく、いつも現実の大学をどうするかという地についたものであったことは覚えている。今振り返ってみて惜しまれるのは、日本の高等教育を担ってきた大学というシステムの巨大さについてはある程度予想はしたが、後に大学教育学会に参加してようやく気付いたその複雑さに取り組むためには、自主講座大学論実行委員会はあまりにも小さな、ほとんど徒手空拳に近いような存在でしかなく、十分に相手を分析できなかった、あるいは切り込めなかったという力の限界であった。実行委員会が日々の印刷などの仕事にとどまらず、理論的な分析までを自分で行う力を持てば、中野君のように自分の大学を改革しようとする学生にとって一つの拠点となり得たろう。

実は公害原論では、公害の現場がその役割を果たしていた。公害は悪であるという観念を持った学生などが、現場を訪れて被害者や住民に接するとき、現実はそのような観念を吹き飛ばして、その中で自分は何ができるか、何をするかに直面せざるを得なくなる。そこで学問の再編成が行われて、少しづつ理論が形成されて行くのである。大学は確かに我々が直面する現場ではあるが、公害に比べてその抑圧生、暴力性は見えにくい。その現場の中で自分の理論を作り出すことには、相当な時間がかかると見なければならぬ。

教育内容を例にとってみよう。学生が要求するカリキュラムを実現するには、遅かれ早かれ教授会の人事権と対決しなければならぬ。自主講座が長続きしたのは、ひとえに人事権をあからさまに要求しなかったからで、まさにそれ故に不安定であり続ける。公害原論の講座は、私の沖縄行きという個人的事情のため一九八五年に閉講したが、これは偶然にも地球環境ブームがでてくる八〇年代後半、九〇年代前半にはかからなかった。これがあと五年ずれていたらどうなったろうか。私自身はポストを要求するつもりはなかったが、東京大学をはじめとする大学システムがどう反応したであろうか。カリキュラム一つとってみても、背後にはそういう大きな構造を持っているのである。そういう構造の分析と解体には、確かに大学論実行委員会の力は足らなかったし、私も方向性を出せなかった。

それにもかかわらず、中野君は一剣を研いだ。七〇年代半ばは三つの講座が並行し、私ももっとも忙しい時期であったから、中野君の理論形成にお手伝いをするどころではなかった。本当はもう少し理論的な枠組みを学生に対して用意すればよかったとは思うが、私の力には余った。場を用意するだけで精一杯だった。講義録としての大学解体論は作られたし、セクトに引きずり回された学生運動よりは生産的な仕事をしたつもりである。一方で中野君は教育学部の学生として、本当に自分のやりたい仕事にとりついたと思う。その後の足跡は、まさに日本の高等教育の中枢へ向かって進んでいった。

かつて南方熊楠は日本の生物学について次のように語ったという。「昔、かかる学問をせし人は皆本心よりこれを好めり。しかるに、今のはこれをもって卒業または糊口の方便とせんとのみ心がけるゆえ、おちついて実地を観察することに力めず、ただただ洋書を翻読して聞きかじり学問に誇るものなり。それでは、なんたる創見も実用も挙がらぬはずなり。」

私たちは、そういう本心より自分の学問を大切にした貴重な人材を失ったのではなかろうか。天を仰ぎ地に伏してその損失を悲しむものである。

（沖縄大学名誉教授）

中野実君の思い出——大学論自主講座と寺﨑ゼミ——

本多　二朗

中野実君がこんなに早く逝くとはショックだった。思えば中野君と私とのお付き合いは大学紛争がまだ各地にくすぶっていた昭和四十八年ごろにさかのぼる。当時、東京大学の工学部で宇井純さんが大教室を占領して「大学論自主講座」を開き、反体制文化人らをパネリストとして「差別・選別を助長する大学制度は解体せよ」という議論を展開していた。この自主講座を支える組織として反体制派の学生たちが大学論自主講座実行委員会を結成しており、中野君はその委員長だった。私は朝日新聞記者として取材の仕事半分、遊び半分の気持ちでこの講座に通い、終わると中野君らを四谷の飲み屋に誘って「君達の主張は間違っている」などと議論を吹きかけることを楽しみにしていた。いつでも議論はお客の中の右派と左派も加わって双方が譲らない水掛け論となり、そのうち酔っぱらってぶっ倒れてしまうという展開になった。

当時、朝日新聞で「やんぐ・学園」という欄を担当していた私は、学校制度の現在を知るためには、過去の歴史を知る必要があると思ったため、教育史の権威である寺﨑昌男教授に頼み込んで、同教授の大学院教育史ゼミにもぐり聴講させていただいた。初めて出席したゼミで遅刻してきた学生が私の前の席にかけたのを見ると、それがいつも飲み屋で議論していた中野君だった。「あれえ、中野君じゃないの」。寺﨑先生は中野君のもう一つの顔をご存じなく、私の説明でびっくりしておられた。

寺﨑ゼミでの中野君は反体制学生の闘争委員長という立場での経験を積んだだけあって、現行教育制度に対しては当然厳しい批判の目を持っていた。指摘する問題点は鋭く核心を突き、問題の立てかたはユニークであり、切り口はシャープだった。ゼミの討論がより深みを増して面白い内容となり、寺崎先生も愉快そうにしておられた。

ただ、ゼミでの最初の出会いもそうであったように、中野君はほぼ確実に遅刻して出席する癖があった。定刻に姿を現したことは私が記憶しているのは唯一、大嵐の当日だけだった。軒下から軒下へ十メートル走る間にずぶぬれになるほどひどい降り方だった。「雨どころじゃない。大嵐になったのは、中野君が定刻に出席したせいだ」とみんなでからかった。

立教の大学院教育史ゼミでの中野君との付き合いは寺崎先生が東大へ移籍されるまで続き、その後は大学史研究会の会員としてのお付き合いとなった。

中野君が結婚して第一子萌ちゃんを得た時、大学史研究会で同じ立場の荒井克弘さんと二人でメロメロの親馬鹿ぶりを競演、披露してみんなから冷やかされながらも楽しそうだったし、またみんなを楽しませてもくれた。荒井さんのこの時の言葉が印象に残っている。「私は妻にいったんです。子どもがかわいいと思うのは親バカのせいだとよく人がいうが、僕はこの子を客観的に見てもかわいいと思うんだけど、君はどう思う。すると女房は〞当たり前です〟といいました」。内面的に思索するような荒井さんの話し方に、みんなまたまた喜んで笑った。中野君はコンパで「ここは地の果てアルジェリア」の歌をよく歌った。結婚前はその歌声の沈んだ暗さが何か印象的だったが、結婚後には歌声から暗さが消えていた。

東京大学百年史は多くの学校の年史がある中で学問的にも傑出した大作と見られているが、寺崎先生に協力した中野君が実働部隊の中心となってまとめあげたことは関係者はみなよく知っている。

最近、旧制高校の同窓会では会員の高齢化に伴って解散するところが相次ぎ、旧制第一高等学校も平成十六年十一月一日の創立百三十周年記念大会で同窓会の本格的活動の幕を引くことが決まった。明治以来、日本の学校制度そのものや東大とも深く関わり合いながら続いてきた一高の歴史的資料を形あるものとして残すために一高同窓会では同窓会員に呼びかけ募金運動をある時期、展開していた。同窓会の資料委員長兼総括委員会部長・奥田教久さんに私は以前「東大史史料室の中野助教授は詳しいですよ」とお話ししたことがあったが、中野君の名前を奥田さんはとっくにご存じだった。「旧制一高といっても知らない人が多くなった今、近代日本形成のうえで一高の果たした役割や位置づけについてあれだけ情熱をもって研究し正確に評価している人は珍しい。一高同窓会では一高の重要史料を国会図書館や東大駒場の図書館などと並んで東大史史料室にも差し上げることにして、中野先生と相談していたところだった。東大と一高は兄弟的な関係にあったが、戦後、一高が廃校となってからは、東大側ではその意識が次第に薄れてきていた。その中にあって『一高の史料は東大の史料の一環である』という中野先生の意見で、ぜひそろえようというように方針が変わってきたともいえるのではないか。日本の教育制度が歩んだ姿を明らかにする上で重要な人物といえる」と、絶賛された。そのお話に「ほう、そうですか」といいながら私は秘かに誇らしい気持ちをかみしめた。一高同窓会にとっても惜しみてあまりある人物の急逝であった。

中野君の一周忌に合わせて中野君の著作集『大学史編纂と大学アーカイヴズ』が野間教育研究所から第四十五集紀要として出版され、ご遺族から私あてにお贈りいただいた。これを拝見して改めて彼の残した実績が日本中に広く影響を与えたことを痛感した。「彼は充分に充実した素晴らしい人生を生ききった」と祝福する気分になった。寺崎先生が桜美林大学を退職され、古巣の立教大学に帰って再スタートされることを祝う会が平成十五年四月二十七日に開かれたが、その席で中野君の話題がしきりに花を咲かせた。私も彼のことを語った。「中野君があれだけの仕事を残せた原動力は、大学解体論自主講座と寺﨑ゼミの二つに由来する」。「そうだ」と賛同する声があった。

中野実さんとアーキヴィストというもの。

中山　茂

僕は東大百年史の編集室に中野実さんを訪ねる用が出来て、その消息を聞いたら、今ちょっと病気で休んでいる、ということだった。それからだいぶして、もういいだろう、病気も治って出てきているだろう、と思って、百年史の方へ電話したら、誰も出てこない。おかしいな、と思いながら、しばらくしてまた電話したら、応答に出た女の人やその周りが何か浮き足立っている感じである。まさか、と思いながらも、話を詰めていったら、その日は中野さんの葬式で、みんなこれから出かけようというところだった。僕も、その足で三鷹の禅林寺に向かった。

何の用で、どういう問題を抱えて中野さんを訪ねようと思ったかは、今思い出せない。動転して葬式に出て、忘れてしまったのだ。僕はアーキヴィストとしての彼を訪ねようとしたのであって、彼がいなくなったら、僕の問題もそれと共に消えてしまったのだ。やはりアーキヴィストというものは、余人をもって代えがたいものである。

僕が若い頃ヒストリアンとしての訓練を受けていたハーバードで師匠のクーンから「ワイドナー・ライブラリーの参考係の彼は役に立つからな」とよく言われて、何か仕事をする時には必ず会いに行ったものだ。日本に帰ってきてからは、国会図書館の司書監をしていた石山洋氏には、何か新しい問題を始める前に必ず会って、その問題の資料状況を聞いてから始めたものだ。そのほか、今までいろいろなところで、アーキヴィストの恩を受けている。その指示によって、問題の展開情況が変わってくるものだ。

西洋では、アーキヴィストとヒストリアンは職能分化しているようで、前者が原料提供者、後者は加工業者ということになるのだろう。いわばヒストリアンにとっては、同業者は商売敵だが、資料で世話になるアーキヴィストには常に感謝して、著書では謝辞を呈したくなる。日本ではそこのところがまだ充分、分化していなくて、僕は自分ではヒストリアンのつもりでいるが、資料探しに時間を掛けることが結構ある。それはそれで別の楽しみであるのだが、アメリカの同業者の友人に聞くと、そういうことはあまりしたこともないし、関心もなさそうである。やはり、図書館学やアーカイブが発達したアメリカである。実際に資料や雑誌の電子化の事業を見ても、日本は優に十年は遅れている。

中野実さんは自分ではアーキヴィストに徹するようなことを言っていたが、その底には初志忘れがたい何かがあるはずである。僕は今、こんなことを思っている。江戸中期、吉宗の命を受けて、改暦を進めていた江戸の天文方たちが、吉宗の急死で庇護を失い、京都の保守的な土御門一派との権力争いに敗れて、改悪ともいうべき宝暦改暦となった。もう彼ら天文方の生涯のうちに二度と改暦のチャンスはない。そこで彼らは天文学者からアーキヴィストに転じた。自分達の生きている間には来ないだろう将来の改暦のために、古今東西にわたる膨大な資料集を後世に残そうとしたのである。今、天理図書館の希書目録に載っているものがそれである。中野さんがアーキヴィストになろうとしたのは、ならなかった大学改革を資料として後生に伝えたかった思いがあったのだろう。

今度、これを書くために、改めて『大学史編纂と大学アーカイヴス』読んでみて、こういうものがまとめて本として出たことは後に続く者にとってはありがたいことだと思う。アーキヴィストはあまりまとまったものを書きたがらないようだが、本の背文字にアーカイヴスが出ることは、社会に向かって認知を求めることであり、大学史がモデルとなって、一般にあらゆる文書の編纂にまでアーキヴィストの仕事が広がってゆくことを望むものである。

中野さんは『東京大学百年史』の実務を支えた人として知られるが、この本の中でも百年史の編集事情の裏話も語ってくれている。実はその編集の中心の寺崎昌男さんから、公的な百年史には、いろいろ制約があって、特に大学紛争のことなど、自由な表現が出来ない、という不満を聞かされた。それなら、別に「外史」を書いたらどうだ、といい、また百年史が出たときに、書評にもそんなことを書いた。ところが、寺崎さんは、もうすっかり疲れた、今書く気にならない、といわれた。その後寺崎さんも『プロムナード』などを書いたが、中野さんが書いたものもまだ外史入門というようなもので、もっと書きたいことがあったのだろう、と推察する。

僕の言う外史には、そのほか、大学を文化の生産地として大学史を書く視点があり、それは正史には出てこない、外史にしか表現できないものだ、という意味が籠められている。そこが、僕がトップ・ダウンの「高等教育史」といわずに、「大学史」と言い続けるゆえんである。現に旧制高校史は外史ばかりなのに、国立大学にはそれが乏しい。中野さんにも、そんな点にも出て行って欲しいという期待を寄せていたものだ。

中野さんには大学解体論があるそうである。紛争当時、大学教師、管理者側では、もしこのまま大学が崩壊すれば、二度と復活できないのではないか、と恐れる声が強かった。僕は、日本くらい高度成長で豊かな国なら、必要があれば、すぐまた再建できるよ、といったものであるが、結局解体せず、しかも改革もほとんどならなかった。そこが欧米の大学紛争と違う点である。

僕たち大学史をやっている者にとっては、紛争は常にあることであり、その帰結も見えるので、かえって醒めた眼を持っていて、歴史上の経験からすれば、どうせ後で反動が来るから、取れるものは今のうちにとっておけよ、といったものだが、それにしても取れるものが小さすぎた。あるいは、何もなかった。寺崎さんも、そうはいうものの、もう少し何か、と思っていたのだろう、その結果にはがっかりしているようだった。

あの紛争は何であったのか、もう一度改めて紛争世代に聞きたい。僕たちの世代には、戦中から戦後にかけて、社会に大変動があり、大学内に価値の転換があり、それだけに議論し、批判すべきものがあまりにも多くあった。ところが、全共闘世代は、高度成長の治にいて敢えて乱を起こした、その内発性を買いたい。

そこで、全共闘世代の人たちに、何らかのアカウントを残すように、と依頼した。彼らには、皆何らかの思いがあるようで、書くという。ところが、実際には書けない。まだ、考えがまとまらないからだ、とも言うし、最後には、当事者には書けないものだ、という。中野さんにも、そのところを十分表現して欲しかった。

無念の思い

天野　郁夫

記憶のなかの二〇〇一年の夏は、ことさらに暑かった。それは、久しぶりに訪れ、久しぶりに中野さんに会った、信州松本の暑さの記憶のゆえかもしれない。

旧制高等学校記念館友の会主催の夏季教育セミナーに、講師として参加しませんかと、声を掛けてくれたのは中野さんだった。旧制高校の問題に関心を持つ人たちのその集まりで、これまで阿部謹也さんや竹内洋さんといった、私のよく知った人たちも話したことがあるという。中野さんからの依頼ということもさることながら、まだたずねたことのない旧制高等学校記念館と夏の信州の魅力に惹かれて、喜んで引き受けたのだが、その松本の暑さは東京とあまり変わらなかった。

強い陽射しの中から、ひんやりした記念館に入り、中野さんにあって言葉を失うほど驚いた。いつもひげダルマのような、血色も恰幅もいいあの中野さんが、一回り小さくなり、すっかりやつれている。思わず「どうしたの」と声を掛けた。聞けば胃の手術を受け、つい先ごろ退院したばかりだという。

東京大学を退職してから、長いあいだ顔を合わせる機会がなかったとはいえ、電話で依頼を受けたときにはあんなに元気だったのに、そのあとで、病気がわかって入院したのだろうか。痛々しくて、詳しく聞くこともはばかられた。「暑い中を無理しなくても」というと、「いや私がお願いしたのだし、今日の講演の司会を引き受けているから」という、いかにも中野さんらしい返事だった。

セミナーでは、私は「大学改革と教養教育」というタイトルで話をし、そのあと、旧制高校に研究関心を持つ若い研究者たちの研究発表が行われた。最初の五つの高等中学校の設置の経緯についての発表もあり、中野さんがそれについて、的確で刺激的な指摘とコメントを加えていたのを思い出す。それが、中野さんに会った最後だった。その後、時計台に用事があった折に史料室を訪ねたが、中野さんが再入院したことを知らされた。

中野さんと、いつどのような形で知り合いになり、親しく話すようになったのか、記憶は定かではない。大学史研究会なのか、東京大学の百年史編集室に来てからなのか。いずれにしても、アマチュア歴史研究者の私は、何かというと誠実で綿密な、正統的な大学史研究者の中野さんに、資料の上でお世話になった。

その中野さんの身分、さらに言えば百年史編集室の後身である東京大学史史料室自体の不安定さについては、寺﨑昌男さんからたびたび聞かされてきた。中野さんのポストが、全学的な空きポストのやりくりで確保され、教育学部につけられたものであることも、自分が管理的なポストに就くとともに知ることになった。何とか安定的なポストに、そのためにも史料室の組織としての確立をというのが、私にとっても強い願いであった。

東京大学はいうまでもなく、日本でもっとも長い歴史を持つ国立大学である。「帝国大学」という、たいそうな名前を持っていた時代もある。その日本を代表する大学に、大学としての史・資料を保存するアーカイヴズもなければ、専任のスタッフのポストひとつ、置かれていない。

その恥ずかしさを、私自身、外国の大学を訪ねるたびに味わってきた。アメリカのエール大学の図書館で、棚を埋め尽くした欧米大学の史資料の列に圧倒され、その片隅にわずかな数の東京帝国大学の英文カタログを見つけた時の痛切な思いは、私の高等教育研究のひとつの原点にもなっている。

しかし、私にはアーカイヴズ以前に、東京大学に何とかして高等教育研究の拠点を作りたいという、もうひとつの悲願があった。寺﨑さんや稲垣忠彦さんの協力で、その思いの一端が実を結び、一九九二年にようやく教育学部に高等教育論の講座が開設され、そのあとさらに全学的な高等教育研究センターの設置構想が俎上にのぼり始めた。

東大本部の建物で、中野さんとばったり出会ったのは、その頃のことである。一九九四年だったか、九五年だったか。立ち話で聞いたところでは、総合研究資料館を大学博物館化する構想の一環として、大学史史料室もその一部に加わることになったのだという。初めて聞く、どう考えても賛成しかねる話だった。なぜなら総合研究資料館は、モノの資料館であり、文字資料を収蔵するところではなく、博物館化して大学史関係のセクションが設けられても、大切にされ整備されていくとは考えがたかったからである。

それに私には、高等教育の研究センター構想の具体化にあたっては、史料室もその一部門に加わってもらうことが望ましいという思いがあった。博物館構想から抜けて研究センター構想に加わらないかと、その後、中野さんに持ちかけたこともある。しかし博物館構想のほうが、ずっと具体的で概算要求の点でも先行しているのに対して、研究センター構想のほうは、まだ海のものとも山のものともつかない状況にあった。中野さん自身、組織として既に整備された総合研究資料館から、しかも全学的なコンセンサスを得て出てきた構想に、反対意見を述べる立場にはなかったろう。それは土台、無理な話だったというべきかもしれない。

私の中野さんをめぐる思い出の中で、強く記憶に残っているこの二つの全学的な施設の構想は、私が東京大学をやめた同じ一九九六年春に、総合研究博物館と大学総合教育研究センターとして、ともに実現された。しかし、大学史史料室はそのどちらにも属すことなく、そのままに残されることになった。中野さんがそのことについて、どのような意見を持ち、どのような将来への展望を思い描いていたのか、いつか聞いてみたいと思いながら、その機会を失してしまったことが残念でならない。

いずれにせよ、東京大学に自大学の歴史資料を収蔵し、展示する本格的なアーカイヴズが依然として存在しないことに変わりはない。そして二〇〇二年の春、北京大学を訪れたあと、そのことについての私の思いを、次のような一文にして「内外教育」誌に書かせてもらった。

三月に、北京を訪れる機会があった。このところ中国に縁が深くなったが、行くたびに変化の早さに驚かされる。四年ぶりの北京大学も、キャンパスが見違えるほどきれいになり、新しい建物が増えていた。

その新しい建物の一つに案内された。北京大学史資料館だというその建物は、竣工したばかりで内部はまだガランとしている。きけば、この資料館は日本企業の寄付金でつくられたのだという。百社近い協賛企業の名前を記したパネルが、はめ込まれていた。

それを見ながら、何とも複雑な思いを禁じ得なかった。というのは、私が勤務していた東京大学には、大学史資料館どころか史料室しかなく、しかも資料を閲覧できる場所すらないことを、改めて思い出さざるをえなかったからである。

東京大学には浩瀚な百年史がある。その刊行には、寺﨑昌男氏を始め多くの関係者が努力し、多数の史・資料が集められた。関係者の悲願は、その史・資料の保管と閲覧を可能にするアーカイヴズの設置であった。しかし、その悲願は二〇年近く経ったいまも、実現されるに至っていない。

東京大学は、欧米諸国にくらべれば歴史は浅いが、日本は言うまでもなく、アジアでも最古の歴史を誇る大学である。北京大学の前身校の設立にあたっても、教育研究組織の編成などに、モデルとして大きな影響を及ぼした。その日本を代表する大学に、大学史資料館どころか、訪問者を案内できる資料室すらないのである。

政治家も財界人も、いまや口を開けば日本の大学を批判し、非難する。しかし、それは自らをおとしめ、あざけるに等しいことに、もっと自覚的であるべきだろう。自国の大学を大切にしない国が、世界に誇れる大学を持てるはずがないではないか。

　この文章を書きながら私の脳裏にあったのは、同じ春、アーカイヴズの実現を見ることなく逝ってしまった中野さんの顔であり、中野さんの無念の思いである。日本の大学はいつになったら、その理念と文化の貧しさから脱け出すことができるのか。私もまた、あの三〇年も前のエール大学の図書館以来の無念の思いを、いまだに振り捨てることができずにいる。

（国立大学財務・経営センター教授／東京大学名誉教授）

永遠の少年のまなざし

舘　昭

　三十年ほど前、当時、僕は修士論文で工部大学校を取り上げたのを期に、歴史研究の世界と交わりをもつようになった。そして、博士課程の三年間と日本学術振興会奨励研究員の一年間、そして奈良教育大学に奉職してからの数年間は、近代日本の研究を主としていた。その間、寺﨑昌男先生のお誘いを受け東京大学百年史編集のお手伝いをしたり、大学史研究会の活動にかなり積極的に関与した。その世界に、中野さんがおられた。

　中野さんに初めてお会いしたのが大学史研究会の会合だったのか、寺﨑先生のゼミ関係の行事だったのか、定かではない。しかし、最初の出会いとなる会合の中で、中野さんがひときわ目立ち、中心的な存在だったことだけは、はっきり記憶している。自分の発表には慎重な言い回し、相手の発表へは疑問点への食い下がり、懇親会で明るくすねたといった感じの話しぶり、そしてそのどの場面でも見せた少年のようなまなざし。

　その後の接触では、中野さんの、史料発掘と校閲への情熱に圧倒されるものを覚えた。僕が歴史研究に興味を持っているというタイプの人間であったのに対して、中野さんは歴史そのものに取り組んでいくタイプの人間だった。事実、史料価値の高い東京大学百年史の完成は、中野さんに負うところが多いというのは、衆目の認めるところであろう。そして、その態度は、個々の作業にとどまらず、中野さんを大学アーカイブ運動の旗手にしていった。

　その後、僕の研究の重点はアメリカの解明と現代の大学政策に移り、職も放送教育開発センター、学位授与機構、大学評価・学位授与機構と変わった。気になりながらも、歴史研究の世界との交わりも希薄化してしまい、二十年近くの歳月が流れた。そして、年末年始の挨拶状の折まで、不覚にも中野さんのご逝去を知らずにいた。そのせいもあって、中野さんがもうこの世ではお会いできない存在なのだという実感がわいてこない。しかし、こうして回顧と追悼の文の機会を与えられてみると、それを事実とし受け止めざるをえない。

お会いすることがまれになってからも、少ないチャンスでみた中野さんのまなざしは、いつも少年のそれだった。残念なことに、中野さんとは、個人的な付き合いというものがなかった。だから、僕は、そのまなざしの奥にあるものを知らない。あの大学紛争の折、あれだけ多くの者が大学を論じていながら、後で気がついてみれば、ほとんど誰もその研究には取り組まなかった。でも、中野さんも、そして僕も取り組んでいた。それは、ずいぶん違う方法にみえていたけれど、共通性の方が強かったのだなと今にしてみれば思う。だから、それぞれの方法で少し実績を積み上げた時点の今こそ、いろいろ語り合ってみたかった。でも、中野さんは、逝ってしまった。永遠の少年まなざしを、残して。

（桜美林大学教授）

中野実さんのこと

荒井　克弘

昭和五三年の頃だから今から二五年ほど前のことになる。年に一度開かれる大学史研究会のセミナーが和歌山県の和歌の浦で催され、そこで中野実さんと初めて出会った。大学史研究会は横尾壮英、中山茂、皆川卓三、寺﨑昌男の四先生が主催されていた研究会で、大学史・大学問題に関心をもつさまざまな専門分野の研究者が三〇人ほど集まるユニークな研究会だった。プログラムにある報告数は二日日程で二本か三本、それでも時間が足りなくなるほどに議論の活発な研究会だった。しまいには報告者が誰だかわからなくなり、報告者が怒り出したこともあるといういわく付きの、知的刺激とアイデアいっぱいの研究会であった。中野さんはジーパン姿で顔半分髭モジャの風体で、受付の事務やら研究会の設営に忙しく立ち働いていた。僕のような初参加者とちがって顔見知りも多く、場慣れもしてみえた。

そんなことから中野さんは自分より年上の研究者だろうと勝手に思いこんでいた。中野さんのほうが四歳ほど年下だったのは後で知った。それほどに僕には中野さんが大人びてみえた。

このセミナーで出会った、若手研究者の一団が別府昭郎、舘昭、安原義仁、古屋野素材らの諸氏であった。その後、筆者もこれらのメンバーに加わり大学史研究会の事務局運営の一翼を担うことになる。中野さんももちろん重要な中心メンバーの一人であった。ベテランの主催者からセミナーにたまたま?きた"若手"にポーンと研究会の運営が投げ渡されるというのもスゴイ話であったが、手探りの研究会運営のなかで事務局に参加した者どうし、研究会運営のみならず、おおいに研究を論じる場にもなった。筆者にとっては、とりわけ別府さん、中野さんと親しくおつきあいを戴くよい切っ掛けとなった。

はじめての出会いから五年ほど立っていたと思うが、筆者が参加していた「戦後科学技術史」研究プロジェクト(中山茂研究代表:トヨタ財団)で「通史」のグループとは別に幾つかのサブグループをつくることになった。その一つを筆者が受け持つことになり、中野さんに相棒を頼みこんで、サブグループを立ち上げたのが「マンパワー研究会」であった。成定薫さん、米田俊彦さん、田中萬年さん、それから大先輩の本多二郎さんにもご参加いただいた。研究会の議論は楽しいが、年度末になると必ず、活動報告やら会計処理やらの雑務に悩まされた。年度の締めの時期になると、中野さんと二人でいつも大わらわのでっち上げをやった。忙しかったろうに中野さんはいやな顔ひとつせず気持ちよく協力してくれた。サブグループでの中野さんの関心は戦時期の特別研究生の追跡調査だった。興味深いテーマだったが、資料が少なくなかなか苦労していた。そのうち、通史の出版が本格化すると、サブグループの運営もしだいに尻つぼみとなり、プロジェクトの研究活動は通史のほうへ一本化されることになった。

中野さんご一家との交流では、僕が広島大学の大学教育研究センターに赴任することがきまった前の年に、わが家で夕食会をやったことがある。奥さんの玲子さん、萌ちゃん、菜々ちゃん、葉ちゃんの三姉妹を連れて中野さんが賑やかにやってきた。活発な三姉妹のやりとりに抱腹絶倒、中野さんの良きお父さんぶりが印象的だった。食事会があまり楽しかったものだから、夏休みに一緒にキャンプをしようという話になり、東京湾に面した若州キャンプ場の予約まで済ませ、すっかりそのつもりになっていた。ところが、この計画は数日前になって東京湾を東京直下型地震が襲うというまことしやかなデマが流れ、思いがけず断念、残念なことをした。

丁度、その翌年になるが、新年が明けて正月の二日、突然中野さんから電話があり、これから寺﨑昌男先生のお宅に新年のご挨拶に伺うから一緒に行きましょうという半ば強制的なお誘いがあった。門下生ならいざ知らず、僕など一緒に行ってはご迷惑ではないか、と躊躇したが、寺﨑先生とゆっくりお話できるような機会などそうあるものではない、誘惑断ちがたく厚かましくも好意に甘えることにした。寺﨑先生も驚かれたと思うが、夜遅くまでご馳走になり話題は弾み、とても印象深い正月の思い出のひとつとなった。当時を思い返してみると、広島赴任直前の僕のことを察して、それとなく中野さんが気配りしくれたことだったように思う。さりげない中野さんの優しさだった。

中野さんの訃報は橋本昭彦さんからのメイルで知った。年賀状で胃を切除したことは知っていたが、広島への異動以来、中野さんとのつきあいが間遠になり、見舞い見舞いと思いながら、それを果たせなかった。悔しさが瞬時に込み上げてきたが、後悔先に立たず、直後に、東京行きの新幹線に飛び乗り、お通夜の席も終わりに近い頃にようやく式場に辿りついた。有り難いことに菅原亮芳さんがその場におられご焼香の席へご案内をいただいた。ご家族との対面は二度目、一〇年振りであった。立ち並んでおられた玲子さんと成長したお嬢さんがたに駈け寄りお悔やみの声を掛けたい衝動に駆られたが、焼香の列を乱すわけにもいかず深く黙礼しただけ。中野さんの遺影を眺めていたら、大粒の涙があふれ写真が霞んできた。

中野さんとの出会いはいつも楽しかった。中野さんにはいつも暖かく励まされてきたように思う。今度は「学校法人の研究」を一緒にやろう。というのが最近の二人の合言葉だった。二〇〇〇年の科学研究費の申請ではうまく行かなかったが、その翌年、二〇〇一年の申請はパスした。遠距離の共同研究となるが、ようやく、これから本格的な学校法人の研究がやれると喜んだ矢先に、中野さんの体調が思わしくないことを知った。それから三年、中野さん無しの共同研究は今年度、最終年度を迎える。恥ずかしくない研究成果をつくりあげることが中野さんへの何よりの供養と思う。そうでなければ、あの世で会わす顔がない。

（東北大学教授）

中野さんとのこと

松崎　彰

私が中野実さんと出会ったのは、一九八二年一一月二六日から二八日にかけて開催された「大学史研究会磐梯セミナー」でのことでした。私は、前年より出身校である中央大学の百年史編纂に携わっていたのですが、大学の歴史については全くの門外漢であったため、研究状況の一端を学べるのではないかという期待をもって、このセミナーに参加させていただきました。セミナー会場は、福島県耶麻郡塩原村大字桧原にあった「桧原荘」という民宿で、交通の便が悪い上に二日目より大雪となり、唯一の移動手段であるバスが運休してしまったため難儀したことを、今でもはっきりと覚えています。

セミナーは、諸外国の大学をめぐる研究発表あり、活発なディスカッションあり、さらにはスライド上映ありと、非常に多彩で興味深く、また楽しい内容でありましたが、特に印象に残っているのが、中野さんの報告でした。彼は、その年に出版された『講座日本の大学改革』第一巻（青木書店、一九八二）の書評を担当し、「日本大学史研究の成果をめぐって」という演題で報告されたのですが、結論として、この講座は諸改革の解釈に重点をおいているため改革の要因および主体を分析する視点が弱いと指摘した上で、史料収集の必要性・改革主体の歴史的位置づけの重要性・個別大学の歴史的研究の必要性などの課題を提起したのです。その後の議論においても、中野さんは歴史史料の重要性を強調する発言を繰り返しておりましたが、その主張は、セミナー全体の論調の中で異彩を放っているように聞こえたのです。それまで日本史を学んできた私自身は、彼の意見に違和感はなかったのですが、正直に言って、「教育史にもこういう発想をする人がいるんだ」というのが、中野さんの第一印象でした。

その晩、就寝前に水を飲もうとして民宿の食堂に向かった私は、居間に切った囲炉裏端で一服していた中野さんをたまたま見つけ、話しかけました。セミナー報告の意図についての興味がわき、また当時彼が携わっていた東京大学百年史の編纂状況についても聞いてみたいと思ったからです。中野さんは快く応じてくれたのですが、話し合っているうちに妙に意気投合してしまい、結局朝方まで会話が弾んでしまいました。お互いに年齢も近く、また職場環境も似ていたため、それぞれの問題関心や課題を理解しやすかったのだと思います。彼はこの時、教育史と歴史との溝を埋めたいと強く願い、その課題を克服する鍵が研究の基礎をなす史料の再評価にあると確信しておりましたし、私は、その主張が東大百年史編纂の実体験に裏付けられていることを感じて、ある種の共感を持って話しておりました。しかし、今思い返してみると、会話が弾んだ本当の理由は、初対面の相手を嫌がりもせずに受け入れてくれた、中野さんの大らかな性格にあったのかもしれません。中野さん独特の、温和で人懐こい性格としゃべり方は、その後もずっと変わりませんでした。

この日以来、私と中野さんは徐々に連絡を取り合うようになりました。連絡といっても、私からの質問や相談がほとんどで、随分と助けていただきました。また、翌年に開催された「大学史研究会東京セミナー」では、シンポジウム「個別大学史編集と大学史研究」が企画され、明治大学の宮川康さん・神奈川大学の澤木武美さんと私が報告を担当した関係で、私立大学における年史編纂や史料の問題を考えようとする人たちの輪も広がっていったように思います。そんな中で、私には中野さんについて忘れられない思い出が二つほどあります。一つ目は、本務先の年史編纂で資料集を発行したときのことです。

ご存じの方も多いと思いますが、中央大学の前身校は、一八八五年(明治一八年)に設立された英吉利法律学校という私立学校で、その創立者一八名は全員、東京大学法学部の出身です。私はかねてより、創立者一八名の大学時代の関係資料をまとめた資料集を編集したいと思っておりましたので、東大百年史編纂の過程で収集した諸史料を調査できないかと、中野さんに相談しました。一九八四年五月のことだったと思います。調査といっても、あくまで大学間の正式なルートでのことですが、当時は年史編纂に関する各大学間の交流もほとんどない状況でしたので、大きな期待は持っていませんでした。ところが、私の話を聞いた中野さんは、即座に「それはおもしろい」と言ったのです。彼によれば、もしその資料集が完成したら、自分たちが必死に収集してきた史料が、個別東京大学の枠を超えた普遍的な価値を持つと証明することになるし、各大学間の閉鎖的な状況を克服するきっかけにもなる、というのです。年史編纂のたびに膨大な史料が収集され、終了後にはいつしか散逸してしまう従来の編纂事業のあり方を憂い、収集史料の重要性を広く認知させる事によって継続的な保存につなげようというのが、中野さんの基本的な立場でした。

この調査は、東大百年史の編纂が一段落つくのを待って、一九八六年九月・一〇月と翌年の三月に実施いたしました。申請にあたっては、中野さんや寺﨑昌男先生の温かなご尽力を頂戴し、今でも感謝しております。そして、この経験は、私にとっても忘れられない記憶となっています。毎日のように東大の史料室に通い、史料を読みながら、昼食を食べながら、帰りがけにお酒を飲みながら、中野さんとは本当にいろいろな話をしました。大学史研究や年史編纂のこと、資料保存のこと、お互いの生活のこと等々話題はつきることなく、史料室は調査に参加した人たちの笑い声に満ちていました。中野さんの飄々とした性格や発言は皆を和ませ、無機質な史料調査を楽しい思い出に変えてくれたのです。その甲斐もあって、調査の成果は一九八八年一一月刊行の『中央大学史資料集』第三集（東京大学所蔵中央大学関係史料）として結実します。当時、中野さんは立教大学に移られていたのですが、資料集を手にしながら満面の笑みを浮かべ、「よかったねぇ」と心から喜んでくれました。考えてみれば、この資料集は非常に「虫がいい」資料集です。他大学の学内史料のみで三八〇余ページもの資料集を発行した例は、おそらくないでしょう。それは、中野さんが資料保存の必要性と重要性を認識していたからこそ、実現できたのだと思っています。

もう一つの思い出は、現在の全国大学史資料協議会発足時のことです。一九八六年一〇月、私は全国歴史資料保存利用機関連絡協議会の全国大会に参加したのですが、その際、懇親会に出席した数名の有志と、大学の年史編纂や資料保存についても同様の組織が必要だと話し合い、翌月、上智大学史料室で初会合を開きました。種々検討の結果、協議会結成に向けて賛同者を募りながら月例研究会を開催するという合意を得ましたので、私は早速中野さんに連絡し、経緯を話した上で協議会結成への協力をお願いしたのです。この時も、中野さんは諸手をあげて賛成してくれました。そもそも、各大学間にネットワークを構築する必要があるというのは中野さんの持論であり、また念願でもありましたので、何の躊躇もなかったのでしょう。

こうして発足した準備会は、翌年五月にかけて合計九回開催され、その過程で新協議会の性格も徐々に明確化されて行きました。私たちは、会合が終わった後も喫茶店などを利用して議論を重ね、三つの原則をたてた上で協議会の結成に臨むことを申し合わせました。それはまず、「国立大学と私立大学」・「教員と職員」といった旧来の区別にとらわれない活動を基本とすること、第二に全国規模の組織化を将来的な目標とすること、最後は活動の成果や運営の実態を公開すること、という原則でした。もちろん、このような組織を本当につくれるのかどうかは全くわかりませんでしたが、中野さんも私たちも、新協議会が単なる情報交換の場に停滞することなく、絶えず発展・展開する組織であり続けるためには、どうしても必要な原則だと考えたのです。とはいえ、準備会の時代は、今思い返してみても苦労の連続でした。中野さんも、研究会報告や会場の確保あり、各大学への連絡ありと、東奔西走の活躍でした。そして、暗中模索しつつも、一九八七年六月、ついに関東地区大学史連絡協議会を結成し、二五大学からなるネットワークを創り上げたのです。


関東地区大学史連絡協議会に集まった人たちは、皆いきいきしておりました。それまで各大学内で孤軍奮闘を余儀なくされていた状況が一変し、自分たちが直面している問題や課題を話し合う「場」が持てたことを、心から喜んでおりました。中野さんはこの時、立教大学図書館の大学史編纂室に籍を置いておりましたが、東大百年史編纂に携わったことは周知のことでしたので、多くの方から質問や相談を受けておりました。彼は、初めて会った時と何ら変わることのない大らかさで、真剣に話を聞き、親身になって答えておりました。「私たちは、これからですよ」という中野さんの当時の口癖が、私にはとても輝いて聞こえたものです。

協議会発足後、私たちは各大学における年史編纂や資料保存の実態を確認する研究会を開催する一方、関西地区にも同様の組織が生まれるよう、各方面に働きかけました。幸いにして、関西地区の有志も積極的に答えてくださり、一九九〇年五月に「西日本大学史担当者会」が生まれ、一九九六年四月には両会が合同して「全国大学史資料協議会」が結成されることになります。また、協議会の基本的な姿勢も、一九九二年八月に発表された「大学史編纂と資料の保存——現状と課題——」という論文を共同執筆する過程で、以前にも増して明確なものとなって行きました。全国大会は毎年開催され、その成果が研究叢書として刊行される等々、活動は徐々に拡大し、月日はあっという間に過ぎて行きましたが、その間ずっと、中野さんは協議会をリードし、私たちと共に歩んでくれたのです。そして、一九九九年三月、協議会の記念誌である『全国大学史資料協議会東日本部会の十年の歩み』を刊行した際には、中野さんは真先に編集をかって出て、編集後記に次のような一文を寄せてくれました。

自分たち自身の軌跡を残す、ということはそれほど簡単なことではない。本書の出版が部会総会の承認を得、幹事会に編集委員会が設置された後、私たちは記念誌の性格について何回もの議論を重ねた。そして、自画自賛の年史ではなく、記録性の高い、原資料として利用可能な記録を編集することによって活動の実体を公開し、次世代につなげようと結論づけたのであった。これが、編集の基本方針である。

私の独断で言わせていただくと、この文章に込められた思いこそが中野さんの人生の「基本方針」だったのではないでしょうか。一九九四年四月、中野さんは東京大学大学史史料室へ戻り、その後は同史料室の改革に専念して行きます。彼が描いた理想の資料館像は時代と共に変化したとはいえ、「事実」を次世代に伝えねばならないという使命感や情熱が、中野さんの活動を一貫して支えたのだと、私は信じているのです。

中野さんが亡くなる数日前、入院先を見舞った私は、運良く彼と話すことができました。私を見つけた中野さんは、酸素マスクの奥から一生懸命に話しかけてくれました。私は、言葉を失い、彼の手を握りながら「僕もみんなも待っているから、必ず戻ってきてくれ」と声をかけるのが精一杯でした。中野さんは、私の手を握り返し、あたたかな目でうなずいてくれたのです。彼は、初めて話した時の中野さんそのままでした。

変な話かもしれませんが、私は今でも、飄々とした中野さんが、「松ちゃん、元気？」などと言ってあらわれるような気がしてならないのです。

合掌。

（中央大学法学部兼任講師・同大学史編纂課嘱託）

大学史協議会功労者中野実さんの弔辞をよんで

鈴木　秀幸

それは二〇〇二年(平成一四)年三月三〇日、年度も押し迫った午前のことであった。京都大学の西山伸氏からの電話は中野さんの訃報であった。しばらくは、まさかと、ついにという心情が交錯し、いわば放心状態であった。まもなくして、全国大学史資料協議会の代表であることに気付いた。しかし、これは私の早とちりであり、同協議会幹事会で内定していることだけで、正式には翌月からのことであった。でも、それはあとで分ったことであり、当時は使命感のようにあたふたと対応をしたし、協議会のメンバーは協力的に受けとめてくれた。

翌日、お茶の水女子大学の米田俊彦氏から、弔辞の依頼を受けた。役不足とは思いつつも、了承した。翌月の三日に行なわれた告別式では次のようによんだ。

全国大学史資料協議会、そしてその代表として一言、中野さんに弔いのことばを述べさせていただきます。

この会は正式には一九八八年、ちょうど今から一四年前に設立されました。もちろん中野さんも準備段階からの中心メンバーでした。今日では大学史に関わる実務担当者、研究者、団体、業者の方等々、全国のさまざまな多くの方が会員となっております。したがいまして、昨日のお通夜や今日の告別式にも全国各地より駆けつけておる次第です。この協議会は関東、東日本、西の方では西日本、さらに東西が合併して全国と発展的に名称を変えてきましたが、その節々で中野さんは重要な役割を果されました。

何とかこの協議会を一人前にしよう。そのことが大学史という分野が発展するために一翼を担えるのではないのか、という気概で中野さんをはじめ、気持の若い会員たちが任に当たってきました。この間、われわれは中野さんと良い意味で議論をしましたが、褒め称えるといったことはあまりしてきませんでした。例えば中野さんがこの協議会の発展のために提案したロゴ・マークを創りたいという時にも、制作の是非や自ら提案されたデザインの可否をめぐってまともに議論し合いました。若い会のため、多少余裕が無かったのかもしれません。

でも今思えば中野さんは実務もできるし、研究もできました。国立大学のことも知っておられるし、私立大学のことも知っておられました。教育学に精通しておられるし、歴史学のことにも理解しようとしておられました。その幅広さゆえあれだけ、協議会で活躍できたのだと思います。

それに加えて人の面倒もよくみておられました。ですから、周りの人からも大変、慕われておりました。私に対してもこういうことがありました。協議会で明治大学史の授業のことをとりあげることにしました。その会議中、中野さんは私に向かって小声で、「鈴木さん『大学史をつくる』(中野さんらが執筆した本の題名)に対して『大学史を教える』だね」と言ってにっこり笑いました。今年に入ってからも彼は私に「一緒に研究をやらないか。テーマは『近代日本と青年』だね」と。心の底から嬉しく思いました。

さきほど言いましたように、心の中では思っていても、口に出して中野さんに感謝するということはあまりしませんでした。ですから、最後にはっきりと言わせてください。

中野さん、今まで協議会のため、大学史のため、ありがとう。君の功績は多大であった。さようなら。

中野さんが亡くなられてほぼ二ヶ月後の五月二二日、全国大学史資料協議会東日本部会の総会が行なわれた。会に先立ち、私は中野さんおよび告別式のことを報告し、全員で正面の遺影に向って哀悼の意を表した。

そして、あれから三年たとうとしている。だが、街中で黒のリック・サックを背負った人やひげの人を見ると、あるいは通勤乗り替え駅で中野行電車が来るたびに中野さんを想い出す。

しかし、過去をふりかえっているだけではなく、中野さんとの約束を前進させなければならない。今回、『国立歴史民俗博物館報告』に発表した「近代日本の教育と青年」をさらに発展させることにより、中野さんとの約束を果すとともに、その成果を墓前にささげたい。

(明治大学史資料センター事務長・文学部講師)

中野さんのこと

西山　伸

初めて中野さんと会ったのは、私が京都大学百年史の編纂に助手として関わるようになり、東大百年史の経験について教えを乞いに大学史史料室を訪ねたときだった。日誌で確認してみると、一九九三年一二月九日のことであり、まだ一〇年あまりしか経っていない。ちょうど中野さんが立教大学から東大に戻られて間もない頃ということになる。今でもよく覚えているが、当日午前一〇時という約束で訪問した私は、当初昼前に失礼するつもりだった。しかし、中野さんの「今日はゆっくりしていっていいんでしょ」という言葉に甘えて、昼をごちそうになり、結局夕方四時過ぎまで話し込んでしまった。話は、訪問の目的であった東大百年史の編集経緯だけでなく、教育史の史料や必読書について、史料室の将来構想について等々、途切れることなく続いたのであった。

以後、中野さんには公私とも大変可愛がってもらうことが出来た。東京と京都に離れている関係上、実際に会って話すのは年に数回というところだったが、会えば必ず酒を飲み(本当によく飲んだ)、それぞれの仕事のこと、家庭のことなど、飽きずに話をした。全国大学史資料協議会にも、大学史研究会にも、野間教育研究所にも、中野さんの紹介で仲間に入れてもらうことが出来た。ソウル大学のアーカイヴズにも二人で訪問した。私事だが、結婚式の立会人代表も引き受けていただいた。

なぜこれだけ気に入ってもらえたのか、正直私自身にも分からないところがある。適度に年齢も離れ(一回り違いの卯年)、東大百年史と京大百年史の実務の中心という似通った立場にあり、そうでありながら教育史と日本史という育った学問的環境は違うこと、等々が重なって「安心」して話をしてもらえる関係だったのかもしれない。

ご本人が処遇の面で苦労されたせいか、気配りのよくきく人だった。初めて出た大学史資料協議会の懇親会でいろんな人に引き合わせてくれながら、「西山さん、私立の人に「教官」と言ってはダメですよ」と言われた(彼は私のような年下に対しても丁寧語だった―しらふの時は)ことは今でも守っているつもりである。

時に大げさな物言いもする人だった。ソウル大学訪問が正式に決まったことを伝えるメールには「人類にとって小さな一歩であるが、私たちにとっては大きな一歩である」とあり、いかにもあの人らしいと思ったのを覚えている。

ずっと気に懸けてくれていた京都大学百年史が完成したときにはすでに病床にあり、大学文書館が活動を本格的に始めたのも見てもらうことは出来なかった。残念としか表現のしようがない。

私の勝手な意見だが、中野さんはアーキヴィストというよりはヒストリアンだったように思う。資料を利用者の利便性を考えて整理して公開していくというよりは、その資料を利用しオリジナルな研究成果を発表していくことに、より能力が発揮されていたように思う。自らの研究課題について目を輝かせて話す中野さんの姿は、私も何回も目にした。同様に、中野さんは「組織人」というより「職人」であったと思う。あの温厚な人柄の一方で、物事に対する好き嫌いの激しさ、こだわりの強さ、他者への評価の厳しさという別の面があるということが付き合いが深まるにつれ分かってきた。

そのような中野さんに、私たちはあまりに多くのことで甘えてきたのかもしれない。国立大学の「大学アーカイヴズ」の取りまとめ役になっていただいていたし、大学史資料協議会でも国立と私立の橋渡し役だった。野間研でも、松本の旧制高等学校記念館でも、中野さんがいると「ああ、すべてお任せすればいい」と安心してしまっていた。失ってみて改めてその存在の大きさに気づかされるし、残された人間でカバーしていくことなど到底できるものではない。

私自身、「こういうとき、中野さんならどうするだろうか」と考えながら、与えられた場面場面で自分の全力を尽くすしかないと半ば開き直ってしまっているのが正直なところである。

（京都大学大学文書館助教授）

中野さんと東大百年史

照沼　康孝

東京大学百年史をつくることは、東大紛争以前の一九六七（昭和四二）年に創立百年記念事業がスタートした当初から計画されていたようだが、紛争の影響で中断し、実際に動き出したのは、一九七四（昭和四九）年からである。そして、編纂作業の中心となったのが立教大学の寺﨑昌男先生と、文学部国史学科の伊藤隆先生というお二人の専門委員だった。両先生が中野さんや私など、若手の研究者、ゼミに参加していた大学院生やそれに準ずるような人間をそれぞれ集めて、教務補佐員という肩書きのもとに百年史編集室員とした。

私は一九七七（昭和五二）年に室員となったが、中野さんは一年遅れての着任だった。既に百年史編集室の後身である東京大学史資料室のニュースにも書いたが、我々の最初の仕事は、基礎資料の収集、整理だった。

昭和初期に東京帝国大学五十年史が刊行されたが、それは実質的には大久保利謙先生によりなされたものであり、そのときに使用された史料は事業の終了とともに、あるものは所蔵者に返還され、他は大学図書館に移管されて、以後ほとんど使用されることもなかった。図書館に納められた史料は、百年史編纂事業の開始により、再び日の目を見ることになったが、それらはきわめて貧弱なものであり、もちろんその後の五十年については、史料収集は行われておらず、資料室としては何も保持していない状態での出発だった。中野さんの前任者の酒井さん以来、学内にある史料を手始めにそれらの収集、整理が行われていた。そのころはまだ原稿を執筆する段階にいたっておらず、分担して前記の作業をしていた。

この時期中野さんや私より上の世代の室員は、ほとんどが定職を得て去っていき、我々の存在が編集室で大きくなった。そうした頃に皆が熱中したのが卓球である。なかには私のようにラケットまで誂えたものもいた。紛争後に修復されたものの、倉庫として使用されていた安田講堂の講堂部分の一角に卓球台は置かれていた。その白熱した様子は、新谷さん（現九州大学）が毎週発行する新聞Z百スポーツ（通称ゼスポ）なるミニコミ紙で報じられた。卓球は主に昼休みにしたが、時には夕方にもゲームは行われた。そしてそれからビールなどを飲みに行くこともしばしばであった。さらに編集室の慰安旅行で行った伊豆の稲取でも、温泉卓球に興じたものだった。

だが、そうした他に誰もいないがらんとした講堂での卓球も、中心の酒井さんが転出し、そのうちに下火となった。いよいよ試験執筆という名の下に原稿執筆が始まった。中野さんが専任の助手になったのはそのころである。一方で自分の分担分を執筆しながら、他方で史料の収集、受け入れ、整理という仕事も彼の肩に掛かることになっていった。

ご承知のように中野さんはいい意味で粘着気質であり、こだわりの人だった。私と校訂作業をしていても、疑問点があると一人で編集室に残り、徹底的に調査していた。そしてその結果を翌日教えてくれるのが常だった。その一方で、小学校の先生だった奥さんとうまく連携して、お嬢さんたちの保育園の送り迎えなどをこなしており、編集室のデスクにも家族の写真が何枚か飾られている、よき父親だった。さらに年に数回、奥さんのご実家へ農作業を手伝いにも行っていた。私も何度か一緒に行かないかと誘われたが、結局行かないままだった。あのころ農作業を教えてもらわなかったのが、今になって残念である。

また中野さんは情の人でもあった。他人の悩み事には本当に親身になって相談に乗ってくれた。と同時に友情に厚い人でもあった。今なお伝説のように語り継がれている(?)殴打事件もそうである。当事者が皆酔っていたので具体的な中身は不明だが、新谷さんを侮辱するような言に、本人ではなく中野さんが「友として許さない」として実力行使におよんだのである。ただ殴った相手の人ともその後も友人として親しくつきあっていたように、その面では執念深い性格ではなかった。

その間におそらく寺﨑、伊藤の両先生をはじめとする専門委員の間では、百年史刊行後の組織について考慮され始めていたのだろうが、必ずしもそれは順調ではなかった。それでも中野さんは東大史を中心とする大学史の研究に一途に打ち込んでいた。百年史の刊行と並行して、新たな史料の発掘、整理、さらに刊行と精力的に動いていたし、他の大学の年史編纂の相談にも親切に対応していた。東大百年史の刊行から既に早四半世紀近くが経った。あと十数年もすれば百五十年史が考慮されることになるだろう。中野さんが存命だったら、そして定年まで東大に勤務したとすれば、日本の大学史研究のまさに中心人物として、その進展にどれだけ寄与したことだろう。我々が失ったものは大きい。

（文部科学省初等中等教育局主任教科書調査官）

「中野実先生とは？」

平賀　勇吉

二年経過

中野実先生（日頃から先生、先生と呼ばせていただいたので、ここでは「中野先生」と記させていただきます。）が亡くなって二年の月日が流れました。中野先生のご家族の思いが充分込められたお通夜と告別式、また、よく晴れわたった一周忌へと参加させていただきましたが、あっという間に二年がたちました。

国立大学の法人化の雑事に感けてすっかり三回忌の墓参りを忘れ、先日、お参りさせていただくため三鷹市深大寺の中野家へ訪問させていただきました。

奥様と娘さんとでお迎えいただき、様々な思いで話など楽しい時を過ごさせていただきましたが、娘さんが卒業し、その後ジブリ美術館で働いている様子など伺い、流れ行く月日を改めて実感しました。

追悼文執筆の依頼

米田先生から中野先生の追悼文執筆のご依頼をいただき、すっかり困り果てているわけですが、中野先生の思い出を少しでも記すことが出来ればと思い、取り掛かったのが締め切り日をとっくに過ぎた今、あわててパソコンの前で苦闘しているところです。当然のことですが、中野先生のようにさらさらと文章がでてこず、職の違いをまざまざと認識させられています。

そして、また米田先生から督促のメールが……

東京大学史への思い

中野先生にとっては当たり前のことと思っていたのかもしれませんが、東京大学史への思いは、並大抵のものではなく、様々な観点で大いなる力を発揮してきたと思います。

本来、我々事務サイドが気がつかなければならないはずなのですが、東京大学評議会の記事要旨など、明治時代のものから文書保存されているものを、中野先生は、滅失しないよう、マイクロフィルムで複製化するなど、東京大学史として貴重な史料の保存に関して、積極的に対応していました。

また、行政文書の情報公開が開始されることになり、文書の保存期間等その対応策の検討が行われていたときなど、「今後の大学史の研究に大きな損失となるおそれがあるので、過去の行政文書は保存期間が終わっても廃棄することなく、大学史史料室で保管するから、すべていつでもいいから持ってきてよ」と要望されたものでした。

大学史史料室の管理運営を担当する史料保存に関する委員会の企画する様々な活動、例えば「学徒動員・学徒出陣に関する調査」なども中心的に活躍されました。

東京大学の管理運営に関する興味

私が東京大学事務局学務課に所属していた一九八三年頃、始めて一緒に仕事をさせていただいたと記憶していますが、そのときには、実質的に仕事だけの関係で挨拶を交わす程度でした。その後、一九九四年以降、庶務課（後に総務課）所属の際には、担当の仕事が大学の中枢、意思決定にかかわる評議会、学部長会議などの会議を担当していたこともあり、折に触れて様々な質問が中野先生から寄せられました。これらの会議は、限られた者しか列席することができず中野先生は、列席されていませんでした。従って、教官の定年年齢延長など大学の管理運営にとって重要な事柄が決定された時などは、その議論、決定の経緯などを、「今度ゆっくり聞きたいから時間をとってよ」とよく電話がかかってきましたし、お会いしてお話するときには様々な観点からの多くの質問が寄せられたものでした。

このように、様々な仕事でご一緒する機会も多くなったこともあり、かなり親しくお付き合いをさせていただくようになり、何度かの酒席においても大学史だけではなく様々な話を聞かせていただき、大変勉強になったものでした。

広報室で一緒に活動したこと

二〇〇一年四月大学史史料室と同一の組織である総務課広報室に所属となり、親しくお付き合いいただいている中野先生とご一緒に仕事ができることを楽しみしていましたが、夏頃には大変痩せた中野先生とお会いし驚いたとともに、通勤もままならない様子を見るたび、大変心配したものでした。その後、入院されましたが、ご家族ともども病魔と闘っている姿を拝見し、きっと良くなり、再度ご一緒に仕事ができるものと確信し、勇気付けられたものでした。

残念ながら、二〇〇二年三月に亡くなられた際の失望落胆といい、中野先生に関する、その後の様々な事務手続きのときなど、中野先生のためにする仕事は、このようなものではないと思い辛い時を過しました。

また、中野先生が亡くなったあとの東京大学史史料室の運営は、大きく後退することになり、事務サイドからの支援も充分できなかったため、利用者などに大変な不便をおかけするようになってしまいました。何をするにも、これは中野先生しかわからない、これも中野先生しかわからないと、ほとんど全ての事柄がそのような対応しか出来なかったし、いまでも、中野先生ならどのように対応したのだろうかと思うことが多くあり、助言をいただければと思ってしまうことがしばしばあります。

東京大学にとって中野先生の存在の偉大さが、ここでも自明となりました。

亡くなるまで、私自身が気がつかなかったのですが、中野先生がサッカー経験者であることを知り大変驚いたとともに、私自身同年齢であり、高等学校在学中、サッカー部に所属し、東京都の様々な高等学校で試合をした経験があり、もしかしたらどこかで対戦またはお会いしていたのかもしれないと思い、何かの因縁を感じました。

中野先生にあの世であって日韓共催のワールドカップ、ユーロ二〇〇四などのサッカーの話をぜひしたいと思っていますが、きっと中野先生は、「ねえねえ、そんな話よりさあ、最も大きな大学改革となった国立大学の法人化について、東京大学の事例を詳しく話してくれないかな」と丸い目をぐりぐりさせながら迫り寄り、いくつもの質問が浴びせられてしまうに違いないと。

（東京大学理学系研究科等事務長）

東大百年史編集室の頃――酒にまつわる思い出――

清水　康幸

中野実さんと初めて会ったのは一九八一年春のこと。あれから四半世紀近くの時が流れた。長い付き合いとも言えるが、あっという間だった気もする。

その年、私は大学院の博士課程に進学、寺﨑昌男先生からお声がかかり、アルバイトを兼ねて東大百年史編集室に参加した。中野さんは編集室の専任助手に就任したばかりで、やや緊張気味だった。中野さんは前任者の酒井豊さんが青山学院に就職された後に、室員から助手に抜擢されたのである。この時、私も含め何人かの新しい室員が参加したが、すでに通史編の目次も決まっており、執筆に本腰を入れ始めた段階である。中野さんのプレッシャーは、私ども新入りとは比較にならないくらい大きかったであろう。

当時の編集室には顧問格の諸先生方のもと、日本史畑と教育史畑の二分野から大学院生が参加していた。日本史の方は東大の国史学科出身者で固められていたが、教育史は主として寺﨑先生の人脈で、その教え子や研究会関係者など、さまざまな出身大学の人たちの混成部隊であった。中野さんは新谷恭明さんとともに、寺﨑先生の立教大学時代の教え子で、私と同期で入室した前田一男さんは、彼らの後輩であった。少し遅れて小熊伸一さんも参加されたので、立教グループは一大勢力であった。これに対し、東大からは当時私一人だけで、ちょっと心細い感じがしていた。唯一、前田さんは修士論文の執筆過程で一緒にヒヤリング調査などをしていた仲だった。顔見知りは前田さんだけだったこともあり、彼は私の心細さを解消してくれるありがたい存在であった。

さて、知る人ぞ知るエピソードなのだが、私と中野さんとの出会いは、なかなか激烈なものだった。初顔合わせの会合の後、歓送迎会が本郷の飲み屋で行われた。その二次会でのこと。一人の挑発者がいたおかげで、私と中野さんがケンカになってしまった。飲み屋を出て、路上で殴り合いになった。いや、正確に言えば、私は手を出さなかったと思う。生まれてこの方、私は殴り合いというものをしたことがないのだ。場所は今でも覚えている。私の眼鏡が吹っ飛び、それを探していた自分の姿を思い出す。帰宅したとき、「どうしたの、その格好?!」という妻の声も忘れられない。よく見ると、私は鼻血を出し、それが服のあちこちにこびりついていた。

翌朝、私は自問した。夕べの相手は誰だったんだろう？相手も理由も覚えていなかったのだ。とりあえず、誰かに聞くしかない。そうだ、中野さんとはいろいろおしゃべりをした。彼なら知っているだろう。で、電話をした。

「夕べ、私は誰かとケンカをしたらしいのですが、一体相手はどなたです？」

やや沈黙の後、中野さんは言った。

「それは……私です」

二の句が継げない。当の相手にマヌケな質問をしてしまったものだ。

「……そうだったんですか。で、きっかけは何だったんですか？」

どうやら、私が例の挑発者の誘いに乗って、その彼のことを悪く言ったことが許せなかったということのようだ。このあたり、いかにも中野さんらしいなと今になって思う。中野さんが人の悪口を言うのを聞いたことがないからである。

結局は、お互いに「いやあ、どうも。ご迷惑をおかけして……。今後ともよろしく」といった言葉を交わして、一件落着。それからの私と中野さんは、あんなことがあったのかと不思議に思うくらい、何のわだかまりもない関係になった。今から思えば、双方とも緊張と気負いがあったのかもしれない。いわば出会い頭の事故のようなものだった。

百年史編集室には、週に三度くらい足を運んだだろうか。私は分担された通史編の原稿を書くために、同時並行でかなり基礎的な勉強を余儀なくされた。幸い、編集室にはたくさんの書籍や資料が準備されていた。中野さんに助言をもらったり、資料について教えてもらったことが何度もある。長与又郎（元総長）の日記をみんなで読んだこともあった。この時は、くずし字の苦手な私たち教育史出身者は、国史の人たちに教えてもらいながら、くずし字辞典を片手に苦労した。この経験は貴重だった。後に私が野間教育研究所に就職してからのことだが、平賀譲日記を中野さんらと一緒に読み、野間研から復刻したことがある。すでに自力で読めるようになっていた。

平賀譲で思い出したが、当時『軍艦総長・平賀譲』（文藝春秋／一九八七年刊）の執筆中だった内藤初穂さんが、時々百年史編集室を訪れていた。ある時、中野さんと一緒に鎌倉の内藤さん宅にお邪魔した。しこたま酔っぱらい、おいとまする時間が遅くなった。帰り道、中野さんが突然、寺崎先生の家に行こうと言い出した。東横線の白楽で降り、先生を電話で呼び出した。珍しくジーパン姿の先生が現れ、「何をやってんのかね、君たちは」などと笑われながら、喫茶店でしばらく雑談した。中野さんが何を考えて寺崎先生を呼び出したのかは聞きそびれてしまった。寺崎先生への中野さんらしい「甘え」であったかもしれない。ともあれ、寺崎先生にはいい迷惑だったに違いない。

別の時だったと思うが、やはり一緒に酔っぱらった時、中野さんに誘われて、図々しくもお宅に一泊させてもらったことがある。まだお子さんたちはとても幼かったと記憶している。奥様にはご迷惑であったろう。翌朝には、わざわざお風呂を沸かしてくださった。ありがたく、また申し訳なかった思い出である。

つまりは、私と中野さんとはいつも飲んでいた。そんな時の話題は、決まって子育ての話だった。お互い子どもの年齢が近く、保育園の父母会活動をしていたのも共通していた。奥様も私の妻も教員をしていたので、生徒の話もよくした。そんな話題を交わす時、不思議と話が合い、無条件に楽しかった。つくづく思うのだが、中野さんは誰にでもやさしく温かい人だった。私たち研究者仲間だけではない。ご近所や保育園のお父さん、お母さんとの付き合いも大切にしていたし、奥様の教え子たちへも心を配っていた。そういう市井人、研究者でありたいと、私はいつも中野さんから教えられていたような気がする。

（青山学院女子短期大学）

中野実さんの思い出

湯川　次義

中野さんと最後に会ったのは、亡くなられる半年ほど前の二〇〇一年九月の教育史学会第四三回大会（上越教育大学）の時であった。客観的に見て体力の回復はまだという状態で、わざわざ学会に出席しなくてもと感じたのは私だけではなかったと思う。今にして考えると、わざわざ新潟まで行って学会に出席しようとしたのは、病を克服し、研究を継続したいという中野さんの強い意志のあらわれであったに違いない。その時は、中野さんを中心に進めていた『公文録』の教育関係部分の復刻（『編集復刻　日本近代教育史料体系』）の残りの作業をどう進めるのかを相談し、また個人的には私の博士論文の出版先について相談にのっていただいた。その後、年賀状をいただくなどしたことから、快復に向かっているとばかり思っていたが、米田俊彦さんからいただくメールは次第に深刻な内容に変わってきた。今にして思えばお見舞いに伺うべきだったとも考えるが、中野さんの痛々しい病状や色々な思いを推察すると、お伺いするのは遠慮すべきと判断した。

私が中野さんと最初に出会ったのは一九七六年か七七年で、立教大学大学院の寺﨑昌男先生のゼミに私が「潜り」として参加させていただいていた時だった。寺﨑ゼミでの中野さんの発表として記憶に残っているものは二つあり、一つは当時の国立教育研究所で収集した教育調査会史料に基づいて同調査会の大学制度改革構想についての発表で、二つめは公開され始めたばかりの枢密院文書に基づく大学令の制定過程についての発表である。二つめの発表にまつわる覚束ない記憶をたどると、中野さんは寺﨑先生が執筆した『日本近代教育史5　学校教育(3)』（国立教育研究所編）の大学令制定に関する叙述が枢密院文書に基づいていないと批判し、これに対して寺崎先生は枢密院文書の存在を知りつつも、非公開であったため悔しい思いをしながら執筆したのであり、そういうことを確認せずに発言するのはどうか、と反論したことを覚えている。このような大学院在籍中の発表についての記憶をたどると、一次資料発掘への拘りや資料に基づいて事実を確定するという、中野さんのその後の研究姿勢の特徴が、既に院生の頃から芽生えていたことが確認できる。また、例え恩師ではあっても批判すべき点は批判するという姿勢も、中野さんの若い頃からの特徴だったと言える。さらには研究対象についてみると、中野さんは一九一〇年代の大学制度改革の研究に着手しており、この時期がライフワークとなる近代日本の大学教育史研究の出発点であったことになる。教育調査会から臨時教育会議を経て確立された大学制度は、中野さんが博士論文として構想していた「帝国大学体制」の確立と並んで、近代日本の大学制度確立の上で重要な意義を持つものであるが、この意義を二〇代後半の中野さんが明確に意識していたかどうかは分からない。しかし、一九一〇年代の高等教育改革構想の意義に着目し、新資料を発掘し、独自の視点から研究を深めていたのであり、まさしく研究者として出発し始めたばかりの中野さんの姿がここにあった。

しかし中野さんは、客観的にみて研究に「のめり込む」風でもなく、何か一定の距離を置いて大学史研究に取り組んでいるという印象を受けた。学部時代から「大学解体」論を唱え、行動していたことがその背景にあったと思われるが、その時は中野さんの姿勢の意味を理解できなかった。

寺崎ゼミの「潜り」を三年間で終えた後は、中野さんとの接点はそれほどなかったが、一九八九年から開始された『東京都教育史』刊行事業の中で、中等・高等教育の専門委員としてご一緒させていただいた。東京の高等教育史の特色をどう描くかを清水康幸さんと三人で論じたが、中野さんの適確な事実認識とアイデアの豊富さには驚くばかりで、多くのことを学んだ。東京大学や立教学院の沿革史編集の実務にかかわった経験や、豊富な資料調査と資料の読破などによって、中野さんの歴史をみる眼力が益々研ぎ澄まされ、大学史研究の第一人者として実力をつけていったのだと感心し、中野さんを羨ましく思った。

中野さんとのお付き合いは二十五年近くに及んだ。交際が頻繁であった時や、双方が多忙で何年間も会わないこともあったが、年齢が同じということもあり、また同じ高等教育史を研究対象としていたこともあり、親しく交際し、資料について教えていただくこともあった。中野さんは、戦前の日本の女性への大学教育機会開放に関する私の研究への評価として、亡くなられる数年前だったと思うが、「実現はしなかったが底流に水脈のように存在し続けた女性の大学教育実現のための事実を発掘し、それを整理し全体的に位置づけた」意義ある研究だ、という趣旨のことを言ってくれた。近代日本の大学史の優れた研究者である中野さんからの評価だけに、とても嬉しかった。

中野さんが大学史研究に着手し始めた二〇代後半の思い出を中心に記したが、最後に、〇四年三月の日本教育史学会（謙堂文庫）に中野さんの三人のお嬢さんが参加し、谷本宗生さんによる「故中野実の大学史における活動について」の報告を真剣に聞き入っていたことがとても印象的だったことを記し、「中野実さんの思い出」を終えたい。

中野さん、色々なご配慮、誠にありがとうございました。改めて、謹んでご冥福をお祈り申し上げます。

（早稲田大学教授）

嗚呼、先輩、中野さん

前田　一男

人との別れは、致し方のないものだろう。なるほど頭では理解できる。しかし、その致し方のなさに、宿命としか言いようのない不条理が加わると、割り切りようのない気持ちの隙間に、悲しさや悔しさが棲みついていく。これからという時に。最も悔しかったのは中野さん自身ではなかったか。宿命としか言いようのない現実を、今更ながら恨みたくなる。

中野さんとの出会いは立教大学六号館一階の廊下、明るくはない教育学科の資料読書室前だった。見事な髭を蓄え、その上に縁太の眼鏡がゆったり座っていた。風貌だけでなく、どこか難問と同居しているような、寡黙で時に陰鬱な表情を持った人という記憶が脳裏に焼きついている。正確にはそれ以前にも会っているのだろうが、ぼくはその印象的な場面を中野さんとの最初の出会いと勝手に決め込んでいる。先輩と後輩の関係は、その後、立場や身分が変わっても、最初の関係が決定的に続いていく。ぼくの場合も、中野さんとの関係は、時に上司となり、時に共同研究者となってはいくが、出発点のこの関係が、その後恵まれることになった四半世紀近くの間、変わることはなかった。

最初の出会いに「陰鬱な」という形容をしてしまった。学部生にとって院生は得体の知れない怪物のような存在で、学問の蘊奥を究めようとするのには、そのような「陰鬱さ」が求められるのだと、妙な緊張感をもって解釈していた。しかしその後、それは中野さんの研究姿勢から生まれてきたものではないかと考えるようになった。朝日新聞社で教育を担当され、寺﨑ゼミにいわゆるモグリで参加されていた本多二朗さんが、「大学紛争」時代の闘士で宇井純さんの大学自主講座の運営を担っている中心的な人物に、高等教育史を実証的に研究するゼミで再会するとは夢にも思わなかった、というエピソードをことあるごとに話されていた。そのことについて、中野さんはいつも苦笑いするだけでお答えにはならなかった。

ぼく自身、「大学解体」の思想・運動と高等教育史の「研究」とがどのように関連しあっているのかという、ある意味無体な質問を、中野さんに投げかけることはついぞしなかった。そしてそれをしなかったことを後悔していない。それは、容易に解けない問題として、いやむしろ短絡的に結びつけて理解したつもりになってはいけない問題として、中野さんにいつもこびりついていたからだ。僭越で抽象的な言い方になるが、不全感との葛藤、割り切りへの誘惑と苦悩、そして基礎研究への確信が綯い交ぜになって、中野さんから直感的に伝わってくる何かがあった。あくなき史料の収集と整理、そのための丁寧な目録作り、日記やメモの翻刻、どれも根気のいる基礎的な作業だが、中野さんの研究姿勢は頑なまでに一貫していた。それは逆説的だが、一筋縄ではいかない現実と対峙する自分自身を鍛えようとされていたのではなかったか。「陰鬱さ」という表現こそ、中野さんの孤高な研究姿勢をあらわす前向きな生き方そのものではなかったか。

ぼくが中野さんを先輩として見続けているのは、厳しい叱責を受けた忘れられない経験があるからだ。前期課程二年生の秋だった。ゼミでの発表が終わった夕方の飲み会、対面に中野さんがいた。中野さんから、とりあえずは体裁の整えただけの「久保田譲」についての発表を許してはもらえなかった。その指導は厳しかった。今後の進路やその他の問題で精神的にとても疲れていたという自分自身への言い訳は通用しなかった。自分の弱さの核心を射抜かれ、自分自身がどうしようもなく悔しく情けなく、不覚にも泣いてしまった。恥ずかしながら、人前で泣くなどという醜態は、滅多にない経験であった。貴重な経験だった。中野さんの周囲の人たちへの細やかな気配りや優しさは、多くの人の語るところだが、高等教育研究者としての矜持からそれゆえ、妥協することのできない厳しさから出たその指導は、プライベートな問題を理由にすることを徹底的に排除しながらも、行き着くところ先輩としての優しさだったのだ。たしかに、あれは優しさだった。

編集者から依頼されたのは、実は東大百年史時代の中野さんのことであった。それを語るには残念ながら紙幅がなくなってしまった。中野さんを中心とした東大百年史編集室のエピソードは他の方々にお願いすることにしよう。そして、研究会の組織魔だった中野さん、とにかくメモ魔であった中野さん、後輩を呼ぶときにも「さん」づけで呼ぼうとした中野さん、女性の生き方や保育について語ってくれた中野さん、院生旅行である先生と激しい議論の末に一人で帰宅した武勇伝をもつ中野さん、お酒の飲み方で豪快さが徐々になくなっていった中野さん。中野さん像は、この遺稿集のいろいろな証言が交差しながら、自ずと一つの人物像を創りあげていくだろう。中野さんが愛した池袋のスナック「どん底」で、引き続き中野さん像についての話を肴に、飲ませていただくことにしよう。

先輩という存在は、変わることのない上下関係のなかで、後輩からすれば、どこか甘えている存在なのかも知れない。中野さんのことを想いながら、そんな気がしてならない。

（立教大学文学部教授）

恩人　中野実先輩への手紙

不肖の後輩　菅原　亮芳

お元気ですか。下界は残暑が厳しいです。中野さん、もう会うことも、もうあの声も、もうあの髯も聞くことも見ることも出来ないのですね。あの日、早朝、米田俊彦さんから電話がありました。「中野さんが亡くなった。僕もすぐ行く、とにかく病院に急行してくれ」というものでした。中野さんはベッドに横たわっていました。体は小さくなっていました。「いろいろありがとうございました」と述べるのが精一杯でした。あの時あなたはどこにいたのですか。僕は、一人で病院のロビーで米田さんの到着を待ちました。世の中は何事もなかったかのようにいつもどおり動いていました。「中野さんでも死ぬんだなー」と変な感心をしながら、外を眺めながら、僕はマイルドセブンを吸いました。中野さんは禁煙していたけど昔はハイライトでしたよね。まもなく葬儀の準備で忙しくなりました。その夜、僕は夢を見ました。夢は、中野さんの自宅で米田さん、荒井明夫さんたちと葬儀の準備中にいきなり入ってきて「菅原、おまえ何をしているんだ」、「えーーだって……どうすれば……」というものでした。びっくりしました。僕は「そうかあれは夢だったのか」と飛び起きましたが、飛び起きたこと自体が「夢」だとすぐにわかりがっかりしました。中野さんは何を言いたかったのですか。今でも心にひっかかっています。中野さんに導かれるかのように米田さんと二人で僕の車を走らせ葬儀の準備をさせて頂きました。嬉しかった。中野さんの最後の僕へのメッセージのようにも思え、今も重く受けとめています。中野さん、時々、小熊伸一さんが「三人で熱海に行ったように、中野さんがいたらなぁー」、と呟くんですよ。そして二人で昔話をします。「俺たち（小熊さん、前田一男さんと）よく飲みに連れて行かれて、よく怒られたよなー」。でも、「ここぞというときは俺たちの味方だったよね」。僕なんか修士論文を失敗してウジウジしている時、「学校に行けない奴にとって学校って何だったのか、という研究はおまえにしかできない」とか何とか言われちゃって煽てられ、元気づけてもらいました。寺﨑昌男先生が大切にしていた「進学案内書」の研究を勧めて下さったのも先輩でした。「進学案内書」を教育史学会で発表する時も「レジュメと資料はできたのか」、とハッパをかけられ、東大の百年史の部屋で一緒に作って下さいました。「夜間中学」の学会発表の時も「夜間中学って何だろう」って悩んでいた時、僕の自宅まで来て指導して下さいました。就職が決まらず「俺はもう駄目だぁー」とほざいて、病葉のようになっていた時も、「どんな人間でも一生に一回は舞台は廻る」と励まして下さいました。研究所に就職が決まった時、真夜中、中野さんが運転する車で東名を走っていた時、「良かったね、菅原」と心から言って下さいました。中野さんは僕の修士時代のことを良く知っていたので、言い知れぬ感動を覚えて下さったものだと思います。

中野さんを語るとき、僕たち後輩は、（否、僕にとって「兄貴」

という存在でした)、時には頼りになり、時にはウザったく、時には甘えられる。だから、どういうべきか、中野さんが他の兄弟を可愛がっていると嫉妬させられる存在でした。僕と年齢はそんなに違わないのですが、恐ろしく大人に見えました。僕はいろいろあったけど、立教で学んで、先輩にお会いできて、怒られて、励まされて、支えられて、見守られて、嬉しかった。それが僕の支えです。中野さんは出来が悪くても一生懸命に命を燃やそうと思う奴には厳しく批判もするけど、とことん自分の時間を削って献身的に援助する人でした。直接中野さんに答えられるものは何一つ僕は持ち合わせていないけど、僕の今やっていることは中野さんの後姿から学んだもの。なのに、2回目、慈恵医大病院に入院した時、お見舞いにも行かないで、ごめんなさい。行けなかったんだ。どうしてもいけなかったんだ。ごめんね。中野さん言ってたよね。「死者は生者が思い出すときにのみ蘇る」って。思い出すよ、いつもというわけには行かないけど。最後に飲んだのは渋谷だったよね。新谷恭明先輩も一緒だった。また、飲もうよ、楽しみにしています。

では、またね

（高崎商科大学教授）

中野実さんの思い出

小熊　伸一

二〇〇一（平成一三）年三月一八日（日）、中野実さんと横浜でお会いしました。当時、私が神奈川県の文教大学女子短期大学部から現在の岐阜県立看護大学に移るため、中野さんが横浜で二人で会わないかと声をかけてくださったからです。

場所は、横浜の中華街の中にあるホテル・ホリデイ・イン一階の喫茶室でした。たしか午後一時を少し回ってからお会いしたと記憶しています。

横浜は、中野さんが大好きな場所です。小学生の頃、お父上様のお仕事の関係でブラジルまで船でいらしたことがあり、横浜は大変懐かしい思い出があるとおっしゃっておられました。

昼食は、中華街のメイン通りから少し露地に入りました鳳城酒家を選びました。食事を済ました後、山下公園に行き、氷川丸に乗りたいと言われ、二人で氷川丸に乗り、船内を見学しました。子どもの頃、船でブラジルに行き、蝶ネクタイをして洋食を食べた話などをお聴きし、懐かしそうに船内を見ておられる中野さんの姿が実に印象的でした。

また、船上でコーヒーを飲みながら、話は、研究のことや仕事の話などに及びましたが、「こんな時間がなかったなあ、今まで突っ走ってきたからなあ」とおっしゃっておられた言葉が妙に心に引っかかっております。

まさか、その中野さんが、一年後に旅立たれるとは夢にも思いませんでした。

中野さんとは、私が立教大学文学部教育学科三年生の時にはじめてお目にかかり、以後、お付き合いをさせていただきましたご尊敬する先輩です。一九七七（昭和五二）年の秋、京都大学で開かれた教育史学会で先輩の中野さんと新谷恭明さんが発表され、先輩方の発表を同級生の山口稔雄君と聴きに行ったのがはじめてであったと思います。

大学四年生の時、寺﨑昌男先生のお引越しがあり、再び、中野さんとお目にかかることになりましたが、公私ともども親しくさせていただくようになりましたのは、私が大学院に入ってからです。

とくに、中野さんは、大学院のゼミ以外に、私たち後輩に古文書学の手解きを教えてくだり、「足腰を鍛えること」の大切さを教えてくださる一方、私たちがさまざまなことで悩んでいる時に相談に乗られ、励ましのお手紙をくださる実に面倒見の良い素晴らしい先輩でした。

その後、東京大学百年史編集室や立教学院百二十五年史編纂室などの仕事を通じて、一方ならぬお世話になり、思い出は尽きませんが、数ある思い出の中でひとつだけあげるとすれば、中野さんは、史料を大切にされたことです。必ず、原史料にあたり、その史料を読むことに力を入れておられました。もし、二次史料などを使い、いい加減な原稿を書くと、手厳しく指摘されました。かつて「かわら版」の原稿執筆の折、時間がなく二次史料を使い、原稿を書きました時の中野さんのお顔は忘れられません。

「かわら版」は、中野さんが立ち上げ、米田俊彦さんとご一緒にはじめたのが最初です。当初、各自がワープロを持ちはじめ、各個人が進めている研究の史料の紹介を中心に書いてみようと思いたったことが発端であったのではないかと思います。「かわら版」の編集作業のあとには、必ず寄り道をし、近況方々、研究や仕事などの話に花を咲かせ、楽しいひとときを過ごし、中野さんが「あと一本」とお酒を注文され、話が尽きなかったことが深く印象深く残っています。

一九九九(平成一一)年七月、中野さんは、『東京大学物語まだ君が若かったころ』(吉川弘文館)を出されましたが、その草稿を読み、意見を言って欲しいとおっしゃり、米田さんと私にゲラを見せてくださいましたことがあります。遠慮しないで言って欲しいといわれ、大いに意見や感想を申し上げましたが、そのことを、ご著書の「あとがき」に書いてくださり、恐縮しましたことがあります。こうした研究や仕事の話ができる先輩がいないと寂しさが込み上げてきます。

これまで、中野さんから公私にわたり多くのことを学ばさせていただきましたが、それらのことを今後の私の研究や仕事に活かし、いずれ中野さんにご報告できるようにしていきたいと考えています。

最後になりましたが、中野実さんのご冥福をお祈りしつつ、心の中で、いつか中野さんが好きでした京都をご一緒に旅行してみたいと思っています。

(岐阜県立看護大学)

中野実さんと『かわら版』

駒込　武

「まさか、江戸時代に出回った心中、敵討ち、刑死、火事などの事件を印刷し、売り歩いた瓦版を目指しているわけではないのですが、一枚刷りの印刷物で、読み易く、肩肘の張らない情報交流、意見交換などの場として、この瓦版を発行します」。一九八六年九月、中野実さんの呼びかけで始まった『かわら版』の第一号の文章である。僕は、一九八八年五月発行の号から『かわら版』に原稿を寄せるようになった。そして、毎月一回、『かわら版』を作るために集まり、それが終わると、ほぼ毎回欠かさずお酒を飲みに行った。その回数は、ほとんど数え切れない。

よくよく考えてみれば、『かわら版』は、変なメディアである。みなが史料紹介を中心とした一頁程度の文章をそれぞれのワープロで書いて持ち寄り、のりで貼り合わせて版下を作成し、コピーして、郵送する。それだけならばいわゆるミニコミの発行にともなう作業であり、それほど変ではないかもしれない。しかし、『かわら版』には幾つかの約束事がある。

第一に、固定された「会員」も「会長」も存在しない。一応、中心的なメンバーらしきものはいるものの、誰かが原稿を寄せてくれれば大歓迎で掲載する。中野さんの住所を「気付」として記したものの、これは中野さんが「会長」であることを示すものではなく、さしあたっての連絡先を表示したに過ぎない。第二に、毎月郵送する人から「会費」のようなものはとらない。郵便振替用紙も送らない。ありがたいことに時に切手をカンパしてくれる人もいるけれど、いわば「勝手に送りつけている」以上、原稿を持ち寄る人が必要な費用を自己負担するというのが原則である。第三に、『かわら版』を自らの「業績」とはしない。間違っても、自分の「業績目録」に書いたりしないことになっている。それればかりでない。『かわら版』に書いた原稿は原則としてお互いに引用しない、という約束事もある。「学術刊行物」とみなされるのを避けるために、かつてはわざわざ猫の漫画を切り抜いて貼ったりしてもいた。このあたりになってくると、かなり変である。

そもそも、史料紹介の文章を書くこと自体が、けっこう冒険的なことである。もちろん、史料紹介が活字化されて学術誌などに掲載されるならば、それはそれで「業績」になる。しかし、『かわら版』ではダメである。さらに、すでに自分の論文で用いた史料を紹介するのならばとにかく、自分で苦労してようやく見つけた史料を断片的な形で紹介するのは、いわば作業場を他人に見せるようなものである。着実に「業績」を積もうとするならば、これは愚の骨頂である。なるべく史料は秘蔵しておいて、論文という完成品になってから公開した方がよいに決まっている。

さらに、史料紹介を書くことは、しんどいことでもある。自分で新たに史料探しをしていなければ、あっという間にネタがつきてしまう。その時に、もっともらしい自分の「主張」なり「見解」なりを記すことで誤魔化すことはできない。僕の場合、ネタがつきてしまって、しかも、新たな史料探しをしないままに一ヶ月が過ぎ、しかたなく原稿を持たずに『かわら版』の集まりに参加したことが何度あったことか。というよりは、原稿を出した回数よりも、原稿を出せなかった回数の方がはるかに多い。

『かわら版』があるために、自分が自分の研究をしていない、ということを定期的に思い起こさざるをえない。だからこそ、僕は『かわら版』という場にかかわることが大切だと思ってきた。ただし、それは、要するに、研究者としての自分にとっての意味である。無事に『かわら版』の原稿を書き、さらにそれを土台として論文を書ければ、めでたしめでたしということにもなりかねない。

しかし、中野さんが『かわら版』を始めた意図は、そうしたことにつきるものではなかったのだと思う。中野さんが七〇年代に書いた大学論に関する文章を読むことで、そのことがようやく自分にもわかってきた。特にはっとさせられたのは、中野さんが手作りのミニコミとして『としょ』という書評雑誌を作っていたのを知ったときである。書評も、労力の大きさの割には、「業績」としては軽んじられるものである。まして、手書きのミニコミであってみれば、そもそもカウントされない。そこでは、「業績づくり」という志向とは対極的な方向に向かおうとする姿勢が、自覚的に選び取られているのだと感じた。

書評と史料紹介には、似たところがある。書評は、その対象とする著書・著者を必要とする。書評の内容が、著者によって反論されることも珍しくない。史料は、解釈を必要とする。史料を解釈した結果だけが提示されれば反論は困難だが、史料が介在すれば議論の発端となりうる。書評も、史料紹介も、いわばそれ自体としては完結しないものなのだ。だからこそ、どちらも、他者との知的な対話の可能性を切り開くための土台としての意味を持っている。そして、土台作りにふさわしい形式は、ミニコミである。もちろん、学会誌が学会員すべてに配布されるのに比べれば、ミニコミの届く範囲は明らかに限られている。しかし、問題は量ではない。業績主義にがんじがらめにされた大学という制度に抗して、自分の足下から知的な対話の可能性を切り開いていくことなのだ。現に存在する大学とは異なる〈大学〉がありうるとすれば、そのあり方も、こうした地道な作業からしか見えてこない。中野さんは、そのように考えたのではないだろうか。

『としょ』と『かわら版』は、中野さんの中で連続しているのだろうと思う。かつての「全共闘経験」を想い出話として誇らしげに語る人が多い中で、中野さんは決して七〇年代の経験を僕たちに語ろうとはしなかった。そのこともまた、七〇年代の経験が「過去の想い出」になりきることはなかったこと、「反大学論」への思いが生き続けていたことを、逆説的に物語るものなのだろう。それにしても、『かわら版』を作り終わったあとに何度となくお酒を飲みながら、こうした話を中野さんとほとんどできなかったことが、自分にとっては口惜しい。中野さんが書いたものを読むにつけ、その口惜しさは深まっていく。しかし、やはり逆説的な言い方になるが、その思いが自分の中にあるかぎり、中野さんは自分の中で生き続けているのだとも思う。そして、自分なりのやり方で〈大学〉を問い、〈研究者〉としての自分を問い続けることへと促されているのだと感じている。

（京都大学教員）

中野実先生の思い出

江津　和也

中野実先生のお人柄や研究業績について、さまざまなところで回想されているのを目にするたびに、生前に故人と出会えたことをあらためてうれしく思います。

私の場合、研究者としてよりも、教育者としての先生とのかかわりがほとんどでありましたし、また思い返して目に浮かぶのは教育者としての先生の姿です。ですから、ここでは「中野先生」と表記させていただき、私の見た先生の教育者としての姿について、この場をかりて述べさせていただきたいと思います。

中野先生との出会いは、一九九五年四月のことになります。相模原に移転してしまって、今は無き青山学院大学厚木キャンパスの一教室においてでした。

第二学年に進級したばかりの文学部生の私は、分厚い履修要覧のなかに「大学論Ｉ」という聞きなれない講義があることを知り、その内容に大変興味を抱きました。詳細はもう忘れてしまいましたが、要覧に記された講義の概要は、「明治時代から戦後の大学論について、一次資料を用いながら解説するとともに、現代の大学をめぐる問題について考えていく」といったものだったと記憶しています。

大学では、履修登録完了までの期間はあらゆる科目を受講することができる「お試し期間」であったため、「大学論Ｉ」が気になった私は、試しに教室へ行ってみることにしたのです。そこで非常勤講師として出講していらした先生と出会うことになったのです。

教室に入ってこられた先生の第一印象は、顎に髭をたくわえ、いかにも「学者らしい」人であるということでした。それ以後、話し振りや講義内容に次第に惹きつけられていくことになります。大学二年生の私は、この世に大学史研究という分野があることや、先生が近代日本大学史の分野で著名であることなどまったく知らず、さらには先生がどういうお立場で、何者であるかもまったく存じあげませんでした(これらを知ることになるのは後期になってからであり、授業回数も残り僅かになっていました)。ですから人間そのもの、授業そのものに、私は惹かれたといえます。

授業は、受講者のほぼ全員がそれまで未知の領域であったと思われる大学の歴史についてわかりやすく述べられつつ、「帝国大学令」、「東京専門学校開校祝詞」、「ラートゲン申報」などの一次資料を読んでいく形でおこなわれました。私にとっては大学に入って初めて受けた、アカデミックな雰囲気に満ち溢れた授業であり、毎回楽しみなものでした。

歴史的なことだけでなく、受講している二十五名の学生たちすべてに心当たりのある問題、たとえば大学の不本意入学、偏差値序列の問題などを取り上げて議論をおこなったり、新聞、雑誌記事を持ってこられ大学をめぐる現代的課題を提示されたりしていました。こうしたことをおこなっていたのは、受講生が大学について、歴史的なことと、現代的な問題とをつなげて考えることができるように配慮してのことであった、と今となって思います。学問の匂いがしつつ、自分が身を置く大学について考えを深めさせてくれる授業でしたので、翌年も参加させていただきました。

こうしているうちに先生とお話させていただく機会が増え、それ以後も(大学卒業後も)、相談にのっていただいたりするようになりました。特に進路については、夏休みに時間をわざわざ割いて話を聞いてくださり、非常に感激した記憶があります。また先生が学部四年次に履修を強く薦めてくださった授業科目の担当講師は、現在、私の指導教授になっています。

先生は、非常勤講師として勤務している大学の学生に対しても、一人ひとりを大切にし、それぞれの性格を理解したうえで、適確な対応のできる人であったと思います。忘れることができないのは、「大学論Ⅰ」を一緒に受講していた友人が卒業後、就職したものの数日で退職してしまい、深く傷ついていたときのことです。それを知った先生は、友人と私を呼び、東大近くの居酒屋で、追い詰めることなく、友人がこれからできることを真剣に考え、いくつかの選択肢を提示してくれました。友人は今でも、先生がポケットマネーでご馳走してくれ、真剣に考えてくださったその日のことを忘れずに感謝しています。

現在、私は社会人大学院生として教育史研究をしながら、保育者養成校に勤務しています。そこでは、「一人ひとりを大切にする」実践を心がけ、保育者の卵たちを指導しています。このことは私が大学史研究とともに、中野先生から学んだ大きなものであります。

さて私の研究テーマは、私立大学史に関係することでありますが、数年間、研究から離れてしまったため、生前に先生からご指導を受けることはほとんどできませんでした。大学について現代的な問題意識を持ち、かつ地道に実証的な研究をされていた先生が生きておられたなら、たくさんの励ましやアドバイスをいただけたことでしょう。そう思うと一層、先生があまりに早く亡くなられてしまったことが残念でなりません。

（早稲田大学大学院博士課程・聖ケ丘教育福祉専門学校講師）

中野実先生の思い出（太政類典や公文録、公文類聚のこと）

古賀　徹

中野実さんとは、一〇年以上もの間、「公文録」復刻・編集のお仕事をご一緒させていただいた。その成果として『編集復刻　日本近代教育史料大系（第一期公文記録）』第六巻〜第二〇巻（二〇〇一年）、索引と解題を収載した「付巻」（二〇〇四年）が龍渓書舎より刊行されるに至った。この企画は一九八九（平成元）年より故　佐藤秀夫氏を研究代表として「太政類典」「公文録」「公文類聚」の膨大な教育関係文書を整理・公開する目的で始められたもので、刊行予告リーフレットの推薦文には、この企画の意義や刊行に寄せる期待の大きさが書き記されている。最初に着手した「太政類典」担当の九人の研究者の中で、中野さんはその実務や事務連絡の中心的役割を果たしていた。

私がこの出版に加えていただいたのは一九九一年一一月。「公文録」の企画からであり、この時の最初の会合で中野さんに初めてお会いした。とても気さくな人という印象を受けた。「公文録」は国立公文書館所蔵記録文書のひとつで、維新期からの日本の公官庁間（など）の伺・指令・下問・掛合などの記録が収められている。編集作業はそのうちの「教育」（文部省・大学・京都学校・大学校・昌平開成両学校・皇漢両学所）関係の文書を写真版で公刊し、また詳細な索引や解題を付して「史料の使い勝手」までを考えるというもので、以後の歴史研究の進展にも寄与することが目されていた。この史料の公開という「公」部分は代表の佐藤氏と中野さんの共通した考えかた（アーキヴィストとしての意識）ではなかったかと思う。ちなみに「公文録」は一九九八年六月より「重要文化財」指定となり、国立公文書館でもマイクロフィルム版を閲覧することはできるが、例えばサイズの違う絵図や書簡類といった「写真」にできない部分は直接にはみることができない。またかつても「筆記写本」が公開されていたのだが、原本とはかなり体裁やイメージに違いがあり、確認のために原本を閲覧するには申請手続きをして数ケ月待たなければならない。こうした点においても、この出版企画の意義の大きさがうかがえるのではないか。

実際の作業は困難を極め、長時間を要した。一九九一年一一月九日に日本大学文理学部で開かれた最初の会合以降、週に二回ほど集まるというペースで作業が進められていった。在京以外の地方のメンバーについては、その後は郵送などで対応しお願いすることになった。私が事務連絡係を担当した間は、院生として所属した日本大学で作業が行なわれた。

一九九五年四月以降は東京大学大学史史料室へと作業場所が移され、中野さんが幹事を引き受けてくれた。全国のメンバーも会しての合宿作業を実施したりしたが、また一方で担当者の変更があったりなどの問題も発生した。出版の実現へ向けて入稿の催促通知の送付なども務めねばならず、中野さんには人間関係の面でもかなりの精神的な負担をかけたことと思う。なお、一九九六年末まで、水曜日午後五時からを毎回の作業日として、東京大学での作業が続けられた。

一九九七年以降中断を繰り返していた作業も、二〇〇〇年一二月から再開され、冬季のみ集中して作業が行なわれた。二〇〇一年二月までほぼ毎日休まずに東京大学へ通ったが、その後、中野さんの入院もあって休止となった。夏に中野さんから電話があり、学会後の一〇月に私が東京大学史史料室に行き、残された作業を進めるために資料を預かって持ち帰ることになった。当時、史料室の整理・引っ越しを控えており、その混乱による原稿等の消失をおそれて、私に委託されたのであった。

その後は私が自宅で入力作業を続けることになった。基礎的な入力作業はようやく二〇〇二年三月二五日に終え、入稿することができた。中野さんが入院中に完成といういい知らせをもって見舞いに行きたかったが、刊行には間に合わなかった。

この編集の作業は、各自の今後の研究のためになるということで、いわば手弁当で集まって進められた。たいへんな労力と時間がかかり、その作業を知っている周囲の人間からは「あなたたちがつくったものを買う方が得」と皮肉をいわれたこともあった。そのような地道で、困難な作業であったが、個人の研究業績よりも、どちらかといえば公のための仕事として、「史料集」「大学史（沿革史）」などの「編纂」そのもののプロを目指すことも必要だと中野さんはよく言っていたし、私も共感していた。入院中の中野さんから年末に何度か「とにかく公文録をたのむ」と電話で言われたが、この仕事をすごく心配されていたのだと思う。責任感の強い人であった。「古賀は若いんだから、若い時にこういうことをやっておく方が後々にいいのだよ」とも言われ、ある意味では私の指導教官のようなかたでもあった。ちなみに院生時代の指導教官であり編集代表の佐藤氏も「公文録を一緒に仕上げましょう」と常に仰っていたが、その夏から体調をくずされて二〇〇二年一二月に逝去された。同じように佐藤氏からも病院から一〇月ぐらいに電話をいただいたが、その内容は「公文録の完成」についてであった。歴史研究や史料編集で中心的存在であった二人が、最後まで心にとめていた「公文録」復刻に、共に関わらせていただいたことを私は誇りに思っている。

（立教大学非常勤講師）

旧制高等学校とのかかわり

谷本　宗生

故人中野実の足跡については、私（谷本）は全国地方教育史学会の会報（第八九号）に帝国大学史研究などの視角から、研究者としての故人の一端を執筆したことがある。そこで、本稿ではとくに故人と旧制高等学校との関係について言及したい。

周知のとおり、故人と大学史編纂及び大学史研究の関係については、逝去後に立ち上げられた中野実研究会の編集校正による『大学史編纂と大学アーカイヴズ』（二〇〇三年）や『近代日本大学制度の成立』（二〇〇三年）などでも明らかにされている。その一方で、故人と旧制高校との関係については、故人をよく知る間でもあまり知られていない。その原因としては、おそらく旧制高校との関係が故人の晩年にあたる比較的短い期間に集中していたからに相違ない。〝大学史の中野実〟というイメージは強くあっても、〝旧制高校の中野実〟とは多くの者には連想されないのかもしれない。しかしながら、生前故人が重視し活動していた事柄を、単純な時間の長短でもって他者が軽視することは許されないであろう。

故人が急逝されて後、二〇〇三年五月から東京大学に採用されて、現在東京大学史史料室に勤務する私は、故人の晩年にあたる間、東京を離れ金沢大学史の編纂に奔走していたのである。金沢に赴く前に、故人から「教育史研究を行う君たち若い世代は、どうして旧制高等学校の研究をあまりしないのだろうか?」と質問を受けたことがある。その折りに、たしか私は次のように答えたと憶えている。「そうですね、高等教育史研究を行うにしても旧制高等学校を焦点にしない相応の事情があるのではないでしょうか。おそらく、限定されている史料的な問題、それからある種のエリート史観といったもの(イメージ)に対する戸惑い・反発などが働いているのでないかと感じます。」それに対して、故人ははっきりと次のように反論する。「そうだとすれば、なおさら君たち若い世代は先に挙げた事情といったものを克服するためにも、旧制高校を実証的に研究しようとしないのか。いや、ぜひとも旧制高校を焦点にして、教育史的に位置づける研究を行うべきであろう」。金沢大学に勤務することになった私は、金沢大学の前身学校にあたる旧制高校ナンバー・スクールの第四高等学校を研究することとなり、結果として故人の導きにしたがうこととなっていく。いま思うと、まったく不思議な縁である。

故人は、長野県松本市にある旧制高等学校記念館の運営に、一九九六年ころから積極的にかかわっていったと記憶する。松本の旧制高等学校記念館は、全国の旧制高等学校に関する資料館として一九九三年七月に開館した、東京の大倉山にある精神文化研究所とともに、旧制高校資料を体系的に収集する数少ない機関である。九五年の新潟大学で開催された教育史学会で、故人はコロキウム「旧制高等学校記念館の資料活用」の指定討論者して、教育史研究にみる旧制高校資料の重要性をはじめて提起している。

故人は、松本の記念館資料委員である荒木田清瀬(浦和高OB)・宇都宮新(松本高OB)・谷喬(成蹊高OB)らとともに、九六年八月に第一回の夏期教育セミナーを企画・運営し、自らも研究発表会で「旧制高等学校の資料と活用について」を報告している（『旧制高等学校記念館だより』第一〇号、一九九六年）。以後、毎年松本で旧制高校研究の夏期セミナーが定期的に開催されることとなり、研究発表会の司会進行を生前故人がつとめる。

とくに、故人が強く望んだ二〇代・三〇代の若手研究者らによる研究報告は、荒削りの感はありながらも、現在も引続き行われている。二〇〇四年度で、夏期研究セミナーは第九回となる。直接の旧制高校関係者らがこれから数少なくなっていき、それにともなって旧制高校研究自体も停滞していく危険性に対して、故人はつねづね心配していたが、この心配に反して、近年若手世代による旧制高校研究への新規参入という動きがみられる。夏期研究セミナーを介しての故人の存在は、単なるセミナーの司会進行役にとどまらない、私を含めた多くの若手研究者らにとって、時に叱咤する厳しい親父であり、時に激励するやさしい兄貴のようなものであったといえよう。私個人にとっては、叱咤するイメージだけがつよいが、つねにあたたかさを感じられたのはなぜだったのか……。このような故人の代役は難しいが、私と冨岡勝（近畿大学）の両名が夏期研究セミナーの世話人を現在つとめている。

「旧制高等学校は、廃校という措置により、近代日本における国家規模の一つの教育実験として位置づけられる」という考え方から、全国に点在する旧制高校関係資料を包括的に把握し、そのリスト化につとめたいと故人は試みる。故人を中心として、柴田美緒（旧制高等学校記念館）・冨岡・谷本の四名で編集にあたった『旧制高等学校研究必携（第一版）』旧制高等学校記念館（二〇〇〇年八月）は、近年の旧制高校史研究（図書及び論文）の動向に加え、「学校一覧」や「校友会・同窓会誌」などを含めた関係文献の所在、関係資料目録の有無までを網羅する、これから旧制高校史研究を進展させるためのハンドブックと位置づけられるものである。

さらに、「高等学校長会議」や「教授会記録」といった旧制高校が所蔵していた公文書・学校文書類の現状を把握するため、故人は第三高等学校資料（京都大学所蔵）や第五高等学校資料（熊本大学所蔵）などを調査しに何度となく現地に赴いている。ノートパソコンなどの操作に悪戦苦闘しながら、晩年は体調を崩しながらも遠方まで資料調査に出かけて、直接資料目録を作成しようとつとめた故人の姿勢はとても印象深い。私も金沢大学在職中に、『第四高等学校関係資料リスト』（一九九九年二月）を編集作成したが、故人から四高関係資料の保存・公開体制について指摘を受けたこともある。現在では、多くの関係資料は金沢大学資料館などに移管されて、一般に公開可能となっている。もう少し時間が許されていたならば、おそらくは三高や四高、五高などの教育史研究上の未見資料を用いて、故人が「旧制高等学校史研究にあらたな一歩を記したい」と標榜していたことも実現可能であったかもしれないと思われる。

最後に、旧制高校のことで忘れてはならないのは、二〇〇一年九月に故人が荒井明夫（大東文化大学）らと立ち上げた一八八〇年代教育史研究会とのかかわりである。故人がライフワークとした「帝国大学体制」成立史を解明していく志向は、同時に森文政期の再検討へと導かれたと想像する。研究会において、森文政期に設立された高等中学校は当初から帝国大学への進学機関として明確に位置づけられたものであったのか、そもそも高等中学校や帝国大学などはどのような段階でいかなる政策主体が政策決定したものであったのかなど、多くの問題提起を故人は行っている。これらの問題解明は、研究会にとどまらないわれわれ研究者の共有課題といえよう。

（東京大学史料室専任任室員）

恩師・中野実さんへ

大島　宏

私が、教務補佐員として、東京大学史史料室に出入りするようになったのは、一九九七年一月のことでした。そして、二〇〇二年三月末、中野さんは逝去され、私は教務補佐員を辞しました。中野さんと私の関係は、史料室という空間を中心とした五年三ヶ月でしかありません。しかし、私にとって、この五年三ヶ月間は貴重な時間であり、史料室はかけがえのない空間でした。そして、なによりも、中野実という人物に出会えたことに感謝しています。

私と中野さんとの実質的な最初の出会いは、一九九六年の秋のことでした。立教大学で開催された教育史学会の実行委員会の打ち上げの席だったと記憶しています。史料室の教務補佐員の話を打診されたのもこの時のことでした。博士後期課程一年目の、しかも海のものとも山のものともわからない私に、なぜ中野さんが声をかける気になったのかは、今となっては知る由もありません。私はその「おいしい」話を一度は断りました。しかし、あのまま断り続けていたら、きっと今の私はなかったと思うとゾッとします。中野さんとの関わりや史料室での仕事をつうじて、それまでに経験することのなかったさまざまな研究的な刺激を受けることができたからです。

はじめて古い大量の公文書に触れた時には、歴史を肌で感じたような気がして、非常に興奮したことを今でも覚えています。真夏の教養学部の資料調査では、一高の史料を探しに地下の倉庫に分け入って、汗とホコリにまみれて目録取りをし、研究には頭ばかりでなく、体力も必要なことを知りました。冷たい雨が降る中、裏面が大日本史料の原稿用紙として使われた明治時代の公文書を史料編纂所で撮影したときには、中野さんもずいぶんと興奮していたように記憶しています。たくさんの資料に触れ、また中野さんの話を聞くことによって、私は「門前の小僧」のように、史料の性格や読み方といった史料批判の初歩を史料室で、そして中野さんから学んだような気がします。もっとも、まだまだ不十分ですが……。

アーキビストとしてだけではなく、研究者としての中野さんとお付き合いさせていただいたことにも、私はとても感謝しています。

中野さんにとって、この五年という時間は研究的にとても充実した時間だったように思えます。『東京大学物語——君がまだ若かったころ』(吉川弘文館)を著し、『教育学研究』(第六十六巻第二号)に「帝国大学創設期に関する史料と文相森有礼——『帝国大学体制』の形成に関する試論的考察—」を発表したのは一九九九年のことでした。ある時にはお昼の蕎麦を食べながら、またある時には「どん底」で、博士論文の構想を話してくれました。帝国大学令にかかわる森有礼の評価や憲法制定との関係など、楽しそうに話をする赤ら顔の中野さんの姿は、今でも鮮やかによみがえってきます。私にとって、そんな中野さんの姿を見ることは、とても刺激的なことでした。

九九年の秋、中野さんは助教授に昇任されましたが、そのころから何人かの若い研究者に「大学史をやらないか?」と声をかけていたように思います。研究が充実していた中野さんは、研究者を育てたい、史料室を任せられる人間を育てたいという気持ちになっていたのかもしれません。もっとも、私は、中野さんから制度的な指導を受けたことはありませんし、その期待には添えなかったかもしれません。しかし、私に、研究の楽しさや厳しさ、そしてイロハを教えてくれたのは中野さんでした。その意味で、史料室は私にとって貴重な学びの場であり、中野さんは私の大切な「師匠」でありました。そして、今も「師匠」であり続けています。

いくら言葉を重ねても、中野さんへの言葉は尽きることがありません。むしろ、言葉を重ねれば重ねるほど、そこからあふれてしまうことの多さに絶望的になります。ただ、最後に、中野さんに伝えられなかった言葉を記しておきたいと思います。

中野さん、ありがとうございました。そして、これからもよろしくお願いします。

（立教大学立教学院史資料センター学術調査員）

中野実業績目録

㊖中野実『大学史編纂と大学アーカイヴズ』（野間教育研究所、二〇〇三年三月）所収
㊔中野実『近代日本大学制度の成立』（吉川弘文館、二〇〇三年十月）所収
○本書所収

著書

㊔『近代日本高等教育における助手制度の研究』（高等教育研究叢書三）広島大学大学教育研究センター、一九九〇年三月（伊藤彰浩・岩田弘三と共著、第四章「助手制度の成立史――帝国大学初期を中心として――」執筆）
・東京大学史史料室編『東京大学の学徒動員・学徒出陣』東京大学、一九九七年三月（編集、第一部Ⅱ「学徒動員の実態と分析」・Ⅲ「学徒出陣者の統計と分析」・第二部Ⅰ「戦時下の東京帝国大学の執筆と第三部「資料」の編集を担当）
㊖『大学史をつくる――沿革史編纂必携――』東信堂、一九九九年六月（寺﨑昌男・別府昭郎と共編）
・『東京大学物語――まだ君が若かったころ――』吉川弘文館歴史文化ライブラリー（七一）、一九九九年七月

編集参加

・東京大学百年史編集室編『東京大学百年史』通史一～三・資料一～三、東京大学／東京大学出版会、一九八四～八七年
・日本近代教育史料研究会（代表佐藤秀夫）編『編集復刻　日本近代教育史料大系　太政類典』龍渓書舎、一九九四年一月
・『東京都教育史』通史編一～四、一九九四～九七年（専門委員として編集参加、第三編から第七編までの高等教育に関する章の一部の節を執筆）
・『東洋大学百年史』全八巻、一九八九～一九九五年（専門委員として編集参加、通史編「第二編　専門学校令による東洋大学」「第三編　大学令による東洋大学」を執筆）
・立教学院百二十五年史編纂委員会編『立教学院百二十五年史』資料編第1巻、立教学院、一九九六年五月

・東京大学創立120周年記念刊行会編『東京大学歴代総長式辞告辞集』東京大学、一九九七年十月
・東京大学史史料室編『年譜　東京大学 1887-1977-1997』東京大学、一九九七年十月
・立教学院百二十五年史編纂委員会編『立教学院百二十五年史』資料編第2巻、立教学院、一九九八年三月
・全国大学史資料協議会東日本部会編・発行『全国大学史資料協議会東日本部会の十年の歩み』一九九九年三月
・立教学院百二十五年史編纂委員会編『立教学院百二十五年史』資料編第3巻、立教学院、一九九九年三月
・東京大学史史料室編『A History-21 Short Stories in Pictures-The University of Tokyo 1877-2000』東京大学、二〇〇〇年三月
・立教学院百二十五年史編纂委員会編『立教学院百二十五年史』図録、立教学院、二〇〇〇年三月
・『旧制高等学校研究必携』編集委員会編『旧制高等学校必携（第一版）』旧制高等学校記念館、二〇〇〇年八月
・国立大学協会五〇周年記念行事準備委員会編『国立大学協会五十年史』国立大学協会、二〇〇〇年十一月（専門委員として編集に参加、「前史」を執筆）
・日本近代教育史料研究会（代表佐藤秀夫）編『編集復刻　日本近代教育史料大系　公文録』龍渓書舎、二〇〇一年五月（附巻Ⅱは二〇〇三年十二月）

論文等

■帝国大学体制成立関係の論文

㊢「帝国大学体制の成立とその改編の動向」（寺﨑昌男・編集委員会共編『近代日本における知の配分と国民統合』第一法規、一九九三年六月）
㊢「帝国大学成立に関する一考察――帝国大学理科大学教授矢田部良吉関係文書の分析を通して――」（『東京大学史紀要』第一三号、一九九五年三月）
㊢「帝国大学体制形成に関する史的研究――初代総長渡辺洪基時代を中心にして――」『東京大学史紀要』第一五号、一九九七年三月
㊢「帝国大学体制成立前史――第一期東京大学末期の状況」『東京大学史紀要』第一六号、一九九八年三月

㊡「帝国大学体制形成期における学位制度の成立に関する考察」『東京大学史紀要』第一七号、一九九九年三月
㊡「帝国大学創設期に関する史料と文相森有礼――『帝国大学体制』の形成に関する試論的考察――」『教育学研究』第六六巻第二号、一九九九年六月
㊡「帝国大学体制成立前史(二)――大学分校を中心にして――」『東京大学史紀要』第一八号、二〇〇〇年三月

■教育調査会・大学令関係の論文
・修士論文「大正期における大学令制定の研究」一九七七年三月
㊡「大正期における大学令制定過程の研究――枢密院関係文書の分析から――」『立教大学教育学科研究年報』第二二号、一九七八年三月
㊡「大正期における大学改革研究試論」『大学史研究』第一号、一九七九年十二月
・博士予備論文「近代日本の高等教育・大学制度改革に関する史的研究――教育調査会における審議分析を中心にして――」一九八〇年十二月
㊡「教育調査会の成立と大学制度改革に関する基礎的研究」『立教大学教育学科研究年報』第二五号、一九八二年三月
㊡「教育調査会における大学制度改革に関する考察――大正期における大学改革研究試論(2)――」『大学史研究』第三号、一九八三年七月
・「大正期の「大学令」と私立大学」、東洋大学井上円了記念学術センター『サティア《あるがまま》』第六号、一九九二年四月

■その他の論文
・「官界における帝国大学出身者の主要ポストの占有率と職階異動――法科大学・工科大学出身者の比較――」『大学史研究通信』第一一号、一九七八年八月(寺﨑昌男・近藤弘と共著)
・「研究ノート:昭和戦前期の私立大学――立教大学の場合」『立教大学教育学科研究年報』第三五号、一九九二年一月

・「戦時下の私立学校――財団法人立教学院寄附行為の変更を中心にして――」『立教大学教育学科研究年報』第三九号、一九九六年一月

・「大正末期から昭和戦前期における私立大学の中等教員養成に関する研究」『東洋大学　井上円了センター年報』Vol.5、一九九六年七月（豊田徳子と共著）

■大学史編纂・大学アーカイヴズ関係

(野)「編集室の三つの委員会について」『東京大学史紀要』第六号、一九八七年三月

(野)「東京大学百年史の編纂過程とその問題点」『東洋大学史紀要』第六号、一九八八年三月

(野)「大学史編纂と史料の活性化――東京大学史史料室の紹介――」『日本近代思想大系9　憲法構想　付録〔月報11〕』岩波書店、一九八九年七月

(野)「大学史編纂と資料の保存――現状と課題――」『記録と史料』第三号、一九九二年八月（澤木武美・鈴木秀幸・日露野好章・松崎彰と共著）

(野)「立教学院史編纂室の設置」『チャペルニュース』第四一七号、一九九三年六月

・「大学史編纂と年報――『東京大学年報』の復刻の紹介――」『大学アーカイヴズ』第九号、一九九三年九月

・「立教学院一二五年史編纂について」『立教フォーラム』一、立教学院、一九九四年一月（鵜川馨監修、伊藤俊太郎と共著）

・「寺﨑昌男氏講演「大学史と大学史編纂について」を聞いて」『大学アーカイヴズ』第一〇号、一九九四年三月

(野)「東京大学史史料室」『日本教育史研究』第一四号、一九九五年八月

(野)「大学史と大学史資料」『学問のアルケオロジー』東京大学出版会、一九九七年十月

・「大学史編纂と資料の保存――現状と課題」『全国大学史資料協議会東日本部会の十年の歩み』、一九九九年三月、沢木武美・鈴木秀幸・日露野好章・松崎彰と共著）

・「"A History-21 Short Stories in Pictures", The University of Tokyo1877-2000（仮称）の編集、発行について」『名古屋大学史史料

室ニュース』第八号、二〇〇〇年三月

㊧「百年史編集室から大学史史料室へ――改組の経緯と現況を中心にして――」『北海道大学125年史編集室だより』第三号、二〇〇〇年

㊧「『大学史をつくる――沿革史編纂必携』編纂をめぐって」の報告を終えて」『大学アーカイヴズ』第二三号、二〇〇〇年十一月

㊧「新制大学史編纂の課題――『東京大学百年史』(通史三)の編纂を中心にして――」『広島大学史紀要』第三号、二〇〇一年三月

■講演・報告記録

㊧「大学史の方法Ⅰ」第三〇回東日本大学史連絡協議会研究部会、日露野好章と共同報告、一九九四年七月二〇日(『大学アーカイヴズ』第一一号〔一九九四年十二月〕所収)

・シンポジウム「日本の高等教育を考える」第一回夏期教育セミナー、一九九六年八月三日(『シンポジウム「日本の高等教育を考える」基調講演及び討論記録』旧制高等学校記念館友の会〔一九九七年一月〕所収)

・「東京大学百年史編纂後の資料室」全国大学史資料協議会一九九六年度全国研究部会、パネルディスカッション「大学史編纂から展示室設置まで」における報告、一九九六年十月八日(『大学アーカイヴズ』第一六号〔一九九七年三月〕所収)

・「『東京大学百年史』の編纂事業について」東北大学百年史研究会、一九九七年五月十六日

㊧「百年史編集室から大学史史料室へ――改組の経緯と現況を中心に――」北海道大学125年史編集室第二回大学史研究会、一九九九年三月二十六日(『北海道大学125年史編集室だより』第三号〔二〇〇〇年三月〕所収)

・「近代日本史料情報機関設立の具体化に関する研究」研究会での講演、一九九九年六月十日(科学研究費報告書『日本近代史料情報機関設立の具体化に関する研究』〔二〇〇〇年三月〕に所収)

・「新制大学史編纂の課題」広島大学五十年史編集室第七回研究会、一九九九年十二月十日(『広島大学史紀要』第三号〔二〇〇一年三月〕に所収)

・「東京大学からみた京大――『京都大学百年史』(総説編)を中心にして――」京都大学教育学部主催研究会、二〇〇〇年十二月四日

■資料の復刻・解説、資料の紹介等の短文

・「旧制大学の設置認可の内規について——公文類聚からの紹介——」『大学史研究通信』第一一号、一九七八年八月
・「史料解説：新渡戸稲造他『大学制度改正私見』」『東京大学史紀要』第二号、一九七九年三月
・「水野直教育関係文書　教育調査会関係史料（一）」『東京大学史紀要』第三号、一九八〇年十月
・「長与又郎日記　昭和十二年十月〜十二月」『東京大学史紀要』第四号、一九八三年七月（照沼康孝と共著）
・「『教育年鑑』解説」日本図書センター、一九八四年六月（寺﨑昌男と共著）
・「長与又郎日記　昭和十三年一月〜五月」『東京大学史紀要』第五号、一九八六年二月（照沼康孝・前田一男と共著）
・「長与又郎日記　昭和十三年六月」『東京大学史紀要』第六号、一九八七年三月（照沼康孝と共著）
・「百年史編集室関係資料　解説」『東京大学史紀要』第六号、一九八七年三月
・「『男爵　辻新次翁』解説」『伝記叢書』第二〇巻、大空社、一九八七年十月
・「東京大学の本郷キャンパス集結とその後の移転構想」『東京大学本郷キャンパスの百年』東京大学総合研究資料館、一九八八年十月
・「『文部省往復』について」『東京大学史史料室ニュース』第二号、一九八八年十一月
・「井上哲次郎の日記について（一）」関皐作編『井上博士と基督教徒　正・続』付録、みすず書房、一九八八年十二月
・「井上哲次郎の日記について（二）」関皐作編『井上博士と基督教徒　収結編　一名「教育と宗教の衝突」顛末及評論』付録、みすず書房、一九八九年二月
・「長与又郎日記　昭和十三年七月」『東京大学史紀要』第七号、一九八九年三月（照沼康孝と共著）
・「新渡戸稲造他『大学制度改正私見』（二）」『東京大学史紀要』第七号、一九八九年三月
・「初代総長渡邊洪基提出『一年志願兵規則改正ニ関スル建言』について」『東京大学史紀要』第七号、一九八九年三月（佐々木尚毅と共著）

・『文部大臣准允』について」『東京大学史史料室ニュース』第四号、一九八九年十一月
・「平賀譲日記――昭和十三年十二月〜昭和十四年十二月――」『東京大学史紀要』第八号、一九九〇年三月（照沼康孝と共著）
・「長与又郎日記　昭和十三年八月」『東京大学史紀要』第八号、一九九〇年三月（照沼康孝と共著）
・「平賀譲日記――昭和十五年一月〜十二月――」『東京大学史紀要』第九号、一九九一年三月
・「長与又郎日記　昭和十三年九月」『東京大学史紀要』第九号、一九九一年三月（照沼康孝と共著）
・『日本教育史基本文献・史料叢書八巻「大学今昔譚」（三宅雪嶺著『大学今昔譚』解説）大空社、一九九一年四月
・「――海外留学生関係史料について――」『東京大学史史料室ニュース』第七号、一九九一年十一月
・『日本教育史基本文献・史料叢書一一巻「日露戦後における『大学々生溯源』の刊行とその意味について」（橋南漁郎著『大学々生溯源　全』解説）大空社、一九九二年二月
・「長与又郎日記　昭和十三年十月」『東京大学史紀要』第一〇号、一九九二年三月（照沼康孝・清水康幸と共著）
・「加藤弘之日記――明治十八年一月〜十二月――」『東京大学史紀要』第一〇号、一九九二年三月
・「加藤弘之日記――明治十一年一月〜明治十三年――」『東京大学史紀要』第一一号、一九九三年三月（沖田哲雄・角田茂・中川寿之・藤田正・松崎彰・寺崎弘康・日露野好章と共著）
㊖「立教学院の史料について」『チャペルニュース』第四一四号、一九九三年三月
・「解説　揺籃期の東京大学――年報及び教授申報の史料紹介を中心にして――」、東京大学史史料研究会編『史料叢書　東京大学史　東京大学年報』第一巻、東京大学出版会、一九九三年三月
・「史料叢書東京大学史　東京大学年報の刊行」『UP』第二二巻第八号、一九九三年八月
・「解説　成立期における帝国大学の諸相」、東京大学史史料研究会『史料叢書　東京大学史　東京大学年報』第四巻、東京大学出版会、一九九三年十一月
・「百年前の〝新しい〟大学」『神奈川大学評論』第一六号、一九九三年十一月
・「解説　帝国大学分科大学の実況の一斑」、東京大学史史料研究会『史料叢書　東京大学史　東京大学年報』第五巻、東京大学出版会、一

九九四年二月

・「加藤弘之日記——明治十四・十五年——」『東京大学史紀要』第一二号、一九九四年三月（沖田哲雄・角田茂・中川寿之・藤田正・松崎彰・寺崎弘康・日露野好章と共著）

・「出陣、戦没学生に関する調査について」『東京大学史史料室ニュース』第一二号、一九九四年三月

・「加藤弘之日記——明治十五・十六年——」『東京大学史紀要』第一三号、一九九五年三月（沖田哲雄・角田茂・中川壽之・藤田正・松崎彰・寺嵜弘康・日露野好章と共著）

・「工部大学校の移管と統合」『神奈川大学評論』第二三号、一九九五年十一月

・『日本教育史基本文献・史料叢書三四巻「『赤門生活』開設　新しい大学像への一歩——『赤門生活』の登場——」（南北社刊『赤門生活』解説）大空社、一九九六年三月

・「東京帝国大学における学徒動員について」『東京大学史史料室ニュース』第一五号、一九九五年十二月

㊐「明治時代の東京大学の写真」『東京大学史史料室ニュース』第一六号、一九九六年三月

・「東京大学の120年」『東京人』第一〇四号、都市出版、一九九六年五月

・「旧制高等学校の資料と活用について」旧制高等学校記念館『記念館だより』第一〇号、一九九六年十一月

㊐「元総長古在由直関係資料」『東京大学史史料室ニュース』第一七号、一九九六年十一月

㊐「大学一覧について」『東京大学史史料室ニュース』第一八号、一九九七年三月

・「東京大学における学徒動員、学徒出陣に関する調査から」『日本教育史往来』第一一〇号、一九九七年十月

㊐「沿革史料紹介（番外）」『東京大学史史料室ニュース』第一九号、一九九七年十一月

・「欄外の森有礼」『神奈川大学評論』第二八号、一九九七年十一月

㊐「坪井九馬三文書について」『東京大学史史料室ニュース』第二〇号、一九九八年三月

・「本郷キャンパス小史　①本郷キャンパスへの集結『空漠タル原野』から赤レンガ時代に」『東京大学新聞』一九九八年七月二十一日

・「本郷キャンパス小史　②移転計画　震災を契機に急浮上　大学人の理想郷とは」『東京大学新聞』一九九八年七月二十八日

・「本郷キャンパス小史 ③接収 誰のための『死所』か キャンパスを死守」『東京大学新聞』一九九八年八月四日
・「森有礼と帝大生との関係(1)」『東京大学史史料室ニュース』第二一号、一九九八年十一月
㊖「史料紹介――番外2――『学生の栞』、『就職の栞』」『東京大学史史料室ニュース』第二三号、一九九九年十一月
・「(賢問愚問)学徒出陣について」『歴史と地理』第五三二号、山川出版社、二〇〇〇年三月
・「学徒動員・学徒出陣に関する海外調査の概略」『東京大学史史料室ニュース』第二六号、二〇〇一年三月

■書評・図書紹介
㊖『図説中央大学 一八八五→一九八五』を読んで」『中央大学百年史編集室ニュース』第七号、一九八六年十月
㊖「九州大学七十五年史編集委員会編『九州大学七十五年史』史料編(上、下)、通史、別巻」『日本歴史』第五五五号、一九九四年八月
・白井厚編『大学とアジア太平洋戦争――戦争史研究と体験の歴史化』」『教育学研究』第六五巻第四号、一九九八年十二月
・「酒井敏雄著『評伝 三好学』について」『日本教育史往来』第一二〇号、一九九九年六月
㊖「立命館百年史編纂委員会編『立命館百年史 通史一』」『史学雑誌』第一〇八編第一一号、一九九九年六月
㊖「学校史は広義の精神史――『関西学院百年史』に寄せて――」『関西学院史紀要』第六号、二〇〇〇年四月
・「羽田貴史[著]『戦後大学改革』」『教育社会学研究』第六六号、二〇〇〇年五月
㊖「学習院大学五十年史編纂委員会編『学習院大学五十年史』上」『日本歴史』第六三八号、二〇〇一年七月

■文献・資料目録
・「付属資料 大学改革の文献・資料リスト」、大沢勝他編『講座・日本の大学改革』第一巻、一九八二年八月
・「教育改革同志会資料目録(稿)」『立教大学教育学科研究年報』第二六号、一九八三年三月(前田一男・小熊伸一・菅原亮芳と共著)

■辞典・事典の項目執筆

・『新教育学大事典』第一法規　一九九〇年七月
・『現代学校教育大事典』ぎょうせい　一九九三年八月
・『日本史広辞典』山川出版社　一九九七年十月
・『現代教育史事典』東京書籍、二〇〇一年十二月

一九七〇年代の大学批判・教育批判に関する論説

■現代教育研究所関係

○「「子供のため」へ一言」『現教研通信』第三号、一九七三年一月
○「労学連続アッセンブリーアワーいろいろ」『現教研通信』第九号、一九七三年七月
○「さらに深く潜行せざるを得ない――「続学生・単位・教師」について――」『現教研通信』第一四号、一九七三年十二月
○「私の現教研にむけて」『ＮＥＩ（現代教育研究所）の性格と目的』、一九七三年十二月
○「日教組第二三回全国教研大会見聞録」『現教研通信』第一六号、一九七四年二月
○「ＮＥＩの活動に関連して」『現教研通信』第二〇号、一九七四年六月
○『現教研通信合冊版』と『吉本をどう捉えるか』（仮称）の宣伝文」『現教研通信』第二三号、一九七四年九月
○「トンネルの出口は」『現教研通信』第二五・二六号、一九七四年十二月
○「大学論序説」『現教研通信』第二九号、一九七五年三月
○「大学論序説」『現教研通信』第三一号、一九七六年一月
○「反大学からの遡及」『現教研通信』第三五号、一九七六年十二月
○「反大学の思想から　2」『現教研通信』第三六号、一九七七年七月
○「反大学の思想から(3)」『現教研通信』第三七号、一九七七年九月
○「反大学の思想から(4)」（「現教研通信番外編」、一九七七年十二月）

■雑誌等に収録された論考　末尾のカッコ内は執筆者名あるいは肩書き

・「擬制の『民主主義教育』を告発せよ！――労学連帯アッセンブリアワーに参加して――」、立教大学教育研究会内螺旋編集委員会『螺旋』通巻一号No.1、一九七三年七月

○「自主講座・批判的継承のために」、立教大学教育研究会内螺旋編集委員会『螺旋』通巻一号No.2、一九七三年十一月

○「立教大学自主講座設置運動の軌跡」、五十嵐良雄編『反教育シリーズXII　続学生・単位・教師／だいがくかいたい』現代書館、一九七三年十一月

○「マンガチックな構図」『公評』第一一巻第四号、一九七四年三月

○「大学への問い――文献解題」『創』第六巻第一号、一九七六年一月（「編集部」名の記事、末尾に「文責・中野実」とあり）

○「裁判としての東京大学論――大学順列体系の頂点に君臨する怪物を告訴――」『進学ゼミナール』夏季特別号、一九七六年七月（「ルポライター・西雅人」）

○「「反大学」誕生の経緯と思想――ゼロ地点に立つ大学生はこれからどこへ行くのか――」『進学ゼミナール』夏季特別号、一九七六年七月（レポーター「（立教大学大学院）中野実」）

○「「私学抬頭」の虚説と実説――大正期に見る「大学改革」の研究から――」『進学ゼミナール』夏季特別号、一九七七年六月（「現代教育研究所所員・中野実」）

○「大学環境論事始」『進学ゼミナール』夏季特別号、一九七七年六月（「レポーター・西雅人」）

○「予備校――風化地帯の情念の府　現在の予備校にレーゾン・デートルを探る――」『進学ゼミナール』入試情報特別号、一九七七年十一月（「ルポライター　西雅人」）

○「天国の会話たる大学論の現状――大衆の幻想をもかかえ込むような大学論への期待」『進ゼミ情報』秋季特別号、一九七八年十月（「レポーター・西雅人」）

○「新しい世界への問いかけ」『不動産法律セミナー』一九八四年十二月（「現代教育研究所　中野実」）

■『図書新聞』掲載の書評

○「包括的視点で展開　教育＝善の論理には違和感　現代の人権双書10　永井憲一著　国民の教育権」一九七四年二月九日

・「内部からの告発として　東大闘争の中で露呈した本質を実証、論証　折原浩　東京大学　近代知性の病像」一九七四年二月十八日（この書評のみ『週刊読書人』に掲載、岡崎知子と共著）

○「多彩な論が展開　欲しい学問研究への内在的批判　生越忠著　これからの大学」一九七四年六月二十二日

○「公教育の構造を解明　残る教育の政治性への疑問　三好信浩著　イギリス労働党公教育政策史」一九七四年十月二十六日

○「問題点と到達点を明かす　網羅的に裁判を紹介　教育権理論に疑問も　教育法学叢書5　本山政雄・川口彰義〔・〕榊達雄・柴田順三著　日本の教育裁判」一九七四年十一月九日

○「物足りない　槙枝元文著『日本の教師たち』」一九七五年四月二十六日

○「専門職論を究明　多岐的な展開だが〝批判〟に止まる　石倉一郎著　教師聖職論批判」一九七五年五月二十四日

○「現場を見る目　理念の提出では解決にならない　望月一宏著　昼下りの教員室　孤独な教室」一九七六年五月二十九日

○「教育のＧＮＰ主義をうつ　経済的視点で方向探る　尾形憲著　学歴信仰社会　大学に明日はあるか」一九七六年六月十九日

○「日本的大学の構造えぐる　初の本格的・総合的研究　ルポの手法もとり入れ展開　天城勲・慶伊富長編　大学設置基準の研究」一九七七年四月九日

○「聖職論議を衝く　教師の階級的理論構築めざす　内田宣人著　教育労働運動の進路」一九七七年十一月十九日

○「青年反抗を考察　一過程として心理歴史的に理論化　ケニス・ケニストン著　高田昭彦・高田素子・草津攻訳　青年の異議申し立て」一九七八年一月十四日

○「日本的矛盾つく　私学問題の本質を解明　尾形憲著　教育経済論序説〈私立大学の財政〉」一九七九年一月二十七日

○「一常民の精神史　民衆の内的構造をえぐる　前山隆著　非相続者の精神史　或る日系ブラジル人の遍歴　叢書ライフ・ヒストリー2」一九八一年四月四日

■『としょ』所収の記事

・「アカデミズムと出版ジャーナリズム——頭脳流出現象の底にあるもの——」（第一号、一九七六年二月）
・「こだわり続けるということ　『学歴拒否宣言』　ルック社編集部編　ルック社　一九七五・五・十五」（第二号、一九七六年三月十九日）
・「大学批判はいかにして可能か　『大衆大学』（編）読売新聞大阪本社社会部　読売新聞社　S五一・二・二五刊」（第三号、一九七六年六月）
・『流動』（五月号）　特別企画「全国大学卒業論文一覧　発表」」（第四号、一九七六年七月）
・「たしかに生きれる道としての大学教師の言分　知識人の地獄極楽　大学教授　本多顕彰著　昭和三一年一〇・二〇　光文社（カッパブックス）」（第四号、一九七六年七月）
・『現代教育論批判序説』メモ」（第五号、一九七七年四月）
・「アカデミズムとジャーナリズムの交流（Ⅱ）」（第六号、一九七七年五月）
・「私大の財政基盤を分析——大学像に疑問——　尾形憲『私立大学』」（第六号、一九七七年五月）
・「思想としての大学への試行　宮川透・荒川幾雄編『日本近代哲学史』（第七号、一九七七年六月）

「かわら版」掲載記事

○「福原鐐二郎関係資料について」（第一号、一九八六年九月二十四日）
・『自由の翼』——煙洲会五百回記念——について」（第二号、一九八六年十月二十四日）
○「久保田譲文書の概要」（第三号、一九八六年十一月二十八日）
・「沼津市明治史料館——江原素六記念館——を訪れて」（第四号、一九八六年十二月三十日）
・「年頭にあたって」（第五号、一九八七年一月三十一日）

・「大学の自治をめぐる資料・評価について」(第六号、一九八七年二月二十八日)
○「教育調査会の史料について」(第七号、一九八七年三月三十一日)
○「教育調査会の史料調査について(二)」(第八号、一九八七年四月二十八日)
・「帝国大学草創期の教授の日常について」(第九号、一九八七年五月二十九日)
○「辻新次について」(第一〇号、一九八七年六月三十日)
・「「教育改革同志会資料目録(稿)」の正誤」(第一一号、一九八七年七月三十日)
・「矢田部良吉日記・明治一九年帝国大学創設覚え書き」(第一二号、一九八七年八月三十一日)
・「東京大学史史料室の開設」(第一三号、一九八七年九月三十日)
・「昭和戦前期における帝国大学総長会議等について」(第一四号、一九八七年十月三十日)
○「手島精一　教育関係史料について」(第一五号、一九八七年十一月三十日)
・「明治初期の学校開業式の「鍵」」(第一六号、一九八七年十二月二十六日)
・「明治初期の学生学術雑誌『講学餘談』関係史料(一)」(第一七号、一九八八年一月三十日)
・「『明治二年官員履歴書綴』について」(第一八号、一九八八年二月二十九日)
・「『明治七年三月　生徒姓名簿　製作学教場』の紹介(一)」(第一九号、一九八八年二月二十九日)
・「『明治七年三月　生徒姓名簿　製作学教場』の紹介(二)」(第二〇号、一九八八年五月七日)
○「菊池大麓「閑話」題目一覧」(第二一号、一九八八年五月二十八日)
・「明治初期の学生雑誌『講学餘談』関係史料(二)」(第二二号、一九八八年六月二十五日)
・「矢田部良吉の非職の周辺」(第二三号、一九八八年七月三十日)
・「明治二十三年の矢田部良吉日記」(第二四号、一九八八年八月二十七日)
・「大学行政官協議会関係資料について」(第二五号、一九八八年十月七日)
・「井上哲次郎の日記(明治三十三年)――(東京)帝国大学教官の動静――」(第二六号、一九八八年十月二十九日)

・「井上哲次郎の日記（明治三三年後半期）――（東京）帝国大学教官の動静――」（第二七号、一九八八年十二月二日）
・「矢田部良吉非職関係資料（一）」（第二八号、一九八八年十二月二十七日）
○「久保田謙関係文書目録（稿）一」（第二九号、一九八九年二月四日）
○「久保田謙関係文書目録（稿）二」（第三〇号、一九八九年三月七日）
・「帝国大学創設前年――明治一八年矢田部良吉日記抄録――」（第三一号、一九八九年四月八日）
・『大学々生溯源』拾遺――上巻続き――」（第三二号、一九八九年五月二日）
・「帝国大学創設前年（二）――明治十八年加藤弘之日記抄録――」（第三三号、一九八九年六月三日）
・「帝国大学創設関係資料拾遺――明治一九年一月〜二月新聞雑誌関係記事抜粋――」（第三四号、一九八九年七月一日）
○「手島精一教育関係史料について（二）――教育調査会関係史料目録（一）――」（第三五号、一九八九年七月二十九日）
○「手島精一教育関係史料について（三）――教育調査会関係史料目録（二）完――」（第三六号、一九八九年九月二日）
・「帝国大学創設の周辺（一）――大学院と助手との関係について（一）――」（第三七号、一九八九年十月十日）
○「手島精一教育関係史料について（四）――臨時教育会議関係（完）及びその他の史料目録」（第三八号、一九八九年十一月十一日）
○「手島精一教育関係史料について（五・完）――その他の史料目録（三・完）」（第三九号、一九八九年十二月九日）
・「帝国大学創設の周辺（二）――大学院学生と助手との関係について（二）」（第四〇号、一九八九年十二月二十六日）
・「帝国大学創設の周辺（三）――学士、学位関係資料整理――」（第四一号、一九九〇年一月二十五日）
・「東京帝国大学の学生生活に関する「備忘録」（一）」（第四三号、一九九〇年三月二十八日）
・「東京帝国大学の学生生活に関する「備忘録」（二）」（第四四号、一九九〇年五月一日）
・「東京帝国大学の学生生活に関する「備忘録」（三）」（第四五号、一九九〇年五月二十六日）
・「東京帝国大学の学生生活に関する「備忘録」（四）」（第四六号、一九九〇年六月三十日）
・「東京帝国大学の学生生活に関する「備忘録」（五）」（第四七号、一九九〇年八月三日）
・「東京帝国大学の学生に関する「備忘録」（六）」（第四八号、一九九〇年九月三日）

・「東京帝国大学の学生生活に関する「備忘録」(七)――完――」(第四九号、一九九〇年十月六日)
○「水野直教育関係文書：教育調査会事項(一)」(第五〇号、一九九〇年十一月十日)
○「水野直教育関係文書：教育調査会事項(二)」(第五一号、一九九〇年十二月七日)
○「水野直教育関係文書・教育調査会事項(三)」(第五二号、一九九〇年十二月二十八日)
○「教育調査会事項(四)――水野直教育関係史料――」(第五三号、一九九一年二月二日)
○「水野直教育関係文書・教育調査会事項(五)」(第五四号、一九九一年三月五日)
○「水野直教育関係文書・教育調査会事項(六)」(第五五号、一九九一年四月一日)
○「水野直教育関係文書・教育調査会事項(七)」(第五六号、一九九一年五月三日)
・『大学々生溯源』(上冊)の周辺史料について」(第五七号、一九九一年六月一日)
○「水野直教育関係文書・教育調査会事項(八)」(第五八号、一九九一年七月六日)
・『大学々生溯源』(上冊)について(二)」(第五九号、一九九一年八月五日)
○「水野直教育関係文書・教育調査会事項(九)」(第六〇号、一九九一年九月五日)
・「帝国大学の創設に関する疑問(一)」(第六一号、一九九一年十月十一日)
・『学校一覧』総合目録の作成について」(第六二号、一九九一年十一月九日)
・「初代東京大学総理加藤弘之の日記について――明治一八年を中心として――」(第六三号、一九九一年十二月六日)
・「帝国大学の創設に関する疑問(二)」(第六四号、一九九一年十二月二十一日)
○「水野直教育関係文書・教育調査会事項(一〇)」(第六五号、一九九二年一月二十五日)
・「開成学校記録(一)――東京帝国大学五十年史料より覆刻――」(第六六号、一九九二年二月二十五日)
・「帝国大学の創設に関する疑問(三)」(第六八号、一九九二年四月二十九日)
○『自第八回至第十一回　高等教育会議決議録　完』の紹介(一)」(第六九号、一九九二年六月三日)
○『自第八回至第十一回　高等教育会議決議録　完』の紹介(二)止」(第七〇号、一九九二年七月一日)

・「明治初期の大学教育の実態について――雇外国人教師の「申報」の紹介――」(第七一号、一九九二年八月十四日)
○「水野直教育関係文書・教育調査会事項(一一)」(第七二号、一九九二年九月五日)
・「帝国大学の創設に関する疑問(四)」(第七三号、一九九二年十月十日)
・「『明治七年三月　生徒姓名簿　製作学教場』の再紹介」(第七四号、一九九二年十一月十四日)
・「新制大学への移行の課題」(第七五号、一九九二年十二月三日)
・「「大学令」による私立大学教員の学歴構成などについて(1)」(第七六号、一九九三年一月一日)
・「「大学令」による私立大学教員の学歴構成などについて(二)」(第七七号、一九九三年二月三日)
・「開成学校記録(二)」(第七八号、一九九三年二月二十七日)
・「開成学校記録(三)」(第七九号、一九九三年三月三十日)
・「「大学令」による私立大学教員の学歴構成などについて(三)止」(第八〇号、一九九三年四月二十六日)
・「東京大学年報の申報の数値(第八一号、一九九三年六月三日)
・「『東京大学年報』収録の邦人教師の申報一覧」(第八二号、一九九三年六月二十九日)
○「教育調査会、一九一五年の賛否両論」(第八三号、一九九三年七月二十六日)
・「『東京大学年報』収録の邦人教師の申報一覧(二)」(第八四号、一九九三年八月三十一日)
・「『東京大学年報』収録の邦人教師の申報一覧(三)止」(第八五号、一九九三年九月二十五日)
○「『自第六回至第七回　高等教育会議決議録　完』の紹介」(第八六号、一九九三年十月三十日)
・「『大学制度調査資料』第一　―第六編について」(第八八号、一九九三年十二月二十三日)
・「「欧州各国大学制度綱領」のドイツについて(『大学制度調査資料』第一編)二」(第八九号、一九九四年二月三日)
・「「欧州各国大学制度綱領」のドイツについて(二)(『大学制度調査資料』第一編)」(第九〇号、一九九四年二月二十六日)
・「「欧州各国大学制度綱領」のドイツ大学について(三)――『大学制度調査資料』第一編」(第九一号、一九九四年三月二十四日)
・「海外留学生派遣の専門学科選定、修業場所、成功等の史料紹介」(第九二号、一九九四年四月二十九日)

・「「欧州各国大学制度綱領」のドイツ大学について(四)――『大学制度調査資料』第一編」(第九四号、一九九四年七月九日)
・「開成学校記録(四)」(第九六号、一九九四年九月三日)
・「開成学校記録(五)――完――」(第九七号、一九九四年十月一日)
・「大講堂展示室の設置」(第九八号、一九九四年十一月四日)
・「『九州帝国大学例規要覧』について」(第九九号、一九九四年十二月二日)
・「外山、矢田部を中心とした森、菊池、加藤の相関」(第一〇一号、一九九五年一月二十八日)
・「『東京帝国大学貸費生願書綴』について(一)」(第一〇二号、一九九五年二月二十三日)
・「『東京帝国大学貸費生願書綴』について(二)止」(第一〇三号、一九九五年三月二十八日)
・「「自治の大学」と帝国の大学――新聞・雑誌等に見られる帝国大学創設の評価――」(第一〇四号、一九九五年四月二十五日)
・「初代帝大総長渡辺洪基と雑誌『利国新志』の発行」(第一〇五号、一九九五年六月八日)
・「織田一「帝国大学ノ性質ヲ論ジテ世ノ惑ヲ説ク」の所論」(第一〇六号、一九九五年七月八日)
○「辻新次と沢柳政太郎」(第一〇七号、一九九五年八月三日)
・「帝国大学創設期の東京大学の組織と人事はいかにあったか」(第一〇八号、一九九五年八月二十九日)
・「「大学ノ会計ニ付建議及予備門ヲ廃スルノ議」(東京大学医学部教授大沢謙二)について(一)」(第一〇九号、一九九五年十月三日)
・「「大学ノ会計ニ付建議及予備門ヲ廃スルノ議」(東京大学医学部教授大沢謙二)について(二)」(第一一一号、一九九五年十一月三十日)
・「「大学ノ会計ニ付建議及予備門ヲ廃スルノ議」(東京大学医学部教授大沢謙二)について(三)」(第一一二号、一九九五年十二月二十九日)
・「「大学ノ会計ニ付建議及予備門ヲ廃スルノ議」(東京大学医学部教授大沢謙二)について(四)止」(第一一三号、一九九六年二月二日)
・「明治高等教育体制構築の継続性――閣議決定「文部事務釐正ヲ要スル件」(文部大臣井上毅提出)について――」(第一一四号、一九九六年三月七日)
・「ルサンチマン的大学論の行方――『文科大学学生々活』について」(第一一六号、一九九六年四月二十八日)

・『帝大教授学生気質』とはなにか」（第一一七号、一九九六年五月三十一日）
・『帝大教授学生気質』とはなにか」（第一一八号、一九九六年七月三日）
・『学生之燈』に見る帝国大学生予備軍の状況（その一）」（第一一九号、一九九六年八月六日）
・『学生之燈』に見る帝国大学生予備軍の状況（その二）――完」（第一二〇号、一九九六年九月三日）
・「三二三人の帝大エリートたち――『恩賜の銀時計』をめぐって」（第一二一号、一九九六年九月二十六日）
・「移文――初代帝大総長渡辺洪基の学士養成議」（第一二二号、一九九六年十月三十日）
・「優等生選定の内規――三二三人の帝大エリートたち――『恩賜の銀時計』をめぐって（二）」（第一二三号、一九九六年十一月二十八日）
・「帝国大学体制形成期の学位規程諸案」（第一二四号、一九九六年十二月二十三日）
・「一八八七（明治二〇）年の学位令前史――帝国大学体制形成期の学位規程案（二）止」（第一二五号、一九九七年一月三十日）
・「「帝国大学ハ学問所ナリ」――初代帝大総長渡辺洪基の発言――」（第一二六号、一九九七年二月二十七日）
・「帝国大学体制資料拾遺（M19―1）」（第一二八号、一九九七年五月三日）
・「帝国大学体制資料拾遺（2）」（第一二九号、一九九七年五月三十一日）
・「帝国大学体制資料拾遺（3）」（第一三〇号、一九九七年七月八日）
・「野次り倒された文部大臣（一）――森と帝大生との関係」（第一三二号、一九九七年九月十二日）
・「野次り倒された文部大臣（二、止）――森と帝大生との関係」（第一三三号、一九九七年十月一日）
・『東京大学歴代総長式辞告辞集』の編集、刊行について」（第一三四号、一九九七年十一月八日）
・『大久保利謙文庫目録』第二集の刊行」（第一三五号、一九九七年二月二日）
・「入学宣誓式、卒業証書授与式――帝国大学の画期性にかかわって」（第一三六号、一九九七年十二月二十七日）
・「「一　大学本然ノ事業ヲ拡充整備センニハ別課医学生別課法学生製薬生古典講習科生ノ新募ヲ止メ漸次此等ノ余業ヲ廃セサルへカラサル事」の原本について」（第一三八号、一九九八年二月二十六日）

・「法理文学部第三年生及医学部三等学生ヨリ学位ノ義ニ付総理ヘ懇願書」(第一三九号、一九九八年四月三日)
・「東京大学教授による東京大学改革案——明治中期の啓蒙的学者矢田部良吉関係文書から——」(第一四〇号、一九九八年五月五日)
・「中等教員養成をめぐる高等師範学校と帝大文科理科両大学との比較研究——明治中期の啓蒙的学者矢田部良吉関係文書から——」(第一四一号、一九九八年五月二十九日)
・「人員並びに俸給削減の嵐の中の帝国大学成立」(第一四二号、一九九八年六月二十六日)
・「明治十年代の進学相談」(第一四三号、一九九八年八月六日)
・「「スコラシップ」の創設を!」(第一四四号、一九九八年九月八日)
・「帝国大学体制資料拾遺(4)止」(第一四五号、一九九八年十月九日)
・「森有礼と帝国大学令」(第一四七号、一九九八年十二月九日)
・「小金井良精の日記」(第一四八号、一九九八年十二月二十八日)
・「なにが起きたか(一)——森文政期の高等教育政策」(第一五〇号、一九九九年二月二十四日)
・「なにが起きたか(二)——森文政期の高等教育政策」(第一五二号、一九九九年五月七日)
・「願望としての学歴社会——小杉天外著『魔風恋風』を読んで——」(第一五三号、一九九九年五月三十一日)
・「アメリカの大学における戦没者慰霊の予備調査に行ってきました」(第一五四号、一九九九年七月一日)
・「三高史料1(1885-1886)」(第一五五号、一九九九年七月二十七日)
・「旧制第三高等学校史料について」(第一五六号、一九九九年八月二十三日)
・「なにが起きたか(三)　大阪中学校、大学分校、第三高等中学校——森文政期の高等教育政策」(第一五七号、一九九九年九月二十四日)
・「なにが起きたか(四)/大阪中学校、大学分校、第三高等中学校——森文政期高等教育政策」(第一五八号、一九九九年十月二十九日)
・「すこし大胆な展開——なにが起きたか(五)/大阪中学校、大学分校、第三高等中学校(止)——森文政期の高等教育政策——」(第一五九号、一九九九年十一月二十六日)

・「小金井良精の日記(二)明治十九年三月二十九日～同年十二月二十九日」(第一六一号、二〇〇〇年二月四日)
・「小金井良精の日記(三)一八八七年(明治二〇)」(第一六二号、二〇〇〇年三月二日)
・「小金井良精日記　一八八八年(明治二一年)(一)」(第一六三号、二〇〇〇年三月三十日)
・「小金井良精日記　一八八八年　明治二十一年(二)止」(第一六四号、二〇〇〇年四月二十六日)
・「小金井良精日記　一八八九年　明治二十二年(一)」(第一六五号、二〇〇〇年五月三十一日)
・「小金井良精日記　一八八九～九〇年　明治二十二年(二)止、明治二十三年(一)」(第一六七号、二〇〇〇年七月三十一日)
・「小金井良精日記　一八九〇年(明治二三年)二(止)」(第一六八号、二〇〇〇年九月五日)
・「元気な医科大学教授小金井良精」(第一六九号、二〇〇〇年九月二十七日)
・「『旧制高等学校研究必携』――Handbook for Research of Higher Schools――の編集発行と約二〇万人卒業生のデータベース化の願望」(第一七〇号、二〇〇〇年十月二十六日)
・「戦時下の再編、統合に対する大学・専門学校の意見書(一)」(第一七一号、二〇〇〇年十一月二十二日)
・「戦時下の再編、統合に対する大学・専門学校の意見書――立教学院の場合」(第一七二号、二〇〇〇年十二月二十八日)
・「戦時下の再編・統合に対する大学、専門学校の意見書(三)――立命館の場合」(第一七三号、二〇〇一年二月一日)
・「戦時下の再編、統合に対する大学・専門学校の意見書(四)――明治大学の場合」(第一七四号、二〇〇一年三月六日)
・「戦時下の再編、統合に対する大学・専門学校の意見書(五)――國學院大學」(第一七五号、二〇〇一年四月六日)
・「折田彦一の大阪中学校改組意見」(第一七八号、二〇〇一年七月五日)
・「英語重視のカリキュラム編成に隠された意図はなにか――折田彦一の大阪中学校改組意見(二)」(第一七九号、二〇〇一年八月二日)
・「正規の中等教育機関としての矜持は?――折田彦一の大阪中学校改組意見(三)止」(第一八〇号、二〇〇一年九月七日)

中野実略歴

一九五一年　九月　東京都に生まれる
一九七〇年　三月　東京都立府中高等学校卒業
一九七四年　三月　立教大学文学部心理学科卒業
一九七五年　四月　立教大学大学院文学研究科教育学専攻修士課程入学
　　　　　　四月　東京都立大学部外者研究者(～一九七八年三月)
一九七七年　三月　同右修了
一九七八年　四月　立教大学大学院文学研究科教育学専攻博士課程入学
　　　　　　　　　東京大学百年史編集室室員(非常勤、～一九八一年三月)
一九八一年　三月　立教大学大学院文学研究科教育学専攻博士課程満期退学
　　　　　　四月　東京大学助手(教育学部、文部事務官併任、東京大学百年史編集室勤務)
一九八七年　四月　東京大学史史料室に配置換え
一九八八年　五月　立教大学図書館大学史資料室常勤嘱託
一九九三年　四月　立教学院史編纂室常勤嘱託
　　　　　十一月　東京大学助手(教育学部、文部事務官併任、東京大学史史料室勤務)
一九九九年十一月　東京大学助教授(大学院教育学研究科、文部事務官併任、東京大学史史料室勤務)
二〇〇二年　三月　逝去(三十日)

反大学論と大学史研究—中野実の足跡　※定価はカバーに表示してあります。

2005年5月15日　初　版第1刷発行　〔検印省略〕

編者©中野実研究会／発行者 下田勝司　印刷・製本／中央精版印刷

東京都文京区向丘1-20-6　郵便振替00110-6-37828　発 行 所
〒113-0023　TEL(03)3818-5521　FAX(03)3818-5514　株式会社 東 信 堂

Published by **TOSHINDO PUBLISHING CO., LTD.**
1-20-6, Mukougaoka, Bunkyo-ku, Tokyo, 113-0023, Japan
E-mail : tk203444@fsinet.or.jp　http://www.toshindo-pub.com/

ISBN4-88713-615-3　C3037